삶을 새롭게 변화시키는 대표기도문

삶을 새롭게 변화시키는
대표기도문

2023년 10월 20일 1판 1쇄 인쇄
2024년 01월 15일 1판 2쇄 발행

지 은 이 | 용혜원
펴 낸 이 | 황성연
펴 낸 곳 | 도서출판 청우
등록번호 | 제 2001-000055호
주 문 처 | 하늘물류센타
주   소 | 경기도 파주시 광탄면 혜음로 883번길 39-32
연 락 처 | (031)-947-7777 | 팩스 (0505)-365-0691
ISBN 978-89-94846-62-0 03230

이책은 저작권법에 의해 보호를 받는 저작물이므로 무단전재 및 복제를
금합니다. 잘못 만들어진 책은 구입하신 서점에서 바꾸어 드립니다.

책 값은 뒤표지에 있습니다.

삶을 새롭게
변화시키는
대표기도문

용혜원 지음

청우

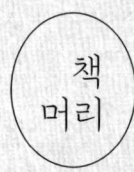

기도는 그리스도인의 생명줄입니다

'기도'라는 말은 그리스도인들이 신앙생활을 하며 예수 그리스도, 주님의 이름과 함께 가장 많이 듣는 말 중의 하나일 것입니다. 기도는 그만큼 우리에게 있어서 매우 중요한 말입니다. 리처드 그래쇼가 말하기를 "예수가 흘린 피의 대홍수가 곧 인간 구원의 대홍수"라고 했습니다. 그러므로 예수 그리스도의 이름으로, 그 보혈로 구원받은 성도라면 기도하는 삶을 살지 않을 수 없습니다. 기도는 믿음 생활의 맥박이요, 생명이요, 영혼의 호흡이며 하나님과의 대화입니다. 기도를 통해 우리는 주님이 함께하심을 더욱더 깊이 느낄 수 있습니다. 기도를 하면 우리 삶에 힘과 능력이 함께함을 체험할 수 있습니다.

기도는 우리 삶에 기쁨과 용기와 소망을 가져다줍니다. 현재의 삶이 힘드십니까? 기도 생활을 하면 달라질 것입니다. 하나님께서는 우리의 기도를 들으시고 응답해주십니다. 진정 성도의 신앙생활이 승리하는 비결은 첫째도 기도요, 둘째도 기도요, 셋째도 기도입니다. 하나님께서는 기도를 통해 영광을 받으시고, 믿음으로 드리는 기도에 응답하십니다.

신실한 기도의 비결은 바로 하나님이 원하시는 것을 기도하는 것입니다. 그것은 먼저 그 나라와 그의 의를 구하는 것입니다. 예수 그리스도께서 강조하셨듯이 기도의 최우선 목표는 인간의 욕구를 채우는 것이 아니라 하나님의 이름이 거룩하게 되고 그의 나라가 임하여 그의 뜻이 하늘에서 이룬 것같이 땅에서도 이루어지게 하는 것입니다. 영원토록 찬양과 영광을 받으실 하나님 아버지의 뜻 안에서 우리의 목적을 성취할 수 있기 때문입니다. 우리가 예수 그리스도의 십자가 보혈로 구원받았으니 우리는 주님의 이름으로 기도해야 합니다. 우리 마음은 예수그리스도의 마음으로 충만해야 합니다. 우리의 심장은 예수 그리스도의 사랑으로 충만해야 합니다. 우리의 눈은 예수 그리스도의 열정으로 충만해야 합니다. 우리의 손은 예수 그리스도의 섬김으로 충만해야 합니다. 우리의 무릎은 예수 그리스도의 기도로 충만해야 합니다.

우리는 하나님의 목적을 위해 살고, 하나님의 사람들과 함께 살고, 하나님의 원리를 따라 하나님이 주신 소명을 이루며, 하나님의 능력에 의지하며 살아가야 합니다. 이 모든 것은 기도를 통하여 하나님의 능력과 권능을 받음으로써 이루어지는 것입니다. 기도하지 않고 걱정만 하는 삶은 우리에게 전혀 도움이 되지 않습니다. 기도는 그리스도인에게 생명줄이며 영혼의 호흡입니다. 마음속에서 우러나는 진실한 마음을 주님께 드리는 기도의 삶을 살아가야 합니다.

_용혜원

차 례

책머리 • 04
기도하기 전에 • 12

제1장

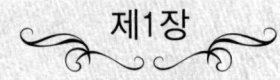

주일 예배 대표기도

1월 꿈과 비전 • 20
3월 회개와 간구 • 48
5월 화목한 가정 • 76
7월 중보와 협력 • 104
9월 충성된 일꾼 • 132
11월 감사와 찬양 • 160

2월 나라와 민족 • 34
4월 부활과 구원의 기쁨 • 62
6월 성령 충만 • 90
8월 강한 믿음 • 118
10월 전도와 설교 • 146
12월 구제와 헌신 • 174

제2장

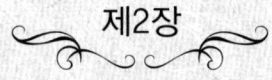

공 예배 대표기도

주일 저녁 예배 • 190
새벽 예배 • 196
철야 예배 • 202

삼일 저녁 예배 • 193
헌금 대표기도 • 199

제3장

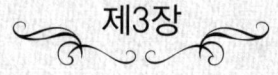

절기 예배 대표기도

송구영신 예배 • 208
종려주일 예배 • 212
부활주일 예배 • 216
어린이주일 예배 • 220
맥추감사주일 예배 • 224
성탄절 예배 • 228

신년 예배 • 210
고난주일 예배 • 214
성령강림주일 예배 • 218
어버이주일 예배 • 222
추수감사주일 예배 • 226
송년주일 예배 • 230

제4장
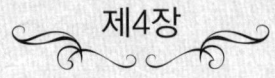
기관별 헌신 예배 대표기도

주일학교 헌신 예배 • 236   중고등부 헌신 예배 • 237

대학부 헌신 예배 • 238   청년부 헌신 예배 • 239

남전도회 헌신 예배 • 240   여전도회 헌신 예배 • 241

교사 헌신 예배 • 242   구역장 헌신 예배 • 243

성가대 헌신 예배 • 244   제직 헌신 예배 • 245

장학 위원회 헌신 예배1,2 • 246   건축 위원회 헌신 예배1,2 • 248

제5장

특별 예배 대표기도

신학대학 주일 예배 • 254 | 군목 주일 예배 • 255 | 총회 주일 예배 • 256 | 장애 주일 예배 • 257 | 삼일절 주일 예배 • 258 | 해방 주일 예배 • 259 | 성서 주일 예배 • 260 | 종교개혁 주일 예배 • 261 | 제직회의1,2 • 262 | 구역 예배 • 264 | 야외 예배 • 265 | 성경 공부 시간 • 266 | 교사 기도회 • 267 | 성가대 연습 전 • 268 | 임원회의 • 269 | 각 기관 정기총회 기도회1,2 • 270 | 부흥집회1,2 • 272 | 간증집회1,2 • 274 | 전도집회1,2 • 276 | 선교사 파송 및 후원 예배 • 278 | 여름 성경학교 • 279 | 수련회 • 280 | 찬양 예배 • 281 | 총동원 전도 주일 예배 • 282 | 주일학교 예배 • 283 | 학생회 예배 • 284 | 청년회 예배 • 285 | 입시생을 위한 예배 1,2 • 286

제6장
심방 예배 대표기도

심방 기도 • 292 | 개업축하 기도 • 293 | 병든 이를 위한 기도 • 294 | 군에 간 아들을 위한 기도 • 295 | 이사한 가정을 위한 기도 • 296 | 불신 가족을 위한 기도 • 297 | 주일학교 교사를 위한 기도 • 298 | 교회에 새로 나온 성도의 가정을 위한 기도 • 299 | 약혼한 가정을 위한 기도 • 300 | 결혼한 가정을 위한 기도 • 301 | 임신을 원하는 가정을 위한 기도 • 302 | 임신한 가정을 위한 기도 • 303 | 사업에 성공한 가정을 위한 기도 • 304 | 사업에 실패한 가정을 위한 기도 • 305 | 집을 신축한 가정을 위한 기도 • 306 | 집을 새로 산 가정을 위한 기도 • 307 | 병든 이가 있는 가정을 위한 기도 • 308 | 수술을 앞둔 환자를 위한 기도 • 309 | 퇴원을 앞둔 가정을 위한 기도 • 310 | 어려움을 당한 가정을 위한 기도 • 311 | 가족 구원을 위한 기도 • 312 | 직장을 얻기 원하는 가정을 위한 기도 • 313 | 직장을 얻은 가정을 위한 기도 • 314 | 새로운 사업을 원하는 가정을 위한 기도 • 315 | 믿음 생활을 시작한 가정을 위한 기도 • 316 | 부부가 시험에 든 가정을 위한 기도 • 317 | 자녀 문제로 어려운 가정을 위한 기도 • 318 | 새롭게 직분을 받은 가정을 위한 기도 • 319 | 방송 선교를 위한 기도 • 320

제7장
개인생활 속의 기도문

나의 믿음을 위한 기도 • 324 | 잠에서 깨어나서 드리는 기도 • 325 | 아침에 드리는 기도 • 326 | 저녁에 드리는 기도 • 327 | 잠들기 전에 드리는 기도 • 328 | 식사기도1,2 • 329 | 가정 예배 기도(월요일~주일) • 331 | 삶 속의 작은 기도문 • 338

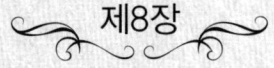

제8장
예식 예배 대표기도

약혼예배 • 350 | 결혼예배 • 351 | 백일 축하예배 • 352 | 돌 축하예배 • 353 | 생일 축하예배 • 354 | 회갑 축하예배 • 355 | 칠순(고희) 축하예배1,2 • 356 | 임종 예배 • 358 | 입관 예배 • 359 | 발인 예배 • 360 | 하관 예배 • 361 | 화장 예배1,2 • 362 | 추도 예배 • 364 | 영아 장례예배 • 365 | 영아 하관예배 • 366 | 학습식 • 367 | 유아 세례식1,2 • 368 | 세례식 • 370 | 입교식1,2 • 371 | 성찬식 • 373 | 교회 기공식 • 374 | 창립(설립)예배1,2 • 375 | 교회 입당식 • 377 | 교회 헌당식 • 378 | 목사 임직식 • 379 | 장로 임직식 • 380 | 권사 취임식 • 381 | 안수집사 임직식1,2 • 382 | 서리집사 임직식1,2 • 384 | 구역장 임명식1,2 • 386 | 교사 임명식1,2 • 388

제9장
중보기도문

나라와 민족을 위한 기도1,2 • 394 | 목회자를 위한 기도1,2 • 396 | 정치 지도자들을 위한 기도 • 398 | 교회를 위한 기도 • 399 | 고아와 과부를 위한 기도 • 400 | 가족을 위한 기도 • 401 | 자녀를 위한 기도 • 402

제10장
52주 공동 대표 기도문

52주 공동 대표기도문 • 406

기도하기 전에 기도는 하나님을 알아가고 배워가는 통로이다. 기도를 문제 해결의 열쇠로만 인식하는 고정관념이 아닌, 기도를 많이 한 사람일수록 하나님을 깊이 알고 많이 닮아 있어야 한다는 의미이다.

기도가 주는 유익

1) **하나님을 알아가고 배워갈 수 있다.** 하나님과 대화하면서 하나님의 뜻을 알게 되고 올바르게 성장하게 되며, 하나님께 영광 돌리는 생활을 할 수 있게 된다.
2) **하나님의 인도를 받을 수 있다.** 기도로 자신과 주변의 모든 일을 하나님께 의탁하면 보혜사 성령님께서 함께하셔서 하나님의 온전한 길로 인도하신다.
3) **축복의 통로이다.** 아버지되신 하나님께서는 우리의 쓸 것을 미리 아시며, 정욕으로 구하지 않고 하나님의 뜻에 맞기만 하면 구하는 자마다 풍성하게 주실 것을 약속하셨다.

기도할 때

1) **성령님께 의지하여 기도한다.** "이와 같이 성령도 우리의 연약함을 도우시나니 우리는 마땅히 기도할 바를 알지 못하나 오직 성령이 말할 수 없는 탄식으로 우리를 위하여 친히 간구하시느니라"(롬 8:26).
2) **하나님의 나라와 의를 먼저 구한다.** "너희는 먼저 그의 나라와 그의 의를 구하라. 그리하면 이 모든 것을 너희에게 더하시리라"(마 6:33).
3) **외식하지 않는다.** "또 너희는 기도할 때에 외식하는 자와 같이 하지 말라. 그들은 사람에게 보이려고 회당과 큰 거리 어귀에 서서 기도하기를 좋아하느니라. 내가 진실로 너희에게 이르노니 그들은 자기 상을 이미 받았느니라. 너는 기도할 때에 네 골방에 들어가 문을 닫고 은밀한 중에 계신

네 아버지께 기도하라. 은밀한 중에 보시는 네 아버지께서 갚으시리라"(마 6:5-6).

  4) **중언부언하지 말고 분명한 것을 구한다.** "또 기도할 때에 이방인과 같이 중언부언하지 말라. 그들은 말을 많이 하여야 들으실 줄 생각하느니라. 그러므로 그들을 본받지 말라. 구하기 전에 너희에게 있어야 할 것을 하나님 너희 아버지께서 아시느니라"(마 6:7-8).

  5) **진실한 마음가짐으로 기도한다.** "여호와께서는 자기에게 간구하는 모든 자 곧 진실하게 간구하는 모든 자에게 가까이 하시는도다"(시 145:18).

응답 받는 기도

  1) **악한 말과 비판을 그치고 긍휼한 마음으로 섬길 때** - "네가 부를 때에는 나 여호와가 응답하겠고 네가 부르짖을 때에는 내가 여기 있다 하리라. 만일 네가 너희 중에서 멍에와 손가락질과 허망한 말을 제하여 버리고 주린 자에게 네 심정이 동하며 괴로워하는 자의 심정을 만족하게 하면 네 빛이 흑암 중에서 떠올라 네 어둠이 낮과 같이 될 것이며"(사 58:9-10).
  2) **간구한 것을 받을 줄로 믿을 때** - "그러므로 내가 너희에게 말하노니 무엇이든지 기도하고 구하는 것은 받은 줄로 믿으라. 그리하면 너희에게 그대로 되리라"(막 11:24).
  3) **남을 용서할 때** - "서서 기도할 때에 아무에게나 혐의가 있거든 용서하라 그리하여야 하늘에 계신 너희 아버지께서도 너희 허물을 사하여 주시리라 하시니라"(막 11:25).
  4) **예수님의 이름으로 구할 때** - "너희가 내 이름으로 무엇을 구하든지 내가 행하리니 이는 아버지로 하여금 아들로 말미암아 영광을 받으시게 하려 함이라. 내 이름으로 무엇이든지 내게 구하면 내가 행하리라"(요 14:13-14).
  5) **성령 안에서 기도할 때** - "이와 같이 성령도 우리의 연약함을 도우시나니 우리는 마땅히 기도할 바를 알지 못하나 오직 성령이 말할 수 없는 탄식으로 우리를 위하여 친히 간구하시느니라"(롬 8:26).

6) **계명을 지킬 때** - "무엇이든지 구하는 바를 그에게서 받나니 이는 우리가 그의 계명을 지키고 그 앞에서 기뻐하시는 것을 행함이라. 그의 계명은 이것이니 곧 그 아들 예수 그리스도의 이름을 믿고 그가 우리에게 주신 계명대로 서로 사랑할 것이니라. 그의 계명을 지키는 자는 주 안에 거하고 주는 그의 안에 거하시나니 우리에게 주신 성령으로 말미암아 그가 우리 안에 거하시는 줄을 우리가 아느니라"(요일 3:22-24).

7) **하나님의 뜻대로 구할 때** - "그를 향하여 우리가 가진 바 담대함이 이것이니 그의 뜻대로 무엇을 구하면 들으심이라. 우리가 무엇이든지 구하는 바를 들으시는 줄을 안즉 우리가 그에게 구한 그것을 얻은 줄을 또한 아느니라"(요일 5:14-15).

8) **연합하여 기도할 때** - "한 사람이면 패하겠거니와 두 사람이면 맞설 수 있나니 세 겹 줄은 쉽게 끊어지지 아니하느니라"(전 4:12).

응답 받지 못하는 기도

1) **죄악을 품고 기도할 때** - "내가 나의 마음에 죄악을 품었더라면 주께서 듣지 아니하시리라"(시 66:18).

2) **하나님을 떠난 마음으로 기도할 때** - "주께서 이르시되 이 백성이 입으로는 나를 가까이 하며 입술로는 나를 공경하나 그들의 마음은 내게서 멀리 떠났나니 그들이 나를 경외함은 사람의 계명으로 가르침을 받았을 뿐이라"(사 29:13).

3) **죄악으로 인해 하나님과 분리되었을 때** - "오직 너희 죄악이 너희와 너희 하나님 사이를 갈라놓았고 너희 죄가 그의 얼굴을 가리어서 너희에게서 듣지 않으시게 함이니라"(사 59:2).

4) **우상숭배하며 기도할 때** - "그러므로 너는 이 백성을 위하여 기도하지 말라. 그들을 위하여 부르짖거나 구하지 말라. 그들이 그 고난으로 말미암아 내게 부르짖을 때에 내가 그들에게서 듣지 아니하리라"(렘 11:14).

5) **어그러진 길을 사랑할 때** - "여호와께서 이 백성에 대하여 이와 같이 말씀하시되 그들이 어그러진 길을 사랑하여 그들의 발을 멈추지 아니하므

로 여호와께서 그들을 받지 아니하고 이제 그들의 죄를 기억하시고 그 죄를 벌하시리라 하시고"(렘 14:10).

 6) **만홀히 여기며 제물을 드릴 때** - "만군의 여호와가 이르노라. 너희가 눈 먼 희생제물을 바치는 것이 어찌 악하지 아니하며 저는 것, 병든 것을 드리는 것이 어찌 악하지 아니하냐. 이제 그것을 너희 총독에게 드려 보라. 그가 너를 기뻐하겠으며 너를 받아 주겠느냐. 만군의 여호와가 이르노라. 너희는 나 하나님께 은혜를 구하면서 우리를 불쌍히 여기소서 하여 보라. 너희가 이같이 행하였으니 내가 너희 중 하나인들 받겠느냐"(말 1:8-9).

 7) **외식으로 기도할 때** - "또 너희는 기도할 때에 외식하는 자와 같이 하지 말라. 그들은 사람에게 보이려고 회당과 큰 거리 어귀에 서서 기도하기를 좋아하느니라. 내가 진실로 너희에게 이르노니 그들은 자기 상을 이미 받았느니라. 너는 기도할 때에 네 골방에 들어가 문을 닫고 은밀한 중에 계신 네 아버지께 기도하라. 은밀한 중에 보시는 네 아버지께서 갚으시리라"(마 6:5-6).

 8) **믿음 없이 기도할 때** - "믿음이 없이는 하나님을 기쁘시게 하지 못하나니 하나님께 나아가는 자는 반드시 그가 계신 것과 또한 그가 자기를 찾는 자들에게 상 주시는 이심을 믿어야 할지니라"(히 11:6).

 9) **의심하며 기도할 때** - "오직 믿음으로 구하고 조금도 의심하지 말라 의심하는 자는 마치 바람에 밀려 요동하는 바다 물결 같으니 이런 사람은 무엇이든지 주께 얻기를 생각하지 말라. 두 마음을 품어 모든 일에 정함이 없는 자로다"(약 1:6-8).

 10) **정욕으로 구할 때** - "구하여도 받지 못함은 정욕으로 쓰려고 잘못 구히기 때문이리"(약 4:3).

 11) **관계의 어그러짐 가운데 기도할 때** - "너희가 각각 마음으로부터 형제를 용서하지 아니하면 나의 하늘 아버지께서도 너희에게 이와 같이 하시리라"(마 18:35). 12
"남편들아 이와 같이 지식을 따라 너희 아내와 동거하고 그를 더 연약한 그릇이요 또 생명의 은혜를 함께 이어받을 자로 알아 귀히 여기라. 이는 너희 기도가 막히지 아니하게 하려 함이라"(벧전 3:7).

1. 주일 예배 대표기도

아침에 드리는 기도

_용혜원

이 아침에

찬란히 떠오르는 빛이

이 땅 어느 곳에나 비추이게 하소서

손등에 햇살을 받으며

봄을 기다리는 아이들과

병상의 아픔에도

젊은이들의 터질 듯한 벅찬 가슴과

외로운 노인들의 얼굴에도

또다시 우리에게 허락되는

365일 삶의 주머니 속에

봄과 여름 그리고 가을과 겨울의

결실로 가득 채워

한 해를 다시 보내는 날은

기쁨과 감사를 드리게 하소서

이 해는

행복한 사람들은 불행한 이들을

건강한 사람들은 아픔을 지닌 사람들을

평안한 사람들은 외로운 가슴들을

따뜻하게 보살피는 날들이 되게 하소서

이 새로운 아침에

찬란히 떠오르는 빛으로

이 땅 사람들의 영원을 향한 소망을

이루게 하시고

이 아침의 기도가 이 땅 사람들이

오천 년을 가꾸어온 사랑과 평화로 함께하게 하소서

1월

성령 충만한 한 해가 되게 하소서

첫째 주1

참 사랑이신 하나님! 주의 인자와 성실하심으로 베풀어주시는 은혜에 감사드립니다. 또 새로운 한 해를 시작합니다. 지금까지 살아온 모든 것이 하나님 아버지의 크신 은혜입니다. 이 시간 우리 마음을 다하여 감사와 찬양을 드립니다. 올해도 아버지의 온전하신 뜻 안에서 주와 동행하는 하루하루가 되게 하옵소서.

좋으신 하나님 아버지, 이 나라와 이 민족을 긍휼히 여기사 이제는 우상숭배와 부정부패의 죄악에서 떠나게 하시고 사회의 모든 부분에서 하나님 보시기에 아름다운 열매를 맺는 한 해가 되게 하옵소서.

사랑하는 하나님! 이 땅에 세우신 교회마다 성령 충만함으로 맡겨진 사명을 충성되이 감당하게 하옵소서. 또한 세계 복음화를 위하여 애쓰는 선교사들을 붙들어주옵소서. 사탄에 매인 수많은 심령 위에 선교사의 사역을 통하여 주의 나라가 임하게 하옵소서.

거룩하신 아버지, 이 땅의 가정마다 말씀과 기도로 새로워지게 하옵소서. 그리하여 하나님을 기쁘게 하고 하나님을 영화롭게 하는 믿음의 가정들이 되게 하옵소서. 올해도 우리에게 성령님으로 충만한 삶을 허락하셔서 예배하는 삶, 기도하는 삶, 전도하는 삶을 살게 하옵소서. 선한 행실과 온유함으로 언제, 어디서든 예수님만을 존귀케 하는 저희이기를 원합니다.

이 시간 새해 첫 예배를 드리는 모든 성도에게 은혜와 평강으로 함께하시고 하나님의 말씀을 대언하는 목사님에게도 올 한 해 영육이 강건한 은혜와 성령 충만의 은혜를 허락하옵소서. 성가대와 이름도 없이 겸손히 섬기는 모든 손길과 예배를 돕는 봉사위원들에게도 하나님의 사랑과 인도하심이 함께하기를 원합니다. 영광과 찬양을 받으시기에 합당하신 우리 주 예수그리스도의 이름으로 기도합니다. 아멘!

 하나님 살아계심을 자신 있게 말할 수 있는 이유는 내가 매일 아침 그와 이야기하기 때문입니다.
_빌리 그레이엄

열매 맺는 삶이 되게 하소서
첫째 주2

전능하신 하나님! 새해 첫 주일 예배를 주님의 이름으로 드립니다. 우리의 예배가 신령과 진정으로 드려지게 하옵소서. 올해에는 주님의 교회와 성도들이 새롭게 변화되어 부흥을 경험하며 은혜로 충만하기를 원합니다. 주님의 교회에 더욱더 많은 무리가 찾아와 예배드리게 하옵소서. 모든 성도에게 주님의 사랑과 은혜를 더하셔서 맡겨주신 사명을 잘 감당하게 하시고 주님만으로 만족하는 삶을 살게 하옵소서.

구원의 주님! 이 나라 이 민족을 사랑하사 주님을 온전히 경외하고 찬양하며 전 세계에 복음을 전하는 민족이 되게 하옵소서. 남과 북, 이 민족 전체를 기억해주시고 모든 교회와 성도들과 선교사들에게 한량없는 은혜를 내려주옵소서. 이 한 해의 삶을 통하여 주님의 영광을 나타내는 저희가 되게 하소서. 날마다 주님의 온전하신 뜻을 이 땅에 이루는 주님의 일꾼으로 충성하게 하옵소서.

지금 이 시간에도 오직 한 마음으로 주님만을 바랍니다. 성령의 충만한 은혜로 임하옵소서. 주님의 은혜로 강권하여 주옵소서.

주님, 우리의 예배를 받아주옵소서. 우리의 모든 삶이 주님께 예배드리는 삶이게 하옵소서. 올해는 기도하고 찬양하며 주님의 말씀을 온전히 전하는 한 해가 되길 원합니다. 오직 기도, 오직 말씀, 오직 예수의 신앙이 되게 하옵소서. 날마다 동행해주셔서 성령의 아홉 가지 열매를 맺는 한 해가 되길 원합니다.

올해의 한 날 한 날, 한 달 한 달 보내는 시간이 결코 헛됨이 없이 열매를 맺어 영광만 나타내는 한 해가 되게 하옵소서. 오늘 드리는 이 예배를 통하여 모든 영광과 찬양을 받아주옵소서. 우리 주 예수 그리스도 이름으로 기도합니다. 아멘!

아무 데도 갈 곳 없어 막막할 때 나는 여러 번 무릎을 꿇게 됩니다. 나의 지혜와 주위 모든 것이 감당하기에 너무 벅찰 때, 나는 기도에 의지합니다.
_에이브러햄 링컨

1월

주님의 편지로 읽히는 삶이 되게 하소서
첫째 주3

천지 만물을 창조하시고 운행하시는 하나님! 하나님을 찬양합니다. 새로운 한 해가 시작되었습니다. 이 한 해가 주님과 역사 앞에 부끄럽지 않은 한 해가 되기를 원합니다. 안정 속에서 변화와 개혁이 이루어지게 하사 모든 일을 통해 주님의 영광이 나타나게 하옵소서. 하나님은 약속의 하나님이시니 모든 것을 믿고 행하는 믿음을 갖게 하옵소서.

이 땅의 모든 성도가 기도와 말씀으로 무장하여 오직 주 예수 그리스도만을 전하는 삶을 살기를 원합니다. 주님을 향한 찬양과 경배의 물결이 넘치게 하시며 주님을 사랑하듯 우리 서로서로 사랑하게 하소서. 감사하며 살아가는 저희가 되게 하옵소서. 올해도 신실히 인도하실 주님을 믿고 감사드립니다. 올해의 모든 날이 주님의 뜻을 이루게 주님과 동행하는 삶이 되게 하여 주옵소서.

우리를 사랑하시는 하나님 아버지! 우리의 삶을 주관하사 모든 날을 주님을 위하여 사용하게 하옵소서. 주님의 십자가를 자랑하며 주님의 향기를 나타냄으로 우리 삶이 주님의 편지로 읽히게 하옵소서. 저희가 하나님과 사람 앞에 진실하기를 원합니다. 정결하기를 원합니다. 언제나 주님 안에 살아가는 기쁨과 감사를 깨닫게 하옵소서. 주님의 교회와 성도들이 은혜와 평안으로 가득하기를 원합니다. 오늘도 성령 충만, 은혜 충만, 기쁨 충만하게 하옵소서.

주님으로 인해 새 생명의 기쁨이 넘치게 하옵소서. 주님으로 인해 날마다 소망을 이루는 기쁨을 누리게 하옵소서. 우리도 주님께서 베푸신 구원과 사랑을 전하는 기쁨 속에 살기를 원합니다. 주님을 사랑합니다. 모든 영광과 찬양은 언제나 주님 홀로 받아주시기를 원하옵고 예수 그리스도 이름으로 기도합니다. 아멘!

하나님은 더 많은 인내와 더 많은 경험과 더 많은 사랑과 소망을 주기 위해 우리를 '기도'라는 응접실로 초대하신다.   _세실

성령과 사랑으로 충만한 삶이 되게 하소서
둘째 주1

우리를 인도하시는 하나님! 오늘의 예배가 신령과 진정으로 드리는 산 제사이기를 원합니다.

우리 안에 먼저 그의 나라와 그의 의를 구하는 삶을 이루게 하옵소서. 날마다 믿음의 주요 온전케 하시는 예수 그리스도를 바라보며 살게 하옵소서.

온 교회와 성도들이 복음을 통하여 감동과 감격과 기쁨이 넘치는 삶, 날마다 감사하는 삶을 살기 원합니다. 또한 강하고 담대한 믿음을 주셔서 우리에게 다가오는 모든 어려움과 시련을 이겨내게 하옵시고, 주님을 사랑하게 하옵소서.

능력과 권능의 하나님! 우리에게 주님의 마음을 부어주시고, 주님의 사랑으로 충만하여 날마다 기쁨 속에 살아가게 하옵소서. 주님의 교회 각 기관을 기억하시어 부흥케 하시고 맡겨진 사명을 잘 감당하게 도와주소서.

모든 성도가 초대 교회 성도들처럼 기도와 말씀으로 무장하고 성령 충만함을 받아 강하고 담대한 믿음을 갖게 하옵소서. 모든 성도의 가정 가정마다 사랑과 은혜와 평안으로 가득 차게 하사 온 가족이 믿음으로 승리하는 가정을 이루게 하옵소서.

오늘도 말씀을 듣는 중에 주님의 은혜를 더욱더 체험하기를 원합니다. 우리 삶 속에서 날마다 주님의 뜻을 이루게 하시고 주님의 자녀다운 삶을 살아 온전히 영광을 돌리게 하옵소서. 예배드리는 모든 성도가 성령 충만함을 체험하도록 믿음 위에 믿음을 더하여주옵소서. 저희가 드리는 예배를 통하여 하나님께서 영광 받아주시고 은혜와 평안을 내려주시기를 원합니다. 주님의 뜻을 이루소서. 주님을 사랑합니다. 우리 주 예수 그리스도 이름으로 기도합니다. 아멘!

 기도 속에서 그대는 친구에게 말하듯 자연스럽게 가슴의 것들을 털어놓으라. 그 후에야 창조적이며 자유로운 하나님과 성숙한 관계에 이를 것이다.
_콥번

1월

빛과 소금의 직분을 알게 하소서

둘째 주 2

우리의 소망을 이루어주시는 하나님! 새해를 시작하게 하신 하나님께서 우리의 꿈과 비전을 이루어주실 줄 믿습니다. 그 하나님을 저희가 기뻐합니다.

우리에게 견고한 믿음을 주사 하나님이 바라시는 것이 무엇인가를 깨닫게 하시고, 그 깨달은 바를 실천하며 살게 하옵소서. 복음이 온 땅에 가득하기를 원하시는 주님, 그 뜻을 저희가 지금 있는 이 자리에서도 이루게 하옵소서. 또한 말과 환경이 낯선 곳에서 복음을 전하는 전임 선교사들을 기억하옵소서. 그들을 통해, 또한 기도와 물질로 돕는 저희를 통해 날마다 주님의 나라가 확장되고 구원받는 사람이 늘어가기를 원합니다. 교회가 부흥하며 모든 교회가 세상의 빛과 소금의 직분을 감당하게 하소서.

우리에게 믿음을 허락해주옵소서. 믿음은 바라는 것들의 실상이요 보이지 않는 것들의 증거라고 하셨으니 강하고 담대한 믿음으로 승리하는 삶을 살길 원합니다. 능력의 하나님! 우리에게 성령 충만함을 주사 믿음으로 구하고 응답받게 하옵소서. 무슨 일을 하든지 주님을 먼저 생각하게 하시고 믿음의 주요 온전케 하시는 주님만을 바라보며 살게 하옵소서.

맡겨주신 달란트를 활용함으로 잘 심고 잘 거두게 하여 주시기를 원합니다. 뿌린 대로 거둔다고 하셨으니 믿음으로 잘 뿌리고 거두게 하옵소서. 기도하고 행함으로 능력 있기를 원합니다. 요셉처럼 꿈을 갖고 살게 하시고 그 꿈을 이루게 하옵소서. 신앙의 열조들이 믿음으로 그들의 꿈을 이루어갔듯이 우리의 삶도 하나님을 향한 성실한 믿음으로 응답받는 삶이기를 원합니다. 예배를 통하여 드림의 삶을 살게 하시고 기도를 통하여 응답받는 삶을 살게 하옵소서. 오늘의 예배를 받아주심을 믿고 예수 그리스도 이름으로 기도합니다. 아멘!

 신실한 기도 속에 새로운 느낌, 새로운 의미, 새로운 용기가 주어진다. 기도는 사실, 교육이다.
_도스토예프스키

예배를 통해 주님의 기쁨을 누리게 하소서

둘째 주 3

언제나 우리를 향하여 구원을 베푸시는 하나님! 오늘도 주님 전에 나와 모든 성도와 함께 예배드리게 하시니 감사드립니다. 모든 영광을 받으옵소서. 예배를 통하여 우리가 모두 하나님의 전능하심 가운데 들어가 주님 안에서 생명을 얻은 이 큰 은혜를 새롭게 새기게 하소서. 우리가 살며 지은 모든 죄를 용서하옵소서. 생각과 행동으로, 알게 모르게 저지른 죄가 많사오니 낱낱이 주님의 보혈로 씻어주옵소서.

사랑의 하나님! 날마다 하나님의 축복 속에 살아감이 너무나 감사합니다. 오늘도 말씀을 통하여 우리가 어떻게 살기를 원하시는지 들려주시고 받은 바 말씀대로 살게 하여 주옵소서. 믿음의 열정을 갖게 하사 날마다 복음에 불붙은 가슴으로 살게 하옵소서.

이 민족을 사랑하시고 이 땅의 교회를 사랑하시는 주님! 전 세계에 파송된 선교사들의 가족과 교회 그리고 그들을 돕는 이들을 축복해주옵소서. 복음을 전하는 모든 선교단체를 기억하시고 붙들어주사 땅끝까지 복된 말씀이 들려지게 하옵소서.

구원의 하나님! 우리에게도 초대 교회 성도들처럼 성령의 은혜를 부어주옵소서. 주님의 말씀을 통하여 힘을 얻어 독수리같이 힘찬 믿음으로 살아가게 하옵소서. 우리가 여기 있사오니 우리의 인생을 사용하옵소서. 맡겨진 달란트로 남김이 있게 하옵소서. 맡겨주신 사명을 성실한 믿음으로 감당하게 하옵소서. 날마다 주님의 일을 기쁨으로 하기를 원합니다.

날마다 주님과 동행하는 기쁨, 교제하는 기쁨, 주님의 인도하심을 체험하는 기쁨 안에 거하게 하옵소서. 예배를 받아주시고, 우리를 사랑하시는 예수님의 이름으로 기도합니다. 아멘!

계속 기도하시기 바랍니다. 그리고 하나님의 응답이 당신이 기도한 것보다 더 지혜로움을 하나님께 감사하시기 바랍니다. _컬버스톤

1월

늘 새롭게 십자가 앞에 머물게 하소서
셋째 주 1

전능과 능력의 하나님 아버지! 주님의 사랑과 인도하심에 감사를 드립니다. 날마다의 삶에 은혜와 평강을 주시고 축복해주심을 찬양합니다. 이 시간 함께하시어 우리의 예배를 열납해주옵소서. 저희의 삶 전체가 주님을 향한 예배가 되기를 원합니다.

주님, 우리의 평생 동안 주님의 형상을 닮아가기 원합니다. 우리 속에 착한 일을 시작하신 주님께서 우리 삶을 거룩하게 인도하옵소서. 이 땅의 교회와 성도들을 기억하사 늘 주님의 사랑으로 능력 있게 하옵소서. 아버지의 참사랑에 거하는 은총을 주시니 감사드립니다.

말씀으로 역사하시는 하나님! 우리의 모든 죄악을 주님의 보혈로 씻어주사 용서하시고 새롭게 하옵소서. 날마다 주님의 십자가를 자랑하는 삶을 살기 원합니다. 십자가로 하나님과 화목하게 하신 그 큰 사랑을 온 영혼에 담아 날마다 전하며 살게 하옵소서. 먼저 우리로 늘 새롭게 십자가 앞에 머물게 하옵소서. 그리하여 주님의 십자가를 전하면서 살게 하소서.

오늘 전해지는 말씀대로 살아갈 수 있는 성령의 충만함을 주옵소서. 모든 성도가 다 같이 은혜받게 하옵시고, 은혜를 받은 성도로서 하나님의 자녀답게 살게 하옵소서.

주님을 영화롭게 하고자 찬양 드리는 성가대의 찬양을 기쁘게 받아주시고 말씀 전하는 목사님을 영육 간에 강건케 하여 주셔서 하나님의 말씀을 능력 있게 전하게 하옵소서. 예배드림을 통하여 성령 충만함을 입어 날마다 삶 속에서 주님을 전하기를 원합니다. 예배의 시종을 주님께 부탁드립니다. 함께 하옵소서. 사랑이 많으신 우리 구주 예수님 이름으로 기도합니다. 아멘!

교회 골방을 찾을 때까지 기도를 미룰 필요가 없다. 당신이 걷는 순간에도 하나님은 듣고 계신다.
_맥도날드

구원의 기쁨을 알게 하소서
셋째 주 2

우리를 속량하신 하나님! 골고다의 대속 제물이 되사 피 흘려 구속하셨으니 그 사랑과 그 은혜에 날마다 감사하며 살게 하옵소서. 우리의 발길이 구원의 기쁜 소식을 전하는 복된 발길이 되기를 원합니다. 저희 안에 어그러진 모습이 변화되어 주님을 닮아가며 우리 안에 비춰주신 그 빛으로 인해 주위를 밝히게 하옵소서.

오늘의 예배를 받아주시기 원합니다. 일상의 모든 것을 내려놓고 마음을 모두어 주님께로 향하기를 원하오니 받아주옵소서. 우리의 모든 죄악과 허물을 용서해주시고 주님의 은혜로 승리하는 생활이 되게 하옵소서. 이 예배가 형식적으로 드리는 예배가 아니라 주님께 드려지는 산 제사가 되기를 원합니다. 사회와 직장 그리고 가정에서도 그리스도인다운 삶으로 하나님께 영광과 찬양을 돌리게 하옵소서.

구원의 주님! 우리가 주님으로 인해 참 기쁨과 참 소망을 가지고 살게 되어 감사를 드립니다. 믿음의 선진들의 삶을 본받아서 언제 어디서나 주님 한 분만으로 만족하게 하옵소서. 우리 마음과 영혼을 사랑하시고 인도하시는 분은 주님뿐이오니 주님을 사모하며 살게 하옵소서.

사랑의 주님! 오늘도 주님 앞에 예배드리는 성도들을 축복해주시고 말씀을 전하는 목회자들을 기억하셔서 강건하게 붙잡아주옵소서. 전국 곳곳에 있는 작은 개척 교회와 농어촌 교회의 목회자와 성도들을 축복해주시며 그들이 밟는 땅이 변화되고 놀라운 은혜로 부흥하게 하옵소서. 은혜 위에 은혜를 더해주시고 부흥에 부흥을 더하여 주옵소서. 아직도 복음을 알지 못하고 듣지 못해 예배드리는 기쁨을 모르는 이들에게 복음이 전해지게 하옵소서. 그 일에 우리도 쓰이게 하옵소서. 예배를 주관하시는 우리 주 예수 그리스도 이름으로 기도합니다. 아멘!

기도는 형식이 필요 없다. 깨어지고 부서진 마음의 소리나 한숨이나 속삭임이라도 심령의 맑음과 회개함이 있다면 하늘길을 찾아낸다.   _브룩스

1월 사도행전을 이어가는 성령 충만한 교회 되게 하소서

셋째 주 3

사랑의 하나님! 주님께서 우리를 사랑하사 흘리신 보혈로 구원하셨으니 무한 감사를 드립니다. 주님의 은혜로 거룩한 무리, 성도가 되었으니 날마다 주님을 찬양하며 예배하는 기쁨을 누리게 하옵소서. 우리의 삶이 먼저 주님의 나라와 그 의를 구하는 믿음의 삶이길 원합니다. 악은 그 모양이라도 버리고 구별된 삶을 살게 하여 주옵소서. 예배의 순서를 맡은 이들에게 믿음과 성령 충만함을 주사 주님 앞에 온전한 영광과 찬양을 돌리게 하옵소서.

능력과 권능의 하나님! 이 시간 주님 앞에 모여 예배드리는 모든 교회와 성도들, 또한 전 세계에 흩어져 복음을 전하는 선교사들을 기억하시고 성령 충만을 허락해주옵소서. 주님의 교회가 선교와 구제와 봉사에 앞장서서 이 시대에 사도행전을 이어가는 성령 충만한 교회가 되게 하옵소서. 저희가 세상에서 온전히 그리스도의 편지로 읽혀지며 예수 그리스도의 향기를 나타내기 원합니다.

오늘도 전해지는 말씀 속에 주님의 음성을 듣게 하시며 우리의 삶이 진리 안에서 자유함을 누리게 하옵소서. 맡겨진 사명에 충성을 다하여 주님 앞에서는 날 잘했다 칭찬받는 성도 되게 하시고, 욕심과 욕망의 노예가 아니라 주님의 뜻 안에서 영광과 찬양을 온전히 돌리는 하나님의 자녀다운 삶을 살게 하옵소서. 예수 그리스도의 향기를 나타내는 삶을 살게 하옵소서. 주님이 필요하실 때 쓰임받는 주님의 자녀로 살게 하여 주시기를 원합니다.

오늘도 하나님을 경배하는 복된 자리로 저희를 인도하시니 감사드립니다. 다시금 기도하오니 신령과 진정으로 예배드리게 하옵소서. 우리 주 예수 그리스도 이름으로 기도합니다. 아멘!

어떤 이는 하나님께 자주 기도함이 성가심을 끼치는 줄로 생각한다. 그러나 오히려 하나님은 기도하지 않는 사람으로 인해 애태움을 받으신다.
_무디

빛과 소금이 되게 하소서
넷째 주 1

 우리를 회복시키시는 하나님! 빛이신 하나님께서 우리 심령에 성령으로 함께하시니 감사드립니다. 세상의 빛과 소금이 되라 하셨으니 우리의 삶을 통하여 주님의 뜻이 이루어지기를 원합니다. 늘 부족하고 연약한 저희지만 약할 때 강함이 되시는 깊은 은혜 속에 하나님이 행하시고 이루신 일들을 보게 하시고, 많은 이와 함께 주님을 높이게 하옵소서.

주님, 저희가 올해는 더욱더 성실한 믿음으로 맡기신 일을 감당하기 원합니다. 모두가 전도에 열과 성을 내게 하시고 불우한 이웃에게 사랑의 나눔을 통하여 주님의 마음을 전달하게 하옵소서. 우리의 죽은 믿음, 형식적인 믿음이 살아 움직이는 믿음으로, 행동하는 믿음으로 바뀌길 원합니다. 하나님께서 우리를 이끄사 믿음의 자녀답게 살게 하옵소서.

사랑의 하나님! 교회 모든 직분자를 기억하셔서 맡은 일에 끝까지 성실하게 하옵소서. 맡은 자의 구할 것은 충성이라 하셨으니 최선을 다하게 하옵소서. 모든 열정을 다 쏟아 주님의 일을 하게 하소서. 믿음 있는 자답게 강하고 힘 있게 살아가게 하옵소서. 믿음의 장부로 날마다 승리하는 삶을 살게 하옵소서. 예수 그리스도를 믿는 기쁨을 체험하며 전하게 하여 주옵소서.

주님의 교회가 세운 올해 목회 계획들이 차질 없이 잘 이루어지길 원합니다. 온 성도가 한 마음, 한 믿음, 한 사랑으로 주님을 섬기게 하옵소서. 우리 각자가 맡은 일에 충성을 다함으로 하나님 보시기에 아름다운 교회가 되게 하시고 세상 사람들이 오고 싶어 하는 교회가 되게 하옵소서. 보다 많은 이가 주님 앞에 나오는 놀라운 부흥의 역사가 일어나기를 원합니다. 하나님, 우리에게 믿음을 주옵소서. 능력을 주옵소서. 성령 충만함으로 늘 구원의 기쁨을 누리게 하옵소서. 가장 좋은 친구 되신 예수 그리스도 이름으로 기도합니다. 아멘!

기도할 때 모든 일이 하나님께만 달려 있다 생각하고 기도하시기 바랍니다.
일할 때는 모든 일이 자신에게 달려 있다고 생각하며 일하시기 바랍니다.
_히포

1월

사랑과 나눔의 삶을 주소서
넷째 주 2

우리를 죄악에서 구원하신 하나님! 성령의 은혜로 우리의 죄악을 씻어주사 전심으로 주님을 사랑하게 하옵소서. 우리에게 생명을 주시고 오늘도 주님의 전에 불러주사 예배드리게 하시니 감사드립니다. 말씀을 통하여 주님께서 주시는 은총을 깨닫게 하옵소서. 또한 주님의 마음으로 사랑하고 교제하며 새 생명의 은혜를 더욱더 체험케 하옵소서.

날마다 주님을 닮아가며 제자로의 초청에 순종하게 하옵소서. 주님을 본받아 사랑하고 베푸는 삶이 되게 하옵소서. 우리에게 성령 충만함을 주시고 반석 위에 세운 믿음으로 온 세상에 주님의 진리를 전하며 살게 하옵소서. 주님을 본받아 거룩하고 진실하고 정직하게 하옵소서. 모든 일을 믿음으로, 기도와 사랑으로 행하게 하시고 모든 가정마다 축복하여주사 사랑과 평안이 가득하게 하옵소서. 주님께서 허락한 은혜를 누리게 하옵소서. 우리 마음을 다 아시는 주님, 저희 맘에 두신 꿈과 비전이 주님의 뜻에 합당하게 하시고 주님 뜻대로 이루어주옵소서.

사랑의 주님! 우리가 주님께서 언제나 쓰실 수 있는 그릇이 되게 하옵소서. 우리의 그릇이 주님의 보혈로 깨끗이 씻어지게 하사 주님이 주시는 은혜와 사랑을 듬뿍 받아 차고 넘치게 하여 주시기를 원합니다. 주님의 은혜가 늘 충만하기를 원합니다. 그리하여서 주께서 쓰시기에 편한 그릇 되길 원합니다. 우리가 행하는 모든 일이 주님의 마음을 흡족하게 하길 원합니다. 병들고 환란당한 이들에게 주님의 자비로운 손길이 안위하시고, 언제나 주님을 소망하며 살게 하옵소서. 오늘도 예배를 통하여 주님의 사랑을 깨닫고, 그 사랑을 삶 속에 흘려보내며 살기를 소원하며 우리 주 예수 그리스도 이름으로 기도합니다. 아멘!

 기도해보지 않은 사람은 기도의 맛을 모른다. 기도와 함께 주님과의 사귐이 삶을 변화시킨다.
_타나

주님의 도구가 되게 하소서
넷째 주 3

예수 그리스도를 통하여 우리를 구원하신 하나님! 오늘도 예수 그리스도의 피 흘리심으로 구원받은 우리가 주님 이름으로 모여 하나님께 예배드리게 하심을 감사드립니다. 새 생명을 얻었사오니 하나님의 자녀답게 세상의 빛이 되어 살게 하옵소서. 무엇을 하든지 먼저 그 나라와 그 의를 구하게 하시고 언제나 하나님의 인도하심과 하나님의 뜻을 생각하게 하옵소서. 우리의 삶이 우리의 생활이 주님의 복음을 전하는 선교의 도구가 되기를 원합니다. 주님의 사랑을 전하는 도구가 되기를 원합니다. 오늘도 예배드림을 통하여 우리를 새롭게 하여 주시고 성령 충만하게 하여 주시기를 원합니다. 우리가 삶 속에서 죄와 유혹의 위험에 빠지지 않게 하여 주시고 욕심과 욕망의 노예가 되지 않게 하옵소서. 날마다 주님의 은혜로 살아 주님께서 원하시는 삶을 살아가게 하옵소서.

전능하신 하나님! 우리 모습이 언제나 부족하오니 거룩한 성령의 은혜로 함께하사 모든 허물과 죄악을 씻어주시고 새롭게 하여 주옵소서. 저희를 불쌍히 여겨주사 은혜를 내려주옵소서. 우리가 성도로서 제대로 행하지 못하고 산 적이 너무나 많았사오니 이제부터는 기도와 말씀으로 무장하여 주님의 일에 더욱더 헌신하며 살게 하옵소서.

오늘 모인 모든 성도가 목사님을 통하여 전해지는 주님의 말씀을 듣고 변화되어 삶에 기쁨과 소망을 가지고 살게 하옵소서. 성도들이 하는 사업이 주님의 뜻에 합당하게 주님의 축복을 받아 주님의 일을 하기에 부족함이 없게 하여 주옵소서.

이 나라와 이 민족이 주님 앞에 온전히 나와 예배드리게 하시고 죄악에서 떠나는 민족이 되게 하옵소서. 교회와 성도들을 인도해주옵소서. 주님께서 함께하심을 믿고 우리 주 예수 그리스도 이름으로 기도합니다.

하나님께서는 우리를 보다 나은 존재로 만드시기 위해 종종 시련을 도구로 이용하시기도 한다. _비처

당신은 그분을 만나보셨습니까

_용혜원

당신은 그분을 만나보셨습니까

늘 우리 곁에 한 사람의 얼굴로

다가와서는 기쁨으로 가득 채우는

그분을 만나보셨습니까

소문을 내지 않아도 소문나던 분

가난한 이들과 외로운 이들을

가까이 하시던

그분의 손길은 사랑이었습니다

우리의 삶 속에

텅 빈 것 같은 공허감을 느끼며

일생의 결국이 온다면

얼마나 외롭겠습니까

당신은 그분을 만나보셨습니까

온유한 모습으로 찾아와

나는 길이요, 진리요, 생명이라

말씀하시는 이

당신은 예수를 만나보셨습니까

2월

선교사들을 위하여 기도하게 하소서
첫째 주1

우리의 기도를 들어주시는 하나님! 우리의 삶이 기도하는 삶이기를 원합니다. 우리의 첫 목소리를, 마음을, 하루의 모든 일과를 먼저 하나님께 올려드리며, 매일매일 기도를 통하여 응답받고 변화되게 하옵소서. 무릎 꿇고 귀 기울일 때마다 하나님의 마음을 알려주옵소서.

이 시간 선교사들을 위하여 기도합니다. 사역하는 선교 지역에 복음을 온전히 전할 수 있는 여건이 마련되게 하옵소서. 정부나 지역 사람들과의 관계에서도 주님께서 간섭하셔서 방해와 위협 없이 복음을 전할 수 있도록 교회들을 기억하여주시고 그곳의 성도들을 지켜주시기 원합니다. 선교사님과 가족들이 생활하기에 부족함이 없도록 영육이 강건하게 하옵소서.

사랑의 하나님! 선교사들 간의 관계가 사랑과 용서와 협력의 관계로 이루어지길 원합니다. 화목을 통하여 하나님께 영광과 찬양을 돌릴 수 있도록 주님의 사랑의 띠로 하나가 되게 하옵소서. 선교사들이 사역하는 나라와 지역마다 현지인 목회자들이 세워지게 하시고 그들을 통하여 자기 민족들에게 복음이 효과적으로 증거되길 원합니다. 선교지 곳곳에서 일어나는 영적 전쟁에서 승리할 수 있도록 성령 충만함을 주시고 예수님 이름으로 모든 어려움을 이겨내게 하옵소서. 만군의 여호와, 아버지가 우리 대장되심을 기억하오니 인도해주시기를 원합니다.

미전도 종족들에게 성경이 전달될 수 있도록 그들의 언어로 성경이 번역되게 하여 주시고 선교사들을 온전히 후원할 수 있는 길이 열리게 하사 선교하는 데 불편함이 없도록 인도하옵소서. 선교사들을 위한 기도가 날마다 계속되기를 원합니다. 그리하여 모든 민족과 모든 육체가 주님을 바라보기를 우리 주 예수 그리스도 이름으로 기도합니다. 아멘!

기도는 위기에 처한 우리가 해야 할 가장 진지한 일이다.
_바운즈

사랑을 나누는 삶을 주소서
첫째 주2

예수 그리스도로 우리를 구원하신 하나님! 우리 삶이 주님을 본받게 하옵소서. 언제나 하나님의 뜻대로 하나님이 원하시는 삶을 살 수 있는 믿음의 담력을 주옵소서.

나약하고 병들고 소외된 이웃에게 우리도 주님처럼 사랑을 나누기 원합니다. 그들을 위하여 시간과 물질로 섬기고 도움으로 하나님의 사랑을 전하게 하옵소서. 주님이 모든 것을 기도로 시작하시고 기도로 마치신 것처럼 우리의 삶도 기도로 이루어가게 하옵소서. 주님을 닮아가는 삶을 살아갈 수 있도록 우리를 인도해주시기를 원합니다. 우리가 강하고 바른 믿음으로 모든 일을 긍정적으로 바라보며 에스더처럼 극한 상황에서도 죽으면 죽으리라는 절대 믿음으로 살기를 원합니다. 하나님께서 항상 성령으로 함께하옵소서.

능력의 하나님! 예수 그리스도, 우리 주님께서 심령이 가난한 복을 사모하게 하셨으니 우리의 심령을 가난하게 하사 천국을 소유하는 믿음을 갖게 하옵소서. 이웃을 위하여 도고와 간구를 드리고, 헌신과 봉사의 삶을 통하여 복음을 전하기에 부족함이 없도록 인도하옵소서. 이 세상에는 실패와 낙망으로 소망 없는 불쌍한 이웃이 너무나 많사오니 혼자만 행복하려는 이기심을 버리게 하시고 주님처럼 이웃을 내 몸같이 사랑하게 하옵소서.

우리의 삶이 언제나 주님을 닮아가게 하옵소서. 우리 모습도 주님의 형상을 나타내기를 원합니다. 그리하여 우리 이웃의 모습에서 주님을 만나기를 원합니다. 우리의 행함 속에서 주님을 증거하게 하시고 사랑 속에 주님을 나타내게 하여 주시기를 원합니다. 우리의 소망이 되시는 우리 주 예수 그리스도 이름으로 기도합니다. 아멘!

 기도는 시내 관광 여행을 위한 산뜻한 세단이 아니다. 기도는 창고로 직행하여 집으로 돌아오는 화물차다.
_존 R. 라이스

2월

새롭게 하소서
첫째 주 3

태초부터 영원까지 함께하시는 하나님! 이 거룩한 주일에 우리의 발길을 인도하사 하나님 앞에 불러주시니 감사드립니다. 함께 예배드리는 모든 성도를 살피사 은혜와 사랑으로 새롭게 하옵소서. 지난 주간 삶 속에서 지은 죄와 주님을 떠나 행한 모든 일을 주님께서 아시니 용서해주시고 새롭게 하시는 은혜를 심령에 충만히 받게 하옵소서. 십자가의 보혈로 우리를 씻어주사 정결하게 하실 주님을 의뢰합니다.

주님, 저희 교회 목사님과 온 성도가 예수 그리스도의 이름으로 한마음 한뜻 되어 복음을 전하는 일에 진력하게 하옵소서. 주님이 원하시는 대로 사명을 잘 감당하는 교회가 되기를 원합니다. 당회와 남전도회, 여전도회, 청년회, 학생회, 주일학교 모든 기관이 이 시대에 쓰임 받게 하옵소서.

권능의 주님! 이 나라 곳곳에 만연한 부정과 부패가 사라지게 하시고 순결한 마음으로 주님을 바라보며 섬기는 민족이 되게 하옵소서. 음란과 퇴폐 문화가 무너지며 이 땅에 회복을 주옵소서. 모두 다 하늘의 하나님을 경외하며 살게 되기를 원합니다. 예배드리는 성도들의 소원과 갈망을 아시는 주님께서 응답해주시기를 원합니다.

주님의 크고 부드러운 손을 펴사 성도들의 마음을 살펴주시고, 강하고 담대한 믿음을 주사 늘 새롭게 하옵소서. 천국의 아름다움을 지상에서 체험하며 소망 가운데 살게 하옵소서. 이 시간 설교하는 목사님을 붙잡아주시고 모든 성가대원에게 주님의 은혜와 사랑으로 덧입혀주셔서 아름다운 곡조로 주님을 영화롭게 높이게 하옵소서. 예배 순서를 맡은 이들과 모든 성도가 주님의 십자가 아래서 우리를 사랑하시되 죽기까지 사랑하신 그 측량 못할 사랑 아래 깊이 잠기게 하옵소서. 우리 주 예수 그리스도 이름으로 기도합니다. 아멘!

 나는 기도의 필요성을 여러 번 절실히 느꼈다. 왜냐하면 나 자신의 지혜 또는 내 주위에서 얻을 수 있는 지혜로는 불충분하기 때문이다. _링컨

날마다 찬양하는 삶이 되게 하소서
둘째 주1

사랑의 하나님! 이 거룩한 주일에 주님을 찬양합니다. 우리의 예배가 하나님께서 기뻐하시는 순종의 예배가 되게 하옵소서.

빛 되신 주님께서 우리의 갈 길을 밝혀주시고, 길 되신 주님을 좇아 진리 안에 살게 하여 주옵소서. 이 나라 이 민족을 기억하시고 주님의 교회와 성도들을 축복하옵소서. 우리로 하여금 감사하고 기뻐하며 기도하는 삶을 살게 하여 주시기를 원합니다. 우리 마음과 입으로 예수를 주라 고백하게 하옵소서. 또한 전하게 하옵소서.

주님의 은혜로 새 생명을 얻었사오니 모든 영광을 주님께만 돌리며 살게 하옵소서. 날마다 주님을 닮아가며 주님의 뜻을 따라 원하시는 삶을 살게 하옵소서. 오직 예수 신앙으로 전진하는 믿음을 갖고 살아가게 하옵소서.

구원의 하나님! 주님의 교회를 기억하사 부흥에 부흥을 더하여주옵소서. 더욱 많은 이들이 구원받아 주님을 예배하게 하옵소서. 우리가 이 일에 동참케 하옵소서. 우리가 주님의 이름으로 구원받았사오니 날마다 주님의 이름을 자랑하며 살기를 원합니다. 주님께서 이 땅에 허락하신 은혜를 우리가 모두 누리게 하옵소서. 주님 안에서 날마다 성령의 열매를 맺게 하시고 그 열매로 하나님을 영화롭게 하는 저희 되게 하옵소서. 우리의 모든 죄를 용서하시고 영적 능력을 회복시켜주서서 복음의 능력 안에서 살게 하소서. 기도의 능력을 주옵소서. 오직 믿음으로만 살게 하옵소서. 주님의 사랑으로 우리를 친 백성 삼으셨으니 소망 가운데 날마다 넘치는 기쁨으로 살기를 원합니다.

오늘의 예배가 신령과 진정으로 드려지게 하사 온전히 하나님만을 찬양하며 경배하게 하옵소서. 하나님의 손길이 우리와 함께하시기를 원하며 우리 주 예수 그리스도 이름으로 기도합니다. 아멘!

만일 내가 기도하기를 하루 게을리한다면 내 능력 상실을 자각하게 될 것이다. 또 기도하기를 이틀 게을리하면 내 능력 상실을 다른 이들이 느낄 것이며, 기도하기를 사흘 게을리하면 세상이 내 능력 상실을 알게 될 것이다.
_피니

2월

체험 있는 믿음을 주소서

둘째 주2

천지 만물을 창조하시고 인도하시는 하나님! 우리를 사랑하시고 보살펴주시니 감사드립니다. 저희를 하나님의 형상대로 창조하셨으니 날마다 주님을 닮아가게 하옵소서. 우리가 알고 지은 죄와 모르고 지은 죄, 그리고 생각으로 지은 죄까지, 모든 죄를 용서해주소서.

하나님께 예배드리는 이 시간 성령과 믿음으로 충만케 하시며, 예배드림을 통한 기쁨과 은혜로 살아가게 하옵소서. 날마다 죄악으로 치닫고 있는 이 백성을 불쌍히 여겨주사 모든 성도가 믿음의 정병이 되어 주님의 복음대로 살 수 있게 하옵소서. 온갖 시련과 고통 속에서도 열정적인 믿음, 확신 있는 믿음의 삶을 살았던 초대 교회 성도들의 삶을 본받기 원합니다. 오늘 예배 중에 모든 성도가 성령 충만함을 체험하여 복음을 간증하는 삶을 살게 하옵소서.

사랑의 주님! 우리의 삶 속에서 하나님의 살아 계심을 체험하기를 원합니다. 우리의 믿음이 체험적 믿음이 되어 좌로도 우로도 흔들리지 않도록 견고하게 하옵소서. 교회에서 파송되어 간 선교사들의 삶을 인도해주옵소서. 그들의 교회와 성도와 가족에게 건강을 주시고, 그 삶 전반에 하나님께서 함께해주시기를 원합니다. 아직도 복음의 기쁨, 구원의 기쁨을 모르는 미전도 종족에게까지 복음이 속히 전해지게 하옵소서.

이 나라 이 민족이 하나님 앞에 바로 서게 하여 주시고 하나님을 두려워할 줄 알아 죄에서 돌이키게 하옵소서. 우리 교회의 주인은 언제나 주님이 되어주사 모든 일이 주님께 영광과 찬양을 돌리게 하옵소서. 성도들이 모이면 기도하게 하여 주시고 흩어지면 복음을 전하게 하여 주옵소서. 오늘도 목사님 전하는 말씀에 귀 기울이며 들은 말씀을 통해 변화를 받아 삶에 적용하게 하옵소서. 우리 주 예수 그리스도 이름으로 기도합니다. 아멘!

 기도는 하나님으로 하여금 일하시게 한다.
_이 엠 바운즈

십자가를 실천하는 삶이 되게 하소서
둘째 주3

하나님! 우리가 늘 주님의 말씀과 주님의 뜻에 순종하며 살기를 원합니다. 순종이 제사보다 낫다고 하셨으니 하나님이 원하시는 삶을 살게 하옵소서. 우리의 연약함을 강하게 하여 주시고 주님을 온전히 따르게 하옵소서. 날마다 십자가를 지고 나 자신을 부인하며 주님을 따르게 하옵소서. 주님의 말씀 아래 복종케 하옵소서. 주님을 영접함으로 하나님의 자녀가 되었으니 주님을 시인하고 고백하며 전하는 삶을 살기 원합니다. 입술로만 고백하는 형식과 허울만의 그리스도인이 아니라 그리스도인다운 실천의 삶을 살게 하옵소서.

주님의 엄청난 사랑과 은총으로 구원받았으니 우리도 그 복음 전하기를 원합니다. 구원의 소중함을 알았으니 소중하게 전하게 하옵소서. 땀과 피로써 전하게 하소서.

권능의 하나님! 주님께서 십자가를 지심으로 우리를 구원하신 것처럼 우리도 이 시대의 아픔을 가슴에 안고 기도하기를 원합니다. 날마다 언제 어디서나 십자가를 지는 삶이 되게 하옵소서. 어려운 일, 힘든 일을 피하여 살아가는 것이 아니라 모든 것을 감당할 수 있는 힘과 능력과 믿음 주시기를 원합니다.

우리 삶이 예배를 통하여 기도를 통하여 헌신을 통하여 주님의 영광을 나타내기 원합니다. 우리에게 예배드리는 기쁨을 허락하시고 항상 함께하시는 하나님의 섭리하심과 인도하심을 확신하게 하옵소서. 사도 바울과 같이 예수님을 드러내는 삶을 살기 원합니다. 모든 것이 하나님의 사랑이요 축복이니 무한 감사를 드립니다. 오늘의 예배를 통하여 영광과 찬양을 받아주옵소서. 친히 낮아지신 우리 구주 예수님 이름으로 기도합니다. 아멘!

 기도는 영혼의 성실한 욕망이요, 가슴속에서 떨고 있는 숨겨진 불꽃의 운동이다.
_몽고메리

2월

화목을 이루는 삶이 되게 하소서
셋째 주1

  찬송과 영광을 세세 무궁토록 받으시기에 합당하신 하나님! 하늘 영광을 버리고 이 땅에 오신 주님의 고난을 생각하며 무한 감사를 드립니다. 부족한 이 죄인의 허물을 사하시려 십자가에 달리신 주님! 우리의 죄, 우리의 허물, 우리의 고집을 용서하옵소서. 여기 주님 앞에 이 죄인이 왔사오니 주여 받아주사 주님의 품 안에 안아주옵소서.

  이 땅의 수많은 언어 중에 사랑의 언어를 주신 주님, 그 사랑을 우리의 입으로만이 아니라 행동으로도 전하게 하옵소서. 우리의 생활 속에서 주님의 모습을 나타내게 하사 예수 그리스도, 우리 주님의 편지로 읽혀지는 삶을 살게 하옵소서. 오늘의 예배를 신령과 진정으로 드리게 하시고 우리가 순종과 겸손으로 주님과 성도들을 섬기게 하옵소서. 주님께 순종하게 하옵소서.

  사랑의 하나님! 맡은 자가 구할 것은 오직 충성뿐이오니 주님의 자녀로서 부족함이 없도록 인도하옵소서. 우리 주님 안에서 하나님과 화목을 이루게 되었사오니 성도와 성도 사이에도 우리 이웃들과도 화목을 온전히 이루게 하옵소서. 주님께서 사랑으로 함께하시고 은혜와 평안을 누리게 하시니 감사드립니다. 주님의 권세 있는 이름을 통하여 주님의 뜻을 이루고 거룩하신 주님께만 영광을 돌리게 하옵소서.

  주 안에서 이 땅에 허락하신 축복을 누리며 살게 하심을 감사드립니다. 이 민족이 기도하는 민족, 말씀대로 사는 민족이 되게 하옵소서. 또한 온전히 찬양하는 민족이 되기를 원합니다. 우리 주님으로 말미암아 성령 충만하게 하옵소서. 교회마다 지역사회에서 살아 있는 복음을 능력 있게 전하게 하옵소서. 우리 주님 다시 오시는 길을 온전히 예비하는 성도가 되기를 원합니다. 우리의 삶이 사나 죽으나 주의 것이 되게 하옵소서. 모든 것을 주님께 맡깁니다. 우리 주 예수 그리스도 이름으로 기도합니다. 아멘!

나는 전쟁 중에도 매일 성경을 읽고 기도를 했다.
_마이크 클라크

순종하는 삶이 되게 하소서
셋째 주2

만왕의 왕 되시는 하나님! 영광과 찬양을 홀로 받으옵소서. 지난 주간에도 우리와 함께하심으로 풍족한 은혜를 주셨사오니 감사드립니다. 우리 삶을 주의 자비로운 손길로 인도하시니 그 무한한 사랑에 감사를 드립니다. 교회의 머리가 되시고 친히 피로 값 주어 사신 주님! 모든 영광과 찬양을 홀로 받아주옵소서.

우리가 주님의 자녀로서 날마다 믿음을 지키며 살게 하옵소서. 이 시대에 맡겨주신 사명을 주님의 교회가 감당할 수 있도록 모든 성도가 주님의 몸된 교회에서 충성스럽게 헌신하게 하옵소서. 오늘도 드려지는 이 예배를 통하여 주님께서 주시는 은혜를 받길 원합니다. 선포되는 주님의 말씀을 깨닫게 하사 우리 삶을 돌아보게 하시고 늘 부족하고 연약하오니 주님의 크신 사랑과 평안으로 인도하옵소서.

구원의 주님! 세상을 향한 욕심을 끊고 오직 주님이 원하시는 성도의 삶을 살아가는 저희들 되게 하옵소서. 날마다 나 자신을 부인하고 십자가를 지고 주님을 따라 살기 원합니다. 쓸데없는 고집과 아집 속에서 주님의 뜻을 어기는 삶이 아니라 언제나 기도함으로 주님의 뜻에 순종하게 하옵소서.

가족과 이웃을 주님의 마음으로 사랑하게 도와주시고 성도들에게도 먼저 주님의 사랑으로 다가가게 하옵소서. 교회에서도 우리 스스로 할 일을 찾아 할 수 있는 믿음을 주옵소서. 주님께서 우리에게 맡겨주신 사명을 감당하기 원합니다. 세상의 부귀와 명예와 권세를 탐하지 말게 하시고 주님이 주시는 은혜 속에 기뻐하며 살게 하여 주옵소서. 우리의 삶을 목자 되신 주님께서 인도해주시기를 원합니다. 오늘의 예배드림 중에도 우리 마음이 성령의 도우심으로 말씀과 은혜로 충만하게 하옵소서. 영광 받아주시기를 원하오며 존귀하신 예수님의 이름으로 기도합니다. 아멘!

기도하지 않아도 될 만큼 작은 짐은 없다. 그리고 너무 커서 기도해도 소용이 없을 문제는 없다.
_페트릭

2월

언약을 성취하시는 은혜를 주소서
셋째 주3

사랑의 하나님! 봄이 오고 있습니다. 이 땅의 모든 그리스도인의 마음에도 삶에도 봄이 오게 하여 주시기를 원합니다. 온 세상을 모두 다 뒤덮은 초록빛 봄처럼, 온 세상을 꽃으로 피어나게 하는 봄처럼, 예수 그리스도의 복음으로 온 세상에 생명을 피우는 그리스도인이 되게 하여 주옵소서.

봄이 오고 있습니다. 새 생명의 움트는 소리가 들리는 듯합니다. 이 땅의 모든 그리스도인의 심장이 예수 그리스도의 심장으로 고동치게 하옵소서. 말만 하고 행함이 없는 그리스도인이 아니라 행함이 있는 그리스도인으로서 하늘과 땅에 부끄러움이 없는 삶을 살게 하옵소서. 오직 그날 주님의 날이 가까울수록 경성하여 깨어 있게 하옵소서. 봄비에 자라는 나무처럼 성령의 이른 비와 늦은 비를 통하여 우리 믿음도 성장하게 하여 주시기를 원합니다. 주님 보시기에 아름다운 열매 맺기를 원하오니, 주여! 우리와 함께해 주옵소서.

은혜와 사랑으로 함께하시는 하나님! "여호와를 기뻐하라 저가 네 마음의 소원을 이루어주시리라"고 말씀하신 것을 기억합니다. 우리가 하나님을 기뻐합니다. 주님이 기뻐하시는 그 일이 저희에게도 기쁨이 됩니다. 주님 뜻대로 살게 하옵소서.

우리를 사랑하사 삶의 시작부터 끝까지 약속하신 모든 것을 성취하신 주님께 감사드립니다. 우리 삶이 예수 그리스도를 닮아 이웃을 사랑하고 기쁨과 평강을 함께 나누는 믿음의 생활로 본이 되게 하옵소서. 우리 삶의 모든 것을 아뢰고 어떠한 일이든지 주님과 함께 행하게 하옵소서. 오직 예수 그리스도를 아는 지식으로 승리하는 삶이 되게 하옵소서. 예배를 받아주옵소서. 피난처 되시는 예수님 이름으로 기도합니다. 아멘!

기도를 안 하는 자는 하나님을 속이는 자가 아니다. 자신을 기만하는 자이다.
_훼링

겸손하게 하소서
넷째 주1

천지 만물을 창조하시고 운행하시는 하나님! 오늘도 예배드리게 하여 주시고 성도들을 대표하여 기도할 수 있는 은혜를 베풀어주시니 감사드립니다. 주님께서 목자가 되시어 우리 삶을 인도하시니 모든 것을 주님께 맡기며 살아갈 수 있는 믿음을 주옵소서.

지난 주간도 잘못 행한 모든 죄를 용서하여주사 이 시간 정결한 마음으로 예배드리게 하옵소서. 주님의 말씀은 진리이오니 주님의 말씀에 순종하며 살게 하시고 날마다 말씀을 묵상하고 기도함으로 주님의 섭리를 깨닫게 하옵소서.

우리의 모습과 삶이 주님의 형상과 주님의 삶을 본받아 온유하고 겸손하기를 원합니다. 교만하거나 오만하여서 주님의 영광을 가리는 삶이 아니라 낮아지고 겸손하여서 주님의 자녀답게 살기를 원합니다.

사랑의 하나님! 이 시간 단에서 말씀을 전하는 목사님의 영육을 붙잡아주옵소서. 언제나 성도들에게 말씀을 전하고자 마음을 다하는 목사님에게 성령 충만을 허락하여주사 힘 있고 능력 있게 하나님 말씀을 전하게 하옵소서. 성도를 양육함에 부족함이 없도록 주님의 지혜와 지식과 능력과 권세를 허락해주시기를 원합니다.

찬양을 드리기 위하여 늘 준비하는 성가대 지휘자와 성가대원들에게도 주님의 은혜와 축복으로 함께하옵소서. 교회의 곳곳에서 눈에 띄지 않게 사랑과 봉사를 아끼지 않는 성도들을 축복해주시기를 원합니다. 이 시간 한 사람도 은혜받지 못하는 성도 없이 다 같은 은혜로 충만케 하옵소서.

예배드리러 올 때 어두웠던 모습도 주님의 은혜와 사랑으로 밝아지게 하시고 기쁨으로 충만케 하옵소서. 이 예배 속에 주님의 은혜가 가득하기를 원합니다. 우리를 속량하신 예수 그리스도 이름으로 기도합니다. 아멘!

쉬운 인생을 기도하지 말기 바랍니다. 강한 자가 되기 위하여 기도하시기 바랍니다. 자신의 능력에 맞는 일감을 달라고 기도하지 말고 일감에 맞는 능력을 갖기를 기도하시기 바랍니다. _브룩스

2월

온전한 믿음의 삶을 살게 하소서
넷째 주2

권능의 하나님! 이 거룩한 주일에 주님 전에 나와 예배드리게 하심을 감사드립니다. 우리 마음과 생각과 모든 움직임을 멈추고 주님께 굴복하오니 우리의 죄악을 씻어주신 주님께 온전한 예배를 드리게 하옵소서. 주님께서 우리를 사랑함같이 우리도 주님을 사랑할 수 있는 믿음을 주소서. 말씀 전하는 목사님에게 성령으로 충만하게 하사 듣는 저희도 성령 충만함 속에서 변화 받게 하옵소서. 성가대의 찬양을 받아주시고 모든 성가대원에게 주님을 찬양하는 기쁨을 허락해주시기를 원합니다. 주님의 교회 모든 장로님과 권사님 그리고 아이들에 이르기까지 은혜를 충만히 받게 하옵소서. 주님의 능력으로 함께하옵소서.

사랑의 하나님! 이 시간 여러 가지 병에 들어 힘들고 나약하여 함께 예배드리지 못하는 성도들을 주님의 능력으로 치료하사 모두 동참할 수 있는 은혜를 주옵소서. 아직 믿음이 연약하여 온전히 성수하지 못하는 이들에게 믿음에 믿음을 더하여주사 주님을 온전히 섬기는 기쁨을 누리게 하옵소서. 해외에 출타 중인 성도들에게 함께해주시고 각가지 사유로 예배드리지 못하는 성도들에게도 주님의 은혜와 평강이 함께하시기를 원합니다.

구원의 주님! 주님의 교회가 계획하고 기도하는 일에 응답해주시고 모든 성도가 이 땅에서 온전한 믿음의 삶을 살게 하옵소서. 교회의 기관마다 놀라운 부흥이 일어나기를 원합니다. 하나님의 사람들이 세워지게 하옵소서. 이 시간 예배의 처음과 끝을 주님께서 인도하시며 모든 영광을 홀로 받아주시기를 원합니다. 모든 이들이 주님의 변함없는 사랑으로 충만케 하옵소서. 참으로 겸손하신 예수 그리스도 이름으로 기도합니다. 아멘!

 기분에 따라 기도하지 말고 주님과 약속된 기도 시간을 잘 지키시기 바랍니다.   _봄

기쁨과 감사의 삶을 살게 하소서
넷째 주3

은혜와 사랑이 충만하신 하나님! 이 거룩한 주일에 주님 앞에 나와 성도들과 함께 예배드리게 하심을 감사드립니다. 우리 마음을 합하여 온전히 예배드리기를 원하오니 받아주옵소서.

주님, 저희가 부족하여 죄악 속에 살 때가 많습니다. 불쌍히 여겨주사 성령의 인도하심으로 승리하게 하옵소서. 지난 주간 주님의 사랑 안에 보호하신 은혜에 무한 감사드립니다. 우리에게 아직 고백하지 못한 죄악이 있으면 보혈로 씻어주옵소서. 이 시간 기도하오니 우리의 모든 허물과 더러움을 용서하여주사 진리 안에 자유하게 하옵소서. 우리에게 힘과 용기를 허락하시어 강하고 담대한 믿음으로 살아가게 하옵소서. 우리의 삶이 항상 기뻐하며 범사에 감사하며 기도하는 삶이 되게 하옵소서.

거룩하신 하나님! 오늘도 주님의 말씀을 마음 깊이 새기게 하사 이 거룩한 주일이 복된 날이 되게 하옵소서. 우리에게 할 일을 허락하신 주님! 이 나라와 이 민족 그리고 교회와 가정과 일터 속에서 맡겨주신 사명을 감당하여 주님의 자녀로서 세상의 빛과 소금의 직분을 감당하게 하옵소서. 우리가 주님의 보혈로 구원받았다는 그 사실 하나만으로도 살아갈 이유, 행복의 이유가 되게 하옵소서. 지금도 하나님의 보좌 우편에서 우리를 위하여 기도하시는 주님을 생각하면 기쁨과 감격이 넘칩니다. 우리의 이름이 하늘나라 생명책에 기록되게 하심을 감사드립니다. 우리의 이름을 손바닥에 새김같이 기억하시는 주님을 생각하며 늘 기쁨으로 살게 하옵소서.

성령 하나님, 오늘 말씀 전하는 목사님을 붙들어주셔서 전하는 이와 듣는 이가 다 복되게 하옵소서. 오늘도 주님의 사랑을 받게 하심을 감사드립니다. 이 예배를 받아주옵소서. 그렇게 하실 주님을 찬양하며 우리 주 예수 그리스도 이름으로 기도합니다. 아멘!

재단사가 옷을 만들고 수선공이 구두를 고침이 주 업무라면 그리스도인의 주 업무는, 기도입니다.
_마틴 루터

그때

_용혜원

그때

나는 당신께 무엇을 드릴까요

살아온 길을 뒤돌아보면

눈물밖에 드릴 것이 없는데

당신이

나를 사랑한다는 그 말씀

엄청난 은총에

평생을 나눔이 되고자 합니다

나의 삶 동안

한 발자국 한 발자국

걸어 설 때마다

사랑을 간직하게 하소서

나의 심장이

마지막 뛰는 순간까지

사랑한다는 그 말씀

잊지 않게 하소서

사랑한다는 그 말씀에

나의 삶이 넘칩니다

3월

사랑과 봉사와 헌신의 삶이 되게 하소서
첫째 주1

모든 것을 새롭게 하시는 하나님! 자연이 동하는 계절입니다. 들과 산에 초록빛이 시작되고 꽃들이 피어나는 계절입니다. 모든 영광과 찬양을 하나님께서 받아주옵소서.

모든 만물이 생동하는 이 계절에 성령으로 충만케 하옵소서. 우리의 믿음도 새롭게 변화되기를 원하오니 성령님 함께해주옵소서. 오직 성령 충만함을 입어 우리의 믿음이 자라나고 꽃피우며 열매 맺기를 원합니다. 그리하여 초대 교회 성도들처럼 어떤 고난과 역경 속에서도 예수 그리스도, 우리 주님만을 증거하는 삶을 살게 하옵소서. 임마누엘의 하나님, 우리 속에 함께하시는 하나님의 능력을 체험하길 원합니다.

사랑의 하나님! 이 봄엔 날씨도 공기도 거리의 모습도 옷차림도 달라집니다. 우리의 신앙도, 우리 삶의 모습도 달라지기를 원합니다. 그리스도인답게 살게 하옵소서. 성령 충만함을 받아야 성도답게 살아갈 수 있사오니, 다시금 성령 하나님 우리를 다스려주옵소서. 힘 있고 강한 믿음으로 영성 있는 그리스도인의 삶을 살게 하사 모든 일을 통해 하나님께 영광과 찬양을 드리게 하옵소서.

오늘도 예배드림 속에 하늘 문을 여시고 은혜와 사랑을 충만케 부어주옵소서. 우리 심령 구석구석마다 새롭게 하여 주시기를 원합니다. 하나님의 은혜와 평강으로 차고 넘치는 기쁨 속에 믿음의 삶을 살아가게 하옵소서.

받은 은혜를 날마다 전하며 살게 하여 주시고 날마다 하나님을 찬양하게 하옵소서. 모든 영광과 감사를 받으실 우리 구주 예수 그리스도 이름으로 기도합니다. 아멘!

 나는 망원경을 통하여 수천만 미터를 볼 수 있다. 하지만 무릎을 꿇고 하나님께 기도함으로 망원경보다 확실하게 천국을 보고 하나님께 가까이할 수 있다.   _뉴턴

기도하는 삶이 되게 하소서
첫째 주2

예배를 받으시기에 합당하신 하나님! 기도를 들으시고 응답하시니 감사드립니다. 주님의 자녀임을 확증하시고 예배로 부르셨으니 주님 나라가 오늘도 임하여 주님의 뜻을 이루게 하옵소서. 사탄이 가장 무서워하는 것은 기도뿐이오니 기도함으로 승리하는 삶을 살기 원합니다. 사탄이 우리를 미혹하나 주님의 성령으로 인도하사 기도로 승리하는 삶을 살게 하옵소서. 기도는 우리의 맥박이오니 늘 깨어 기도하길 원합니다.

우리 마음이 예수 그리스도로 충만하게 하옵소서. 우리의 심장이 예수그리스도의 사랑으로 충만하게 하옵소서. 우리의 눈이 예수 그리스도의 열정으로 충만하게 하여 주옵소서. 우리의 손이 예수 그리스도를 섬김으로 충만하기를, 우리의 무릎이 예수 그리스도를 닮아 늘 기도하기를 원합니다.

우리 신음에도 응답하시는 하나님! 주님을 찬양합니다. 주님을 기뻐합니다. 주님을 더욱 알기 원합니다. 그 주님을 기대합니다. 기도는 우리로 하여금 하나님의 전능하심을 배우게 하오니 기도를 통하여 우리를 인도하옵소서. 이 거룩한 주일에 하나님께 드리는 예배가 삶의 중심이 하나님께로 고정되는 통로가 되게 하옵소서. 주님의 십자가가 없으면 면류관도 없고, 기도가 없으면 응답도 없으니 오직 주님의 이름으로 살기를 원합니다.

오늘도 예배를 통하여 성령 충만을 허락하사 우리의 심령 구석구석마다 은혜와 사랑으로 가득하게 하옵소서. 주님의 은혜로 가득 채우사 다른 것들이 못 들어오게 하옵소서. 주님 한 분만으로 만족하며 기도로 우리의 영이 온전해지게 하옵소서. 신실하신 우리 주 예수 그리스도 이름으로 기도합니다. 아멘!

늙어갈수록 기도를 많이 하라. 그리해야 신령한 일이 냉랭해지지 않는다.
_조지 뮬러

주님의 생기를 부으소서
첫째 주3

천지 만물을 주관하시는 하나님! 전능하신 하나님께 이 시간 온 마음과 온 정성으로 예배드리기를 원하오니 받아주옵소서. 내 이웃을 내 몸처럼 사랑하라 하신 주님, 우리가 주님처럼 이웃을 사랑할 수 있도록 믿음과 사랑의 마음을 부어주소서. 말로만 사랑할 것이 아니라 행동으로, 몸으로, 마음으로 사랑하게 하옵소서. 이웃을 위하여 날마다 기도하는 삶을 살게 하시고 연약하고 병들어 고통 중에 있는 이들에게 물질을 나눔으로 주님의 자녀답게 사랑하며 살게 하옵소서.

이 땅에는 정신적인 고통을 당하는 사람들과 사고로 인하여 불구가 된 사람들과 갖가지 연유로 인하여 육체와 정신적으로 연약한 사람이 많습니다. 그들에게 복음과 사랑으로 다가가 나누게 하옵소서. 자신들이 당한 불행으로 슬퍼하는 이들을 위로해주시기를 원합니다.

은혜를 주시는 하나님! 지극히 작은 소자에게 대접한 냉수 한 그릇도 기억하시는 주님, 우리 삶이 사랑과 봉사와 헌신의 삶이길 원합니다. 고통당하는 이웃에게 친절하게 다가가 사랑을 나누게 하옵소서. 지금도 정신 병원과 교도소와 각 병원에 있는 이들에게 위로의 손길로 함께하시고 그들이 치유되고 변화되게 하옵소서. 또한 나이 들어 가족에게 버림받고 치매에 걸린 이들에게도 함께하시기를 원합니다.

이 땅 사람들의 마음을 회복시켜 주옵소서. 이해하는 마음, 용서하는 마음, 사랑하는 마음이 가득 차 서로 사랑하게 하옵소서. 주님, 우리를 인도하사 주님의 삶처럼 사랑의 삶을 살게 하소서. 우리 주 예수 그리스도 이름으로 기도합니다. 아멘!

 하나님의 자녀는 기도로 모든 것을 정복할 수 있다. 사탄이 그리스도인에게서 이 기도의 무기를 빼앗거나 그것을 사용하지 못하도록 최선을 다하는 것은 이상한 일이 아니다.
_앤드류 머레이

세상에 모범되는 삶이 되게 하소서
둘째 주1

우리의 갈 길을 인도하시는 하나님! 우리의 모든 삶이 주님의 능력 아래 있사오니 우리를 다스려주옵소서. 오늘도 인도하심 따라 주님의 전에 나와 예배를 드리오니 받아주옵소서. 우리는 무지하고 나약하여 죄 가운데 살고 있사오니 불쌍히 여기시고 용서해주옵소서. 무슨 일을 하든지 내 마음 내 뜻대로 하지 않고 주님의 뜻을 따라 살기를 원합니다.

늘 풍성하신 은혜를 때마다 순간마다 베풀어주시는데도 알지 못하여 감사하며 살지 못하였음을 용서하옵소서. 우리 삶이 정결하고 진실하여서 그리스도인으로서 세상의 모범이 되길 원합니다. 우리 죄악 때문에 십자가에 달리신 주님의 고난을 기억하며 올바른 성도의 삶을 살게 하옵소서.

우리와 함께하시는 하나님! 모든 일에 열심을 내어 땀 흘린 소득으로 하나님께 영광을 돌리고 나태하거나 게으름으로 주님의 영광을 가리지 않게 하소서. 주님의 이름에 영광 돌리는 삶을 살게 하옵소서.

어려운 이웃을 보살피며 고통당하는 이웃에게 주님의 사랑을 전하게 하옵소서. 우리가 구원의 주님을 입술로 고백하고 전하는 삶을 살기를 원합니다. 악은 모양이라도 버리게 하시고 우리 마음에 선한 일을 시작하셨사오니 이루어주심 또한 믿습니다. 우리의 생활에 예수 그리스도, 우리 주님의 흔적을 갖게 하여 주시기를 원합니다.

이 시간 우리 마음이 주님께 집중되게 하옵소서. 세상적인 것들, 일상적인 모든 것을 내려놓고 오직 구원의 주님만을 바라보게 하옵소서. 우리에게 예배드리는 기쁨을 주신 주님, 이 시간 영광을 홀로 받아주시옵소서.

주님을 사랑합니다. 우리 주 예수 그리스도 이름으로 기도합니다. 아멘!

 하나님의 백성이 기도할 때 마귀를 물리치면 물리칠수록 그들 인생의 문제에 있어 성령의 자유함을 맛보게 될 것이다. _페리맨

3월

자신의 십자가를 지게 하소서
둘째 주2

십자가 사랑으로 우리를 구원하신 하나님! 홀로 인류의 죄악을 담당하사 모든 죄를 용서하여 주신 은혜에 감사드립니다. 주님의 십자가의 외침, 일곱 기도의 음성이 이 나라, 이 민족의 가슴 가슴마다 들려지게 하옵소서. 이 땅에 복음이 더욱 왕성하여 진정 주님께 합당한 이 민족이 되게 하옵소서. 정치인들, 목회자들, 성도들 그리고 모든 이들이 자기 십자가를 지고 자신을 부인할 줄 알게 하옵소서. 이 땅의 교회와 성도들이 주님의 고난 당하심을 잊지 않고 기억하게 하옵소서. 우리가 구원의 축복을 받았으니 이웃을 사랑하며 맡겨진 십자가 지기를 원합니다. 주님의 십자가 보혈이 이 민족의 가슴에, 온 교회에 적셔지기를 원합니다. 참사랑을 몸소 보이신 주님을 사랑합니다. 찬양합니다.

긍휼이 풍성하신 하나님 아버지! 주님의 사랑과 용서의 약속을 믿고 부끄러움을 무릅쓰고 참회의 기도를 드립니다. 이 세상이 얼마나 헛되고 무상한 것인지를 우리는 잘 압니다. 이 세상이 잠시 잠깐의 나그네의 삶인 것도 잘 알고 있습니다. 그럼에도 헛된 것에 집착하여 교만하게 살았습니다. 어리석고 우둔한 저희를 용서하옵소서. 사랑해야 할 사람을 제대로 사랑하지 못하고 사랑해서는 안 될 것들을 사랑하며 살아왔음을 용서하옵소서. 말씀을 떠나 주님의 품을 떠나 생각하고 말하고 행한 모든 것을 용서해주시기 원합니다. 거룩한 보혈로 속량하사 새롭게 하옵소서. 주님만이 우리 삶의 주관자이시며 주인이심을 깨닫게 하사 주님만으로 만족하며 살게 하옵소서. 우리의 모든 삶에 주님이 함께하옵소서. 우리 주 예수 그리스도 이름으로 기도합니다. 아멘!

하나님께서 하나님의 자녀들에게 큰 자비를 베풀려고 할 때 그가 하시는 첫 번째 일은 그들로 하여금 기도하게 하는 일이다.   _매튜 헨리

승리하는 삶을 주소서
둘째 주3

사랑으로 인도하시고 사랑으로 감싸주시는 하나님! 주님 앞에 성도들 나와 함께 예배드리게 하심을 감사드립니다. 우리를 예배자로 부르셨으니 찬송과 영광을 받아주옵소서. 복음이 날마다 흥왕하며 땅끝까지 전파되게 하옵소서. 기도와 말씀과 전도의 영력을 주서서 진실로 이 시대에 사도행전의 역사를 이어가는 생명력 있는 교회가 되게 하옵소서. 오늘도 말씀을 전하는 목사님에게 영력을 더하심으로 능력 있게 주님의 말씀을 전하게 하옵소서. 이 시간 말씀을 전하는 이나 듣는 이 모두가 은혜를 받게 하옵소서. 먼저는 우리 안의 더럽고 추한 죄를 주님 앞에 고백함으로 깨끗이 씻김 받게 하시고, 그래서 하나님께서 기쁘게 받으시는 예배가 되기를 원합니다. 모든 것에 함께하시는 주님을 깨달아 주님과 동행하는 삶을 살게 하옵소서.

구원의 하나님! 우리가 주님의 십자가 사랑으로 구원받았사오니 날마다 감사로 복음을 전하며 살게 하옵소서. 우리 삶이 주님의 뜻을 이루는 삶이 되게 하시고 주님의 영광을 드러내는 삶이 되게 하옵소서. 모든 성도가 교회 생활과 사회생활, 가정생활에서 사랑과 뜨거운 믿음으로 승리하는 삶을 살게 하옵소서. 좌로나 우로나 치우치지 말게 하시고 길이요 진리요 생명이신 주님을 따라 살게 하옵소서. 아직도 주님을 알지 못하고 죄악 중에 고통받는 이들을 불쌍히 여기사 저들에게 복음이 전해질 수 있도록 주님의 자비로운 손길로 인도하옵소서. 구원받는 이가 날마다 늘어나게 하시고 날마다 주의 나라가 확장되게 하옵소서. 오늘도 전해지는 말씀을 통하여 성령 충만을 받게 하시고 그래서 능력 있는 그리스도인으로 살아가는 저희가 되게 하옵소서. 우리 예배를 받아주시기를 원하오며 우리를 구원하신 예수님의 이름으로 기도합니다. 아멘!

기도하는 사람은 강철이여야 한다. 왜냐하면 그들이 사탄의 왕국을 공격하려고 하기 전에 공격받을 것이기 때문이다.　　　　_레오날드 레이븐 힐

3월

말씀을 통하여 새로워지게 하소서
셋째 주1

우리를 사랑하사 구원하신 하나님! 온 땅에 새 생명의 물결이 가득한 봄입니다. 우리 영혼과 삶에도 새로운 은혜가 가득하게 하옵소서. 우리 삶에 착한 일을 시작하신 하나님께서 주님의 날까지 이루실 줄 믿습니다. 봄의 햇살이 온 땅에 가득함처럼 복음이 온 땅에 가득하기를 원합니다. 유대와 사마리아와 땅끝까지, 전 세계 모든 민족에게 복음이 전해지게 하옵소서. 우리 모두에게 전도의 열심을 주시기 원합니다. 주님께서 이 땅에 오사 "회개하라 천국이 가까웠다!"고 전도하셨으니 우리 모두 전도를 생활화하게 하옵소서. 잃은 양을 찾아 복음 전함을 기뻐하게 하옵소서. 교회의 모든 기관마다 전도하여 부흥케 하시고 하나님께 영광을 돌리게 하옵소서.

사랑의 하나님! 이 땅의 모든 나라와 민족이 죄악에서 돌이키기를 원합니다. 모든 죄악을 회개하고 하나님의 품으로 돌아오게 하옵소서. 하나님 앞에 예배드리는 민족이 되게 하소서. 악은 그 모양이라도 버리게 하사 예수님의 그 이름으로, 그 보혈로 구원받게 하옵소서. 주님의 십자가 사랑, 우리를 구원하시기 원하여 흘리신 보혈의 능력으로 강건하게 하옵소서. 우리의 삶이 과거에 매달린 삶이 아니라 내일에 소망을 두고 하나님의 은혜를 맛보아 알게 하옵소서. 주님의 은혜가 가득한 삶을 살게 하옵소서.

우리 믿음이 하나님의 말씀을 통하여 늘 새로워지며, 성령 충만함을 통하여 담대히 주님의 말씀을 증거하게 하옵소서. 복음을 증거함에는 양보가 없게 하시고 예수 그리스도를 전함으로 우리가 간증할 수 있는 성도의 삶을 살게 하옵소서. 우리의 믿음이 체험 있는 믿음, 말씀을 생활화하는 믿음으로 살게 하옵소서. 우리 주 예수 그리스도 이름으로 기도합니다. 아멘!

기도란 하나님의 자녀들이 그의 아버지 되시는 하나님과 대화하는 것이다.
_클레멘스

날마다 주님을 닮아가는 삶이 되게 하소서
셋째 주2

자비로우신 하나님! 우리를 항상 사랑으로 인도해주시는 무한하신 은혜에 감사드립니다. 지난 주간도 보살핌과 인도하심 속에 살다가 이 거룩한 주일, 주님 앞에 왔사오니 먼저 우리에게 죄악과 거짓된 모습이 있다면 용서해주옵소서. 늘 주님 앞에서는 용서를 구하고 다시 죄짓지 않겠다고 다짐하지만 또다시 똑같은 죄에 빠짐을 주님께서 아시니 우리에게 힘과 용기를 허락하옵소서. 그리하여 날마다 주님의 마음과 주님의 형상을 닮아가기를 원합니다.

믿어 믿음에 이른다고 하셨으니 오직 믿음으로 살게 하옵소서. 우리의 삶이 길이요 진리요 생명 되신 주님의 길로 따르기를 원합니다. 우리가 하나님 자녀로서 행할 수 없는 일을 통하여 이익을 얻거나 권세를 얻거나 명예를 얻는 일이 없게 하옵소서. 무엇을 하든지 주님은 어떻게 하실까를 먼저 생각하게 하옵소서.

사랑의 하나님! 우리 삶이 욕심만 가득하여 자기 행복과 욕망만을 채우기에 급급하지 않고 이웃에게 사랑을 베풀며 복음을 전하기 원합니다. 지극히 작은 소자에게 냉수 한 그릇 대접함도 기억하시는 주님을 생각하며 봉사와 나눔과 베풂의 삶을 살게 하여 주옵소서. 우리 삶이 현재만을 위한 삶이 아니라 영원한 천국을 소망하는 삶이 되기를 원합니다. 물질도 이 땅에 쌓아놓기를 즐거워하는 것이 아니라 주님께서 맡기신 것임을 바로 알아 필요한 이들에게 잘 흘려보내게 하옵소서. 행함이 있는 믿음이 되게 하여 주셔서 세상 사람들에게도 본이 되게 하옵소서. 오늘도 주님을 알고 믿고 예배드림이 얼마나 복되고 행복한 일인가를 깨닫게 하소서. 주님께서 우리를 사랑하시고 주님의 축복 가운데 살게 하심을 감사드립니다. 우리 예배를 받아주옵소서. 우리 주 예수 그리스도 이름으로 기도합니다. 아멘!

 사람은 왜 기도하는가? 그것은 사람이 기도하도록 지음을 받았기 때문이다.
_존스

3월

주님의 보혈로 정결케 하소서
셋째 주3

우리의 모든 것 되시는 하나님! 오늘도 주님의 이름으로 예배드리게 하시니 감사드립니다. 주님은 우리의 치료자이시며 우리의 구원자이심을 고백합니다. 우리의 영적으로나 육적으로 또는 정신적으로 병든 모든 부분을 주님의 보혈로 깨끗하게 하시고 새롭게 하옵소서. 주께서 십자가에서 당하신 고난으로 우리의 모든 죄악이 치료되었음을 믿사오니 모든 질병에서 놓여 천국의 기쁨을 누리며 살게 하옵소서. 주께서 받으신 징계로 우리가 평화를 누리고, 주께서 맞으신 채찍으로 우리가 나음을 입었사오니, 이 은혜 안에서 주님의 의를 이루며 살아가는 저희가 되게 하옵소서.

능력의 하나님! 우리 삶에 성장과 열매 맺음을 허락해주옵소서. 영적 성장이란 우리의 모든 것을 주님께 맡기는 것이오니 성령께서 우리의 삶을 주관해주옵소서. 우리 삶이 영적으로 성숙하고 성장하여 날마다 더욱 예수 그리스도를 닮아가기를 원합니다. 강하고 담대한 믿음으로 승리하게 하시고, 우리의 심령이 옥토가 되어 주님의 능력과 권세로 30배 60배 100배의 결실을 맺으며 살게 하옵소서. 오직 주님의 복음 전하는 일과 기도하는 삶에 열정을 갖기 원합니다. 모든 일에 쓸데없이 걱정만 앞세우기보다 주님께 모든 것을 맡기고 일하게 하옵소서. 기도하는 삶의 모범이 되어주신 주님을 본받게 하옵소서.

사랑의 주님! 우리 삶이 기도함으로 응답받게 하시며 찬양함으로 새롭게 하시며 주님을 증거함으로 능력 입기를 원합니다. 우리 삶이 주님을 본받게 하시고 주님을 닮아 사랑하며 살아가는 삶이 되게 하옵소서.

우리 주 예수 그리스도 이름으로 기도합니다. 아멘!

 하나님의 목소리를 들을 수 있도록 가난한 마음을 주옵소서. 하나님을 섬길 수 있도록 사랑하는 마음을 주옵소서. 하나님 안에 살 수 있도록 믿는 마음을 주옵소서.
_하마슐드

맡겨진 사명을 감당하게 하소서

넷째 주1

모든 만물을 주관하시는 하나님! 우리를 창조하여 주시고 우리의 삶에 매 순간 임하시는 친절하신 하나님께 영광과 찬양을 드립니다. 우리 각자에게 맡겨진 사명을 감당하게 하옵소서. 우리가 한 달란트를 받았든지 두 달란트를 받았든지 다섯 달란트를 받았든지 최선을 다하여 남기는 인생이 되게 하옵소서. 남과 비교하거나 쓸데없는 비난과 불평으로 인하여 마음이 상하거나 영혼에 상처를 입는 일 없이 열정과 열심을 가지고 일하게 하옵소서. 우리 모습이 나무 그릇이든 질그릇이든 주님의 은혜로 깨끗이 씻어지면 하나님께서 사용하실 줄 아오니 우리를 정결케 하시고 써주셔서 하나님 보시기에 아름다운 삶이 되게 하옵소서.

사랑의 하나님! 사람의 모습이 각자 다른 것처럼 우리가 맡은 사명이 다를 것이니 서로서로 도와 주님의 일을 하기 원합니다. 우리가 하나님을 이용하려는 어리석은 생각에서 떠나 하나님께서 우리를 사용하심을 기뻐하며 살게 하옵소서.

일하기 싫거든 먹지도 말라 하신 말씀처럼 우리가 땀 흘리는 소득으로 하나님께 영광을 돌리며 삶의 보람을 누리게 하옵소서. 세상에서 열심히 살아가는 모습을 통하여도 주님의 복음을 전하게 하여 주시기를 원합니다. 우리 삶이 밭과 같사오니 믿음으로 개간하시고 믿음으로 가꾸게 하시고 믿음으로 열매를 맺게 하옵소서.

우리 모두에게 예배드리는 기쁨을 주시고 예배를 통하여 하나님께 영광을 돌리며 하나님이 주시는 참 평안을 받게 하옵소서. 예배를 받으심을 믿으며 우리 주 예수 그리스도 이름으로 기도합니다. 아멘!

우리의 위안은 단지 하나뿐. 오직 주님의 보좌 앞에 엎드려 참되신 하나님, 주님을 부르며 슬픔에서 우리를 구해 달라 기도합니다.   _카멜라리우스

라파의 하나님, 치료하소서
넷째 주2

존귀하고 거룩하신 하나님 아버지! 주님의 십자가 보혈로 구원받은 우리가 오늘도 영광과 찬양을 온전히 드리고자 모였습니다. 우리가 드리는 예배가 마음을 모두어 신령과 진정으로 드리는 산 제사가 되게 하옵소서. 우리는 부족하고 연약하오니 주님의 은혜로 채워주시기를 원합니다. 죄악이 날로 팽배해져 가고, 속고 속이는 이 세상에서 주님의 뜻대로 살기가 어렵지만 담대히 주님의 길을 가게 하옵소서. 우리가 주님의 보혈과 주님의 이름으로 구원받았으니 아직 복음을 듣지 못한 이들에게도 속히 구원의 소식이 전해지기를 원합니다. 우리 삶이 예배가 되게 하옵소서.

사랑의 주님! 아직도 헐벗고 굶주린 사람이 많습니다. 빈부의 격차로 시름에 잠긴 사람도 많습니다. 이 땅에 정의와 사랑과 나눔, 베풂의 삶이 늘어가게 하여 주옵소서. 이 땅 사람들에게 필요한 일터를 주시며 경제가 발전하여 골고루 잘 살 수 있게 하여 주옵소서. 움켜쥐는 자보다 나누는 이들이 늘어가게 하옵소서.

능력의 하나님! 이 시간 병상에 있는 이들을 기억하여주사 그들이 속히 치료되어 가족의 품으로 돌아오게 하여 주옵소서. 출타 중인 성도들을 기억하사 그들이 모든 일을 무사히 마치고 기쁜 소식을 안고 돌아오게 하옵소서. 군대에 복무하는 자녀들에게 건강과 믿음을 주시고 안전하게 지켜주시기를 원합니다. 해외에 파송된 선교사들과 가족을 기억하시고 그들이 복음을 전함에 능력과 권능으로 함께하옵소서. 우리 모두가 맡은 일에 최선을 다하고 진실한 마음으로 살아가게 하옵소서. 주님의 교회가 속해 있는 지역 사회가 더욱더 복음화하길 원하오니 생명을 전하는 일에 능력을 주옵소서. 모든 성도가 주님의 영광을 나타내는 삶을 살게 하옵소서. 우리 주 예수그리스도 이름으로 기도합니다. 아멘!

오소서, 존귀하신 성령이여! 임하시어 하늘로부터 빛의 화살을 쏘소서. 오소서, 가난한 자의 아버지.　　　　　　　　　　　　　　　　_랭턴

한국 교회를 변화시켜 주소서
넷째 주3

이 민족을 인도하시는 하나님 아버지! 오늘까지도 함께하심을 감사드립니다. 이 민족이 더욱더 주님을 경외함으로 악에서 떠나게 하옵소서. 하나님 보시기에 아름다운 삶을 살아가기 원합니다. 이 땅에 불의가 사라지며 거짓이 사라지게 하사 공의와 진실이 통하게 하옵소서. 한 겨레 한 핏줄이라 말하는 이 민족이 주님의 인도하심으로 하나가 되게 하소서. 하나님을 온전히 경외하며 찬양하는 마음도 모아지길 원합니다. 이 민족의 내일을 향한 행진이 주님이 원하시는 방향과 일치하여 하나님을 기쁘게 하는 민족이 되게 하소서. 세계 속의 한국뿐 아니라 하나님의 섭리하심 속에서 주님의 뜻을 이루게 하옵소서.

전능하신 하나님! 한국 교회를 변화시켜주소서. 교파 분열과 개(個)교회주의에서 벗어나 오직 하나님의 영광을 나타내게 하여 주시기를 원합니다. 이 민족의 교회가 갱신하게 하옵소서. 눈물과 땀과 아픔이 있더라도 하나가 되어 오직 예수 그리스도만 나타내게 하옵소서. 한국 교회와 민족으로 하여금 오직 말씀으로 오직 성령으로 오직 기도로 주님의 영광을 나타내게 하시기를 원합니다. 오직 복음만을 증거하는 데 전념하게 하옵소서. 양적 부흥에서 질적 부흥으로 변화되게 하옵소서. 주님의 복음만을 온 세계에 전하기를 원합니다. 이 나라의 경제와 문화와 민족의 삶을 주님이 인도해주옵소서. 오늘의 예배 속에서 주님이 우리 민족과 함께함을 깨닫게 하옵소서. 우리 민족이 전 세계를 향하여 주님의 복음을 능력 있게 전하는, 선교하는 민족이 되게 하옵소서. 이 놀라운 하나님의 사역에 모든 교회와 성도가 동참하게 하옵소서. 우리 주 예수 그리스도 이름으로 기도합니다. 아멘!

위대함과 평범함의 차이는 대게 한 개인의 실수를 어떻게 보는가에 달려 있다. _넬슨 보

빈 무덤

_용혜원

인간을 흙으로 돌아가게 하는
장소인 무덤이 비었다

무덤을 가로막았던
큰돌이 치워졌다
인간의 영생을 가로막았던
죄가 사라졌다

하나님 아버지에게
영혼을 맡기셨던 주님이
살아나셨다 부활하셨다
우리 영혼을
주님께 맡기면 우리도 살리라
사망아 네가 왜 소리치느냐
주님이 너를 이기셨다

무덤을 수많은 병사가
지켜도 소용없듯이
우리를 아무리 우겨 쌓아도
우리를 아무리 조롱하여도
소용없다 주님이 우리 죄를 사하셨다

무덤을 빈 무덤이 되게 하신
하나님께서 우리에게 영생을 주셨다
예수의 죽으심으로 죄를 씻고
예수의 살으심으로 살았다
우리 삶의 종착지인 줄 알았던
무덤이 빈 무덤이 되었다
할렐루야 우리 예수 부활하셨다

4월

첫사랑의 기쁨을 알게 하소서
첫째 주1

우리의 목자가 되시는 하나님! 봄꽃 향기가 가득한 이 계절을 허락해주셔서 감사드립니다. 나무들도 꽃 피워 하나님께 영광과 찬양을 돌리듯이 우리도 감사의 고백으로 영광과 찬양을 드리게 하옵소서.

봄이 오면 온 땅에 새로운 변화가 일 듯이 우리 신앙도 새롭게 되기를 원합니다. 예수 그리스도를 영접하고 구원받아 기뻐하고 감사하며 믿음 생활에 열심을 내던 첫 신앙을 회복시켜 주소서. 주님의 사랑과 은혜가 가득하게 하신 주님의 뜻을 이루게 하옵소서. 신앙생활도 가정생활도, 그리고 사회 속에서의 삶에도 최선을 다하게 하시고 가지고 있는 꿈과 비전을 주님 은혜로 이루어가게 하옵소서. 주님께서 우리를 구원하신 첫사랑의 기쁨을 날마다 누리며 살기를 원합니다.

사랑의 주님! 온갖 꽃이 피어나 사람들에게 희망의 손길을 보내는 이 계절에 우리 심령에도 복음의 꽃이 활짝 피어나게 하옵소서. 연약하고 나약한 믿음을 가진 성도들이 강하고 담대한 믿음으로 바뀌게 하옵소서. 병들어 신음하는 지체가 있으면 주님의 손길로 함께하사 회복되게 하옵소서. 사업에 실패하거나 어려움이 있는 성도들에게 이겨낼 힘을 더하여주소서.

우리의 전부가 되시는 하나님께서 선한 목자 되사 날마다 우리의 삶을 인도해주옵소서. 우리의 첫 신앙이, 첫사랑이 회복되게 하사 변화된 성도의 삶을 살게 하옵소서. 봄꽃이 가득하게 피어나는 이 계절, 우리 안에도 주님으로 가득 채워주소서. 봄꽃이 온 땅에 가득하게 피어남처럼 주님의 은혜도 복음의 꽃으로 피어나 온 땅에 가득하기를 원합니다. 소망 되신 예수그리스도 이름으로 기도합니다. 아멘!

내 하나님! 내 생명의 주여, 내 영혼에 은혜의 단비를 내려주소서.
_홉킨스

인생에서 가장 소중한 만남을 주소서
첫째 주2

전지전능하신 하나님! 초록이 움트는 이 계절에 우리 믿음의 지경도 넓혀주시기를 원합니다. 우리 주님을 영접한 하나님의 자녀답게 권세를 가지고 복음을 전하며 복음 안에 살게 하옵소서. 사람들과의 만남을 기뻐하며 언제나 주님의 사랑으로 대하게 하사 직,간접적으로 삶 속에서 복음을 증거하게 하옵소서.

기도하는 삶이 주님처럼 습관화되어서 살아 계신 주님을 의식하며 살기를 원합니다. 언제나 우리 하루를 묵상으로 열고 말씀과 기도 속에서 자유를 누리며 살게 하옵소서. 하나님의 말씀은 우리 발의 등불이오니 말씀으로 비추어가며 인생을 걸어가기 원합니다.

사랑의 주님! 우리의 삶에 지혜와 지식과 권세와 능력을 주시는 하나님! 주신 힘과 능력으로 얻은 소득을 통해 영광을 돌리게 하시고 우리에게 허락하신 물질로 사랑을 나누며 살게 하옵소서. 모든 성도의 사업도 번창하게 하사 주님의 일을 하는 데 부족함이 없게 하옵소서. 우리의 물질로 어려운 이웃들에게 사랑을 베풀게 하여 주시길 원합니다.

우리의 삶은 누구를 어떻게 만나느냐에 따라 달라지오니 주 안에서 좋은 만남, 믿음의 만남이 있게 하옵소서. 우리 자신도 다른 이들에게 좋은 만남을 주는 사람이 되게 하소서. 이 땅에서 주님을 만남은 구원이요 축복이오니 참으로 감사드립니다. 인생에서 가장 소중한 만남을 허락하신 우리 구주 예수님 그리스도 이름으로 기도합니다. 아멘!

그리스도여, 성령으로 내 마음을 고쳐주옵소서.
_발터

4월

범사에 감사하는 삶을 주소서
첫째 주3

전능하신 하나님 아버지! 이 시간 감사와 믿음으로 기도하오니 우리의 기도를 들어주옵소서. 주님을 믿고 따르는 그리스도인들로 하여금 주님의 진리에 순응하며 살게 하옵소서. 주님의 사랑 안에 거하면서 주님의 영광을 나타내게 하옵소서. 이 땅의 지도자들에게 은총을 베푸사 주님의 뜻을 따라 우리나라와 다른 모든 나라 사람들을 정의와 평화의 길로 인도하게 하시고, 온 인류가 서로 사랑하며 주님의 뜻에 합당한 일을 행하게 하옵소서.

우리 가족과 친척과 그리스도 안에서 이웃한 모든 사람에게 은혜를 베푸사 서로 도우며 주님께서 우리를 사랑하신 것처럼 서로 사랑하게 하옵소서. 우리가 어려움을 당할 때마다 위로하시는 주님께 항상 기뻐하며 범사에 감사하며 쉬지 말고 기도하게 하옵소서. 우리에게 믿음을 주옵소서. 진실한 믿음으로 살 수 있는 은혜를 주옵소서.

사랑의 하나님! 우리의 믿음이 주님 앞에 바로 설 수 있는 믿음이 되기를 원합니다. 우리에게 기도의 능력과 말씀의 능력과 전도의 능력을 주시어서 주님의 뜻대로만 살게 하옵소서. 주님을 찬양합니다. 주님을 사랑합니다. 주님의 사역자이신 목사님에게 성령의 은혜로 축복해주시고 또한 교회의 모든 성도들이 축복을 받아 창대하게 하옵소서. 주님의 참사랑과 은혜에 감사드립니다. 오늘 거룩한 주일 이 시간, 주님의 자녀들이 주님 앞에 나와 예배를 드리오니 기쁘게 받아주옵소서. 우리 삶 전체가 예배가 되어 주님 앞에서나 사람들 앞에서 진실하기를 원합니다. 우리로 하여금 날마다 주님의 삶을, 마음을 본받게 하옵소서. 오늘의 예배를 받아주시고 은혜를 충만히 내려주심을 믿고 우리 주 예수 그리스도 이름으로 기도합니다. 아멘!

 예수님 나를 축복해주십시오. 나는 아직 어립니다. 내 마음을 깨끗하게 해 주십시오. 주님의 그 풍요로운 샘에서 내 영혼을 맑은 물로 씻어주옵소서.
_아른트

주님의 습관을 닮는 삶이 되게 하소서
둘째 주1

사랑의 하나님! 주님께 드리는 이 예배를 받아주옵소서. 날마다 주님의 뜻 안에서 살게 하옵소서. 주님께서 저희 기도를 기쁘게 받으실 줄 믿습니다. 저희 마음에 두신 소원, 주님의 기쁨이 되는 것임을 고백합니다. 믿음으로 주님을 높이며 기쁘게 살게 하옵소서. 우리의 신뢰가 세상에 있지도 사람에 있지도 않습니다. 다만 주님께만 우리의 신뢰를 둡니다. 주님, 우리를 주관하옵소서.

온갖 말과 형식으로만 가득한 이 세대에 우리에게 하나님의 귀한 복음을 깨닫게 하셨으니 감사드립니다. 하나님 나라는 말에 있지 않고 능력에 있다고 하셨사오니 주님의 능력으로 살게 하옵소서. 거짓과 위선으로 가득한 이 세대에 우리로 하여금 주님 안에서 진실하고 거룩한 삶을 살게 하여 주옵소서. 우리 믿음이 입술에 머물지 않고 행동하는 믿음으로 열매를 맺어 능력의 사람이 되기를 원합니다.

축복의 하나님! 우리 마음이 세상과 타협하여 옹졸하지 않고 우리 주님 예수 그리스도의 사랑처럼 넓어서 용서하고 덮어주며 함께할 수 있는 탁월한 성숙을 주옵소서. 오늘도 무제한의 주님의 사랑을 받사오니 우리도 무제한으로 용서하며 사랑하게 하옵소서. 이 힘하고 악한 세상 속에서 우리에게 다가오는 삶의 모든 역경 가운데서도 서로 사랑하며 위하고 기도하면서 주님의 길을 가게 하옵소서. 우리 속에 가득하였던 원망과 질시와 미움의 마음을 사랑과 감사의 마음으로 바꾸어주시고, 받기만 좋아하던 우리가 나누는 마음으로 살기를 원합니다. 우리가 있는 모든 곳에서 꼭 필요한 하나님의 사람들이 되게 하소서. 주님 곁을 떠나기 좋아하던 과거 습관들이 주님의 습관처럼 기도하며 변화됨으로 하나님께 영광을 돌리게 하옵소서. 사랑하는 예수님 이름으로 기도합니다. 아멘!

 하나님! 살든지 죽든지 나는 하나님 아래 있으며 하나님께서는 나와 함께 계시옵니다. 주여! 주님의 구원과 그 나라를 나는 기다리며 바랍니다. 아멘!
_본 회퍼

4월 최선, 그 이상을 감당하는 교회가 되게 하소서
둘째 주 2

능력의 주 하나님! 이 땅에 오사 십자가에서 우리의 모든 죄악을 담당하신 주님의 사랑에 무한 감사를 드립니다. 이 시간에도 주님께서 우리와 함께하심을 믿고 온 마음과 정성을 다하여 예배드리오니 주님, 이 예배를 받아주옵소서.

우리 삶 속에서 주님의 사랑과 기도와 헌신 그리고 그 열정을 닮아가게 하옵소서. 이 시간 예배 중에 올려지는 찬송과 기도를 받아주시고 주님께 영광이 되게 하옵소서. 우리 심령이 주님 앞에 새롭게 되어서 강하고 담대한 믿음으로 살아가길 원합니다. 주님의 교회가 기도하는 교회, 말씀을 사모하는 교회, 사랑으로 하나가 되는 교회, 전도와 선교에 최선 그 이상을 다하는 교회가 되게 하옵소서. 언제 어디서나 주님의 말씀을 실행하는 교회가 되게 하여 주옵소서. 모든 성도가 주 안에서 하나가 되어 서로 이해하며 나누고, 서로 사랑하는 주님의 지체로서 열매를 맺게 하옵소서.

사랑의 주님! 우리의 믿음이 확장되게 하옵소서. 우리 기도의 영역이 확장되게 하옵소서. 우리의 교회가 확장되어 주님의 뜻을 이 땅에서 이루는 데 사용되길 원합니다. 주님께서 모든 것을 주관하시는 줄 믿사오니 우리가 주님의 일에 최선을 다하게 하옵소서. 언제나 무슨 일에나 주님만 의지하며 살게 하여 주시기를 원합니다. 우리 삶이 겸손하고 온전한 순종과 거룩한 믿음 속에서 주님의 뜻을 받들도록 인도해주옵소서. 우리의 주인 되신 예수 그리스도께서 허락하실 모든 섭리를 기대하며 살게 하옵소서. 오늘도 예배드림 속에 성령 충만을 허락하시고 주님의 말씀을 마음에 새겨 늘 주님 안에서 살게 하옵소서. 우리의 선한 목자 되신 예수 그리스도 이름으로 기도합니다. 아멘!

아버지여, 지금 사랑하는 하나님 앞에 무릎 꿇고 우리 영혼은 하나님의 뜨거운 사랑을 느낍니다. 우리로 하여금 이 시간 굳세게 하시어 하늘로부터의 확신과 힘과 평안함을 감명 깊게 보여주소서. _존슨

고난 주간에 주님을 묵상하며
둘째 주3

4월

우리를 구원하여 주신 하나님! 예수 그리스도의 고난을 묵상하며 감사하는 고난 주간입니다. 아무런 죄 없이 홀로 인류의 죄를 짊어지사 피 흘려 구속하신 주님의 사랑에 감사드립니다. 주님의 희생 없이는 구원받을 수 없음을 압니다.

주여, 우리를 사랑하여 주심에 찬양과 감사를 드립니다. 우리를 위하여 죄 없으신 주님께서 화목제물이 되시고 하나님과 우리 사이에 중보가 되셨으니 그 사랑과 그 은혜를 어찌 다 감사할 수가 있겠습니까. 우리의 삶 속에서 주님의 사랑을 고백하며 살게 하옵소서. 이 한 주간 더욱더 주님의 고난의 참뜻을 묵상하며 살기를 원합니다. 우리의 죄악 때문에 골고다 언덕을 오르시고 채찍질 당하시고 가시 면류관을 쓰시며 속죄양이 되신 주님의 무한하신 사랑에 다시금 감사를 드립니다.

사랑의 주님! 우리를 인도하신 주님을 찬양하오니 주여, 우리가 날마다 주 안에서 살게 하옵소서. 주님의 보혈로 구원받았으니 이 놀라운 구원의 소식을 전하며 살기 원합니다. 우리의 모든 죄악을 다 지시고 모든 고난을 홀로 담당하신 주님의 삶을 본받고 전하며 살게 하소서. 헛되고 헛된 세상을 바라보지 않고 주님을 바라보며 하나님의 자녀답게 살게 하옵소서. 작은 것들로 인하여 교만하거나 자만하여 주님의 영광을 가리지 않게 하옵소서.

주님의 고난을 묵상하며 주님의 뜻을 날마다 이루게 하옵소서. 구원의 주님! 주님께서 가신 길을 따라 살게 하시고 주님의 마음과 주님의 삶을 본받아 살게 하옵소서. 날마다 주님의 삶을 묵상하기를 원합니다.

우리 주님을 닮기 원하며 모든 일을 주장하시는 전능하신 예수님 이름으로 기도합니다. 아멘!

주님의 목소리로 나의 믿음을 되찾았습니다. 주님의 십자가 아래서 나는 기쁨을 되찾았습니다. 내 주의 발아래서 나는 나의 마음을 되찾았습니다.
_클로델

4월

참 평안과 기쁨을 누리는 삶이 되게 하소서
셋째 주1

자비로우신 하나님! 주님의 사랑과 인도하심에 감사드립니다. 날마다 주님 안에서 주님의 영광을 나타내는 삶을 살게 하옵소서. 사랑의 하나님! 우리 삶 속에 소박한 소망들이 있사오니 주님 안에서 참 평안과 참 기쁨을 누리며 살게 하여 주옵소서.

주님의 손길로 우리를 창조하시고 몸소 십자가에 달리사 죄악으로 죽을 수밖에 없던 우리를 구원하신 사랑에 감사드립니다. 인간의 모습으로 오사 우리를 이해하시고 사랑하신 은혜의 주님, 우리는 너무나 큰 사랑으로 구원받은 하나님의 백성임을 고백하며 가슴 깊이 감사를 새겨봅니다. 주님의 손길은 언제나 맹인의 눈을 만져 고쳐주시고 병든 자와 고통당하는 자들을 치료해주시니 오늘도 우리를 만져주사 모든 죄악과 질고에서 벗어나게 하옵소서. 아픔이 있는 이들에게 주님의 사랑과 보살핌이 함께하기를 원합니다.

사랑의 하나님! 오늘도 우리 곁에 함께하심을 믿습니다. 날마다 우리 삶 속에 동행해주시고 상한 마음을 치료하시어 강하고 담대한 믿음으로 살게 하옵소서. 우리는 연약하여서 우리 생각과 고집대로 살려 합니다. 반복되는 실패와 낙망에서 이끄사 흔들리지 않는 믿음을 주소서. 오늘도 주님의 은혜와 사랑을 듬뿍 받게 하사 성도로서 합당한 삶을 살게 하여 주옵소서. 오직 주님만을 바라보며 살기를 원합니다. 주님으로 인해 온 땅에 새 생명의 역사가 일어나길 소원합니다. 오늘 예배드리는 모든 성도가 주님의 말씀을 기쁨으로 받아들이게 하사 날마다 참 평안과 기쁨을 누리며 살게 하여 주옵소서. 예배를 받아주심을 믿고 우리 주 예수 그리스도 이름으로 기도합니다. 아멘!

 기도하지 않고 성공했으면 그것 때문에 망한다.
_스펄전

주님의 부활하심을 찬양하옵니다
셋째 주2

4월

우리에게 소망을 주시는 하나님! 예수 그리스도의 부활하심을 찬양하오니 오늘의 예배를 받아주옵소서. 사망 권세를 이기시고 부활하신 주님으로 인해 새 소망을 얻었으니 기쁨으로 살게 하옵소서. 부활하심으로 어둠의 권세를 이기셨으니 주님을 소망하며 우리에게 맡겨주신 사명을 감당하기를 원합니다.

우리의 죄악을 사하여주신 주님, 모든 성도가 하나님의 일에 동참하게 하옵소서. 우리가 온전히 쓰임 받기를 원합니다. 아직도 이 놀라운 구원의 복음, 부활의 복음을 듣지도 깨닫지도 못하는 이들에게 복음이 전해져 그들도 주님의 부활하심을 찬양하기 원합니다. 우리에게 성령으로 함께하사 이 부활의 복음을 온전히 전하게 하옵소서.

사랑의 하나님! 오늘 온 땅과 교회와 모든 이들에게 부활의 복음이 가득하길 원합니다. 주님의 부활하심을 찬양하는 모든 성도에게 은혜와 사랑으로 함께하소서. 절망하던 이들이 소망을 얻게 하시고 쓰러졌던 자들이 일어서게 하시며 모든 것이 새롭게 변화되게 하옵소서. 우리가 부활의 은총을 입었으니 오직 예수 그 이름으로 승리하는 성도의 삶을 살게 하소서. 우리의 믿음이 날마다 자라게 하시고 혼자만 믿는 것이 아니라 생명이 다하는 날까지 증거하며 살게 하옵소서. 우리 삶을 항상 인도하시며 우리와 동행하시는 주님을 체험하며 살게 하옵소서. 우리를 새롭게 하신 주님을 날마다 증거하며 살게 하여 주시기를 원합니다. 우리 모두가 생활 속에서도 그리스도인 된 삶을 살게 하옵소서.

다시 사신 우리 주 예수 그리스도 이름으로 기도합니다. 아멘!

기쁜 부활, 오 행복한 연합, 우리는 순간에 변화 받게 될 것이라네. 우리를 사랑하는 모든 자들과 만나며 온 세대의 구속받은 자들과도 만날 것이니 오! 우리가 어떻게 서로 기쁜 인사를 나눌까요?   _존 라이스

4월 주님의 능력을 전하는 기쁨을 주소서

셋째 주3

부활의 소망이 되신 아버지 하나님! 오늘도 주님 앞에 모여 예배를 드립니다. 우리의 찬양과 기도에 응답하옵소서. 우리로 하여금 확고한 믿음 속에서 주님의 뜻만을 이루어가게 하옵소서. 우리의 시선은 주님을 바라보게 하시고 우리의 손은 주님의 일에 동참하게 하옵소서. 우리의 발걸음을 인도하여주사 주님과 동행하는 삶을 살게 하옵소서. 주님! 우리의 믿음을 오늘도 새롭게 하사 주님의 자녀답게 살게 하옵소서.

우리에게 구원의 길을 열어주신 하나님! 죄악으로 흩어졌던 우리를 주님의 사랑으로 불러 모아주시고 슬픔을 기쁨으로 바꿔주신 하나님의 사랑에 감사드립니다. 이 땅에서 주님을 따르기에 만나게 되는 고통과 아픔을 주님께서 아시니 늘 함께해주옵소서.

주님의 은혜로 하나 되어 복음의 역사를 온전히 이루기를 원합니다. 이 땅에 다시 오실 주님의 길을 예비하는 믿음 속에서 살게 하옵소서.

사랑의 주님! 구원의 확신을 통하여 오늘도 하나님의 능력을 더욱더 체험하게 하옵소서. 우리가 체험한 주님의 능력을 전하는 기쁨을 주옵소서. 이 땅에 주님의 뜻을 이루는 도구로 사용하옵소서. 오직 주님 안에만 만족이 있음을 압니다. 우리의 모든 것을 드려 주님의 영광을 나타내게 하옵소서. 우리 마음의 문이 열리고 믿음의 문이 열려서 진리의 말씀을 날마다 받아들이기에 부족함이 없게 하옵소서. 오늘도 예배에 나아온 성도들에게 주님의 손길이 가득하기를 원합니다. 주 안에서 항상 기뻐하는 삶을 살게 하여 주시고 주님의 은혜 안에 만족하며 살게 하여 주시기를 원합니다. 날마다 영적으로 성장하는 성도의 삶을 살게 하옵소서. 주님이 인도하심을 믿으며 긍휼이 풍성하신 예수 그리스도 이름으로 기도합니다. 아멘!

 성자를 만들어내는 것은 기도의 힘이다.
_이 엠 바운즈

기도로 시작하는 하루가 되게 하소서
넷째 주1

전 지전능하신 하나님! 오늘도 주님께 예배드리게 하여 주심을 감사드립니다. 사망의 권세를 이기시고 다시 사신 주님께 모든 감사를 올립니다. 생명을 선물 받은 우리로 복음을 전하는 기쁨 속에 살게 하여 주옵소서. 우리의 생활이 연합하여 선을 이루게 하여 주옵소서. 우리 가족과 이웃을 기억해주시고 주님의 교회와 이 민족을 기억하사 흥하게 하옵소서.

주님의 은총으로 평안과 기쁨이 우리 삶에 가득하니 감사드립니다. 우리 삶에 오직 성령으로 오직 말씀으로 오직 은혜로 함께하옵소서. 오늘 예배 중에 성령 충만을 주시고 주님의 진리로 가득하게 하옵소서.

사랑의 주님! 이 시간 우리를 사랑의 눈길로 돌아보사 우리의 모든 것을 새롭게 하여 주시기를 원합니다. 날마다 주 예수 그리스도만을 더욱 사랑하며 찬양하는 삶을 살게 하여 주옵소서. 우리로 하여금 하나님의 말씀에 굳건히 서서 흔들리지 않는 믿음으로 살게 하옵소서.

예수 그리스도의 제자 된 삶을 살기 원합니다. 삶의 현장에서 주님의 음성을 듣게 하사 주님이 원하시는 삶을 이루게 하옵소서. 주님의 보내심을 받은 복음의 도구로 사용되기를 원합니다. 우리의 마음을 이끌어주사 진리 안에서 생활하게 하시며 주님을 닮아가는 데 정진케 하옵소서. 우리의 하루하루의 삶이 기도로 시작하는 삶이 되어 모든 것을 주님께 의지하며 인도함 받기를 원합니다. 그리하여 예수 그 이름으로 기도하게 하시고, 예수 그 이름으로 찬양하게 하시고, 예수 그 이름으로 전도하게 하시고, 예수 그 이름으로 예배드리게 하옵소서. 오늘의 예배를 받아주심을 믿고 사랑하는 우리 주 예수 그리스도 이름으로 기도합니다. 아멘!

기도는 보기만 하던 지도의 나라를 실제 여행하는 것과 같다.
_포드릭

4월

주님의 길로만 가게 하소서
넷째 주2

구원의 하나님! 주님께서 십자가에 달리사 화목제물이 되어 우리를 구속해주시니 감사드립니다. 말로 표현할 수 없는 구원의 기쁨을 허락하신 하나님, 주님의 사랑을 깨달은 우리 인생이 주님께 쓰임 받게 하여 주시고 우리에게 맡겨진 사명을 감당하게 하옵소서.

주님의 교회를 기억하사 영적인 부흥을 허락하시고 날마다 구원받는 수가 늘어가게 하옵소서. 우리에게 영혼을 사랑하는 마음을 허락하사 주님을 증거하게 하옵소서.

전능하신 하나님 아버지! 하나님의 본체이신 예수 그리스도를 이 땅에 보내사 우리에 대한 사랑을 확증하여주심을 감사합니다. 우리 삶에 예수그리스도의 흔적이 있게 하옵소서. 주님께서 우리에게 주시는 믿음의 의무를 진실하게 감당하기를 원합니다. 반석 위에 세운 믿음을 주사 강하고 담대히 승리하는 삶을 살게 하옵소서. 주님만이 우리의 길이요 진리요 생명이오니 주님의 길로만 가게 하옵소서. 우리의 생활이 교회에서나 가정에서나 직장에서나 그 어느 곳에서든지 하나님의 자녀답기를 원합니다. 맡은 자의 구할 것은 충성이라 하셨으니 충성된 삶을 살게 하옵소서. 항상 주님의 말씀을 마음 판에 새기며, 주님의 발자취를 따르는 기쁨 속에 살기를 원합니다. 우리의 갈 길을 모두 다 주님께 맡기오니 때를 따라 은혜와 사랑을 허락하옵소서. 우리의 말과 행동이 복음을 드러내게 하옵소서.

사랑의 주님! 나의 나 된 것은 주님의 은혜이오니 언제나 주님이 원하시는 곳에서 쓰임 받게 하여 주시기를 원합니다. 우리의 도움이신 예수 그리스도 이름으로 기도합니다. 아멘!

남을 위해 기도하는 것은 그를 위하여 다른 선을 행하는 것보다 가치가 있다. 이것은 무엇보다 기도하는 일이 가장 큰 사랑이라는 의미다.   _루터

응답의 은혜를 주소서
넷째 주3

전지전능하신 하나님! 감사와 찬양을 드립니다. 어둠의 권세, 죄악 세상을 이기고 부활하신 주님을 찬양하오니 영광 받아주옵소서. 이 시간 우리의 심령 속에 함께하사 넘치는 감사와 기쁨으로 주님께 경배하게 하옵소서. 아침에 태양이 떠오르면 온 천지가 밝아오듯이 이 시간 빛 되신 주님을 통하여 죄로 어두운 마음이 밝아지길 원합니다.

부활의 영광을 보여주신 주님! 우리의 모든 죄악을 성령의 은혜로 태워주옵소서. 세상의 헛된 모든 욕심을 버리고 오직 주님의 십자가만을 자랑하게 하옵소서. 두 무릎을 꿇을 때마다 외침으로만 끝나지 않고 응답의 은혜를 경험케 하옵소서. 이 시간 예배드리는 모든 이를 기억하사 복 주시기를 원합니다. 이 땅 위의 모든 교회와 주의 백성을 기억하시고 저들에게 주님의 크신 능력을 부어주사 복음을 자랑하고 전파하게 하옵소서. 그래서 주의 나라가 속히 임하기를 소원합니다.

사랑의 주님! 주님의 자녀들에게 평안과 기쁨을 허락해주시고 서로 사랑하며 살게 하옵소서. 말씀의 진리 안에서 자유함을 누리게 하시고, 우리 삶에서 악은 그 모양이라도 버리게 하옵소서. 우리의 심령이 옥토가 되게 하시고 시절을 따라 열매를 맺게 하여 주옵소서. 오늘도 예배드림 속에 하나님의 깊고 넓고 높은 사랑을 알게 하옵소서.

온 천지에 하나님의 권능이 가득함을 보고 믿습니다. 하나님은 모든 것을 보시고 모든 것을 알고 계시는 분이시며, 그 사랑과 친절의 눈길로 또한 우리를 지켜 보호하고 계심을 믿습니다. 주님의 보혈로 우리가 구원받았사오니 항상 주님의 영광을 나타내며 살게 하옵소서. 주님의 교회와 성도들이 맡겨주신 사명을 멋지게 감당할 수 있는 믿음의 열심을 허락해주옵소서. 우리의 힘이 되신 주 예수 그리스도 이름으로 기도합니다. 아멘!

내 하나님! 내 생명의 주여! 내 영혼에 은혜의 단비를 내려주소서!
_홉킨스

어린아이 같은 마음을 주소서

_용혜원

어린아이 같은 마음을 주소서

웃고 싶을 때 웃고

울고 싶을 때 우는

모든 마음을 거짓 없이 표현하는

순수한 마음을 주옵소서

욕심을 부려도

짜증을 내어도

부모를 알아보고

형제를 알아보고

사랑받고 싶어 하고

관심받고 싶어 하는

거짓 없는 마음을 주옵소서

흙먼지 속에서 뒹굴어도

무엇이 그리도 좋은지

밝고 맑은 아이들

어둠이 다가오기 전에

집을 찾을 줄 아는

어린아이 같은 마음을 주옵소서

잘못을 해도 야단 맞을 줄 알고

용서를 받을 줄 아는

어린아이 같은 마음을 주옵소서

천국이 어린아이 같아야

들어갈 수 있다면

어린아이 같은 순수한

예수 그리스도의 마음을 주옵소서

5월 모든 가정의 주인, 예수 그리스도를 알게 하소서
첫째 주1

사랑의 하나님! 오늘도 거룩한 주일 주님 앞에 나왔습니다. 우리의 마음을 모두어 겸손히 순종하는 마음으로 예배드리게 하옵소서. 이 땅에 하나님을 경외할 터전으로 가정을 세우시고 그곳에서 저희를 만나주시고 가르쳐주서서 감사합니다. 주님, 이 시간 먼저 구할 것은 이 땅에 아직도 예수님을 알지 못하고 세상에 매여 가정을 지키지 못하는 이들을 불쌍히 여기사 변화시켜 주옵소서. 그리하여서 모든 가정이 하나님을 주인으로 섬기며 행복을 누리도록 회복되기를 원합니다.

"구하라 얻을 것이요 찾으라 찾을 것이요 두드리라 열릴 것이요"라고 말씀하신 주님, 믿음으로 구하고 믿음으로 응답받게 하옵소서. 늘 허둥대며 살아갈 것이 아니라 주 안에서 바른 믿음으로 영광을 돌리게 하옵소서.

참사랑의 하나님! 주님의 자비로우신 손길로 우리를 잡아주옵소서. 영원한 산성이시며 피난처 되시는 주님을 의지합니다. 늘 말씀을 상고하므로 주님의 마음을 알게 하시고, 기도함으로 주님의 손길이 함께함을 체험하게 하옵소서.

이 지상의 삶 동안에 주님께 영광을 돌리며 이웃에게 사랑을 베풀게 하옵소서. 주님으로 인한 기쁨이 넘치게 하옵소서. 속상할 때, 답답할 때, 화가 날 때, 아플 때 등 언제나 모든 사정을 아시는 주님께로 나아가 해결함을 받게 하옵소서. 주님께서 우리의 모든 사정을 있는 그대로 받아주시니 주님만을 의지하며 살길 원합니다.

또한, 우리에게 허락하신 은사들을 개발하여 주님의 복음을 전하게 하옵소서. 날마다 죄악을 멀리하며 게으름에서 벗어나 부지런히 주님의 복음을 전하기 원합니다. 주님을 사랑합니다. 고마우신 예수 그리스도 이름으로 기도합니다. 아멘!

 기도란 그리스도의 능력을 붙잡는 손이다.
_스펄전

사랑으로 시작하게 하소서
첫째 주2

은혜의 하나님! 오월, 가정의 달을 허락하여 주심을 감사드립니다. 모든 가정이 화목하게 하소서. 성령의 열매의 시작이 사랑인 것처럼 우리 삶도 사랑으로 시작하게 하옵소서.

주님의 교회 성도들이 더욱더 사랑과 화목으로 충만하게 하여서 날마다 믿음으로 승리하기를 원합니다. 어린 생명을 늘 사랑으로 인도하시는 주님께 감사드립니다. 모든 가정과 교회의 어린이들을 주님의 품에 안으사 축복해주옵소서. 날로 악해져 가는 현실 속에서 어린 생명들을 보호하여주사 밝고 아름답게 성장시켜 주옵소서. 날로 타락해가는 이 땅의 문화를 변화시켜 주옵소서.

사랑의 하나님! 우리에게 필요한 분은 주님뿐입니다. 우리 마음을 감싸주실 분도 주 예수님 단 한 분밖에는 없습니다. 우리의 고난과 번민의 소리를 들어주실 분도 주님 외에는 없습니다. 이 시간 우리 마음을 주님 앞에 있는 그대로 펼치기를 원하오니 우리의 심령에 가득한 은혜를 주옵소서. 우리의 모든 삶을 주님께 온전히 맡기옵니다. 주님의 인도 따라 살게 하시며 주님의 부르심에 늘 준비되어 순종하는 삶을 살게 하옵소서. 우리의 지식보다 더 뛰어난 말씀의 지혜를 수시며 능력 있는 기도를 할 수 있도록 인도하옵소서. 기도함으로 응답을 확신하며 살게 하옵소서.

저희가 사랑과 선한 일에 열심을 내기를 원합니다. 우리의 편협하고 옹졸함을 용서해주시고 늘 겸손하며 성실하게 살게 하옵소서. 가정의 달을 맞이한 모든 가정과 가족들에게 주님의 사랑과 인도하심이 항상 함께하기를 원합니다. 피난처 되신 우리 구주 예수 그리스도 이름으로 기도합니다. 아멘!

기도는 곧 나의 기쁨이요, 나의 의미요, 나의 생명이요, 나의 일입니다. 기도 없이는 기쁨도 없고 나의 일도 없나이다. 기도는 나의 생명이요, 나의 운동입니다. 기도보다 더 큰 일은 내게 없습니다.　　　_이용도

5월

사랑이 회복되는 가정이 되게 하소서
첫째 주3

천지 만물을 주관하시는 하나님! 햇살 퍼지는 오월입니다. 붉은 장미 가득한 이 계절에 주님의 사랑으로 꽃피게 하소서. 오늘 드리는 예배를 받아주옵소서. 우리에게 능력과 권능을 허락하사 죄악을 이기고 주님의 영광을 나타내는 삶을 살게 하옵소서. 이 땅의 모든 가정이 서로 아끼고 감싸주는 주님의 사랑을 실천하게 하옵소서. 가정의 사랑을 깨려는 사탄의 세력을 물리쳐주옵소서. 이 나라, 이 민족의 모든 가정을 새롭게 변화시켜 주시고 사랑의 마음을 회복시켜 주시기를 원합니다. 오늘 이 시대에 우리 모두가 주님의 자녀답게 빛과 소금의 직분을 감당하게 하옵소서.

항상 보살펴주시는 하나님! 허물과 죄악이 많은 우리를 지켜주시고 사랑으로 인도하시니 감사드립니다. 우리의 심령과 말과 행위를 살피사 알고 지은 죄와 모르고 지은 모든 죄를 예수님의 보혈로 용서해주옵소서. 이 시간 놀라운 구원의 복음을 믿고 구원받았음을 확신하오니, 더욱 성령 충만한 삶을 살게 하여 주옵소서. 주님의 은혜로 용서함을 받은 우리가 이웃을 용서하며 섬기며 살기를 원합니다. 예수 그리스도의 십자가만 바라보며 자랑하게 하옵소서.

사랑의 주님! 오늘의 삶 속에서 복음의 씨를 뿌리게 하옵소서. 사랑의 씨를 뿌리게 하옵소서. 기도와 찬양의 씨앗을 뿌리게 하옵소서. 날마다 예수 안에 사는 기쁨, 예수 이름으로 사는 기쁨을 더욱더 체험하기를 원합니다. 참 만족 되신 우리 주 예수 그리스도 이름으로 기도합니다. 아멘!

가장 유일한 일꾼은 기도한 교회 지도자였다. 하나님은 그들을 의지하시고 그들을 쓰시며 그들에게 축복하신다.   _레오날드 레이븐 힐

주님의 자녀로 살게 하소서

둘째 주1

사랑의 주님! 이 거룩한 주일을 어린이주일 예배로 드립니다. 이 민족과 전 세계 어린이들이 지혜롭고 건강하게 자라기를 원합니다. 어려서부터 주 안에서 성장하게 하시고 다음 세대의 리더로 삼아주옵소서. 부모와 교사들에게 지혜와 사랑을 주시어 아이들을 잘 인도하게 하옵소서. 우리 모두가 어린이들을 사랑하고, 보살펴주며 늘 그들을 위하여 기도하게 하옵소서.

우리로 하여금 날마다 주님을 닮아가는 삶을 살 수 있는 은혜를 주옵소서. 주님이 허락하신 삶의 모든 날 동안 사명을 잘 감당하여 주님의 영광을 나타내길 원합니다. 주님의 자녀로 살게 하옵소서.

우리를 인도하시는 하나님! 이 시간 주님만 찾기를 원합니다. 상하고 아픈 마음을 아시고 치유해주시는 주님께만 우리를 맡기기 원합니다. 우리 마음의 소리를 들어줄 수 있는 분은 주님 외에는 없습니다. 그래서 주님 앞에 우리의 마음을 내려놓기 원합니다.

작은 일에 충성하라고 가르치신 주님! 한마디의 말, 하나의 행동에도 조심하며 지극히 작은 이웃에게도 사랑을 베풀게 하옵소서. 세상 물결이 요동치고 광풍이 일 때 주님의 품에 안아주시기를 원합니다. 인생의 폭풍이 지날 때까지 주여, 우리를 인도해주옵소서.

이 예배와 찬양을 받아주옵소서. 예배를 통하여 은혜를 풍성히 받기를 원합니다. 주님 구하오니 거룩함을 체험하며 새로운 가치관 위에 서게 하옵소서. 모든 유혹을 이길 있는 힘을 주옵소서. 이 예배를 통하여 주님의 사랑을 깨닫게 하옵소서. 오늘 이 예배가 한 주일의 삶에서 가장 복된 시간이 되기를 원하며 우리 주 예수 그리스도 이름으로 기도합니다. 아멘!

 사탄이 가장 무서워하는 것은 기도하는 사람이다.
_레오날드 레이븐 힐

5월 부모님을 사랑하고 공경하는 마음을 갖게 하소서
둘째 주2

우리를 구원하신 하나님! 주님의 측량할 수 없는 사랑으로 지금까지 우리를 인도하신 은혜에 감사드립니다. 오늘은 어버이 주일입니다. 주님께서 모든 가정을 사랑해주셔서 가정마다 사랑과 믿음과 소망이 충만한 가정이 되게 하옵소서.

우리를 부모의 사랑 속에 태어나게 하시고 행복의 보금자리인 가정에서 양육되고 자라나게 하심은 하나님의 축복이요 은총입니다. 부모님을 사랑하고 공경하는 마음을 갖게 하옵소서. 가정의 사랑이 상실되고 파괴되는 이 시대의 모든 가정이 주님의 은혜로 사랑을 회복하기 원합니다. 우리가 모두 부모에게 효를 다하는 자녀들이 되게 하옵소서. 부모님이 베풀어준 사랑으로 자녀들을 대하게 하시고 부모님의 마음을 헤아리게 하옵소서. 모든 가정이 주님의 사랑과 은총이 가득하게 하옵소서.

주의 교회 성도들의 가정마다 사랑이 넘치게 하옵소서. 가족을 위하여 기도하며 섬기는 삶을 살게 하여 주시기를 원합니다. 가정마다 사랑이 회복되어 주님의 인도하심 속에 살게 하옵소서.

사랑의 하나님! 아직 주님을 알지 못하고 영접하지 못한 부모가 있다면 더욱더 삶에 모범을 보여 전도하게 하옵소서. 이를 위해 늘 기도하는 간구에 응답하소서. 가정마다 주님의 사랑과 축복이 가득하여 서로 위로하고 격려하고 아껴주는 마음이 넘치게 하옵소서. 평안이 가득하게 하옵소서. 날마다 주님의 영광을 드러내며 주님 말씀 안에서 승리하는 가정이 되기를 원합니다. 이 땅의 모든 아버지들을 사랑하시고 축복하여주사 구원받게 하옵소서. 모든 가정을 축복하심을 믿고 우리 구주 예수님 이름으로 기도합니다. 아멘!

기도란 하나님의 자녀들이 그의 아버지 되시는 하나님과 대화하는 것이다.
_클레멘스

날마다 주님을 닮아가게 하소서
둘째 주3

권능과 자비의 하나님! 우리에게 강한 믿음과 성령의 능력을 허락해주옵소서. 말씀 속에서 더욱더 확고한 믿음으로 사랑하며, 기도로 응답받는 삶이기를 원합니다. 우리에게 장성한 분량의 믿음에 이를 수 있는 은혜를 주옵소서. 날마다 주님을 닮아가게 하시고 주님의 뜻을 이루게 하옵소서.

주님께서 인도하시지 않으면 우리는 갈 곳도 갈 길도 모르는 어리석은 자들임을 고백합니다. 우리를 긍휼히 여겨주시고 사랑으로 인도해주옵소서. 가족 간에 사랑으로 하나 되고, 이웃과도 사랑으로 연합하게 하옵소서. 우리의 죄 때문에 십자가를 지신 주님의 사랑을 늘 본받아 살기를 원합니다. 주님을 떠나거나 피하려는 어리석음을 버리게 하옵소서. 주님은 포도나무요 우리는 가지니 언제나 주님께 붙어 있어 풍성한 열매를 맺게 하옵소서.

소망을 주시는 하나님! 모든 것이 잘될 때는 홀로 잘난 듯하다가 일이 잘못되면 그때서야 주님을 찾는 나약한 우리를 불쌍히 여겨주옵소서. 모든 일의 시작부터 끝까지 주님께 의탁함으로 시작과 끝을 온전히 이루어내게 하옵소서. 주님을 떠나서는 언제나 실패할 뿐이오니 주 안에서 늘 승리하게 하옵소서. 하나님의 손길 안에서 축복된 삶을 살게 하옵소서.

우리에게 힘과 능력을 주시는 아버지 하나님, 우리의 목자가 되어주시니 감사합니다. 우리가 구원받아 참된 생명과 능력을 얻었사오니 늘 헌신하는 마음으로 주님의 일에 동참하기를 원합니다. 우리의 말이나 행동이 주님 뜻에 합당하게 하옵소서. 모든 일의 근원 되시는 하나님만을 따르게 하옵소서. 만왕의 왕 되신 우리 주 예수 그리스도 이름으로 기도합니다. 아멘!

오순절 이후, 연합기도 없이 영적 각성 운동이 일어난 적은 없다. 마찬가지로 외부적이고 상향적인 운동은 기도회가 쇠퇴할 때 지속된 적이 없다.
_피어슨

성령 중심의 가정이 되게 하소서
셋째 주1

찬양과 영광을 받으시기에 합당하신 하나님! 우리로 하여금 주님의 보혈로 구원받게 하심을 감사드립니다. 모든 것이 주님의 사랑이요 은총임을 고백하는 우리가 모여 드리는 이 예배를 받아주옵소서.

이 땅의 황무함과 이단의 궤계를 아시는 주님께서 교회와 성도들에게 영적인 무장을 허락하시고 더욱더 온전히 주님을 찬양하며 영광을 돌리게 하여 주옵소서. 이 나라 모든 교회와 성직자들 그리고 성도들에게 정직함과 진실함 그리고 거룩함을 주옵소서. 우리 삶에 늘 함께하옵소서.

주님으로 인해 살아가는 기쁨을 누리게 하여 주옵소서. 이 땅에는 지금도 육체적으로 고통당하고 있는 장애인들과 경제적으로 고통당하고 있는 사람이 많습니다. 그들을 주의 손길로 인도해주옵소서. 우리 욕심과 부주의로 인해 실망하고 낙심할 때가 많사오니 항상 먼저 주님의 인도하심을 바라며 살게 하옵소서.

사랑의 주님! 언제나 주님께서 높임을 받으시길 원합니다. 또한 저희로 하여금 주님의 말씀을 배우고 실천하게 하사 온유하고 겸손하신 주님의 삶을 따르게 하옵소서. 주님의 은혜로 채워주옵소서. 우리에게 맡겨진 사명을 감당하고 맡겨진 달란트로 남기게 하옵소서. 우리의 심령을 옥토로 만드시어 삼십 배, 육십 배, 백배의 결실을 맺게 하옵소서. 용기와 희망을 품고 주님 중심, 교회 중심, 가정 중심, 성령의 은혜 중심의 삶을 살게 하옵소서. 오늘도 예배를 통하여 새로운 변화가 일어나게 하옵소서. 주님을 사랑하듯 가족과 이웃을 사랑하며 살게 하소서. 성령의 인도하심으로 능력 있게 복음을 전하는 삶을 살게 하옵소서. 오늘의 예배를 받아주심을 믿고 우리 주 예수 그리스도 이름으로 기도합니다. 아멘!

하나님과 교통하는 생활이 세상에서 제일 좋다.
_헨리

기쁨으로 주님의 일을 감당케 하소서
셋째 주2

전 지전능하신 하나님! 주님의 사랑과 인도하심에 무한 감사를 드립니다. 우리의 모든 삶이 주님의 사랑이요, 축복입니다. 언제나 주님의 뜻 안에서 감사하고 기뻐하며 살게 하옵소서. 우리의 심령이 옥토같이 진리의 말씀을 온전히 받아들여 열매 맺게 하옵소서. 날마다 주님의 형상을 닮아가기 원합니다. 오늘도 예배를 통해 영광을 받아주옵소서. 주님을 사랑합니다. 우리를 인도해주옵소서.

사랑의 주님! 우리는 스스로 세운 계획이 무참히 실패할 것을 알면서도 주님을 의지하지 못하고 나약하게 쓰러질 때가 많이 있습니다. 모든 일을 이루시고 주장하시는 분은 하나님뿐임을 믿고 날마다 기도하며 하나님의 섭리에 순복하여 살게 하옵소서.

사랑의 주님! 이 시간 목사님과 장로님, 권사님 그리도 집사님과 모든 평신도에 이르기까지 주님께서 은혜와 사랑으로 함께해주시기를 원합니다. 교회가 평안하여 든든히 서게 하여 주시고 성령의 위로로 진행하여 수가 늘어가게 하옵소서. 교회가 계획한 일들이 합력하여 선을 이루어가길 원합니다. 교회의 모든 조직과 기관들도 주님께서 인도하시며 사랑과 기도로 이루게 하옵소서. 성도들의 가정이 행복하고, 사업도 번창하여 기쁨으로 주님의 일을 감당케 하옵소서. 교회와 성도들에게 주님이 맡겨주신 사명을 잘 감당하여 세상에서 빛과 소금의 역할을 다하기 원합니다. 이 시간에도 말씀을 전하는 목사님을 강건하게 하여 주시고 성가대와 모든 순서를 맡은 이들도 축복하옵소서. 모든 영광과 찬양을 주님께 드리며 우리 주 예수 그리스도 이름으로 기도합니다. 아멘!

기도는 믿음의 성벽이며 우리를 노리는 자들에 대한 무기이다. 그러므로 밤이나 낮이나 무기 없이 다니지 말자. 기도라는 무기로 주님의 군기를 수호하며 천사들의 나팔 소리를 기다리자.　　_**터툴리안**

5월

하나님과 교통하는 삶이 되게 하소서
셋째 주3

전능하신 하나님! 주님의 인도하심과 사랑하심에 감사를 드립니다. 자비로우신 손길로 인도하사 주님이 주시는 참 평안과 기쁨을 소유하게 하옵소서. 믿음의 선조들처럼 언제나 주님과 교통하며 살기를 원합니다. 우리가 주님의 사랑으로 구원받았으니 복음 전함을 기쁨으로 여겨 힘닿는 데까지 목숨이 다하는 날까지 전하며 살게 하옵소서. 날마다 주님과 동행하는 기쁨 속에 살게 하시기를 원합니다.

사랑의 주님! 하나님의 나라가 날마다 확장되게 하옵소서. 우리가 이 일에 동참하여 주님께 영광을 돌리게 하여 주옵소서. 전 세계에 흩어져 있는 성도들을 기억하사 그들을 통해 아직도 복음을 모르는 미전도 종족에 이르기까지 복음 전파가 계속되게 하옵소서.

우리의 삶의 모든 영역에서 주님의 뜻이 이루어짐을 체험하기를 원합니다. 주님, 우리를 사용하옵소서. 복음 사역에 사용해주옵소서. 우리가 신앙생활에서나 생업에 종사할 때나 주님의 향기를 발하는 삶을 살기 원합니다. 오늘도 연약함을 느끼며 갈한 마음으로 주님께 왔사오니 주님의 은혜로 충만케 하옵소서. 설교를 통하여 오늘 우리에게 말씀하시는 주님의 음성을 듣게 하시고 우리가 무엇을 하며 어떻게 살아야 할지 더욱더 깨닫게 하옵소서. 주님께서 우리의 삶을 주관하시고 인도해주시기를 원합니다. 주님만이 우리 삶의 길이요 진리요 생명이시니 모든 것을 주님께 맡기게 하여 주옵소서. 오늘의 예배를 받아주심을 믿고 우리 주 예수 그리스도 이름으로 기도합니다. 아멘!

기도하는 시간은 하나님과 만나는 시간이다.
_루터 훠드

먼저 주님을 생각하게 하소서
넷째 주1

우리를 죄악에서 건져주신 하나님! 주님의 사랑에 무한 감사를 드립니다. 이 시간 우리의 예배가 신령과 진정으로 드려지게 하옵소서. 은혜의 단비를 내려주사 성령으로 충만케 하옵소서.

이 나라 이 민족 그리고 교회와 성도들을 인도하옵소서. 오늘도 주님께서 이끄셔서 나와 예배드리오니 우리의 연약함에 강함을 주시고 우리의 부족함을 가득히 채워주옵소서. 주님은 진정 우리 구주시며, 구원자시니 항상 주님과 동행하는 기쁨으로 살게 하옵소서. 우리 눈에 보이는 대로 우리 마음이 이끄는 대로가 아니라 주님의 인도 따라 살기를 원합니다.

우리 모두가 강하고 담대한 믿음을 갖게 하옵소서. 이 민족이 꿈과 비전을 현실로 바꾸게 하시고 하나님의 원하심을 깨달아 행함으로 영광 돌리게 하시며 하나님의 뜻에 합당하게 살아가는 믿음의 민족이 되게 하옵소서.

사랑이 많으신 하나님! 언젠가 썩어질 육체를 위하여 살지 않고, 하늘나라의 산 소망을 갖게 하옵소서. 세상 향락에 눈길을 돌리거나 유혹에 빠지지 않도록 악과 거짓은 모양이라도 버리게 하옵소서. 늘 성결하신 주님을 닮아가기 원합니다. 무슨 일을 하든지 먼저 주님을 생각하게 하시고 주님이 바라보시고 기뻐할 수 있는 삶을 살게 하옵소서. 이웃에게 사랑과 도움을 주며, 우리를 통하여 염려하거나 피해를 입거나 고통당하는 사람이 없게 하옵소서. 구원은 하나님의 선물이오니 선물을 받은 자로서 기뻐하며 이 놀라운 구원의 복음을 전하게 하옵소서. 우리가 땅의 것만 바라보고 사는 것이 아니라 영원한 나라에 소망을 두고 살게 하옵소서. 우리 주 예수 그리스도 이름으로 기도합니다. 아멘!

우리가 하나님의 말씀을 볼 때는 하나님께서 우리에게 말씀하시는 때요, 우리가 기도할 때는 우리가 하나님께 말씀드리는 때입니다. _스미스

5월

기도로 세계를 움직이게 하소서
넷째 주2

　구원의 하나님! 인도하심 따라 주님 전에 나왔사오니 이 시간 온전한 예배를 드리게 하옵소서. 우리의 잘못과 죄악을 용서하시고 세상 것들을 내려놓고 주님만을 바라보는 믿음의 시간이 되게 하옵소서. 우리를 창조하시고 우리 삶을 섭리하시는 분은 주님뿐이오니 항상 주 안에서 살기를 원합니다. 오늘도 예배를 통해 주님의 사랑을 더욱더 체험하게 하옵소서.

　우리에게 성령을 충만히 허락하시어 세계 선교 사역에 동참하도록 도와주옵소서. 세계를 우리 품에 안게 하시고 기도로 세계를 움직이게 하옵소서. 기도함으로 주님의 자비하심과 긍휼하심과 성실하심을 체험하게 하옵소서. 주님이 전도하시기 위해 이 땅에 오셨던 것처럼 우리도 주님의 복음을 전하길 원합니다. 주님이 사랑을 몸소 보이셨던 것처럼 우리도 사랑을 나타내게 하옵소서. 교회의 모든 성도가 열정으로 충만하여 날마다 주님의 영광을 나타내게 하옵소서.

　사랑의 하나님! 이 세상에 평화를 주시고 모든 지도자를 기억하사 그들이 사리사욕에 눈이 어두워 개인적인 욕심이나 욕망만을 채우지 않게 하옵소서. 언제나 하나님을 두려워하며 올바른 지혜로 지도할 수 있도록 인도하옵소서. 물질 만능주의와 한탕주의에서 벗어나, 정직함 속에 질서가 있는 민족이 되게 하옵소서. 공의와 정의가 살아 있는 나라이기를 원합니다. 약속과 신의를 지키는 사람들이 되게 하옵소서. 이 변화 많은 세상에서 모든 근심하는 사람들과 병든 사람들을 위로해주시고 그들을 슬픔에서 건져주시기를 원합니다. 오늘도 주님의 뜻을 깨달아 주님의 뜻을 이 땅에 이루게 하옵소서. 우리가 주님의 도구로 사용되게 하옵소서. 그렇게 하실 우리 주님의 이름으로 기도합니다. 아멘!

기도는 아침의 열쇠요 저녁의 자물쇠다.
_빌리 그래함

우리 몸과 마음을 받아주소서
넷째 주3

찬 양과 영광을 받으시기에 합당하신 하나님! "안식일을 거룩히 지키라" 말씀하신 주님, 이 거룩한 주일에 예배드리게 하시니 무한 감사를 드립니다. 성령 강림하심을 믿사오니 성령 충만함을 주옵소서. 우리는 성령 충만함을 받아야 삽니다. 성령 충만함을 입어야 삶의 의욕을 가질 수가 있습니다. 성령님과 함께라야 피곤치 않고 담대하게 주님의 일을 할 수 있으니 함께하옵소서.

우리가 새 사람을 입기 원합니다. "누구든지 그리스도 안에 있으면 새로운 피조물이라 이전 것은 지나갔으니 보라 새 것이 되었도다"라고 하셨으니 우리를 날로 더욱 새롭게 하옵소서. 성령의 은혜를 통하여 하나님의 깊고 오묘하신 뜻을 깨닫기 원합니다. 우리의 몸과 마음을 하나님께서 받아주소서. 성령님을 의지하며 복음을 전할 때 놀라운 역사가 일어나게 하옵소서.

사랑의 하나님! 우리가 성령을 힘입어 서로 용서하며 살길 원하고, 가족 간에 성도 간에 막힌 담들이 허물어지기를 원합니다. 성령 충만함을 받아 날마다 새로운 삶을 체험하게 하소서.

성령 충만함으로 주님의 뜻을 분별하게 하시고 주님의 뜻을 이루어가게 하옵소서. 우리를 인도하시는 하나님의 섭리를 기다리고 기대하는 믿음을 갖기를 원합니다. 성령의 은혜를 통하여 은사가 충만하여 주님의 일을 하기에 부족함이 없도록 도우소서. 말씀을 마음 판에 새기며 살게 하옵시고, 성령 충만함 속에 우리의 모습과 삶이 우리 구주 예수 그리스도를 닮아가게 하옵소서. 우리를 인도하옵소서. 오늘도 예배를 통하여 주님의 은혜를 체험하게 하옵소서. 우리 구주 예수 그리스도 이름으로 기도합니다. 아멘!

네가 네 생명을 사랑하는 사람이 되려거든 기도를 사랑하는 사람이 되라.
_존 낙스

가족을 위한 기도

_용혜원

아침에 일어나면

첫 입술로

주님을 찾는

사람들이 되게 하소서

일하는 곳에서

공부하는 곳에서

언제나 모든 일에

최선을 다하며

맡겨진 달란트에

남김이 있게 하소서

집에 모이면

웃음이 가득하게 하시고

이웃들에게

행복을 나눌 수 있는

따뜻함과 친절함을 갖게 하소서

삶을 살아가며

주님을 닮아가게 하시고

시작되어진 착한 일들이

주님의 날에 완성되게 하소서

구원받은 기쁨을

항상 누리게 하시고

모든 일에 열정을 다하게 하소서

무엇보다

하늘나라의 생명책에 이름이

기록됨을 기뻐하게 하시고

언제나 주님을 사랑하며

주님으로 인해 행복하게 하소서

6월

깨어 있는 성도의 삶을 살게 하소서
첫째 주1

은혜와 평강의 하나님! 주님의 보혈로 구원받아 영육이 새롭게 됨을 찬양합니다. 이 거룩한 주일에 주님 앞에 나와 예배드리니 받아주시옵소서. 우리에게 맡겨진 사명을 감당하게 하시고 믿음의 삶에 부족함이 없는 분별력을 주옵소서. 주님께 온전히 쓰임 받기를 원합니다.

성령 하나님께 굴복함으로 모든 삶의 주권을 내어 드립니다. 사용하옵소서. 저희가 날마다 기도로 주님을 만나게 하옵소서. 주님과의 교제 시간에 주님의 음성을 듣게 하시고 늘 깨어 있는 성도의 삶을 살게 하옵소서. 우리의 하루를 기도로 시작하고 기도로 맺기 원합니다. 주님께서 우리의 체질을 아시오니 인도하옵소서.

사랑의 주님! 주님을 만나는 침묵의 시간을 갖게 하옵소서. 날마다 분주함에 묻혀 살기보다 주님의 음성을 듣고 주님의 뜻에 따라 살게 하옵소서. 우리의 마음이 정결하여 주님을 모시게 하옵소서. 우리의 믿음이 말씀에 기초하여 성장하기를 원합니다. 오늘도 예배 중에 주님을 만나고 주님의 음성을 듣게 하옵소서. 주님의 큰 사랑을 입은 우리가 그 사랑, 그 놀라운 복음을 전하며 살게 하옵소서. 그리하여 구원받는 사람들의 수가 날마다 늘어나게 하옵소서.

사랑의 주님, 우리의 명예와 권세를 위하여 주님의 이름을 함부로 사용하지 말게 하시고, 늘 기도로 주님의 인도하심을 묻고 행하게 하옵소서. 주님을 영접하고 믿던 그 첫사랑의 열정과 순수함을 버리지 않게 하소서. 우리 삶이 하나님이 보시기에 아름답길 원합니다. 오늘도 주님 안에서 참으로 행복함을 고백합니다. 우리의 예배를 받아주옵소서. 마음을 모두어 예배드리는 모든 성도를 기쁘게 받아주시길 우리 구주 예수님 이름으로 기도합니다. 아멘!

기도를 큰 결심으로 하여라. 기도하는 생활을 유지하기 위하여 무슨 희생이든지 하라. _저드슨

이 땅의 통일을 위하여 기도하게 하소서
첫째 주2

우리와 함께하시는 하나님! 이 나라와 이 민족을 인도하시옵소서. 6월, 여름은 이 민족에게 아픔을 주었던 6·25 전쟁이 있었던 달입니다. 수많은 이산가족이 아직도 아픔을 겪고 있으며 나라가 양분되어 갖가지 어려움과 고통이 있습니다. 이 민족의 간구를 들어주사 통일을 허락해주시기를 원합니다. 다시는 이 땅에 전쟁이 없게 하시고 이 민족이 하나 되어 하나님께 영광을 돌리게 하옵소서. 무너지고 쓰러진 교회들이 다시 세워지고 우리 모두가 하나 되어 찬양하게 하옵소서. 정치 지도자들을 인도하여주사 나라와 민족을 먼저 생각하며, 이 민족이 온전히 하나님의 인도하심을 받게 하옵소서. 우리 모두가 이 땅의 통일을 위하여 기도하고 준비하게 하소서.

사랑의 하나님! 이 나라의 경제를 부흥시켜 주시고 이 민족의 영성이 회복되어 하나님이 원하시는 민족이 되게 하옵소서. 통일을 열망하는 마음이 가득하게 하시고 민족 간에 서로 사랑하고 용서하며 서로 돕게 하옵소서. 이 나라 이 민족, 도시와 마을마다 통일의 소식이 가득하고 찬양이 가득한 날이 속히 오기를 원합니다. 부정부패가 사라지게 하여 주시고 하나님 보시기에 깨끗한 백성, 민족이 되게 하옵소서. 하나님의 보호하심과 축복하심을 받는 이 민족이 되기를 원합니다. 그리하여 하나님을 온전히 경외하는 민족이 되게 하옵소서.

사랑의 하나님! 이 민족이 온전히 예수 그리스도의 보혈로 씻겨져 모두가 하나 되고 주님의 영광을 나타내게 하옵소서. 교회가 살아 움직이고 성도들이 살아 움직여 영광을 돌리게 하옵소서. 우리 주 예수 그리스도 이름으로 기도합니다. 아멘!

 기도는 그리스도인의 지상 분투에 있어서 최대 위업이다.
_클레리쉬

6월

성령의 은혜로 충만하게 하소서
첫째 주 3

모든 역사와 우리 삶의 주관자 되시는 하나님! 유월은 이 땅이 피로 젖었던 전쟁의 계절이오니 이 민족의 아픔과 상처를 감싸주사 진리와 평화로 가득하게 하옵소서. 이 민족 모두에게 말씀의 능력을 허락하사 세계 선교의 사명을 감당하게 하옵소서. 이제는 주님의 이름으로 사랑을 나누며 서로의 아픔을 감싸주는 민족이 되길 원합니다. 오랫동안 이 민족 가슴속에 축적된 시기와 증오와 다툼에서 벗어나 예수님 안에서 화평을 이루게 하옵소서. 모두가 연합하여 하나가 되며 온전한 그리스도인으로 살게 하옵소서. 오늘도 주 안에서 기뻐하고 찬양하며 감사함으로 살기를 원합니다. 언제 어느 때나 예수님께서 흘리신 보혈의 참된 의미를 꽃피워 나가는 삶을 살게 하시고, 삶의 매 순간마다 주님과 함께하는 그날을 바라보게 하옵소서.

사랑의 하나님! 우리의 믿음을 날마다 더욱 견고케 하사 주께서 이 땅에 다시 오실 때 하나님 우리 아버지 앞에서 부끄러움이 없도록 하옵소서. 주님! 오늘은 주님의 날입니다. 주님의 날에 가장 합당한 일은 주님께 예배드리는 것임을 믿습니다. 이 예배를 통하여 영광 받으옵소서.

부활하신 주님! 사망 권세를 이기고 우리를 죄에서 해방시키신 주님의 능력을 확신하며 감사드립니다. 이 거룩한 주일을 기쁜 마음으로 주님께 드리게 하옵소서. 하나님이 주신 일곱 날 중에 하루를 구별하여 드리오니 일곱 날을 자기 것으로 알고 살아가는 사람들보다 더 풍성한 은혜를 체험하게 하옵소서. 선포되는 말씀을 통하여 성령의 은혜로 충만하게 하옵소서. 예배에 참여한 모든 성도가 주님의 피 묻은 십자가를 더욱 힘 있게 붙드는 이 시간이 되게 하옵소서. 우리를 죄에서 속량하신 예수님 이름으로 기도합니다. 아멘!

 기도는 하나님께서 우리에게 말씀하시도록 드리는 기회이다.
_헨리 이 포스트

순종하는 삶이 되게 하소서
둘째 주1

지혜의 근본이 되시는 하나님! 푸르름이 고운 유월입니다. 우리의 믿음도 자라나게 하옵소서. 주님의 사랑과 인도하심에 감사드립니다. 날마다 주님의 형상을 닮아가며 우리로 하여금 주님 뜻대로 살게 하옵소서. 우리에게 맡겨주신 지상 명령, 복음을 땅끝까지 전파하는 삶에 동참하게 하옵소서. 이것이 주님의 사랑이요 축복이오니 순종하게 하옵소서.

사랑의 하나님! 그 놀라우신 이름을 찬양합니다. 주님의 이름을 의지하오니 우리 기도에 응답하옵소서. 이 땅의 모든 정치 지도자에게 은총을 베푸시고, 정의와 평화의 길로 인도하옵소서. 온 인류가 서로 사랑하며 주님 뜻에 합당한 일들을 구하며 그 일에 순종하게 하옵소서.

겸손하신 주님! 우리의 가족과 친척 그리고 주님 안에서 우리의 이웃 된 모든 형제와 자매들에게 은혜를 베풀어주옵소서. 서로 도우며 주님께서 우리를 사랑하신 것처럼 서로 사랑하기를 원합니다. 우리의 삶에 있어서 어려운 고비마다 고난이 있을 때마다 항상 기뻐하고 감사하며 쉬지 않고 기도하기를 원합니다.

이 민족의 모든 교회와 목회자들과 성도들에게 성령 충만을 베푸사 복음이 온 세상에 가득케 하옵소서. 복음 전파로 인하여 구원받는 수가 늘어나게 하옵소서. 이 민족의 모든 교회가 성령 충만함을 입게 하여 주옵소서. 모이기에 힘쓰고 주님을 전파하기에 힘쓰게 하옵소서. 이 민족 모두가 하나 되어 주님의 영광을 나타내며 주님의 이름을 온 땅에 전하기를 원합니다. 이 거룩한 주일에 예배드리는 모든 교회와 성도들이 한마음으로 주님을 섬기게 하옵소서. 이 시간 말씀을 전하는 목사님과 온 성도들이 은혜받길 원하며 우리 주 예수 그리스도 이름으로 기도합니다. 아멘!

 기도는 하나님과의 대화요 위대한 예술이다.
_토마스 아 캠피스

6월

성령의 열매를 맺게 하소서
둘째 주2

우리를 구원하신 사랑의 하나님! 주님의 은혜에 감사를 드립니다. 날로 세속화되고, 범죄로 물들어가는 이 땅에서 깨어 경성하며 맡겨진 직분을 감당하게 하옵소서. 우리의 삶을 통하여 주님께 영광을 돌리며 성령의 열매를 맺게 하옵소서.

이 거룩한 주일에 성도들이 주님 앞에 나왔사오니 주님의 평안으로 함께하옵소서. 우리가 이웃에게 사랑으로 대하지 못하였다면 용서해주시고, 지극히 작은 자에게도 냉수 한 그릇을 나눌 수 있는 사랑의 마음을 새롭게 하소서.

화평한 삶을 통하여 하나님의 자녀 된 삶을 누리게 하옵소서. 저희가 어디서나 평안의 복음을 전하는 기쁨 속에 살기를 원합니다. 부족하기만 하오니 영적인 성숙함을 주옵소서. 주님이 허락하신 하루하루를 소중히 최선으로 살게 하옵소서. 모든 일에 성령님, 인도해주옵소서.

우리를 축복하시는 주님! 어린아이 같은 믿음에서 성숙한 믿음으로 자라길 원합니다. 우리가 모두 주님의 일을 하는 기쁨 속에 살게 하옵소서. 우리의 삶 속에 주님의 권능을 나타내주시고, 그로 인해 이 시대 속에 복음이 충만하기를 원합니다. 우리가 주님의 은혜를 힘입어 때를 얻든지 못 얻든지 주님의 복음을 전하게 하옵소서. 영적인 안목을 허락하셔서 주님의 사역을 이루어가게 하옵소서. 오늘도 주님께 예배드림 속에 성령 충만을 허락하옵소서. 날마다 주님을 찬양하는 삶을 살기를 원합니다. 영광과 존귀와 권세를 세세토록 받으실 예수님 이름으로 기도합니다. 아멘!

복음으로 세상을 점령하려면 무릎으로 일하라.
_테일러

주 안에서 편한 도구로 사용되게 하소서
둘째 주3

말씀으로 모든 만물을 창조하신 하나님! 우리의 삶이 예배이게 하옵소서. 강하고 담대한 믿음으로 늘 승리하기 원합니다.

주님, 교회를 부흥시켜 주시고 새로운 변화를 주옵소서. 이 나라 이 민족에게 성령의 새 바람을 허락하옵소서. 시간과 장소를 초월하사 영원에서 영원까지 계신 하나님, 헤아릴 수 없이 넓은 이 세상에서 유한한 우리를 붙들어주옵소서. 세상에 속한 욕심을 버리게 하시고 찬양과 감사의 삶을 살게 하옵소서.

비천한 우리를 하나님의 영으로 충만하게 하옵소서. 주님의 영원한 진리의 자유하심을 깨닫게 하옵소서. 주님의 교회와 목회자들과 성도들의 가정을 인도해주시기 원합니다. 모든 가정에 화목과 사랑이 넘치게 하옵소서.

사랑의 주님! 주님의 보혈로 구원받았사오니 주 안에서 편한 도구로 사용되게 하옵소서. 우리에게 강한 용기를 주옵소서. 믿음의 결단을 허락해주시기를 원합니다. 우리의 온 삶을 주님의 일에 쏟아붓게 하사 순종하며 살게 하옵소서.

목마른 사슴 같은 심령으로 주님 앞에 나왔사오니 우리의 심령에 은혜의 단비를 내려주옵소서. 이 시간 우리의 마음과 뜻과 정성을 다하여 영광을 돌리게 하옵소서. 이 땅에는 아직도 소외된 많은 사람이 있사오니 병들고 외로운 이들을 보살필 힘과 능력을 주옵소서. 오직 복음과 사랑으로 다가가 필요를 채워주게 하옵소서. 우리의 이웃을 무관심하게 대해 절망을 주는 것이 아니라 복음을 전하여 산 소망을 선물하게 하옵소서. 우리를 사용하여 주옵소서. 우리 주 예수 그리스도 이름으로 기도합니다. 아멘!

 기도는 하나님께서 그 영으로 우리에게 내려오시고 우리는 기도로 말미암아 그에게 올라가는 것이다. _토마스 왓슨

6월

이른 비와 늦은 비의 은혜를 허락하소서
셋째 주1

만물을 주관하시는 하나님! 오늘도 우리로 하여금 예배드리게 하시니 감사드립니다. 우리에게 진실한 마음을 주사 주님의 영광을 나타내게 하옵소서. 우리 삶 속에서 성령의 열매를 맺기 원합니다. 목자 되신 주님의 인도 따라 살게 하옵소서. 날마다 주님의 형상을 닮아가기 원합니다. 이 시간 우리 예배에 함께하옵소서. 주님 홀로 영광과 찬송을 받아주옵소서.

이 땅의 모든 그리스도인을 성령 충만으로 인도하사 놀라우신 주님의 능력을 찬양하게 하옵소서. 이 땅 곳곳에서 부흥이 일어나게 하시고, 오늘날과 같이 사랑이 메마른 시대에 이른 비와 늦은 비의 은혜를 허락하여주사 생명수가 흐르게 하옵소서. 이 시간 모든 성도에게 은혜로 함께하옵소서. 우리 삶 속에 기도와 전도와 말씀의 문이 활짝 열리기를 원합니다. 성령 하나님, 통치하옵소서.

사랑의 하나님! 주님을 사랑합니다. 주님을 찬양합니다. 주님께서 오늘까지 우리를 사랑하시고 인도하셨으니 주님 다시 오실 그날까지 힘차게 살아가길 원합니다. 우리 믿음의 열정도 초대 교회 성도들과 같기를 원합니다. 성령 충만으로 복음을 능력 있게 전하게 하옵소서. 오늘날 갖가지 소리는 수없이 많고 많지만 생명의 소리는 적고 적으니 우리로 하여금 생명의 소식을 전하는 하늘 나팔수가 되게 하옵소서. 이 땅에 수없이 많은 길이 있지만 좁은 길일지라도 생명의 길, 주님의 길로 우리를 인도하옵소서. 또한 복음의 안내꾼이 되기를 원합니다. 넉넉히 이기게 도우시는 주님으로 인해 행복합니다. 우리의 예배를 받아주옵소서. 지금도 참된 예배자를 찾으시는 예수 그리스도 이름으로 기도합니다. 아멘!

기도할 때 기도다운 기도를 하기 위하여 개발에 힘써야 한다.
_포오사이스

서로 사랑하게 하소서
셋째 주2

사랑이 많으시고 자비로우신 하나님! 성실하신 사랑으로 우리를 돌보시는 은혜에 감사드립니다. 성령님께서 다스리사 날마다 주님의 영광을 나타내시옵소서. 우리에게 맡겨진 사명을 잘 감당하여서 주님 앞에 설 때 부끄럽지 않기를 원합니다. 주님께서 허락하신 모든 은혜와 은사로 복음을 전하는 데 사용하게 하소서. 이 시간 나아온 성도들을 축복하옵소서. 모든 성도에게 더욱 주님을 사랑하는 마음 주시기를 원합니다.

이 땅에서 참사랑을 몸소 보이시고 우리에게 서로 사랑하라 하신 주님! 주님을 본받아 온전히 사랑하며 섬기길 원합니다. 사랑의 삶을, 나눔의 삶을, 순종의 삶을 살게 하옵소서. 예수님의 사랑으로 하나가 되어 주님의 편지로 읽혀지는 삶을 살게 하옵소서. 오늘도 예배드림 속에 은혜와 사랑을 넘치게 부어주시어 세상 사람들이 우리가 주님의 자녀임을 알게 하옵소서. 주님의 인도하심이 우리 속에 함께하심을 믿습니다. 주님의 사랑 속에 거하며 주님의 구원을 날마다 체험하며 살기 원합니다.

구원의 주님! 우리를 온전히 서게 하시고 구원받은 기쁨으로 살게 하옵소서. 날마다 주님의 이름을 나타내며 자녀답게 살기를 원합니다. 지난날 너무나 많은 실수를 저질렀고 주님의 영광을 너무도 많이 가려왔음을 용서하여 주옵소서. 우리가 죄 중에 태어나서 죄와 더불어 살아왔기에 죄에서 벗어날 수 없었사오나 주님의 보혈로 구원해주셨으니 감사드립니다. 이제부터는 주님 안에서만 살게 하옵소서. 주님의 은혜와 사랑에 감격하며 감동하며 살기를 원합니다. 주님이 이처럼 우리를 사랑하셨으니 우리도 주님만을 사모하며 살게 하옵소서. 오늘도 은혜받게 하옵소서. 우리의 전부이신 예수님 이름으로 기도합니다. 아멘!

 간구란 하나님께 단순히 말하는 것이 아니라 구하는 것이다.
_조안 라이스

부지런히 살게 하소서

셋째 주3

우리의 예배를 받으시는 하나님! 예수 그리스도의 보혈로 우리의 죄악을 용서해주시고 우리의 상처를 감싸주시니 감사드립니다. 이 시간도 은혜 위에 은혜를 베푸사 우리가 나약해지지 않도록 인도하옵소서. 제자들도 기도를 통하여 성령 충만함을 입었듯이 우리도 기도함으로 성령님께 굴복하길 원합니다. 우리가 주님의 일을 하면서 어떠한 경우에도 포기하지 않고 최선을 다하여 승리하게 하옵소서. 온 산천이 푸르른 이 계절에 우리 심령도 예수 그리스도로 말미암아 푸르러지게 하옵소서. 어떤 삶에든 고통은 있기 마련이오니 우리 삶에 찾아오는 작은 어려움이나 큰 시련도 주님의 사랑과 능력으로 이겨내게 하옵소서.

사랑의 하나님! 이 여름에도 땀 흘려 일하는 농부들처럼 우리도 부지런하기를 원합니다. 시간 활용을 잘하고, 모든 일에 최선을 다하며 열정을 가지고 일하길 원합니다. 주님의 삶을 본받아 부지런히 살게 하옵소서. 여름에 땀 흘려야 가을에 결실이 찾아오는 것처럼 우리 삶에도 땀 흘릴 수 있는 은혜와 거두는 기쁨을 주옵소서. 언제 어디서나 나태하거나 미련하게 살지 않게 하옵소서. 우리의 전부가 되시는 하나님께서 우리 삶에 허락해주신 모든 일을 기대합니다. 하나님의 긍휼하심을 입은 우리에게도 다른 이들을 긍휼히 여길 수 있는 마음을 주옵소서.

사랑의 하나님! 우리의 우리 된 것이 주님의 은혜인 것처럼 주님의 십자가와 사랑을 전하게 하옵소서. 세상의 소금과 빛으로 주님을 높이게 하여 주소서. 우리 주 예수 그리스도 이름으로 기도합니다. 아멘!

기도는 어떠한 필요에 의하여 부르짖는 것 이상으로 영적 생활을 유지하기 위하여 우리에게 주어진 특권이다.　　　　　　　　　　_헤럴드 프릴리

주님을 본받게 하소서
넷째 주1

우리의 목자가 되시는 하나님! 사랑으로 함께하시니 감사드립니다. 이 시간도 성령의 은혜로 예배드립니다. 임마누엘 하나님을 체험케 하옵소서.

모든 영광과 찬양을 받으시기에 합당하신 하나님, 우리로 주님을 본받게 하사 주님이 기뻐하시는 겸손한 삶을 살게 하옵소서. 주님의 교회와 성도들을 기억하시어 이 시대의 빛과 소금으로 살게 하옵소서. 주님의 교회가 더욱 부흥되고 우리의 믿음이 더욱더 확장되기를 원합니다.

우리를 축복하시는 하나님! 주님 앞에 간구하오니 이 시간 성령님께 전심으로 굴복하게 하옵소서. 능력의 주님 안에서 강하고 담대한 믿음으로 승리하기를 원합니다. 성령을 충만히 받게 하여 주시고, 용서함을 받았으니 그 용서의 복음을 전하게 하옵소서. 우리에게 맡겨진 일에 최선을 다하기 원합니다. 언제나 주님 안에서 강한 믿음으로 이겨내게 하시고 사랑으로 일하며 소망 가운데 살 수 있도록 인도하옵소서.

아버지, 저희가 말씀으로 인도되길 원합니다. 말씀으로 하루를 열고 묵상하며 적용하는 복 있는 인생이 되게 하소서. 또한 주님 안에서 지혜와 지식과 능력과 권세를 주옵소서. 강한 믿음의 군사로 살아가기를 원합니다.

아직도 예수 그리스도를 알지 못하고 듣지 못한 사람들에게 속히 복음이 증거되게 하옵소서. 생명의 복음이 온 나라, 전 세계, 땅끝까지 충만하기를 원합니다. 주님을 온전히 높이고 주님께 헌신하며 순종하는 삶을 주옵소서. 이기적이고 독단적이던 모든 것을 새롭게 하사 주님의 도구로 사용되게 하옵소서. 그렇게 하실 우리 구주 예수님 이름으로 기도합니다. 아멘!

 기도는 강한 것 중의 강한 것이요, 기도는 높으신 하나님의 보좌에 둘러싸인 대기와 같다.
_피터 포오사이드

6월

복음 안에 빛 된 삶을 주소서
넷째 주2

사랑으로 함께하시는 하나님! 우리를 지금까지도 지켜주셨으니 감사드립니다. 우리의 부족하고 나약함을 불쌍히 여기시고 고쳐주사 주님의 보혈로 씻어주옵소서. 우리의 삶을 성결하게 하옵소서. 우리가 구원받았으니 하나님의 자녀다운 삶을 살기 원합니다.

오늘 우리가 드리는 예배가 신령과 진정으로 드려지게 하옵소서. 우리의 삶이 언제나 주님 보시기에 아름다운 삶이기를 원합니다. 그러나 우리 힘으로 되지 않사오니 성령 하나님, 우리를 주관하소서. 우리를 주님의 길로 인도하사 자유케 하시고 주님의 복음을 있는 곳곳에서 최선의 삶으로 전하게 하옵소서.

사랑의 하나님! 주님의 구원하심과 사랑하심에 감사드립니다. 복음 안에서 빛 된 삶을 살기 원합니다. 성령 충만으로 우리 심령이 유쾌하게 되길 원합니다. 우리의 부족함을 주님의 사랑으로 채워주옵소서.

자비로우신 하나님! 주님께서 오래 참아주시기에 저희가 다시 주님 앞에 나올 수 있었으니 주님의 사랑에 감사드립니다. 우리는 자주 실수하고 넘어지니 주님께서 붙들어주옵소서. 우리가 날마다 은혜 안에서 살면서도 은혜를 잊어버리고 허망한 것들을 붙잡고 살아 주님의 이름을 욕되게 한 것 용서하옵소서. 우리의 소망은 오직 예수 그리스도가 되게 하옵소서. 우리의 모든 삶의 해답은 예수님이게 하옵소서.

또한, 우리에게 때를 따라 주시는 주님의 은혜에 감동하며 살게 하옵소서. 주 안에서 항상 기뻐하기를 원합니다. 주님께서 우리를 사랑하시고 용서하심처럼 우리도 이웃에게 너그럽게 행하며 드러내지 않는 사랑을 나누게 하옵소서. 오늘의 예배를 받아주시기를 원하며 우리 주 예수 그리스도 이름으로 기도합니다. 아멘!

기도는 세계를 창조하고 보존하는 완전한 힘의 일부이요, 기능이 된다.
_피터 포오사이

주님만을 소망하며 살게 하소서
넷째 주3

모든 것의 근원이 되시는 하나님! 목자 되시는 주님께서 우리의 삶을 매일 매 순간마다 인도하시니 감사합니다. 우리는 양이오니 주님의 인도하심 따라 살게 하옵소서. 주님의 음성을 듣게 하사 길이요 진리요 생명이신 주님만 따르게 하옵소서.

기도의 모범을 보여주신 주님처럼 우리 삶이 기도로 이루어지길 원합니다. 주님께서 중보 기도를 일러주셨듯이 우리도 중보 기도를 통하여 다른 이들을 섬기기 원합니다. 모든 염려와 걱정을 주님께 맡겨버리고 믿음으로 살게 하옵소서. 우리 마음속에 강 같은 평화가 넘치게 하옵소서. 우리 삶을 주님께 의탁하오니 우리를 새 생명의 길로 인도하옵소서. 썩어진 세상이 아니라 주님만을 소망하며 주님만을 바라보며 살게 하옵소서. 세상은 타락하기를 원하나 우리의 심령은 성령의 인도하심으로 날마다 새롭게 하옵소서. 죄악에서 떠나게 하시고 악은 모양이라도 버리게 하사 주님의 역사하심에 동참하게 하옵소서.

사랑의 하나님! 맡은 사명에 최선을 다하게 하사 핑계로 세월을 헛되이 보내지 않게 하옵소서. 무기력한 삶이 아니라 선지자처럼, 제자들처럼 목숨 걸고 주님의 일에 최선을 다하게 하소서. 교회에서 가정에서 직장에서 우리가 맡은 일에 열매를 맺어 하나님께 영광 돌리기를 원합니다. 우리 삶이 예배가 되게 하여 주시고 우리의 생활로써 복음을 증거하게 하옵소서. 주님의 일을 게을리했다고 후회할 날이 이르기 전에 분발하여 칭찬받는 기쁨을 누리게 하소서. 우리를 사랑하사 인도하시고 보살펴주시는 주님, 우리를 받으시고 주님의 뜻을 이루어주소서. 우리를 구원하신 예수님 이름으로 기도합니다. 아멘!

기도는 어떠한 힘보다도 위대한 능력을 가지고 있는 힘이다.
_캔터어

하늘 사랑

_용혜원

한 번 떠나면

돌아올 수 없는 삶을

어찌 한가로이 바람 나들이처럼

살아가겠습니까

인연이란 말들은 쉽게 하지만

한사람

한 사람 만나

가까움을 느끼며 살기란

너무도 어렵습니다

눈빛을 느끼고

가슴을 열어

따스한 사랑을 갖기란

겨울날 꽃 피우기처럼

안타깝습니다

살아감의 한 둘레 속에서

만나는 사람들과

웃고, 울고

때로는 어울리며

가까움을 느껴도 보았지만

그것이 꼭 진실한 사랑은

아니었습니다

그 어느날

내 가슴이 확 열리며

하늘 그 하늘 사랑이

벅차도록 밀려왔을 때

나는 그만

고백하고 말았습니다

"오 주여!

나는 당신을 사랑합니다."

7월

주님 안에서 쉬게 하소서
첫째 주1

우리를 사랑하시는 주님! 청포도가 익어가는 계절입니다. 이 계절이 시작되면 일터에서 쉼을 얻고자 여행을 떠나는 이들도 있고, 무더위 속에 더욱더 열심히 삶을 가꾸는 사람들도 있습니다. 모든 사람이 방법은 다르지만 이 계절에 하나님을 기억하며 주님 안에서 쉼을 누리게 하옵소서.

주님, 오늘 저희가 하나님께 드리는 예배가 이 계절 태양의 열기보다 더 뜨거운 열정으로 드려지게 하사 우리로 하여금 성령의 충만함 속에 강하고 담대한 성도의 삶을 살게 하옵소서. 이 계절에 방학이 시작되고 휴가가 시작됩니다. 모든 이들이 쉼을 통하여 주님을 새롭게 체험하게 하옵소서. 왕성하게 자라는 곡식과 과일처럼 우리 삶도 영육 간에 성숙하기를 원합니다. 날마다 삶 속에 주님의 은혜와 감격을 소유하게 하옵소서. 우리를 인도하옵소서.

고마우신 하나님! 이 여름에 믿음의 밭을 가꾸는 농부가 되게 하옵소서. 우리에게 주어진 단 한 번의 삶에는 연습이 없사오니 하루하루를 진실하게 살게 하소서. 하나님의 자녀답게, 그리스도인답게 살기를 원합니다.

우리가 해야 할 일을 알게 하시고 우리가 사랑해야 할 것을 알게 하옵소서. 언제나 즐거이 주님을 높이고 주님의 뜻을 이루어감으로 주님의 사랑과 칭찬을 받는 교회와 성도들이 되게 하여 주옵소서. 우리의 눈에 보이는 대로 판단하지 않게 하시고, 무지한 인간의 귀에 들리는 대로 말하지 않게 하시고, 욕심대로 살지 않게 하사 주님의 인도함을 따르게 하옵소서. 모든 일에 참된 분별력을 주옵소서. 언제나 우리의 기도와 예배를 받아주시기 원합니다. 모든 성도에게 주님의 크고 넓으신 손길로 함께하옵소서. 드리는 이 예배를 통하여 영광을 받아주시고 우리에게 기쁨과 감격을 주실 우리 구주 예수님의 이름으로 기도합니다. 아멘!

 예배드린다는 것이 무슨 의미입니까. 우리 자신을 철저히 죽이는 것, 끝이 없는 깊이를 가진 분께 우리의 마음 깊은 곳에서 우리 자신을 아낌없이 드리는 것입니다.
_조지 애플턴

은혜와 축복의 열매를 맺게 하소서
첫째 주2

　우리를 항상 인도하시는 하나님! 이 거룩한 주일에 사랑하는 하나님 앞에 나왔사오니 드려지는 예배 가운데 좌정하시고 다스려주옵소서. 이 예배를 통하여 주님의 교회와 성도들이 새롭게 변화되어 부흥이 교회 안에 일어나며, 가정이 은혜로 충만하게 하옵소서. 주님의 교회에 초대 교회의 성도들처럼 전도와 구제 그리고 섬김이 넘치게 하옵소서. 이 시대에 살아 있는 교회, 생명력이 넘치는 성도들이 되기를 원합니다. 먼저 그의 나라와 그 의를 바라보게 하시고 우리를 온전케 하시는 주님만을 바라보며 살게 하옵소서. 언제 어디서나 주님 뜻에 합당한 삶을 살기 원합니다.

　사랑의 주님! 이 나라 이 민족을 사랑하사 주님을 온전히 경외하며 전 세계에 복음을 전하는 민족이 되게 하옵소서. 남과 북, 이 민족 전체를 기억해주시고 모든 교회와 성도와 선교사들을 축복해주옵소서. 이 계절에 우리의 삶이 주님의 은혜와 축복으로 열매를 맺게 하옵소서. 우리로 하여금 주님의 영광을 나타내게 하옵소서. 지금 이 시간에도 오직 한 마음으로 주님만을 섬기게 하옵소서.

　우리의 삶이 날마다 주님을 닮아가며 주님의 뜻을 이루기 원합니다. 인도하옵소서. 우리로 하여금 주님의 도구로 사용되게 하옵소서. 우리의 삶이 오직 기도, 오직 말씀, 오직 예수의 신앙이 되기를 원합니다. 주 안에서 기뻐하며 주님의 일을 행하게 하옵소서. 만유의 주 되시는 주님을 의지합니다. 그리하여 그 믿음으로 하나님을 영화롭게 높이길 소원합니다. 주님을 사랑합니다. 우리 주 예수 그리스도 이름으로 기도합니다. 아멘!

 지극히 높고 전능하고 선하신 주님, 주님이 만드신 모든 것으로 인하여 주님께 모든 찬양을 돌리나이다.　　　　　　　　　　　　　　_성 프란시스

천하보다 귀한 영혼을 받아주소서
첫째 주 3

교회의 주관자 되시는 하나님! 이 땅에는 아직도 많은 이들이 구원받지 못하고 죄악에 머물러 있습니다. 구원의 참된 소망을 소유하지 못한 이들에게 복음이 들려지기를 원합니다. 수많은 잃어버린 영혼들이 주님을 만나 모든 죄를 고백하고 회개하여 구원받게 하옵소서. 하나님께서 상한 영혼들의 모습을 있는 그대로 받아주심을 믿사오니 저들의 마음을 열어주사 주님을 영접하게 하옵소서. 구원받은 기쁨, 새 생명의 기쁨을 누리게 하옵소서. 은혜를 체험하고 주님을 만나 삶이 변화되게 하옵소서. 하나님을 만나야 소망이 있고 자신이 얼마나 가치 있는 인생인지를 알게 되오니 주여 함께하사 깨닫게 하옵소서.

사랑의 하나님! 오늘도 방황하는 영혼들을 기억하사 저들이 예수님을 영접하여 하나님의 자녀가 됨을 확신하게 하옵소서. 저들의 심령이 옥토가 되게 하사 말씀을 듣고 깨달아 변화된 삶을 살게 하옵소서. 우리는 분명하게 가치 있고 사랑받기 위해 태어났으며, 하나님께서 우리의 아버지 되심을 확신하오니 주님 원하시는 대로 건강한 삶을 살게 하옵소서. 천하보다 귀한 생명을 귀히 섬기며 우리 안에 예수님으로 인한 가족 됨의 고백이 있게 하옵소서. 주님, 우리 삶의 주관자 되셔서 다스려주옵소서.

소망의 주님! 우리 삶에 성령의 은혜로 영적인 발돋움이 있게 하옵소서. 날마다 주님의 말씀을 묵상하며 기도하여서 영성 있는 그리스도인의 삶을 살기 원합니다. 주여! 우리를 인도해주옵소서. 우리 주 예수 그리스도 이름으로 기도합니다. 아멘!

오소서! 나의 호흡, 나의 생명이시여, 오소서! 내 비천한 영혼의 위로이시여. 오소서! 나의 즐거움, 나의 영광, 나의 끝없는 기쁨이시여. _성 시메온

충성을 다하게 하소서
둘째 주1

천지 만물을 운행하시는 하나님! 모든 산과 들에 푸르름이 더해지고 있습니다. 모든 것이 새롭게 자라나는 이 계절에 주님께 예배드리오니 받아주옵소서. 모든 나무도 있는 손을 다 들어 하나님을 찬양하며 가을의 풍요로움을 준비하고 있습니다. 우리에게 믿음을 더하셔서 철을 따라 열매 맺는 삶을 살게 하여 주옵소서. 내 것이 많음은 남김이 아니오니 베푸는 삶을 통하여 남김이 있는 삶을 살게 하옵소서. 하나님께 영광을 돌리며 이웃을 향하여 사랑을 베풀기 원합니다. 서로 가지려고만 하는 욕심이 서로 나누고 싶어 하는 마음들로 바뀌게 하옵소서. 서로 빼앗으려는 마음들이 서로 베풀고 싶어 하는 사랑의 마음으로 바뀌기를 원합니다.

사랑의 하나님! 더운 날씨를 탓하며 나태한 삶을 살지 않고 부지런히 일하며 주님을 섬기게 하여 주시고, 교회의 모든 성도와 목회자들을 건강으로 인도해주옵소서. 항상 주님 안에서 강하고 담대한 믿음으로 승리하게 하옵소서. 죽도록 충성하라 그리하면 생명의 면류관을 네게 주리라 하셨으니 충성을 다하게 하옵소서. 오늘도 말씀을 듣는 중에 주님의 은혜를 더욱더 체험하기 원합니다. 우리의 삶 속에서 날마다 주님의 뜻을 이루게 하시고 주님의 자녀다운 삶을 살아 온전히 영광을 돌리게 하옵소서.

예배드리는 성도들 한 사람 한 사람 모두가 성령으로 충만해지며 믿음에 믿음을 더해주옵소서. 저희의 예배를 통하여 하나님께서 영광을 받아주시고 은혜와 평안을 나눠주시기 원합니다. 주님의 섭리를 따라 살기를 원하며 존귀하신 예수 그리스도 이름으로 기도합니다. 아멘!

오 하나님! 우리의 예배가 감사의 표현이 되게 하시고 하나님 말씀을 전파하는 일에 우리가 사용되게 하옵소서. _할버트 버거

7월

영원한 은총을 내려주소서
둘째 주2

전지전능하신 하나님! 오늘도 사랑하는 주님 앞에 마음을 모아 예배드립니다. 이곳에 모인 모든 심령 위에 은혜의 단비를 내려주옵소서. 저희의 이해와 느낌을 넘어선 주님의 측량할 수 없는 사랑에 감사드립니다. 우리는 보이는 세계 속에서만 사랑할 수 있으나 주님은 영원한 은총으로 우리를 사랑하시니 그 사랑을 다 갚을 길이 없습니다. 지난날의 우리 허물과 오늘의 약함을 용서하시고, 소망 되신 주님과 동행하게 하옵소서.

사랑으로 함께하시는 능력의 주님! 우리는 늘 부족하고 연약하지만 우리를 주님의 제자로 삼아주시기를 원합니다. 주님의 말씀을 깨우치고 알아 주님의 지상 명령에 순종하게 하옵소서. 우리 삶이 성결하며 청결하며 온유하게 하옵소서. 주님의 교회와 성도들이 한마음 한뜻으로 복음을 전하고 주님의 은혜로 늘 승리하기를 원합니다.

우리 삶의 모든 순간을 세상 사람들이 지켜보고 있사오니 성도답게 믿음의 모범을 보이며 살게 하옵소서. 빛의 자녀답게 살게 하여 주옵소서.

사랑의 주님! 오늘 이 시대야말로 주님의 복음이 더욱더 필요하며 사랑의 손길이 필요하오니 우리에게 말씀의 능력을 주시고 사랑할 힘을 허락하시어 성도의 참된 삶을 살게 하옵소서. 시시때때로 말씀을 상고하여 은혜 속에 거하며 받은 은혜를 전함으로 배가시키기 원합니다. 우리로 하여금 믿음의 장부가 되게 하옵소서. 예배를 받아주시고 은혜와 사랑으로 함께하옵소서. 우리를 사랑하시고 인도하시는 하나님께 모든 영광과 찬양을 드립니다. 우리 주 예수 그리스도 이름으로 기도합니다. 아멘!

호흡하는 만물들아, 주님을 찬양하라. 살아 있는 모든 존재들아, 주님을 송축하라. 할렐루야!
_에르네스또 까르디날

수련회를 통하여 영적인 각성이 일어나게 하소서

둘째 주3

만유의 주시며 만왕의 왕이신 하나님! 무더위가 시작되는 여름입니다. 태양의 열기로 가득한 이 계절에 교회마다 성경학교와 수련회를 계획하고 있습니다. 이번 수련회를 통하여 영적인 각성이 일어나게 하옵소서. 분주한 생활 속에서 나약해진 믿음이 새롭게 되기를 원합니다. 성경학교를 통하여 어린이들과 선생님이 하나가 되며, 말씀을 통하여 예수 그리스도를 배우는 귀한 시간을 갖게 하옵소서. 모든 계획이 행사를 위한 행사가 아니라 좀 더 주님께 가까이 나가는 의미 있는 시간이 되게 하옵소서. 우리 모두에게 강하고 담대한 믿음을 주시고 섬김과 봉사와 나눔을 통하여 주님의 삶을 본받게 하옵소서.

사랑의 주님! 교회의 각종 행사가 무더운 여름에 이루어지오니 건강을 지켜주시고 나태하지 않게 하옵소서. 성령으로 인도하사 모든 수련회와 성경학교를 믿음과 기도로 진행하게 하옵소서.

수련회와 성경학교에 참여하는 한 사람 한 사람마다 이 기회를 통하여 주님을 깊이 만나 구원의 기쁨을 더욱더 체험하기를 원합니다. 우리 삶 모두가 주님의 사랑의 손길로 이루어짐을 아오니 교회의 모든 계획과 여름 프로그램에도 함께하사 풍성한 결실을 주옵소서.

구원의 주님! 수련회 기간 동안 수고하는 모든 이들을 영육 간에 강건케 붙잡아주시기를 원합니다. 수련회가 연례행사가 되지 말게 하시고, 성령의 역사하심으로 참가하는 이들의 신앙생활에 새로운 변화가 일어나는 계기가 되게 하옵소서. 주께서 함께하심을 믿고 우리 주 예수 그리스도 이름으로 기도합니다. 아멘!

오, 주여! 주님이 내게 주신 축복을 주님을 위해 쓸 수 있도록 도와주시옵소서. 주님이 원하는 일을 할 수 있도록 나를 도와주시옵소서.
_루터 엔더슨

7월

사랑의 힘으로 주님의 뜻을 이루게 하소서
셋째 주1

진리의 하나님 아버지! 우리를 사랑하사 날마다 은혜와 평강으로 축복해주심을 감사드립니다. 이 시간 함께하시고 우리의 예배를 받아 주옵소서. 우리의 삶 전체가 주님을 향한 예배이기를 원합니다.

한 겨레 한 핏줄이라 말하는 이 민족이 주님의 인도하심으로 하나가 되게 하옵소서. 하나님을 온전히 경외하며 찬양하는 마음들로 하나가 되어 주님 앞에 영광을 돌리게 하옵소서. 이 민족 모두가 서로서로 아끼며 사랑하고, 다른 나라 사람들까지도 사랑할 수 있는 마음을 주옵소서. 이 세상에 사랑의 힘보다 큰 힘은 없사오니 사랑의 힘으로 하나가 되어 주님의 뜻을 이루고 맡겨진 사명을 감당하게 하옵소서.

사랑의 하나님! 오늘 전해지는 말씀을 통하여 진리를 더욱더 깨닫고 말씀대로 살아갈 수 있는 성령 충만함을 주시기 원합니다. 모든 성도가 은혜받게 하옵소서. 그리하여 모든 일에 믿음의 본을 보이는 삶을 살게 하시고, 말씀 안에서 우리의 믿음이 반석 위에 세워지게 하옵소서. 온전히 주님만 바라보며 살기를 원합니다. 우리의 삶이 날마다 주님을 닮아가게 하옵소서.

주님의 영광을 찬양하는 성가대의 찬양을 기쁘게 받아주시고 말씀을 전하는 목사님을 영육 간에 강건케 하사 하나님의 말씀을 능력 있게 전하게 하옵소서. 이 시간 성령 충만함을 입어 날마다의 삶 속에서 주님을 따르기를 원합니다. 예배의 시종을 주님께 올려드리며 예수님 이름으로 기도합니다. 아멘!

 주님은 가진 모든 것을 내게 주셨습니다. 이제는 내가 주님께 내 모든 일생을 드립니다. 주님이 어디를 가든지 나는 주님을 따르겠습니다. 내 일생은 주님의 것이며 나는 주님을 사랑합니다. _끼이라 루빅

예배드리는 기쁨으로 가득하게 하소서
셋째 주2

권능과 자비의 하나님! 이 거룩한 주일에 예배를 드리오니 이 시간을 통하여 하나님께 영광을 돌리게 하시고 우리의 일생에 예배드리는 시간이 가장 기쁜 시간이 되게 하옵소서. 주님의 말씀으로 새롭게 하옵소서. 온 세상에 진리가 가득하기를 원합니다. 이 세대를 변화시켜주사 악은 모양이라도 버리게 하시며 땀 흘리며 사는 기쁨, 내일을 소망하며 사는 기쁨으로 가득하게 하옵소서. 거짓과 부패로 무엇이든지 이루려는 생각들이 사라지게 하시고, 진리의 말씀으로 승리함을 알게 하옵소서. 오직 예수 그 이름으로 승리하는 삶을 살게 하옵소서. 모든 것을 그럴듯한 광고처럼 포장하여 선전하고 유혹하는 세상에서 주님의 복음마저 거짓되게 선전하는 자들이 사라지게 하옵소서. 오직 주님의 말씀만 우리 마음에 가득하기를 원합니다. 주님의 말씀이 지금 이 시간에도 모든 사람을 변화시키는 능력이 되게 하옵소서. 그리하여서 구원받는 사람이 늘어나게 하옵소서. 죄악에서 떠나 예수 그리스도 안으로 들어와 구원받게 하옵소서.

사랑의 하나님! 우리로 하여금 서로를 신뢰하며 주님의 인도하심을 기다릴 줄 아는 믿음을 주옵소서. 허무한 것을 좇지 않고 늘 복음으로 인해 기뻐하며 살게 하옵소서. 주님을 닮아가게 하시고 주님의 뜻을 이 땅에 이룸을 기뻐하며 살게 하옵소서. 기도하는 삶을 살게 하옵소서. 주 안에서 복 있는 자들이 되어 교만하거나 자만하지 않고 늘 겸손과 낮아짐을 배우며 주님을 닮아가게 하옵소서. 주님의 진리가 오늘도 우리 삶 속에 가득하기를 원합니다. 교회를 더욱더 새롭게 하시고, 은혜와 진리로 가득하게 하옵소서. 우리의 예배를 받아주실 우리 주 예수 그리스도 이름으로 기도합니다. 아멘!

 우리는 들었습니다. 타인의 손과 우리의 손에 주님의 능력이 고요히 머물러 있는 것을 우리는 보았습니다. 그래서 우리는 큰 소리로 할렐루야 외치며 기뻐하고 즐거워합니다. _할버트 버거

7월

주님을 온 세상에 알리는 기쁨을 주소서
셋째 주 3

찬양받으시기에 합당하신 하나님! 우주 만물도 하늘을 우러러 하나님을 찬양하는데 하나님의 형상대로 지은 바 된 우리가 어찌 찬양을 드리지 않겠습니까. 이 시간 우리의 예배를 받아주시고 주님의 은혜를 체험하게 하옵소서. 주님께 온전한 예배드리기를 원합니다. 오늘도 이 땅에는 수많은 소리가 있으나 하나님을 찬양하는 소리는 적습니다. 우리의 입술로 하나님을 더욱더 찬양하게 하옵소서. 곳곳에서 욕심대로 구하려는 욕망의 소리가 넘치고 뺏고 빼앗으려는 도적의 소리가 많습니다. 아픔과 고통의 소리는 널려 있으나 사랑과 감사의 소리는 적습니다. 우리로 하여금 주님을 찬양하여 온 세상에 알리는 기쁨을 주옵소서. 이 시간 전 세계에 흩어져 복음을 전하는 선교사들에게 능력으로 함께하사 주님의 은혜를 충만히 받게 하옵소서. 강하고 담대하게 하옵소서. 그리하여서 풍성한 은혜를 보게 하소서.

사랑의 하나님! 복음을 전하는 모든 방송국과 신문사와 출판사와 선교단체들을 기억하옵소서. 그들을 통하여 복음이 온 땅에 전파되어 구원받는 사람이 늘어나며, 땅끝에서도 주님을 높이게 하옵소서. 그들이 활발히 활동할 수 있도록 채워주시고 믿음에 믿음을 더하여 주옵소서. 복음을 나타내는 기사가 늘어나게 하시고, 오직 예수 그리스도만 전하는 선교기관들이 되게 하여 주시기를 원합니다.

이 시간 말씀으로 하나가 되게 하여 주시고 말씀 속에서 은혜받게 하옵소서. 주님의 교회 위에 아름다운 부흥과 변화가 일어나게 하옵소서. 이 시간 처음부터 끝까지 홀로 영광을 받아주시기를 원합니다. 은혜를 충만히 받아 날마다 주님 안에서 축복을 누리며 영광과 찬양을 돌리는 삶을 살게 하옵소서. 우리 주 예수 그리스도 이름으로 기도합니다. 아멘!

주여, 나는 약하고 하찮은 존재이지만 주님께는 넘치는 힘이 있는 것을 압니다. 주님의 다함이 없는 보물은 내 깊은 곳의 크나큰 요구를 계속해서 충족시키고도 남음이 있습니다. 주님은 은혜로 나를 채워주십니다. _맥도날드

참된 쉼과 안식을 내려주소서
넷째 주1

우리를 사랑하시는 하나님! 휴가철이 시작되는 계절입니다. 휴가철로 인하여 마음이 흩어지지 않게 하옵소서. 쉼을 통하여 주님의 사랑하심과 인도하심을 더욱더 체험하기를 원합니다. 우리에게 쉼을 허락하신 것 감사드립니다. 쉼의 시간 동안 삶의 활력을 얻게 하여 주시기를 원합니다. 쉼의 시간을 타락과 방종의 시간으로 만들지 않고, 질서를 지키고 자연을 사랑하고 가꾸는 마음을 허락하옵소서.

휴가철에 가족들과 행복한 시간을 보내며 사랑이 가득한 시간이 되게 하옵소서. 우리 삶을 하나님께서 인도하여주사 이 소중한 삶을 부끄럼 없이 살게 하옵소서. 항상 주 안에서 멋지고 신나고 열정적으로 살기를 원합니다. 삶의 시간을 우리 마음대로 사용하는 것이 아니라 하나님의 뜻에 합당하게 쓰임 받게 하옵소서. 날마다의 삶을 주님의 인도하심 따라 시작하고 주님의 인도하심 따라 마치게 하옵소서.

사랑의 주님! 우리가 주님의 보혈로 구원을 받았으니 모든 삶 동안 소홀함 없이 하나님께 예배드리게 하옵시고 세속에 물들지 않게 하옵소서. 세상의 유행과 풍조에 휩쓸려 살지 않고 믿음의 정도를 걷게 하옵소서. 교통사고가 나지 않도록 안전 운행하게 하시고 음식과 새로운 환경에도 잘 적응하게 하여 주옵소서.

이 여름, 사람들의 마음이 흐트러져 각종 사고가 발생할 수 있사오니 모든 이에게 사리를 분별하는 지혜를 주옵소서.

언제나 우리와 함께하시는 하나님, 주님 은혜 아래서 건강히 지내게 하옵소서. 교회의 여름철 행사를 준비하는 이들에게도 함께하사 그들의 수고를 아시는 하나님께서 사랑과 평안을 더하여 주옵소서. 우리의 삶을 인도하시는 신실하신 우리 주 예수 그리스도 이름으로 기도합니다. 아멘!

 오래전 나를 위해 못 박히신 주님의 손에 나는 또 하나의 못을 박았습니다. 나 위해 갈보리에서 못 박히신 그분을 내가 또다시 못 박을 수 없는데도 말입니다. 주님, 용서하소서. _에블린 타일러

7월 예배하는 삶이 기쁨이 되게 하소서
넷째 주2

자비로우신 하나님 아버지! 주님의 사랑과 인도하심에 감사드립니다. 이 거룩한 주일에 우리가 성전에 모여 예배드리오니 받아주옵소서. 주님의 십자가와 말씀의 은혜를 받아 날마다 주님을 닮아가기 원합니다. 맡은 자의 구할 것은 충성이라고 하셨으니 우리에게 맡겨진 사명을 성실히 감당하게 하옵소서. 이 나라 이 민족을 불쌍히 여겨주사 영적인 회복을 허락하옵소서. 하나님을 두려워하는 민족이 되게 하시고 하나님을 온전히 섬기는 민족이 되게 하옵소서. 이 나라 곳곳에 세우신 교회와 주의 종들과 성도들을 통하여 주님의 사역이 완성되기를 원합니다. 우리를 인도하시고 사용하옵소서. 우리가 주님 앞에 쓸모 있는 그릇이게 하옵소서. 언제 어디서나 주님께 온전한 영광과 찬양을 돌리게 하옵소서.

사랑의 하나님! 온 땅에 주님의 복음이 가득한 날이 속히 오기를 원합니다. 전 세계에 흩어져 복음을 전하는 선교사들과 성도들에게 성령을 충만히 부으소서. 주님의 교회가 선교와 구제와 봉사에 앞장서서 이 시대에 사도행전을 이어가는 성령 충만한 교회가 되게 하옵소서.

우리 삶이 온전히 주님의 뜻을 이루기를 원합니다. 맡겨진 달란트로 남김 있게 하시고 슬기로운 다섯 처녀처럼 늘 준비하는 믿음을 갖게 하옵소서. 주님, 우리에게 지혜를 주옵소서. 언제나 주님이 이 땅에 오시는 날을 기다리고 기대하며 살게 하옵소서. 우리에게 시대를 분별할 지혜를 주시고 악한 영을 분별할 수 있는 능력을 주옵소서. 우리가 살아가는 날 동안에 주님께 예배하는 삶이 최고의 기쁨이 되게 하시고 주님을 전하는 기쁨 또한 만끽하게 하옵소서. 우린 사나 죽으나 주님의 것입니다. 우리의 예배를 받아주사 은혜와 평강으로 함께하옵소서. 주님을 사랑합니다. 우리 주 예수그리스도 이름으로 기도합니다. 아멘!

 비둘기 같은 성령이여, 소생케 하는 성령의 모든 권능으로 오소서. 얼음장처럼 차가운 우리 심령에 거룩한 사랑의 불꽃을 피워주소서. _아이작 와츠

복음의 비밀을 깨닫게 하소서
넷째 주3

우리를 만드시고 인도하시는 하나님! 우리를 하나님의 형상대로 창조하시고 예수 그리스도를 통하여 새 생명을 믿게 하시니 감사드립니다. 이 거룩한 주일에 예수님의 보혈을 의지하며 예배드리오니 받아주옵소서. 이 시간 드리는 예배가 신령과 진정으로 드리는 산 제사이게 하옵소서. 모든 영광과 찬양을 하나님께 올려 드립니다. 우리와 함께하옵소서. 날마다 주님과 동행하며 주님의 마음을 품게 하옵소서. 이 시간 온 성도가 하나 되어 한 마음으로 주님께 경배하오니 주님, 우리를 열납하옵소서.

사랑의 하나님! 오늘도 이 땅에는 주님을 알지 못하고 죄악으로 치닫는 사람이 너무나 많습니다. 그들은 아직도 구원이 무엇인지 몰라 범죄하고 있사오니 그들이 복음을 듣게 하옵소서. 우리가 때를 얻든지 못 얻든지 강하고 담대한 믿음으로 복음을 전해야겠습니다. 주님, 우리로 하여금 담대하게 하옵소서. 우리에게 건강과 물질도 허락하여 주시고 더 큰 믿음을 주사 주님의 일에 동참하는 기쁨을 주옵소서.

사랑의 하나님! 우리가 지체들에게 봉사하며 섬기며 사랑을 나누는 삶을 기뻐하기 원합니다. 모든 일을 믿음 안에서 행하게 하옵소서. 우리가 거하는 곳 어디든지 주님의 사랑 안에서 섬기는 삶을 살게 하옵소서.

주님만이 우리의 행복이며 우리의 구원자이십니다. 오늘도 예배 중에 성령님께 굴복하여 주권을 내어 드리오니 우리의 삶을 인도해주시고 주님의 은혜로 충만케 하옵소서. 오늘도 연약하거나 병약함으로 나아온 성도들을 치유해주시기 원합니다. 이 예배를 받아주옵소서. 복음의 비밀을 깨닫게 하신 주님을 사랑합니다. 주여, 우리를 인도하옵소서. 우리를 사랑하시는 우리 주 예수 그리스도 이름으로 기도합니다. 아멘!

"우리를 미워하는 이들을 사랑하는 법을 가르쳐주소서. 우리를 심술궂게 이용하는 이들을 위해 기도하는 법을 가르쳐주소서"   _성 안셀름

주님의 음성을 듣게 하소서

_용혜원

세상에서 만들어지는

소리들 속에서도

주님의 음성을 듣게 하소서

주위에서 들려오는

소리들을 떠나서

주님의 음성을 듣게 하소서

홀로 있을 때

주님의 부드러운 손길과

주님이 함께하심 속에

삶의 따뜻함을 체험하게 하소서

날마다 마음의 골방에서

규칙적인 기도와 말씀의 묵상으로

주님의 음성을 듣게 하소서

선하고 착한 삶을 통하여

삶의 순간순간마다

쉼과 안식과 기쁨을 누리게 하소서

주님을 더 깊이 사랑하게 하소서

8월

주님을 온전히 따를 수 있는 믿음을 주소서
첫째 주1

전능하시고 영원하신 하나님 아버지! 천지 만물을 창조하시고 지금도 신실하심으로 운행하시는 주님께 감사드립니다. 오늘도 예수 그리스도의 보혈로 새롭게 하시고 성령으로 우리 심령을 다스려주옵소서.

날마다 삶 속에서 주님을 닮게 하옵소서. 성도로서, 하나님의 자녀로서 세상의 빛과 소금의 직분을 감당하기 원합니다. 주님을 사모합니다. 주님을 의지합니다. 주님을 찬양합니다. 이 거룩한 주일, 예배드림이 하나님께는 영광이요, 우리에게는 기쁨이오니 진리 안에서 자유하며 쉬게 하옵소서. 하나님께 예배드리며 찬양하며 기도하는 삶을 주시니 감사드립니다.

우리의 기도를 들으시는 하나님! 우리의 처음을 기도로 열고 온종일 주님 안에 거하게 하옵소서. 우리 모두가 주님을 사랑하며, 주님의 삶을 본받기 원합니다. 물질과 명예와 권세에 관심을 두기보다 생명 건지는 일에 관심을 두며, 물량주의와 과대 포장의 화려함보다 가까운 이웃을 보살피며 복음을 전하게 하옵소서.

우리에게 주님을 온전히 따를 수 있는 믿음을 주옵소서. 하루 한 시간, 일 분, 일 초라도 주님의 영광을 가리는 일이 없길 원합니다. 우리는 연약합니다. 그러나 주님의 보혈로 구원받았으니 헛된 삶을 살지 않도록 도와주옵소서. 우리의 모든 삶을 통하여 주님의 일하심에 동참하게 하시고 주님의 뜻에 합당한 삶을 살게 하옵소서. 오직 예수 그 이름으로 승리하게 하옵소서. 오늘의 예배를 기쁘게 받아주시고 우리에게 믿음을 주신 존귀하신 예수님의 이름으로 기도합니다. 아멘!

거룩한 성령이시여! 나의 마음속에 성령의 빛이 밝게 타오르게 하소서. 모든 고결한 갈망에 불을 붙이소서. 성령의 순결한 불로 지금 나를 정화시켜 주소서.
_사무엘 롱펠로우

평화의 도구로 사용하소서
첫째 주 2

전지전능하신 하나님! 주님의 교회와 성도들을 기억하사 사랑으로 하나 되게 하옵소서. 모두가 주님의 일에 동참하게 하시고 서로 섬기게 하옵소서. 주님은 포도나무요 우리는 가지이오니 하나 되어 열매 맺길 원합니다. 성령의 열매, 생활의 열매, 가정의 열매가 풍성하게 하옵소서. 서로를 위하여 기도해주며 섬기고 사랑하길 원합니다.

우리는 예수 그리스도의 보혈로 구원받은 하나님의 자녀이니 하나님의 자녀답게 살게 하옵소서. 환경을 넘어선 하나님의 은혜를 바라보며 살게 하옵소서. 성령의 인도 따라 사는 믿음이 되게 하옵소서. 하나님의 증인 된 삶을 살기 원합니다. 우리가 사람 앞에서 시인하면 하나님도 우리를 시인하신다 하셨사오니 날마다 우리 입술로 주님을 시인하게 하옵소서. 8월 태양의 열기처럼 우리 믿음에 열정을 갖게 하사 열매를 맺어가게 하옵소서.

사랑의 하나님! 우리 모든 성도가 주님의 마음을 본받아 살아가길 원합니다. 주님과 함께할 때에만 모든 일이 형통하며 만족과 기쁨이 풍성할 줄 믿사오니 주님과 동행하게 하옵소서. 예배드릴 때마다 신령과 진정으로 드리게 하시고 은혜를 충만히 받게 하옵소서.

날마다 만나는 사람 속에 하나님의 섭리가 함께함을 믿어 진실하게 대하게 하옵소서. 우리가 교회와 민족을 위하여, 수많은 영혼과 목회자들과 선교사들을 위하여 더욱더 기도하게 하옵소서. 사랑은 허다한 허물을 덮는다고 하셨으니 주님의 사랑을 입은 저희를 있는 곳곳에서 평화의 도구로 사용하옵소서. 우리의 삶이 이 시대에 하나님이 일하시는 통로가 되게 하옵소서. 참 소망 되신 예수님 이름으로 기도합니다. 아멘!

 우리의 기도는 옥문이 아니라 하늘 문을 열어야 한다.
_크리소스톰

8월

은혜와 사랑을 늘 체험케 하소서
첫째 주3

우리를 모든 죄악에서 해방하신 하나님 아버지! 죄악에서 구원해주시어 빛 가운데 예배드리게 하심을 감사드립니다. 우리는 연약하오나 예수 그리스도를 의지하여 나아가오니 받아주옵소서. 8월은 이 민족이 일제의 압박에서 해방된 달입니다. 이 민족을 사랑하시는 하나님의 섭리인 줄 믿사오니 깨닫게 하사 하나님을 온전히 섬기는 믿음의 민족이 되게 하옵소서.

이 나라의 지도자들을 붙잡아주사 올바른 지도력을 주옵소서. 목회자들에게 지혜와 지식과 능력과 권세를 주사 주님의 사역을 하기에 부족함이 없게 하옵소서. 이 나라가 황무함에서 벗어나 정의와 진리와 공의와 사랑이 충만한 민족이 되게 하여 주옵소서. 이 백성에게 겸손하며 정직하고 용서하는 마음을 주사 사랑으로 하나가 되게 하옵소서. 하나님 앞에 올바른 민족이 되게 하옵소서.

구원의 하나님! 우리 교회의 모든 성도가 주님의 능력으로 힘 있고 바르게 살기를 원합니다. 날마다 믿음으로 승리하게 하시고 날마다 주님의 영광을 나타내는 삶을 살게 하옵소서. 우리의 삶이 주님의 향기를 나타내고 주님의 편지로 읽혀지게 하옵소서. 주님의 교회가 부흥하며 확장되기를 원합니다. 은혜와 사랑을 늘 체험케 하옵소서. 이 놀라운 구원의 복음을 삶 속에서 항상 전하기를 원합니다.

우리로 늘 믿음의 주요, 온전하게 하시는 주님을 바라보게 하옵소서. 우리가 주님 뜻대로 살기를 원합니다. 오늘 주님께 드리는 예배를 받아주시고 주님을 온전히 찬양하는 시간이 되게 하옵소서. 우리에게 강하고 담대한 믿음을 주사 악의 세력을 물리치게 하옵소서. 우리가 주님 앞에 설 그날을 기억하며 주님께서 맡겨주신 사명을 감당하게 하옵소서. 영광과 찬양을 받아주옵소서. 우리 주 예수 그리스도 이름으로 기도합니다. 아멘!

 기도란 하나님과 쉬지 않고 담화함으로써 하나님이 실재하시다는 생각을 확립하는 것이다.
_로렌스

주님의 뜻을 이루게 하소서
둘째 주1

은혜의 근본이신 하나님 아버지! 오늘 우리가 드리는 예배를 받아주시기 원합니다. 우리 힘으로는 주님을 찬양하고 경배할 수 없사오니 성령의 은혜로 정결하게 씻어주옵소서. 우리의 예배가 영적으로 드리는 산 제사이게 하옵소서. 하나님은 찬양받으시기에 합당하시니 모든 영광과 찬양을 받아주옵소서.

우리가 이 시대에 쓰임 받기를 원합니다. 우리의 모든 삶이 주님의 뜻에 합당하고 주님의 영광만 나타내기를 원합니다. 주님의 향기를 나타내기 원합니다. 주님의 말씀과 사랑하심을 깨달아 복음 안에서 기쁨으로 살게 하옵소서. 모든 성도에게 허락하신 사명을 감당할 수 있는 믿음을 주시기를 원합니다. 맡은 자의 구할 것은 충성이라 하셨사오니 믿음으로 행하고 믿음으로 시도하여 좋은 결과가 나타나게 하옵소서.

사랑의 하나님! 주님의 교회가 평안하여 든든히 서가게 하여 주시고, 성령의 위로로 진행하여 부흥하게 하옵소서. 여러 가지 고통스러운 문제와 풀리지 않는 문제로 고민하며 기도하는 성도들을 붙잡아주시고 응답하셔서 그들의 삶이 변화되게 하옵소서. 성도들이 은혜를 받아 부족함이 없는 믿음을 갖게 하여 주시기를 원합니다. 사람들이 우리 모습 속에서 복음을 읽게 하옵소서. 우리의 갈 길을 인도해주시고 목표가 분명하여 주님의 뜻을 이루게 하옵소서. 믿어 믿음에 이르게 하여 주시고 주님의 도구로 사용해주시기를 원합니다. 오늘 주님의 자녀들에게 하나님의 자비로움을 체험케 하사 마음이 온유하고 겸손하게 하옵소서. 우리의 삶 전체가 하나님을 향한 예배가 되는 기쁨과 감격을 주시옵소서. 오늘도 영광을 받아주신 주님의 사랑에 감사하며 우리 주 예수 그리스도 이름으로 기도합니다. 아멘!

공적인 기도는 짧게 할수록 좋은 것이며 개인 기도는 길게 할수록 좋은 것이다.
_이 엠 바운즈

8월

재해로 피해 입은 이들을 기억하소서
둘째 주2

찬양과 영광을 받으시기에 합당하신 하나님! 무더위가 가장 심한 8월입니다. 본격적으로 휴가가 시작되고 사람들의 마음이 들뜨고 있는 이때 우리가 깨어 있게 하옵소서. 요즘은 각종 사고와 경제, 사회, 정치 문제로 많은 불안이 증폭되고 있습니다. 이 현실 가운데서 낙심하여 주저앉는 것이 아니라 금식하며 기도하게 하시고, 오직 주님만 바라보며 살아가게 하옵소서. 기도하지 않으면 능력 있는 그리스도인의 삶을 살 수 없으니 기도를 통하여 성령 충만함을 받게 하옵소서. 응답받는 기도의 삶을 주옵소서. 예수 그리스도를 믿는 자들에게 허락하신 말씀대로 증거가 있는 삶을 살게 하옵소서.

사랑의 주님! 장마로 인하여 갖가지 피해를 입은 이들을 기억하옵소서. 집과 생활 터전을 잃은 사람들을 불쌍히 여겨주시고, 국민 모두가 이 고통을 분담하여 아픔을 나누게 하옵소서. 어려울 때일수록 하나가 되어 슬기롭게 헤쳐 나가게 하옵소서.

사랑의 주님! 어려움이 있을 때 더욱 사랑하게 하시며, 어려움이 있을 때 더욱더 기도하게 하여 주시기를 원합니다. 어려울 때 믿음이 나타남을 아오니 생명 있는 신앙 되게 하여 주시기를 원합니다. 내 이웃을 내 몸같이 사랑하라 하신 주님의 말씀에 순종하여 사랑을 나타내는 삶을 살게 하옵소서.

나라와 민족 그리고 성도들을 위하여 도고와 간구를 게을리하지 않게 항상 깨어 있는 그리스도인이 되게 하옵소서. 이 여름철에 성도들의 건강을 지켜주시고 휴가 기간이나 수련회 기간의 모든 일정에도 동행하옵소서. 우리 주 예수 그리스도 이름으로 기도합니다. 아멘!

기도는 활이고 약속은 화살이며 믿음은 활을 당기는 손이다.
_살터

승리하는 생활이 되게 하소서
둘째 주3

우리를 하나님의 백성으로 삼아주신 하나님 아버지! 주님을 알게 하시고 믿게 하시고 구원받게 하시니 감사드립니다. 오늘도 주님 앞에 나오게 하시어 온 성도가 함께 예배드림을 감사합니다. 우리는 죄악으로 인하여 하나님 앞에 설 수 없으나 보혈로 깨끗이 씻어주신 은혜로 찬양하고 예배드리오니 영광을 받아주옵소서. 주님과 동행하는 삶으로 인하여 기쁨이 넘치게 하실 줄 믿습니다.

주님만이 우리의 구원이십니다. 주님의 영광을 찬양하며 전하는 기쁨으로 살게 하옵소서. 우리의 삶을 인도하시는 주님께 감사드립니다. 맡은 사명에 충성을 다하며 일하는 기쁨을 체험하는 삶을 살게 하옵소서. 주님, 우리와 함께하옵소서.

우리를 사랑하시는 주님! 이 시간 목사님이 전하는 말씀을 통하여 우리의 삶을 새롭게 하옵소서. 주님의 음성에 우리의 삶을 비춰보게 하옵소서. 우리의 염려와 걱정을 모두 맡겨버리게 하소서.

수고하고 무거운 짐들을 모두 맡기고 목자 되신 주님의 인도 따라 살게 하옵소서. 십자가 보혈의 사랑을 더욱더 체험하게 하옵소서. 주님만이 우리의 구원이심을 고백합니다. 우리 영혼을 주님께서 인도하셔서 주님의 능력으로 승리하며 살게 하옵소서.

주님만이 우리의 소망이십니다. 먼저 그 나라와 그 의를 구하게 하옵소서. 날마다 주님의 뜻대로, 주님의 말씀대로 살아갈 힘과 능력을 주옵소서. 말씀 전하는 목사님을 강건하게 붙잡아주시고 우리가 말씀을 아멘으로 받아 더욱 건강한 그리스도인으로 성장하게 하옵소서. 우리의 예배를 받아주심을 믿고 귀하신 예수 그리스도 이름으로 기도합니다. 아멘!

기도는 상황을 변화시키기도 하지만 더 많은 경우에 기도는 기도하는 사람을 변화시킨다.
_이 엠 바운즈

8월

시절을 따라 열매 맺게 하소서
셋째 주1

우리를 사랑하사 구원하시고 제사장 삼으신 하나님 아버지! 예배를 드릴 수 있도록 인도하시니 감사드립니다. 우리로 하여금 날마다 주님의 성품과 마음을 닮아가게 하옵소서. 이 예배가 큰 기쁨이 되게 하옵소서. 예배 가운데 성령의 역사하심을 체험하게 도와주옵소서.

우리에게 지혜를 주사 주님의 영향력을 드러내고 그리스도인으로 살게 하옵소서. 이 험악한 세대에 날마다 죄악으로 치닫고 있는 영혼들을 불쌍히 여겨주사 모든 성도가 믿음의 정병이 되어 주님의 복음대로 살 수 있게 하옵소서. 온갖 시련과 고통 속에서도 열정적인 믿음, 확신 있는 믿음의 삶을 살았던 초대 교회 성도들을 본받게 하옵소서. 예배드리는 모든 성도 하나하나가 은혜를 충만히 받고 돌아가게 하옵소서. 삶의 시련과 고통을 이겨낼 수 있는 넉넉한 믿음을 주시기 원합니다.

구원의 주님! 우리의 삶이 주 안에서 시절을 따라 열매를 맺게 하옵소서. 우리가 기도로써 구하는 것들이 주님 마음에 합당하게 하시고, 자나 깨나 주님만을 바라보며 섬기게 하옵소서. 주님의 빛으로 우리 삶 속의 모든 어둠을 쫓아내어 주옵소서. 늘 성결하고 거룩하신 주님을 본받길 원합니다.

우리 교회와 모든 성도가, 이 나라 이 민족이, 모든 교회와 목회자들이 하나님 앞에 바로 서게 하옵소서. 거짓과 미움과 가식을 버리고 말씀 속에 정직한 삶이 되게 하옵소서. 우리 모두가 진리와 정의와 평화와 환희가 가득한 복음 안에서 주님이 주시는 은혜를 받아 누리며 살기를 원합니다. 날마다 주님의 말씀을 묵상하며 마음을 모두어 기도하게 하옵소서. 오늘의 예배를 받아주옵소서. 우리 주 예수 그리스도 이름으로 기도합니다. 아멘!

응답받지 못하는 기도는 영적 조건들이 채워지지 않았기 때문이며 하나님께서는 그 조건이 채워질 때까지 기다리신다.　　　_존 터너

사랑과 나눔이 가득한 세상이 되게 하소서
셋째 주2

사랑이 풍성하신 하나님! 타락과 방종이 가득한 이 나라와 이 민족을 불쌍히 여겨주옵소서. 악은 모양이라도 버리라고 하셨는데 악을 즐기고 날로 더욱 심해지는 타락을 용서해주옵소서. 이 땅을 불쌍히 여겨주사 깨닫게 하시고 회개케 하옵소서. 죄를 아는 것만으로는 안 되오니 돌아서게 하시고, 복음을 아는 것만으로는 안 되오니 행함 있는 바른 믿음으로 살게 하시기를 원합니다. 모든 세대가 쾌락과 탐욕으로 가득 차 있사오니 우리 그리스도인들이 이 세대 가운데 말씀과 성령 충만함으로 모범을 보이며 살게 하옵소서. 이 땅의 황무함이 바뀌길 원합니다. 한탕주의와 찰나주의와 기회주의가 사라지게 하여 주시고, 하나님이 원하시는 삶을 사는 민족이 되게 하옵소서. 이 백성을 인도하사 새롭게 하여 주시기를 원합니다.

은혜가 풍성하신 하나님! 이 땅에 잘못되어 있는 성문화를 바로잡아 주시고 성적 문란으로 인하여 낙태로 죽어가는 영혼들을 불쌍히 여겨주시기를 원합니다. 정치적 질서가 잡히고 문화의 질서가 잡히며 교회의 질서가 잡혀서, 길이요 진리요 생명이신 주님의 온전하신 뜻이 이 땅에서도 이뤄지게 하옵소서. 이혼이 너무나 많이 증가하여 가정이 무너져 내리고 있사오니 부부간의 사랑을 회복시켜 주시고 가정의 소중함을 절실히 깨닫게 하옵소서. 부부간의 사랑이 있어야 가정이 살아나오니 서로 신뢰하고 믿을 수 있는 마음이 되게 하옵소서. 사랑을 위하여 기다리고 희생할 줄 아는 마음과 믿음을 허락하옵소서. 가족의 사랑이 더욱더 충만하게 하옵소서.

우리 모든 교회와 그리스도인들이 하나님의 자녀답게 아름다운 세상을 만들어가게 하옵소서. 사랑과 나눔이 가득한 세상을 만들어가기를 원합니다. 살아 계신 우리 구주 예수님의 이름으로 기도합니다. 아멘!

 그대는 마치 그대가 지금 기도를 드리고 있는 것같이 평안히 말하고 움직이며 행동하라. 이런 것이 오히려 진정한 기도가 될 수 있다. _페늘롱

전신갑주를 입으라
셋째 주3

우리를 인도하시는 하나님! 무더위로 인하여 사람들이 가장 지쳐 있는 한여름입니다. 모든 이에게 힘과 용기를 주옵소서. 우리의 삶이 이 변화 많은 세상 풍조에 휩쓸리는 것이 아니라 하나님의 말씀과 기도로 굳건하길 원합니다. 주 안에서 항상 우리 몸과 영혼이 강건하여 하나님께서 허락하신 사명을 감당하게 하옵소서.

성령을 충만히 받아 범사에 감사하며 찬양하는 삶을 살게 하소서. 우리 삶에 기적 중의 기적은 예수 그리스도를 믿고 변화된 것입니다. 우리의 신앙이 머리에 머무르지 아니하고 가슴과 삶으로 드러나게 하옵소서. 우리의 삶이, 호흡이, 전부가 주님의 은혜입니다.

사랑의 하나님! 우리의 믿음이 날마다 성숙해져서 뿌리내리고 잘 자라 풍성한 열매를 맺길 원합니다. 감당하기 버거운 고통과 경제적인 어려움과 가족관계의 어려움이 있는 이들에게 자신감을 주시기 원합니다. 능력과 용기 있는 그리스도인의 삶을 살게 하옵소서.

우리가 복음의 신을 신고, 진리의 허리띠를 두르고, 구원의 투구를 쓰고, 믿음의 방패를 들고, 의의 흉배를 붙이고, 성령의 검을 잡게 하옵소서. 우리 삶을 인도하옵소서.

이 무더운 여름을 잘 견디어야 가을이 있는 것처럼 우리에게 다가오는 어떠한 어려움과 고난도 잘 이겨내어 주님 보시기에 아름다운 믿음의 열매 맺게 하여 주시기를 원합니다. 우리의 삶이 언제나 믿음의 주요 온전케 하시는 우리 주님을 따라 살게 하옵소서. 우리 삶의 목자가 되시는 예수님 이름으로 기도합니다. 아멘!

안일한 삶을 간구하지 말라. 더 강한 사람이 되기를 간구하라. 너의 능력에 맞는 일을 구하지 말라. 그 일에 맞는 능력을 구하라.   _필립 브룩스

생명력 있는 믿음으로 승리하게 하소서

넷째 주1

영원히 찬양받으실 하나님! 우리의 찬양을, 삶을, 모든 것을 홀로 받으옵소서. 오늘도 예배를 통하여 영광을 받아주옵소서. 주님의 말씀이 능력이시니 우리가 믿음을 통하여 주님의 영광을 볼 줄 믿습니다.

예수 그리스도 안에서 십자가를 자랑하며 살기를 원합니다. 주님 안에 부활과 구원이 있으며 자유함이 있는 줄 믿습니다. 주여, 우리로 하여금 행동하는 그리스도인이 되게 하옵소서. 생명력 있는 믿음으로 날마다 승리하게 하옵소서. 그리하여 주님의 뜻을 이루기 원합니다.

예배드림으로 주님께서 주시는 은혜를 충분히 받게 하옵소서. 오늘도 마음을 열어 말씀을 온전히 받아들이게 하옵소서. 이 땅의 모든 교회와 성도들을 기억하사 주님의 사명을 감당하며 주님 앞에 칭찬받게 하옵소서. 성령 충만으로 주님과 동행하고 싶습니다.

구원의 주님! 주님의 사랑으로 충만하여 사랑과 봉사와 나눔과 구제가 자연스럽게 생활로 흘러가게 하옵소서. 우리 삶이 예배가 되게 하시고 기도가 되게 하옵소서. 주님께 열납되기를 원합니다. 우리가 주님이 원하시는 곳에서 주님이 기뻐하시는 일을 감당하게 하옵소서. 주님의 형상을 닮아가게 하옵소서. 주님의 사랑을 나누는 삶이기를 원합니다.

오늘도 이 나라의 지도자들과 주님의 종들에게 은혜와 평강으로 함께하시기를 원합니다. 이 땅의 그리스도인들이 지금도 하나님 보좌 우편에서 기도하고 계시는 주님을 기억하며 매사에 믿음과 용기를 갖게 하옵소서. 이 예배를 통하여 모든 영광과 찬양을 받아주옵소서. 그렇게 하실 우리 주 예수 그리스도 이름으로 기도합니다. 아멘!

진실한 기도는 검은 구름을 헤치며 야곱의 사다리를 오르게 하며, 말씀과 사랑을 증대시켜 위로부터의 모든 축복을 가져온다. _스펄전

8월

말씀과 사랑이 충만한 교회가 되게 하소서
넷째 주2

참으신 하나님! 태양의 열기로 뜨거운 여름도 막을 내리고 있습니다. 모든 것이 알차게 열매를 맺고 있는 지금, 우리 삶도 믿음의 열정으로 열매 맺게 하옵소서. 우리를 사랑하사 십자가에서 모든 피를 다 쏟으신 주님처럼 우리도 우리의 모든 것을 다 바쳐 주님을 사랑하게 하옵소서. 겉만 번지르르하게 변하는 것이 아니라 우리의 내면이 변하게 하옵소서. 오직 주님의 말씀으로, 오직 주님의 이름으로 살아가기를 원합니다. 우리가 세상의 화려함과 부요함에 빠져들기보다 심령이 가난해져 천국을 소유하길 원합니다. 비록 우둔한 입술로 기도하오나 응답해주심을 믿사오니 함께하옵소서.

사랑의 하나님! 우리가 허망한 것들을 좇아 살지 않고, 단 한 번뿐인 이 소중한 삶을 뜻깊고 보람 있게 살게 하옵소서. 삶의 순간들을 헛된 꿈과 헛된 욕심과 욕망에 매달려 보내지 말게 하시고 주님이 원하시는 복된 성도의 삶을 살게 하옵소서. 믿음의 길, 새 생명의 길을 가게 하사 모든 삶에 기쁨과 소망이 넘쳐나게 하옵소서.

주님의 교회가 사랑이 충만하고 말씀이 충만하길 원합니다. 주님이 원하시는 일을 언제나 믿음과 기도로 행하는 교회가 되게 하옵소서. 온 교회 성도가 믿음으로 하나 되고, 사랑으로 하나가 되어 이 시대에 주님의 일을 온전히 행하게 하옵소서. 하나님의 레마로 성도들에게 충만한 은혜를 주시고 반석 위에 세운 믿음이 되게 하옵소서. 늘 우리의 입술로 주님을 시인하고 고백하는 삶을 살고자 합니다. 우리의 갈 길을 주님께서 인도하옵소서. 또한 우리의 예배를 받아주옵소서. 주님을 사랑합니다. 우리 주 예수 그리스도 이름으로 기도합니다. 아멘!

 자기 영혼을 기도 속에다 흠뻑 적신 사람들이 모든 고통을 조용히 견딜 수 있다.
_밀레스

믿음으로 전진하는 삶이 되게 하소서
넷째 주3

지혜의 근본이 되시는 하나님! 이 시간 머리 숙여 예배드리며 기도하오니 응답하옵소서. 주님께서 우리의 목자시니 우리가 주님의 일을 하다가 고난을 받더라도 기뻐하게 하소서. 모든 것을 주님께 맡기며 살아갈 수 있는 믿음을 갖게 하옵소서. 날마다의 삶 속에서 정결한 마음으로 예배드리고 기도하며 복음을 전하게 하소서.

주님의 말씀은 진리이오니 주님의 말씀에 순종하며 살게 하시고 날마다 말씀을 묵상하고 기도함으로 주님의 섭리를 깨닫게 하옵소서. 우리를 찾아 만나주시고 용서해주신 주님의 사랑을 본받게 하옵소서. 이 세상에 복음을 전하는 자로 파송되었음을 깨달아 복음을 위해 우리의 재능과 환경과 시간과 가진 것을 쓰게 하소서. 우리에게 겨자씨만 한 믿음일지라도 바른 믿음, 확신하는 믿음을 주옵소서. 주님, 함께하소서.

권능의 하나님! 하늘과 땅, 우주와 지구의 모든 것이 하나님의 손 아래 있사오니 그 세밀하신 섭리로 우리 삶과 걸음을 인도하소서. 믿음은 바라는 것들의 실상이요 보이지 않는 것들의 증거이니 오직 믿음으로 전진하는 그리스도인이 되게 하옵소서. 우리로 하여금 믿음의 장부가 되어 복음 전선에 앞장서게 하옵소서.

오직 예수, 오직 기도, 오직 말씀의 삶이기를 원합니다. 주님의 교회가 날로 부흥하게 하시고 축복하옵소서. 세상 사람들이 보고 주님의 사랑과 축복이 함께하심을 인정하게 하옵소서. 우리의 믿음이 성장을 거듭하게 하옵소서. 날마다 주님이 주시는 은혜에 감동과 감사가 넘치게 하옵소서. 날마다 주님의 은혜로 기뻐하며 웃으며 살게 하옵소서. 오늘 드리는 예배를 기쁘게 받아주실 참사랑이신 우리 주 예수 그리스도 이름으로 기도합니다. 아멘!

 엄격한 생활의 기쁨을 깨달으라. 그리고 기도하라. 기도는 힘을 저장하는 공간이다.　　_보들레르

기도

_용혜원

달려가고만 싶습니다

가슴은 뛰고

설렘으로 터질 것만 같아서

기다리고만 있을 수 없어

한동안 뛰쳐나갔습니다

먼 길도 아닌데

당신은 항상 내 곁에

어제도 오늘도

커다란 눈으로 두리번거리며

당신만 찾습니다

눈을 들고

가슴을 열고

언제나 부르면 내 안에 계신 이름

내 마음 내 뜻대로 살아가

잊고 있으면서도

소리치며 원망만 했습니다

이제는

두 손 들어 찬양합니다

오! 자유함, 나의 주여!

당신의 영원한 사랑 안에

영원을 삽니다

외치고만 싶습니다

나의 가슴 찢어지며 들어온 빛

붉은 피의 생명을

잠자코 있기엔

너무나 큰 사랑에

하늘이 나의 것이 되고 말기 때문입니다

9월 우리의 삶이 예수 그리스도의 향기를 나타내게 하소서

첫째 주1

전지전능하신 하나님! 가을 풍경이 참으로 아름다운 계절입니다. 우리 삶이 예수 그리스도의 보혈로 물들게 하여 주시기를 원합니다. 가을이 오면 나뭇잎들이 낙엽 색깔로 채색되듯 우리의 삶도 오직 주님 안에서 채색되어 주님의 인도 따라 은혜로만 살게 하옵소서.

삶의 시작과 끝이 주님의 손길에 있고 우리의 생사화복이 주님께 있사오니 주여, 우리를 인도하옵소서. 우리 마음에 사랑을 부어주사 주님의 사랑 안에서 나누는 삶을 살게 하옵소서. 우리 삶을 인도하시고 주님 뜻대로 이끌어주옵소서. 맡겨주신 사명을 저희가 믿음으로 감당하기 원합니다.

자비로우신 하나님! 이 시간 주님의 사랑을 체험하게 하옵소서. 말씀의 확신을 주옵소서. 우리에게 진실함과 정직함 그리고 순결함을 주시기 원합니다. 우리가 드리는 예배가 주님께 열납되게 하시고, 모든 성도가 주님의 사랑을 힘입어 살게 하옵소서. 우리에게 강한 믿음과 담대함을 주사 주님의 영광을 나타내게 하옵소서. 우리가 나태한 삶에서 벗어나 부지런하게 열매를 맺는 삶을 살게 하여 주옵소서. 불의한 일에 동참하지 않고, 오직 믿음으로만 살게 하옵소서. 언제 어디서나 복음을 전하는 삶을 살아 열매 맺게 하옵소서. 언제 어디서나 찬양하는 삶을 살아 열매 맺게 하옵소서. 언제 어디서나 기도하는 삶을 살아 열매 맺게 하옵소서. 언제 어디서나 말씀대로 사는 삶을 살아 열매 맺게 하여 주시기를 원합니다. 우리와 함께하시는 주님을 기뻐하며 살게 하옵소서.

오늘도 예배를 통하여 새롭게 허락하시는 성령 충만을 받게 하시고 믿음을 갖고 살게 하옵소서. 믿음의 행진을 통하여 우리의 삶이 항상 예수 그리스도의 향기를 나타내게 하소서. 우리를 사랑하시고 우리의 예배를 받아주시는 주 예수 그리스도 이름으로 기도합니다. 아멘!

오 하나님 만물을 유연하게 하시며 생명을 부여하시는 새로움의 영이여, 오셔서 나를 깨우쳐주옵소서. 그리고 유연성의 선물로써 나에게 은총을 베풀어주옵소서.
_에드워드 헤어즈

복음을 증거하는 삶을 살게 하소서
첫째 주2

천지 만물을 운행하시는 하나님! 이 가을에 시인과 같은 심정으로 만물을 사랑하고 하나님을 찬미하는 마음을 갖게 하옵소서. 사랑이 식었다고, 사랑이 없다고 말하지 말고 우리부터 사랑하는 마음이 되게 하옵소서. 우리 눈에 보이는 것들을 새롭게 하옵소서. 눈은 마음의 창이오니 감사의 이 계절에 우리 삶도 열매 맺게 하옵소서. 언젠가 떨어지는 잎새처럼 흘러간 시간 속에서 초라해지지 않는 우리의 삶이 되기를 원합니다.

주님이 주신 사랑으로 이웃을 사랑하고 주님을 더욱 사랑하는 저희가 되게 하옵소서. 감사와 사랑의 열매로 하나님을 기쁘게 하는 저희가 되기를 원합니다. 오늘도 주님 앞에 모여 예배드리게 하시니 감사드립니다. 죄 중에 있는 이 세계가 주님의 은혜 안에서 하루속히 변화되게 하시고, 소외된 곳이 평화와 안정으로 회복되게 하옵소서. 어려운 이웃을 버려두지 말게 하시고 힘을 모아 도우며 보살피게 하옵소서. 주님의 사랑을 나타냄으로 복음을 증거하는 삶을 살게 하여 주시기를 원합니다. 주님의 사랑을 말만이 아니라 행동으로 나타내게 하여 주옵소서.

사랑의 하나님! 우리로 하여금 예배를 통하여 변화된 삶을 살게 하옵소서. 이 세대를 분별할 줄 아는 지혜를 허락하사 분별력 있는 삶을 살게 하옵시고 주님의 자녀로서 부끄러움이 없게 하옵소서. 믿음으로 하나님을 기쁘게 하는 우리의 삶이 되기를 원합니다. 우리 삶이 기도하는 삶이 되게 하시고, 말씀을 묵상하는 삶이 되게 하옵소서. 그래서 순종의 삶을 살아가는 저희들 되기를 소원합니다. 우리를 인도하셔서 언제나 주님의 도우심을 체험하고 감사로 영광 돌리게 하옵소서. 우리가 주님의 보혈로 구원받음은 복 중의 복이오니 이 복음을 담대히 전파하는 삶을 살게 하소서. 주님을 사랑합니다. 우리 구주 예수님의 이름으로 기도합니다. 아멘!

 하나님과 나누는 영적 교제의 은혜와 아름다움을 다른 사람들도 보게 하소서.
_밥 벤슨

하늘을 우러러 부끄럼이 없는 삶을 주소서
첫째 주3

날마다 새롭게 인도하시는 하나님! 악으로 치닫는 세속의 문화와 타락의 물결이 멈추게 하옵소서. 오늘도 우리 영혼이 새롭게 되기를 원합니다. 눈에 보이는 대로 머릿속에 생각나는 대로 사는 것이 아니라 복음 안에서 주님이 기뻐하시는 삶을 살아가는 저희가 되게 하옵소서. 오늘도 성공과 향락을 향한 멸망의 질주 속에 있는 사람들을 불쌍히 여기시고 저들의 영혼을 만져주옵소서. 사랑과 이해의 마음을 허락하사 기성세대는 자녀들을 먼저 생각하고, 자녀들은 부모를 먼저 생각하며 살아가게 하옵소서.

우리 모두가 서로에게 진실하게 하옵소서. 거짓을 버리고 하늘을 우러러 부끄럼이 없는 삶을 살기를 원합니다. 늘 주님의 뜻을 이루게 하옵소서.

사랑의 주님! 우리로 주님을 따르는 삶을 살게 하옵소서. 날마다 나를 부인하고 나의 십자가를 지고 주님을 따르기를 원합니다. 십자가의 길, 예수 그리스도의 보혈의 공로를 의지하여 살게 하옵소서. 주님은 우리의 친구가 되시오니 동행하는 기쁨, 충만한 은혜 속에 소망을 가지고 살게 하여 주옵소서. 오늘도 우리에게 맡겨진 사명을 온전히 감당하게 하시고 우리의 심령을 은혜로 채워주사 주님의 말씀을 전하는 도구가 되게 하여 주옵소서.

우리의 손과 발이 주님의 사랑을 나타내게 하옵소서. 우리의 모든 삶을 성령께서 인도해주심을 믿습니다. 우리의 마음이 옥토가 되게 하시며 우리 삶이 오직 성령의 인도하심만 받게 하옵소서. 그리하여 보다 깊이, 보다 강하게, 보다 풍요롭게 주님을 닮아가며 영광과 찬양을 날마다 돌리게 하옵소서. 예배를 통하여 영광을 받아주옵소서. 주님을 사랑합니다. 우리 주 예수 그리스도의 이름으로 기도합니다. 아멘!

 우리가 길이신 주님으로부터 벗어나는 일이 없게 하소서. 우리가 진리이신 주님을 불신하는 일이 없게 하소서. 우리가 생명이신 주님 이외의 그 어느 것에도 머물지 않게 하소서.
_에라스무스

복음을 전하는 목회자가 되게 하소서

둘째 주1

긍휼이 많으신 하나님! 결실이 시작되는 가을입니다. 우리의 삶에 심고 거둠의 축복을 허락하시니 감사드립니다. 풍성한 결실로 하나님께 영광과 찬양을 드리게 하옵소서.

하나님께서 세우신 신학 대학들을 기억하옵소서. 세우신 교수들에게 학생들을 잘 지도할 수 있는 영적인 권위와 학문적인 탁월함을 주시기 원합니다. 모든 신학생에게 강한 소명감을 주시고 영혼을 사랑하는 마음을 주옵소서. 기도하게 하시고 말씀을 사모하게 하시고 오직 주님만을 바라보며 주님의 사랑으로 복음을 전하는 목회자가 되게 하옵소서. 영적인 지도자들이 바르게 배출되어야 이 나라, 이 민족이 하나님 앞에 바로 서고 복음이 온전히 증거될 수 있사오니 아버지, 함께하옵소서.

사랑의 하나님! 이 나라 곳곳에 세우신 교회들을 기억하시고 목회자들을 기억해주옵소서. 이 시대에 빛과 소금의 직분을 다하는 교회와 주의 종들이 되게 하옵소서. 우리 교회가 사명을 감당하여 주님께 칭찬받는 믿음의 교회, 생명력 있는 교회가 되게 하옵소서.

이 땅과 세계 도처에서 복음을 전하는 선교사들을 축복하옵소서. 그들이 복음을 온전히 전할 수 있도록 언어의 능력을 주시고 성령의 능력을 허락해 주시기 원합니다. 선교사들의 가족들과 세운 교회들과 선교 사역에 동참하는 모든 이에게 하나님의 능력과 사랑으로 축복하옵소서. 선교 지역마다 영혼들이 새롭게 구원받는 놀라운 성령의 역사가 일어나기를 원합니다.

하나님의 권능의 손길이 함께하옵소서. 복음이 전해지는 곳곳마다 치유와 변화가 일어나게 하옵소서. 그리하여 땅끝에서도 주님을 경외하게 하옵소서. 그렇게 하실 우리 주 예수 그리스도 이름으로 기도합니다. 아멘!

인생길을 여행하는 데 있어서 필요한 것들을 우리에게 허락하소서. 우리가 지칠 때에 능력을 베풀어주소서. _무명

삶의 우선순위를 깨닫게 하소서
둘째 주2

창조주이신 하나님! 이 가을에 성령의 바람이 불게 하옵소서. 삼천리 방방곡곡 이 나라 이 민족의 가슴 가슴마다 성령의 바람이 불게 하옵소서. 그리하여 이 민족이 삶의 우선순위를 바르게 깨닫게 하옵소서. 하나님 제일주의로 살아가는 이 나라, 이 민족이 되게 하시기를 원합니다. 오 주님! 이 가을에 불어오는 성령의 바람을 받아들이게 하옵소서. 우리 모두 변화된 마음으로 오늘과 내일을 살게 하옵소서. 이 민족이 비전 있는 민족, 꿈이 있는 민족, 사랑이 가득한 민족이 되길 원합니다. 우리가 주님의 뜻에 따르지 않고 생각나는 대로 발길 닿는 대로 살아왔음을 용서하옵소서. 다른 사람들을 함부로 대한 모든 잘못을 용서해주옵소서. 위에서 우리를 부르신 그 부르심의 상을 위하여 오직 예수 그리스도께만 목표를 두고 전심전력으로 달려가게 하옵소서.

사랑의 하나님 아버지! 우리로 과거를 뒤돌아보지 말고 주님만을 바라보며 나가게 하여 주시기를 원합니다. 그리하여 지금과는 전혀 다른 새로운 피조물이 되게 하옵소서. 우리 믿음의 삶을 분발시켜주사 활력이 넘치는 모습으로 살게 하옵소서. 우리에게 새로운 생명과 통찰력을 주사 날마다 복음을 전하도록 도우소서. 주님의 교회와 성도들을 새롭게 하시어 복음의 일꾼으로 살아가기에 부족함이 없게 하옵소서. 온 세상이 주님의 구원의 사랑으로 가득하기를 원합니다. 우리 삶이 언제 어디서나 복음을 전하는 삶이 되게 하옵소서. 말씀으로 늘 새롭게 하사 반석 위에 세워진 믿음으로 승리하는 삶을 살게 하옵소서. 주의 거룩한 보혈로 우리를 구원하시고 변화시켜주심을 감사드립니다. 이 거룩한 주일에 주님께 드리는 예배를 온전히 받아주옵소서. 우리의 모든 삶을 인도해주옵소서. 주님을 사랑합니다. 우리 주 예수 그리스도의 이름으로 기도합니다. 아멘!

하나님 아버지! 오늘 우리가 살면서 겪는 모든 일을 잘 활용하여 죄의 열매를 거두지 않고 성결의 열매를 거두게 하소서. _존 베일리

주님의 흔적을 남기는 삶을 살게 하소서
둘째 주3

우주와 천지 만물을 운행하시는 하나님! 우리를 주님의 전으로 인도하사 이 거룩한 주일에 예배드리게 하시니 감사합니다. 이 시간 상한 심령으로 예배드리오니 예수님의 공로로 하나님 앞에 서게 하옵소서. 장년부터 어린아이까지 인도해주시고, 교회와 성도들을 기억하사 사도행전의 초대 교회처럼 능력이 넘치는 교회가 되게 하옵소서.

오늘도 단에 서서 말씀을 전하는 목사님에게 성령을 더하여주사 주님의 능력으로 전하게 하옵소서. 말씀을 듣는 우리 모두가 하나같이 은혜를 받게 하옵소서. 회개할 것이 있으면 주님의 이름으로 회개하여 깨끗이 변화 받고 성령 충만하기를 원합니다. 모든 것들 속에 함께하시는 주님을 깨달아 주 안에서 주님을 사랑하여 전하는 삶을 살게 하옵소서.

사랑의 하나님! 주님의 십자가 사랑으로 구원받았사오니 날마다의 삶에 주님의 뜻을 이루게 하시고, 날마다의 삶에 주님의 영광을 드러내게 하옵소서. 주님의 교회 모든 성도가 교회 생활과 사회생활, 가정생활에서 사랑과 뜨거운 믿음으로 승리하게 하옵소서. 길이요 진리요 생명이신 주님께서 인도하시는 길을 따라 살게 하옵소서.

이제는 우리에게 남들이 보지 못하는 것들을 볼 수 있는 믿음의 눈을 주옵소서. 천국을 소망하며 살기를 원합니다. 이제는 남들이 듣지 못하는 것들을 들을 수 있는 믿음의 귀를 주시기 원합니다. 진리의 말씀, 생명의 말씀을 듣게 하옵소서. 이제는 남들이 하기 싫어하는 일을 할 수 있는 강한 믿음을 주시기 원합니다. 남들이 가기 귀찮아하는 복음의 길을 가게 하여 주옵소서. 주님의 흔적을 남기는 삶을 살게 하옵소서. 주님을 사랑합니다. 우리 주 예수 그리스도 이름으로 기도합니다. 아멘!

하나님의 뜻은 사랑이다. 언젠가 그분의 사랑은 모든 사람에게 실현될 것이며, 사랑의 나라인 그분의 나라가 도래할 것이다. _에르네스또 까르디날

9월

주님과 동행하는 삶이 되게 하소서
셋째 주1

우리를 속량하신 하나님! 하늘 영광도 버리고 우리의 모습으로 오신 주님의 사랑과 은혜에 무한 감사를 드립니다. 주님께서 십자가의 처절한 고통을 감당하사 우리의 죄악을 대속하셨으니 이 시간 찬양을 통하여 영광을 돌리게 하옵소서.

오늘 우리의 예배가 신령과 진정으로 드려지게 하옵소서. 주님의 교회와 성도들에게 은혜를 충만히 내려주시기 원합니다. 우리에게 산 소망을 허락하신 주님, 주님의 구원하심을 온전히 전하는 기쁨을 누리게 하옵소서.

이 땅에 오시어 사랑을 몸소 보이신 주님을 본받아 순종의 삶을 살게 하옵소서. 우리 삶이 주님의 편지로 읽혀지기를 원합니다. 우리 삶이 주님의 향기를 나타내게 하옵소서. 오직 주님의 도우심으로 이루어짐을 믿사오니 사랑의 주님께서 우리를 축복하시고 인도해주옵소서. 다시금 모든 성도에게 주님의 사랑이 함께하기를 원합니다.

우리를 사랑하시는 하나님! 인류를 구원하시고자 예수님을 이 땅에 보내주신 사랑을 찬양합니다. 우리에게 주님의 부활을 통하여 부활의 영광을 알게 하심을 감사드립니다. 우리로 주님과 동행하는 삶이 되게 하옵소서. 우리 삶이 주님께 헌신하는 삶이게 하옵소서. 주님만이 우리의 피난처요, 요새요, 반석이심을 믿습니다. 우리를 선한 목자 되신 주님의 날개 아래 보호해주시고 주님의 임재 가운데 살게 하옵소서.

이 나라 도처에 세우신 교회와 목회자들과 성도들을 기억하시고, 모든 교회가 부흥하며 주님의 일을 할 수 있도록 일꾼과 물질을 허락하여 주옵소서. 주님 홀로 영광과 찬양을 받으옵소서. 우리 주 예수 그리스도 이름으로 기도합니다. 아멘!

하나님 아버지! 우리 집 문을 넓혀주사 사랑과 교제를 원하는 모든 사람을 영접하게 하소서.
_토마스 캔

모든 존귀와 감사를 주님께 드립니다
셋째 주2

창조주 되시는 하나님! 주님의 날, 이 거룩한 주일에 한 해 동안 허락하신 결실을 가지고 나와 예배케 하시니 감사드립니다. 풍성한 오곡백과뿐 아니라 우리의 삶 모두가 하나님의 은총이오니 감사와 찬양을 받으소서. 우리 생명의 시작도 하나님이시며 우리를 매일 매일 인도하실 분도 하나님이시오니 그 놀라운 사랑에 감사를 드립니다. 씨앗의 뿌림도 거둠도 하나님의 은총임을 고백합니다. 우리 삶을 축복하시고 일용할 양식과 필요를 채워주시니 감사드립니다. 우리에게 가정을 허락하심도 감사드립니다. 우리에게 사업을 열어 물질의 축복을 받게 하심도 감사드립니다. 우리의 삶을 통하여 주님의 사역에 동참케 하심도 무한 감사합니다. 삶의 시작과 끝이 하나님의 사랑으로 이루어짐을 아오니 주님께 모든 존귀와 감사를 드립니다. 받아주옵소서.

사랑의 하나님! 아버지의 자비로운 손길 안에서 살게 하시고 주 안에서 항상 기뻐하며 범사에 감사할 수 있는 믿음을 주옵소서. 우리로 하여금 이 땅에서도 이뤄지는 천국을 소망하며 살게 하시기를 원합니다. 오늘 하나님 앞에 물질이 없어 드리지 못하는 이들도 축복하셔서 마음의 감사를 드릴 수 있도록 인도하옵소서.

사랑의 하나님! 우리 삶에 감사가 넘치게 하옵소서. 주님께서 우리를 구원하심에 대한 감사로부터 범사에 감사가 넘치게 하옵소서. 하루의 시작부터 우리의 삶 전체 속에서 감사가 넘치게 하옵소서. 이 시간 예배드리게 하시고 은혜와 평강을 주시오니 감사드립니다. 우리가 환경을 초월해 하나님의 하나님 되심만으로도 감사하길 원하며 우리 주 예수 그리스도 이름으로 기도합니다. 아멘!

주여! 우리는 주님의 손에 쥐어져 있는 화살입니다. 주님의 손으로 당겨짐을 우리는 기쁨으로 여깁니다.　　　　　　　　　　　　　　　　_**무명**

9월

기도를 통하여 우리를 인도하소서
셋째 주3

예배를 받으시기에 합당하신 하나님! 우리의 기도를 들어주시고 응답해주옵소서. 우리가 주님의 자녀임을 확신시켜 주사 예배드리게 하셨으니 주님 나라가 오늘도 임하며, 주님의 뜻이 이루어지게 하옵소서.

사탄이 가장 무서워하는 기도라는 무기로 매일매일 승리하게 하옵소서. 사탄이 우리를 기도에서 떠나도록 미혹하오니 주님의 성령으로 인도하사 깨어 있게 하옵소서. 기도는 우리의 신앙이요 맥박이오니 이 귀한 주님과의 대화를 우선순위로 삼게 하옵소서. 우리 마음이 예수 그리스도의 은혜로 충만케 하옵소서. 우리의 심장이 예수 그리스도의 심장으로 충만케 하옵소서. 우리의 눈이 예수 그리스도의 열정으로 충만케 하옵소서. 우리의 손이 예수 그리스도를 섬김으로 충만케 하옵소서.

기도를 응답하시는 하나님! 주님을 찬양하고 기뻐합니다. 주님을 더욱 알기 원하고, 더욱 알게 하실 주님을 기대합니다. 기도는 우리로 하여금 하나님의 전능하심을 배우게 하오니 기도를 통하여 우리를 인도하옵소서.

이 거룩한 주일에 드려지는 예배로 인해 우리 삶이 하나님 중심의 삶이 되게 하옵소서. 주님의 십자가가 없으면 면류관도 없고 기도가 없으면 응답이 없으니 오직 주님의 이름으로 살게 하여 주옵소서. 주님이 안 계시면 저희도 없습니다. 오늘도 예배를 통하여 성령 충만을 허락하사 우리의 심령 구석구석마다 은혜와 사랑으로 가득 채워주옵소서. 주님 한 분만으로 만족하며 살기를 원합니다. 기도로 우리의 영이 온전히 호흡하며 주님의 뜻을 깨닫게 하옵소서. 오늘도 주님께 드린 간구에 응답 주시기를 원하며 우리 주 예수 그리스도 이름으로 기도합니다. 아멘!

내가 어디를 가든지 주님뿐입니다. 내가 어느 곳에 서 있든지 주님뿐입니다. 바로 주님뿐 다시금 주님뿐 늘 주님뿐입니다. _초기 하시딤의 노래

세상이 줄 수 없는 기쁨을 주소서
넷째 주1

날마다 우리에게 기쁨을 주시는 하나님! 온갖 결실로 풍성한 계절입니다. 크신 은혜로 우리의 삶에 결실의 기쁨을 주시니 감사드립니다. 하나님을 믿는 기쁨은 세상이 줄 수도 없고 알 수도 없는 기쁨이오니 이 놀라운 복음을 허락하신 하나님께 감사와 찬양을 드립니다. 우리가 구원받은 기쁨으로 인하여 더욱더 헌신하는 삶을 살게 하옵소서. 받은 바 이 큰 은혜로 인하여 우리 배에서 생수의 강이 넘쳐흐를 수 있기를 소원합니다.

주님의 일을 하면서 다가오는 고통이 있더라도 인내하며 손해 보는 기쁨, 때로는 남을 위하여 희생하고 포기할 줄도 아는 넉넉한 기쁨을 주시기 원합니다. 옥합을 깬 여인처럼 우리의 심령을 깨뜨려 주님만을 따르며 살게 하시고, 하나님의 사랑과 인도하심을 날마다 체험하며 살게 하옵소서. 우리의 신앙이 체험적인 신앙이 될 때 확신 속에 주님의 일을 더욱더 열심히 할 수 있사오니 주여 함께하옵소서. 주님 손길의 인도하심 따라 살기를 원합니다.

사랑의 하나님! 우리가 주님 십자가의 보혈로 구원받았음에 늘 감사드립니다. 우리는 주님께서 함께하시지 않으면 아무것도 할 수 없는 연약한 존재임을 고백합니다. 주님, 우리를 다스려주옵소서. 가정에서도 직장에서도 학교에서도 교회에서도 우리에게 맡겨주신 바 사명에 충성하게 하시고, 하나님의 기뻐하시고 온전하신 뜻 안에서 날마다 주님께 영광 돌리는 헌신의 삶을 살게 하옵소서. 기도를 통하여 하나님의 세미한 음성을 듣는 저희가 되게 하옵소서. 죄악의 예전 것들은 버리고 작은 것부터 주님의 뜻을 이루며 새롭게 변화된 삶을 살아가는 저희들 되기를 원하오며, 우리 주 예수 그리스도의 이름으로 기도합니다. 아멘!

하나님의 계획 속으로 깊이 빠져들어 보라. 그대의 약한 몸을 누르는 큰 바다를 두려워하지 말고 그대가 할 수 있는 깊이만큼 그분의 계획 속으로 빠져들어 보라.
_톰 헨더 까마라

9월

지혜와 지식과 능력과 권세로 복음을 전하게 하소서
넷째 주2

십자가의 사랑으로 우리를 구원하신 하나님 아버지! 주님의 은혜와 사랑에 감사드립니다. 주님의 인도하심 따라 날마다 우리의 최선을 다하여 하나님께 감사하며 영광 돌리는 삶을 살게 하옵소서. 우리 삶이 주님을 찬양하며 예배하는 기쁨의 삶이 되게 하시니 감사드립니다. 우리가 기쁨으로 드리는 이 예배를 받아주옵소서. 우리 모두 각자 받은 사명과 달란트가 다르지만 열심을 다하여 충성함으로 주님께 잘했다 칭찬받게 하옵소서. 부족하고 연약한 우리지만 주님께서 힘 주시고 능력 주셔서 주님의 복음을 전하며 살게 하시기를 원합니다. 성령의 인도하심 따라 지혜와 지식과 능력과 권세로 때를 얻든지 못 얻든지 복음을 전하게 하옵소서. 강하고 담대한 믿음으로 언제, 어디서, 누구에게든지 전파하게 하옵소서. 그리하여 복음이 세상 끝까지 전파됨으로 주님의 나라가 확장되게 하시고 구원받는 사람이 날마다 늘어나게 하사 하나님께 영광과 찬양을 돌리게 하여 주시기를 원합니다.

은혜를 풍성히 주시는 하나님! 우리의 삶을 온전히 사용하옵소서. 진리의 빛이신 주님께서 우리를 새로운 삶으로 인도하심을 믿습니다. 온갖 죄악에서 떠나 참된 그리스도인의 삶을 살게 하옵소서. 주님의 영광을 나타내며 주님의 뜻을 이루는 삶이 되기를 원합니다. 오늘만을 위하여 사는 인생이 아니라 주님의 섭리를 나타내며 복음을 전하는 기쁨 속에 사는 인생 되게 하옵소서. 오늘도 드려지는 예배 속에 성령으로 함께하시고, 성령 충만으로 하나님의 자녀답게 살 수 있는 영적인 힘을 얻게 하옵소서. 오늘도 말씀을 증거하시는 목사님께 능력을 주시며 성가대를 인도해주옵소서.

우리의 삶이 모든 것이 합력하여 선을 이루는 삶이 되기를 원합니다. 우리의 경배를 받아주옵소서. 주님을 사랑합니다. 우리 주 예수 그리스도 이름으로 기도합니다. 아멘!

나는 삶을 단순히 연장하려는 노력에 나의 소중한 날들을 낭비하지 않을 것입니다. 내게 주어진 시간을 알뜰히 사용할 것입니다.   _로저 크로포드

임마누엘의 주님과 동행하게 하소서
넷째 주3

만복의 근원이 되시는 하나님 아버지! 이 거룩한 주일에 주님의 이름을 찬양합니다. 존귀하신 주님, 주님의 이름으로 모여 예배드리오니 받아주옵소서. 우리가 드리는 예배가 마음을 모두어 신령과 진정으로 드리는 영적 산 제사가 되게 하여 주옵소서. 우리는 늘 부족하고 연약하오니 주님이 은혜로 붙들어주시기를 원합니다. 사람들의 욕심과 욕망으로 인하여 날로 죄에 물드는 이 나라 이 민족의 황폐함을 아시오니 주여, 성령의 불길로 태우사 정결케 하시고 복음의 길로 인도해주옵소서. 주님만이 길입니다.

주님만이 진리입니다. 주님만이 우리의 생명이 되시니 주님만 따르게 하옵소서. 우리가 진리 안에서 자유함을 누리기 원합니다. 주님의 말씀을 알고 깨달아 주 뜻대로 살게 하시고, 온유하고 겸손하신 주님의 삶을 본받는 저희의 삶이 되게 하옵소서. 임마누엘 되시는 주님과 동행하며 살기를 원합니다.

사랑의 하나님! 이 시간 우리의 형편과 처지를 아시는 주님께서 우리 마음을 살피시고 사랑으로 인도하옵소서. 우리의 믿음이 강하고 담대하여 모든 고난과 역경을 이겨내고, 시험을 이겨내어 승리하는 삶을 살게 될 줄 믿습니다. 권능의 주님, 힘과 능력을 주시고 믿음을 주사 우리 삶이 새로워지게 하옵소서. 전 세계에 흩어져 복음을 전하는 선교사들과 그 가족과 교회 그리고 현지인들을 기억하시고 은혜로 인도해주옵소서. 우리 모두가 맡은 일에 최선을 다하여 충성하게 하시고 진실된 마음으로 살아가게 하시기를 원합니다. 그래서 주님의 교회가 날로 부흥하게 하시고, 이 시대와 지역 사회를 위한 진리의 등대가 되게 하옵소서. 먼저 그의 나라와 그의 의를 구하는 주의 백성들 되게 하시기를 원하오며, 우리 주 예수 그리스도의 이름으로 기도합니다. 아멘!

 오 하나님! 모든 하찮은 것들로부터 우리를 지켜주소서. 생각과 말과 행동에서 우리가 큰 사람이 되게 하소서. _메리 스튜어드

주여!

_용혜원

주여!
나를 부르시고
준비하여 주심을 감사드립니다
나의 기도를 들어주시고
응답하심을 감사드립니다
나의 죄를 용서하시고
구원하심에 감사드립니다

주여!
언제나 주님의
변함없는 관심을 원합니다
언제나 주님의
변함없는 사랑을 원합니다
언제나 주님의
변함없는 기도를 원합니다

주여!

우리는 늘 생각하기를 원합니다

늘 마음으로 생각합니다

우리의 삶에 분별하는 마음

깨끗한 양심을 허락하옵소서

주여!

우리가 한 마음 한 뜻 한 영혼

한 목적으로 주님을 섬기게 하옵소서

겸손하고 온유하게

이웃을 사랑하게 하옵소서

주 안에서 구원을 이루게 하옵소서

예수님의 심장을 주소서

첫째 주1

심자가의 보혈로 우리를 구원하신 하나님! 우리를 사랑하사 구원의 길로 인도하심을 감사드립니다. 이 시간도 주님께 예배드리기 원하오니 받아주옵소서. 성령 충만하게 하사 믿음으로 승리하는 삶을 살게 하옵소서. 우리가 하나님의 자녀로서 행동하는 믿음으로 살기를 원합니다.

우리에게 맡겨진 사명을 감당하게 하옵소서. 강하고 담대한 믿음으로 복음을 전하며 늘 승리하게 하옵소서. 날마다 주님을 시인하고 고백하여서 마른 막대기와 같은 우리에게 성령 충만을 허락하시는 은혜를 경험하게 하옵소서. 새 소망, 새 생명으로 거듭난 삶으로 주님의 일을 온전히 감당하도록 도와주시기를 원합니다. 우리에게 이웃을 살필 수 있는 뜨거운 심장을 갖게 하사 주님의 사랑을 전하며 살게 하옵소서.

소망의 주님! 오늘도 소망이 없고 꿈이 없어 쓰러져가는 사람들과 병약하여 절망하는 사람들과 시험에 빠지고 유혹에 넘어진 사람들을 구원하옵소서. 그들에게 주님의 손길이 함께하옵소서. 또한, 아직도 구원받지 못해 죄악에서 헤매는 자녀들을 구원해주시기를 원합니다. 주님의 말씀을 따라 순종하며 복된 삶을 살아가는 무리가 늘어가게 하옵소서. 우리 삶이 하나님의 말씀에 귀를 기울이는 삶이 되게 하옵소서. 우리 주변에서 일어나고 있는 고통의 소리, 절망의 소리에 귀 기울이며 그들을 위하여 기도하기를 원합니다. 혼자만의 행복을 위한 삶이 아니라 함께 행복을 나누며 살게 하옵소서.

우리로 어디서나 사랑의 복음, 구원의 복음, 소망의 복음을 전하는 삶을 살게 하옵소서. 주님의 보혈로 우리가 구원받았사오니 항상 주님의 영광을 나타내게 하옵소서. 오늘의 예배를 주께서 받아주옵소서. 모든 영광과 찬양을 주님께 돌립니다. 주님을 사랑합니다. 우리 주 예수 그리스도 이름으로 기도합니다. 아멘!

오 주님! 만물을 지으시되 아름답게 지으시는 주님, 우리 또한 아름답게 빚으소서.
_밥 벤슨

믿음의 결실을 받게 하소서
첫째 주2

전지전능하신 하나님! 열매가 가득한 풍요로운 계절이 돌아왔습니다. 속이 충실한 열매를 볼 때마다 창조를 이루시는 하나님의 놀라운 섭리에 감사와 찬송과 영광을 돌립니다. 이 가을, 온 땅에 풍요로운 결실을 허락하심을 감사드립니다. 땀 흘려 씨앗 뿌리고 가꾼 이들을 축복하사 결실을 잘 거두게 하옵소서.

심은 이들에게 기쁨을 주시니 감사드립니다. 벼를 거두어들이는 농부들과 과실을 거두어들이는 모든 이가 수고한 대가를 얻을 수 있도록 인도하옵소서. 이 풍요로운 계절에 우리의 믿음에도 결실이 있게 하옵소서. 하나님이 맡겨주신 모든 일을 돌아보고 잘 거두어 하나님께 영광과 찬양과 감사를 드리기 원합니다. 모든 것이 하나님의 사랑이요 축복입니다.

사랑의 하나님! 추석 명절을 맞이하는 이 계절에 모든 가족에게 만남의 기쁨을 주시고, 사랑으로 하나 되는 기쁨을 주시기 원합니다. 가정과 가족이 평안해야 모든 것이 순조롭게 이루어지오니 추석 명절을 통하여 가족 간의 사랑이 더욱더 풍성하게 하옵소서. 부모를 공경하며 효도하게 하시고 부부간에도 사랑이 충만하게 하소서. 모든 자녀가 주 안에서 행복한 삶을 살기 원합니다. 가족들 모두 기도로 세워주소서. 추석을 통하여 가족들에게 복음이 증거되게 하시고, 아직 주님을 알지 못하고 영접하지 못한 식구들이 구원받게 하옵소서. 성도 된 가정이 모범을 보이게 하시고 어려운 일을 더 잘 감당하게 하여 주옵소서. 온 가족들이 예수님의 사랑으로 하나가 되게 하옵소서. 우리를 항상 은혜 아래 인도하옵소서. 우리 주 예수 그리스도 이름으로 기도합니다. 아멘!

 오 주님! 우리는 꿈꾸는 자와 같습니다. 우리 마음의 갈망은 벌써 이루어졌습니다.
_필리스 코올

행복한 그리스도인이 되게 하소서
첫째 주3

소망 중의 소망이신 아버지! 주님의 은혜와 사랑에 감사드립니다. 우리 삶이 날마다 주님의 형상을 닮아가며 우리 속에 착한 일을 시작하신 주님의 뜻을 이루기 원합니다. 주님이 주시는 참 평안과 기쁨을 날마다 누리게 하옵소서.

복음을 기쁘게 또한 열심을 다하여 전할 수 있도록 강하고 담대한 믿음을 주옵소서. 우리에게 허락하신 사명에 순종하고, 주님의 뜻에 순종하며 살기를 원합니다. 우리에게 허락하신 삶이 복음을 전하기에 좋은 시기인 줄 믿사오니 지혜를 주사 담대히 증거하게 하옵소서. 주님은 우리의 인도자이시며 우리는 주님의 도구이니 주님의 마음에 합당하게 사용되기를 원합니다.

오늘도 주님의 사랑을 뜨겁게 체험하게 하사 이웃의 상처와 아픔을 살필 수 있게 하옵소서. 하나님께서 허락하시는 은혜로 행복하게 하시고 맡기신 사명을 감당하게 하옵소서.

믿음을 주시는 하나님! 십자가의 사랑과 구원을 믿습니다. 그러나 보다 더 깊고 큰 은혜에 잠기길 원합니다. 믿음은 바라는 것들의 실상이요 보이지 않는 것들의 증거라 하셨으니 믿음으로 살아 주님께 영광 돌리게 하옵소서. 주님을 찬양합니다. 주님을 사랑합니다. 주님께 감사드립니다. 주님께서 우리의 목자가 되시니 오늘의 예배와 우리의 모든 삶을 인도하옵소서.

주님의 은혜와 축복에 감사드립니다. 우리가 게으르지 않고 부지런히 주님의 말씀을 전하게 하옵소서. 주님의 사랑을 알게 되었으니 언제나 맡겨진 사명에 순종하며 살게 하옵소서. 단 위에 세우신 목사님을 통해 살아 계신 하나님의 음성을 들려주시고 아멘으로 화답하게 하옵소서. 우리가 드리는 예배를 받아주옵소서. 은혜를 내려주옵소서. 주님을 사랑합니다. 우리 주 예수 그리스도 이름으로 기도합니다. 아멘!

우리를 오늘 새로운 빛으로 인도해주소서. 오, 하나님! 우리를 정의의 길로 인도하소서. 오, 하나님! 우리를 평화의 길로 인도하소서. 오, 하나님!
_필립 네웰

부흥의 영적인 능력을 주소서
둘째 주1

우리에게 새 생명을 허락하신 하나님! 예수 그리스도의 고귀한 보혈로 우리를 구원하신 은혜에 감사드립니다. 억만금으로도 살 수 없는 구원을 얻은 저희가 주님의 일에 동참하여 교회를 부흥시킬 수 있게 하옵소서. 모든 교회가 조화롭게 영광과 찬양을 드리기를 원합니다.

모든 성도에게 성실한 믿음을 주옵소서. 성령 충만으로 전도의 열정을 주사 초대 교회 성도들처럼 능력 있길 원합니다. 부흥의 물결이 거세게 일어서 길 잃은 영혼들이 길을 찾으며, 죽어 있는 영혼들이 구원받고 새 생명을 얻게 하옵소서. 주님께서 세우신 교회마다 부흥시켜주시고 놀랍게 성장하여 이 시대에 선교하는 교회, 나눔과 사랑이 넘치는 교회가 되게 하옵소서. 주님의 교회가 지역 사회의 고통과 어려움을 함께 나누어 질 수 있는 힘을 갖게 하여 주시기를 원합니다. 교회가 세상의 빛이 되게 하옵소서. 그리하여 지역 사회에서도 주님의 영광을 나타낼 수 있도록 함께해주시기를 원합니다.

사랑의 하나님! 교회의 모든 기관마다 세우신 하나님의 종들을 기억하시고 그들에게 믿음에 믿음을 더하사 하나님의 일을 지혜롭게 할 수 있도록 인도하옵소서. 주님의 교회들이 물량주의와 숫자놀음에 빠질 것이 아니라 어떻게 하면 하나님께 영광을 돌릴까, 어떻게 하면 이웃에게 주님의 사랑을 베풀까를 우선하기 원합니다. 이 땅의 모든 교회가 하나님이 원하시는 교회로 세워지게 하옵소서. 교회마다 평안하여 든든히 서가는 은혜를 주시고 날마다 구원받는 수가 늘어나게 하옵소서. 모든 그리스도인이 맡겨진 사명을 감당하여 교회를 부흥시키고 성장시키도록 영적인 능력을 주옵소서. 하나님은 우리의 힘이시며 유일한 구원이심을 고백하며 우리 주 예수그리스도 이름으로 기도합니다. 아멘!

 우리를 보내주소서. 모든 이의 필요와 함께하고 모든 이의 기도와 함께하고 모든 이의 고역스러운 일에 함께하도록 도와주소서.   _무명

10월

주님께 쓰임 받게 하소서
둘째 주2

만복의 근원이 되시는 하나님 아버지! 이 시간 주 앞에 나와 예배드리게 하시니 감사드립니다. 우리의 예배가 신령과 진정의 예배가 되게 하시고 언제, 어디서나 주님의 향기를 품고 진정한 그리스도인으로 살아가는 저희들 되게 하옵소서. 날마다 주님의 성품을 닮아가게 하시고, 삶 속에서 복음을 증거하게 하옵소서. 주님의 교회가 평안하여 든든히 서게 하시고 성령의 위로로 나날이 그 수가 더해지게 하옵소서. 우리에게 열린 마음을 주사 다 같이 하나 되어 주님의 일에 동참케 하시고, 주님 일에 쓰임 받는 것이 우리 평생에 최고의 행복이 되게 하옵소서. 주 안의 형제자매들이 서로를 섬김으로 주님의 사랑을 나타내게 하옵소서. 우리가 믿음 충만, 성령 충만, 말씀 충만, 사랑 충만으로 살기를 원합니다.

사랑의 하나님! 이 나라와 민족 안에 자리 잡고 있는 불신과 갈등이 사라지게 하시고, 서로 신뢰하며 살게 하여 주옵소서. 우리의 상한 마음을 고쳐 주사 강하고 담대한 믿음으로 살게 하시기를 원합니다.

좋으신 하나님! 갈급한 우리 영혼에 생수의 강물이 넘쳐흐르게 하시고, 기쁨과 사랑과 평안의 열매를 맺으며 승리의 삶을 살게 하옵소서. 우리에게 지혜를 주사 바르고 힘 있게 주님의 말씀을 전하게 하시고, 주님의 마음에 합한 성도의 삶을 살게 하옵소서.

사랑의 주님! 우리의 신앙이 알곡 신앙이 되게 하옵소서. 날마다 채워지고 날마다 성장하는 믿음으로 주님의 일을 할 수 있기를 원합니다. 오늘도 모든 성도가 믿음으로 하나가 되어 예배드리고 은혜받게 하옵소서. 성령을 충만히 받게 하여 주시기를 원합니다. 주님, 주님을 사랑합니다. 우리 주 예수 그리스도의 이름으로 기도합니다. 아멘!

 주여! 떨리는 가슴으로 기도드립니다. 나로 하여금 사랑할 수 있는 사람이 되게 하소서. 참된 사랑을 세상에 흩뿌릴 수 있게 하소서. _미셸 쿠오스트

새롭게 하소서
둘째 주3

우리 마음을 주장하시는 하나님! 오늘도 거룩한 성전에 모여 예배드리게 하시니 감사드립니다. 우리에게 믿음을 주사 주님의 성품을 닮아가게 하옵소서. 우리의 입술과 삶으로 주님을 시인하고 높이게 하옵소서.

교회와 성도들을 기억하사 주님의 영광을 드러내게 하옵소서. 모든 일이 마음에서 시작되오니 우리의 생각을 새롭게 하사 삶의 모든 영역에서 주님을 따르게 하옵소서. 우리의 말과 행동이 주님의 뜻에 합당하길 원하오나 일주일을 돌이켜볼 때 그러하지 못하였음을 고백합니다. 용서해주옵소서. 성령의 역사하심으로 새로운 능력을 받아 주님의 일을 잘 감당할 수 있게 하옵소서. 주님의 일을 하는 기쁨을 주시고, 열매 맺게 하시는 주님의 손길을 느끼기를 원합니다. 세밀하고 작은 것까지도 보살피시는 주님 안에 거하게 하사 주님께 영광을 돌리게 하옵소서.

소망을 주시는 하나님! 복음이 온 땅에 충만하여 주님의 나라가 속히 세워지게 하옵소서. 주님만이 우리의 구원이 되신다는 고백이 온 땅에 가득하기를 원합니다. 우리 삶이 주님의 역사를 이루는 이 시대의 통로가 되게 하옵소서. 주님이 주시는 은혜로 충만하게 하옵소서.

주님의 교회와 성도들이 사명을 다할 수 있도록 성령 충만과 사랑으로 함께해주시기를 원합니다. 하나님의 영광만을 위하여 살게 하옵소서. 이 땅에 세우신 모든 교회와 목회자들이 주님께 쓰임을 받아 다 잘했다 칭찬받게 하옵소서. 매일 매일의 삶을 주님과 동행하며 주님의 인도 따라 살게 하옵소서. 또한 작고 세밀한 곳까지 살펴서서 죄를 대적하며 하나님과 깊은 교제 가운데 거하게 하옵소서. 우리가 말씀 속에서 날마다 승리하는 삶을 살길 원합니다. 주님을 사랑합니다. 우리 주 예수 그리스도 이름으로 기도합니다. 아멘!

사람을 사랑한다는 것은 그 사람을 위해 내 몸을 십자가에 못 박는 일이다.
_미셸 쿠오스트

10월

교회와 가정과 온 세상의 주인 되신 주님
셋째 주1

우리를 구원하시는 하나님! 주님의 보호하심과 인도하심에 감사드립니다. 오늘 드리는 예배 속에 성령의 충만함을 허락하시고, 더욱더 온전히 헌신 된 삶을 살게 하옵소서. 날마다 주님의 성품을 닮아 거룩함을 나타내게 하옵소서. 오늘도 예배드리는 모든 이에게 주님 안에서의 참 평안과 기쁨을 누리며 살 수 있도록 도와주옵소서.

힘들고 고난 중에 있는 이들을 붙잡아주시고 성령 충만함을 통하여 삶에 용기를 갖게 하사 이후에는 다른 이들을 섬길 만큼 강해지게 하옵소서. 우리 삶이 주님의 복음을 전하는 데 쓰임 받기를 원합니다. 주님께서 우리의 죄악을 용서하시기 위하여 십자가에 쏟으신 그 사랑을 갚을 길 없으나 그 사랑, 그 은혜, 그 축복과 그 구원을 날마다 찬양하며 살게 하옵소서. 우리의 죄와 허물이 주 앞에 드러나게 하여 주시고, 회개하지 못하고 잊고 있던 작은 죄까지 용서받아 정결하게 하옵소서. 주님의 사랑에 감사드립니다.

사랑의 하나님! 주님의 사랑을 받았으니 열정적인 마음으로 전하게 하옵소서. 삶 속에 함께해주시고 상한 마음을 치료하셔서 강하고 담대한 믿음으로 살게 하옵소서. 주님의 기도하시던 습관을 따르며, 온유하고 겸손하신 주님의 삶을 본받게 하옵소서. 이 땅에 주님의 몸된 교회를 부흥시켜 주시고 구속의 역사를 이루어주옵소서. 우리의 믿음이 반석 위에 세워져 흔들리지 않는 믿음으로 살게 하옵소서. 우리 교회와 가정에 주님이 주인이 되시기를 원합니다. 주님이 주인 되셔야 참 평안과 참 축복을 받을 수 있사오니 함께하옵소서.

오늘도 예배 중에 좌정하시고 다스려주사 영광 돌리게 하옵소서. 주님을 사랑합니다. 우리의 소망 중의 소망 되시는 예수 그리스도 이름으로 기도합니다. 아멘!

주님, 우리가 변화하도록 우리를 도와주소서. 이 세계의 가난한 사람들이 지고 가는 십자가를 새로운 창조를 위한 도구로 활용하는 길을 우리에게 가르쳐주옵소서.
_콘수엘로

참사랑과 안식처이신 주님
셋째 주2

우리를 사랑하시고 돌봐주시는 하나님! 우리의 발길을 인도하셔서 주님 전에 나와 예배드리게 하시니 감사드립니다. 날마다 한 걸음 한 걸음씩 주님과 동행하는 삶을 살게 하옵소서. 우리의 삶이 주님을 기쁘게 해드리는 삶이기를 원합니다. 주님의 자녀답게 살게 하옵소서. 우리의 입으로 주님을 시인하게 하시고 주님의 뜻을 이루게 하옵소서. 이 시간 우리가 주님의 십자가 앞에 온전히 경배드리기를 원하오니 우리의 거짓과 불순과 부끄러운 죄를 씻어 깨끗하게 하시며 모든 영광과 찬양을 받아주옵소서.

모든 것이 주님의 손길로 이루어졌사오니 우리의 삶도 주님 손에 의탁합니다. 주님만이 우리의 참사랑과 안식처이십니다. 주님과 동행하며 살게 하옵소서. 이 시간 굳센 믿음과 성령 충만함을 주셔서 능력 있는 그리스도인으로 세워주옵소서. 모든 불의의 세력이 무너지게 하사 주님만 홀로 영광 나타내주옵소서. 모든 일에, 모든 사람에게 주님만 드러나게 하여 주시기를 바랍니다. 우리 주 예수 그리스도만 높이 찬양받으시기를 원합니다.

사랑의 하나님! 말씀의 인도 따라 살아가게 하옵소서. 우리는 연약하고 부족하오니 주님만 의지하며 살게 하옵소서. 기도하게 하여 주시고 확신하게 하사 행함이 있는 믿음, 산 믿음으로 살게 하옵소서. 세상의 탐욕과 명예만을 찾지 않고 주님의 고귀한 십자가 사랑을 생각하며 주님을 기쁘게 하는 인생이 되게 하옵소서. 주님이 우리를 구원하기 위하여 당하신 십자가의 고난을 잊지 않게 하소서. 우리의 신앙이 이기적이지 않고 주님의 사랑을 드러내기를 원합니다. 예배 중에 함께하시고 모든 영광을 홀로 받아주옵소서. 우리 주 예수 그리스도 이름으로 기도합니다. 아멘!

위험에서 벗어나게 해달라는 간구가 아니라 위험에 처해서도 겁내지 않는 담대함을 달라고 기도하게 하소서. 고통을 멎게 해달라는 기도가 아니라 고통을 극복할 용기를 달라고 기도하게 하소서. _타고르

10월

주님의 뜻을 이 땅에 이루소서
셋째 주3

사랑의 하나님 아버지! 주님의 은혜에 감사드립니다. 이 시간 우리 마음을 모두어 예배드리오니 받아주옵소서. 우리의 삶 속에서 잘못된 모든 것을 용서하여 주사 주님의 보혈로 눈보다 더 희게 씻어주시기를 원합니다.

성령 충만함을 허락하사 우리의 삶에 용기와 소망을 주옵소서. 날마다 주님의 성품을 닮아가는 삶을 살게 하옵소서. 한 알의 밀이 썩지 않으면 열매를 맺을 수 없다고 하셨으니 우리가 주님 안에서 죽고 다시 살아 열매를 맺게 하여 주옵소서. 저희가 날마다 자신을 부인하며 자기 십자가를 지고 주님을 따르기를 원합니다. 우리가 주님의 사랑으로 하나가 되어 모든 것을 합력하여 선을 이루시는 하나님을 경험하게 하옵소서. 우리가 주님의 뜻 안에서 살길 원합니다. 주님 안에서 하나 되어 복음을 전하는 전도자 임무에 최선을 다하게 하소서.

항상 기뻐하고 범사에 감사하며 쉬지 않고 기도하는 삶을 살아 감사와 기쁨을 누리게 하옵소서. 주여! 우리를 인도하옵소서. 언제 어디서나 우리의 삶 속에서 주님의 향기를 나타내게 하옵소서.

사랑의 주님! 주님을 처음 만나 회개하고 받았던 첫사랑의 믿음을 회복하게 하사 날마다 기쁨과 감격 속에 살기를 원합니다. 주여, 우리를 도와주옵소서. 주님의 뜻을 이 땅에 이루는 삶을 살게 하옵소서. 주님께 쓰임 받게 하시고, 주님의 도구로 사용되어 주 앞에 설 때 칭찬받는 복된 성도가 되게 하옵소서.

우리의 이름이 하늘나라 생명책에 기록됨을 감사드립니다. 이 시간 마음 문을 활짝 열어 목사님이 전하시는 말씀을 레마로 받습니다. 주님께서 우리의 예배를 온전히 주장하옵소서. 주님을 사랑합니다. 우리 주 예수 그리스도 이름으로 기도합니다. 아멘!

 오, 주님! 주님의 축복이 우리 자녀들 하나하나 위에 머물기를 원합니다.

복음의 첨병이 되게 하소서
넷째 주1

능력과 권세가 많으신 하나님! 주님의 사랑하심과 인도하심에 감사드립니다. 날마다 주님께 영광 돌리는 삶을 살게 하시고 주님의 뜻을 이루는 도구로 쓰임 받는 저희가 되게 하옵소서. 주님이 주시는 참 평안 속에 구원의 기쁨을 전하는 삶을 살게 하여 주옵소서. 입술로 주님을 시인하고 증거하며 살아가는 저희들 되기를 원합니다. 수고와 무거운 짐을 다 주님께 맡기고 나아가 주님의 이름으로 승리하는 삶을 살게 하시고, 복음 안에서 강한 믿음으로 영광과 찬양을 돌리게 하옵소서.

참사랑의 하나님! 우리 한 사람 한 사람에게 힘 주시고 능력 주셔서 어떠한 역경과 고난 속에서도 주님의 십자가를 전하는 복음의 첨병이 되게 하옵소서. 또한 우리 삶이 우리의 감정에 따라 결정되는 것이 아니라 언제나 주님의 인도 따라 결정되기를 원합니다. 때를 따라 주시는 은혜와 안식 속에서 열매를 맺는 삶을 살게 하시고 주의 인도하심으로 모든 일이 합력하여 선을 이루게 하옵소서. 온유하고 겸손하신 주님의 마음을 본받아 선한 양심으로 살기를 원합니다. 주님을 믿음으로 말미암아 우리의 삶에 선한 일이 시작되었사오니 주님의 날까지 이루어주옵소서.

영광 받으시기에 합당하신 하나님! 우리 삶이 세속에 물들지 않게 하시고 늘 주님 안에 머물게 하여 주옵소서. 우리가 갈 바를 모를 때 성령께서 인도해주시고 가르쳐주시기를 원합니다. 주님의 교회가 부흥되게 하시고 우리의 믿음이 날로 성장하여 주님의 기쁘신 뜻을 이루게 하옵소서. 날마다 복음을 전하며 주님의 사랑을 나누는 삶을 살게 하옵소서. 주님을 사랑합니다. 우리 주 예수 그리스도의 이름으로 기도합니다. 아멘!

 오, 하나님! 성경에 기록된 모든 말씀을 보배로 여길 수 있도록 우리를 도와주소서.　　　　　　　　　　　　　　　　　　　　　　_가이어

10월

주님의 사랑을 베풀게 하소서
넷째 주2

만복의 근원이신 하나님! 열매가 가득하고 감사가 가득한 이 계절에 우리가 주님 앞에 정성을 다해 찬양하고 기도하며 말씀을 듣고자 모였습니다. 주님, 먼저 우리와 하나님 사이에 가로막힌 죄의 담을 헐어주사 하나님과 화목한 저희가 되게 하옵소서. 예수님의 십자가에 의지하오니 정결케 하는 샘으로 저희를 깨끗케 하옵소서. 주님, 어느 누구라도 어떤 죄인이라도 오라고 하신 말씀, 감사드립니다. 큰 은혜와 사랑을 받았사오니 크신 하나님께 영광 돌리는 삶을 살기 원합니다. 저희에게 허락하신 물질과 이웃과 환경의 풍요로움을 자랑삼는 것이 아니라, 시련과 고통과 절망 속에 빠진 이웃을 향하여 주님의 풍요로운 사랑을 나타내고 십자가만 자랑삼는 저희 되게 하옵소서. 실패와 낙심으로 좌절 속에서 살아가는 소망 없는 자들에게 복음과 사랑과 물질로 주님의 사랑을 베풀기를 원합니다. 주변에 있는 실직자들과 소년 소녀 가장들과 독거노인들을 기억하고, 저들에게 실직적인 도움과 사랑을 베푸는 저희가 되게 하옵소서. 좋으신 하나님 아버지, 주님의 능력으로 저들을 덮으소서. 지키고 입히며 돌보실 이는 오로지 주님이십니다. 저희의 순종이 이 일을 이루는 데 쓰이게 하옵소서.

사랑의 하나님! 주님의 교회와 모든 성도가 이 시대의 빛이 되게 하옵소서. 소금이 되게 하옵소서. 말로만 외치는 사랑이 아니라 행함으로 믿음을 보이는 사랑의 실천자가 되게 하옵소서. 서로 사랑하며 서로 도우며 살게 하사 이 땅에서 하나님의 진정한 통치를 경험하며 살게 하옵소서. 우리에게 사랑할 힘과 용기를 허락하사 언제 어디서나 성도답게 살게 하옵소서. 병상에서 신음하는 이들에게도 하나님의 은혜를 베풀어주옵소서. 이 땅에는 주님의 손길이 필요한 곳이 너무나 많이 있사오니 함께하여 주옵소서. 우리 주 예수 그리스도의 이름으로 기도합니다. 아멘!

편하고 쉬운 인생을 위하여 기도하지 말고 삶의 모든 환경에서 승리할 수 있는 능력 주시기를 기도하라.   _파스칼

빛과 소금된 삶으로 인도하소서
넷째 주3

우리의 기도를 들어주시는 하나님! 지난주도 주님께서 보호하시고 함께해주셨으니 감사드립니다. 이 시간 예배를 통하여 주님 홀로 영광 받아주시고 우리에게는 성령 충만한 은혜를 허락하옵소서. 우리의 모습과 행실로는 주님 앞에 나올 수 없으나 주님의 보혈을 의지하여 나왔으니 있는 모습 그대로 받아주소서. 늘 십자가만을 의지하고 붙들며 살아가는 저희가 되게 하옵소서. 주님의 자녀답게 사랑과 화목과 용서와 믿음과 봉사와 헌신을 통해서 주님의 뜻을 이루며 살아가기를 원합니다. 오늘도 우리와 함께하사 주님과 동행하게 하시고 주님의 마음으로 사랑하며 주님께만 영광 돌리는 찬양의 삶을 살게 하옵소서. 하나님의 놀라운 계획과 섭리 속에서 세상의 빛과 소금 같은 삶으로 우리를 인도하옵소서.

소망의 하나님! 마른 막대기보다 못한 우리에게 새로운 삶의 기쁨을 허락하심을 감사드립니다. 우리 삶이 예수 그리스도를 증거하는 삶이 되게 하시고 복음을 전하는 기쁨이 날마다 더하여지기를 원합니다. 우리에게 허락하신 사명과 직분을 온전히 감당하게 하사 우리의 삶 속에 주님의 보혈이, 주님의 사랑이 흐르게 하옵소서. 주님만이 우리의 길이요 진리요 생명이오니 우리의 갈 길을 인도해주옵소서. 우리 삶이 주님의 말씀으로 인하여 늘 감동하고 감격하며 충만하게 하옵소서. 날마다 복음을 전하게 하사 기쁨으로 단을 거두게 하옵소서. 주님께서 우리를 사용하여 주시오니 감사합니다. 오늘도 주 안에서 마음껏 기도하고 찬송 부르게 하셔서 성령충만한 은혜를 받게 하옵소서. 우리의 삶이 날마다 주님을 따르며 주님을 닮아가게 하시고 언제나 소망 중에 주님을 바라보는 삶이 되게 하옵소서.

우리의 예배를 받아주옵소서. 주님을 사랑합니다. 우리 주 예수 그리스도의 이름으로 기도합니다. 아멘!

 유음의 기도는 하나님께 완전히 순응하는 기도이다.
_안드레아 카스파리노

주의 길로 가게 하소서

_용혜원

주의 길로 가게 하소서
곁길로 가지 않게 하소서

주의 길로 가게 하소서
외딴길로 가지 않게 하소서

주의 길로 가게 하소서
세상 길로 가지 않게 하소서

주의 길로 가게 하소서
죄악의 길로 가지 않게 하소서

주의 길로 가게 하소서

안일의 길로 가지 않게 하소서

주의 길로 가게 하소서

유혹의 길로 가지 않게 하소서

주의 길로 가게 하소서

새 생명의 길로 가게 하소서

11월 주님의 남은 고난을 채우는 삶이 되게 하소서
첫째 주1

전지전능하신 하나님! 날씨가 추워지는 계절입니다. 우리의 마음과 우리의 신앙이 싸늘해지지 않고 언제나 화목하기를 원합니다. 성령의 시작이 사랑인 것처럼 우리 삶도 사랑으로 시작되게 하옵소서. 성도들의 가정이 더욱더 사랑과 화목으로 충만하기를 원합니다. 날마다 믿음으로 승리하게 도와주옵소서.

우리 예배를 받으시는 하나님, 우리의 찬양을 기뻐하시는 하나님, 우리의 감사의 고백을 즐거워하시는 주님, 우리를 사랑하시는 하나님, 주님을 사랑합니다. 우리의 삶이 오직 성령으로, 오직 말씀으로, 오직 은혜로 가득하기를 사모합니다. 오늘도 예배 중에 성령 충만하게 하옵소서. 주님의 진리로 가득하게 하옵소서. 우리의 삶이 주님으로 인해 만족하게 하옵소서. 이 예배 시간이 우리의 생애에 가장 소중한 시간이 되게 하옵소서.

사랑의 하나님! 예배드리는 이 시간, 마음을 집중하여 주님을 바라보게 하옵소서. 주님만을 찬양하며 경배하길 원합니다. 오늘도 하나님의 뜻이 하늘에서 이룬 것 같이 땅에서도 이루어지기를 원합니다. 우리를 구원하신 주님의 사랑을 전하는 기쁨으로 살게 하옵소서. 우리의 삶이 주 안에서 시절을 따라 열매를 맺게 하옵소서. 주님의 구속의 사랑을 간직하며 살게 하옵소서.

우리의 삶 속에 예수 그리스도의 흔적이 있게 하시고 주님의 남은 고난을 채우게 하옵소서. 우리는 모두 다 하나님이 쓰실 도구일 뿐이오니 역사하사 열매를 맺게 하옵소서. 주님께서 우리의 삶을 오늘도 내일도 세상 끝날까지 인도하시기를 원합니다. 날씨가 추워지는 계절이지만 주님의 사랑만은 뜨겁게 체험케 하옵소서. 주님을 사랑합니다. 예배를 받아주옵소서. 존귀한 구주 예수님 이름으로 기도합니다. 아멘!

우리의 교만함을 용서하여 주소서. 하나님이 그리스도 안에서 우리를 용서하신 것처럼 우리도 서로에게 친절을 베풀고, 서로에게 따스한 마음을 품으며, 서로 용서하게 하소서.
_라우바흐

온유하고 겸손한 주님의 마음을 닮게 하소서
첫째 주2

우리를 사랑하시고 인도하시는 하나님! 오늘도 거룩한 성전에 나와 예배드리오니 받아주옵소서. 한 성도 한 성도 모든 성도들이 우리 주님 예수 그리스도의 보혈로 구원받아 하나님의 자녀 되었으니 오늘도 크신 사랑과 은혜 안에 새롭게 하옵소서. 우리의 죄악과 부정한 것들이 이 시간 주님의 은혜로 새롭게 되기를 원합니다. 우리 삶을 통하여 주님의 뜻을 나타내며 복음을 증거하게 하옵소서. 주님이 아니시면 우리 삶에 아무런 보람도 없사오니 우리의 소망 되신 주님께서 우리를 인도하옵소서.

주님, 이 시간 아직도 마음속에 있는 탐심과 이기심과 거짓을 용서하여 주사 정직하고 진실하고 솔직한 마음으로 바꿔주시기를 원합니다. 온유하고 겸손하신 주님의 마음을 닮아가기를 원합니다. 모두 다 주님의 뜻대로 살게 하옵소서.

사랑의 하나님! 우리의 삶 속에서 지은 죄를 용서하옵소서. 행동으로 지은 죄와 생각으로 지은 죄와 자신도 모르는 사이에 지은 모든 죄를 용서해 주옵소서. 우리가 주님의 보혈로 구원받았사오니 날마다 은혜와 사랑을 전하는 축복된 성도의 삶을 살게 하옵소서. 이 시간 복음을 믿고 구원받았음을 확신하오니 더욱 성령 충만한 삶을 살기를 원합니다. 주님의 보혈로 용서받은 우리가 이웃에게 복음을 전하여 그들도 예수 안에 사는 기쁨을 체험하게 하옵소서. 온 땅에 주님의 사랑이 가득하기를 원합니다. 모두 다 죄악에서 떠나 악은 모양이라도 버리고 주님만을 바라보며 살게 하옵소서. 주님만 생각하며 주님만 의지하며 살기를 원합니다.

사랑의 주님! 예수님 안에 거하는 기쁨을 더욱더 체험하기 원합니다. 오늘도 예배드리게 하심을 감사드립니다. 주님을 사랑합니다. 우리 주 예수 그리스도 이름으로 기도합니다. 아멘!

우리는 깨어지고 상했습니다. 우리에게 치유를 허락하소서. 그러면 우리는 하나님의 말씀을 사랑할 것입니다.
_필리스 코올

11월

영성 충만한 삶을 주소서
첫째 주3

사랑과 은혜가 풍성하신 하나님! 이 거룩한 주일을 기억하여 모인 저희와 함께하옵소서. 오늘도 주님 전에 나와 예배드리게 하셨으니 은혜를 헛되이 받거나 그저 왔다 가는 이 없게 하옵소서.

언약하신 대로 우리를 인도하심을 믿사오니 우리도 주님의 언약을 신뢰하며 담대히 살게 하옵소서.

주님의 참사랑으로 구원받았음을 감사드립니다. 십자가의 보혈이 아니었다면 구원받을 수 없었던 저희를 대속하신 은혜에 감사드립니다. 이 놀라운 구원의 기쁨을 허락하셨으니 더욱더 예배드리며 찬양하며 기도하며 살게 하옵소서. 우리 삶의 목적이 주님이 되게 하시고, 주님의 말씀 따라 순복하며 살게 하여 주시기를 원합니다. 우리의 삶 속에서 오직 소망은 예수 그리스도 단 한 분뿐이게 하옵소서. 모든 것 되시는 주님만이 우리의 구원자이시기 때문입니다.

사랑의 하나님! 이 시간 주님을 만나기 원합니다. 주님을 찬양하기 원합니다. 주님만 예배하기 원합니다. 온유하고 겸손하신 주님의 마음을 닮아가게 하옵소서. 주님의 삶을 본받게 하옵소서. 주님의 사랑을 뿜어내기 원합니다. 복음이 온 땅에 퍼져 듣는 이들의 마음이 옥토가 되어 열매를 맺게 하옵소서. 주님의 말씀을 늘 상고하며 영성 충만한 삶을 살기 원합니다. 오늘도 나약하고 부족함을 느끼는 사람들에게 강하고 담대한 믿음으로 모든 역경을 이겨내게 하옵소서. 아직 구원을 모르는 이들을 찾으셔서 강권하옵소서. 주님의 손길을 느끼며 살게 하사 용기와 소망을 갖게 하옵소서.

오늘도 예배를 통하여 주님의 은혜를 받게 하옵소서. 우리 삶이 예배가 되게 하시고 늘 주님을 시인하고 고백하며, 더 나아가 전하며 살게 하옵소서. 우리 주 예수 그리스도 이름으로 기도합니다. 아멘!

 오, 주님! 저에게 허락하소서. 마땅히 알아야 할 것을 알게 하소서. 마땅히 사랑해야 할 것을 사랑하게 하소서. 주님이 가장 즐거워하는 것을 찬양하게 하소서.
_토마스 아 캠피스

반석 위의 믿음을 주소서
둘째 주1

우리를 새 생명의 길로 인도하시는 하나님! 이 시간 구원받은 저희가 모여 예배드립니다. 주님의 이름을 찬양하며 기도하오니 받아주옵소서. 우리에게 구원을 주시며 참 기쁨과 평안과 소망을 주시니 감사드립니다. 우리의 모든 죄악을 용서하여 주사 주님을 닮아가게 하옵소서.

이 나라와 이 민족을 인도하시고 하나님을 온전히 경외하며 경배하는 민족이 되게 하옵소서. 성령의 역사로 우리가 변화되며 교회가 부흥하기를 원합니다. 이 세상의 수많은 길 중에서 주님만이 우리의 생명의 길임을 믿습니다. 우리 모두가 주님이 허락하신 구원의 기쁨을 누리며 살게 하옵소서.

우리 모두 하나님께 순복하며 맡은 일에 충성하게 하옵소서. 우리의 부족함을 깨닫게 하사 충만함을 주시는 주님을 의지하게 하시고, 미련함에서 벗어나도록 주님의 지혜로 채워주셔서 모든 일이 합력하여 선을 이루게 하옵소서. 주님의 교회 사역에 열정을 다하여 동참하게 하옵소서. 교회 교회마다 초대와 같은 부흥의 역사가 다시 일어나게 하여 주시기를 간절히 원합니다.

소망을 주시는 하나님! 우리가 주님의 뜻을 알면서도 행하지 못할 때가 많사오니 우리의 믿음을 반석 위에 세워주사 흔들리지 않게 하옵소서. 뜨거운 믿음의 열정으로 주님의 사역에 동참하기를 원합니다. 우리가 육체대로 살다 심판에 이르지 않고 성령의 인도하심을 따라 살되 주님의 상급을 기억하며 최선을 다하게 하옵소서.

모든 성도를 축복하시고 말씀 전하는 목사님에게 성령 충만을 주옵소서. 성가대를 기억하여 주시고 모든 성도와 하나 되어 은혜를 받게 하옵소서. 우리로 하여금 날마다 주님의 사랑 안에 살게 하옵소서. 모든 영광과 찬양을 하나님께 돌립니다. 우리를 사랑하시는 주 예수 그리스도 이름으로 기도합니다. 아멘!

 오, 주님! 주님께로 향한 우리의 전진이 그 무엇에 의해서도 중단되지 않게 하소서.
_존 웨슬레

11월

주님은 포도나무요 우리는 가지이니
둘째 주2

자비로우신 하나님! 주님의 사랑하심과 인도하심에 감사드립니다. 날마다 주님의 성호를 찬양하며 살아가기를 원합니다. 보혈의 공로로 이루어진 구원의 기쁨을 누리며 살게 하옵소서. 주님의 평안으로 가득하게 하시고 주님의 영광을 나타내게 하옵소서.

예배에 참여한 모든 성도에게 은혜와 평강으로 함께하옵소서. 주님께서 우리 예배를 받아주실 것을 믿고 감사를 드립니다. 우리가 주님의 말씀을 듣고서도 깨닫지 못함을 용서하시고 오늘 말씀을 통하여 더 굳건히 서게 하옵소서. 이렇게 모여 예배드리고 은혜를 받는 것이 축복인 줄 믿사오니 주님만을 사랑하며 살게 하옵소서. 또한 이런 예배의 자유가 온 열방 가운데도 열려지게 하옵소서.

십자가에서 피 흘리시면서도 우리를 사랑하시는 주님의 삶을 본받기 원합니다. 주님은 포도나무요 우리는 가지이니 언제나 주님께 붙어 있어 풍성한 열매를 맺게 하옵소서. 주님과 늘 동행하게 하옵소서.

참사랑의 하나님! 내 뜻, 내 생각대로 살아 실패할 때가 많사오니 불쌍히 여겨주옵소서. 언제나 모든 일을 주님께 아뢰며 시작하고 끝을 이루게 하옵소서. 주님을 떠나서는 언제나 실패뿐이오니 주 안에서 늘 승리하게 하옵소서. 하나님의 손길 안에서 축복된 삶을 살게 하옵소서. 우리에게 힘과 능력을 공급하시는 주님께서 우리의 목자가 되어주시기를 원합니다.

주님의 생명의 법 안에서 진리의 자유를 누리며 살게 하옵소서. 유일한 만족 되시는 주님을 따르길 원합니다. 불의와 타협하지 않고 오직 주님 안에서 주님이 원하시는 삶을 살게 하소서. 오늘도 예배 중에 주님께서 함께 하시니 모든 찬양과 영광을 받으시옵소서. 주님을 사랑합니다. 우리 주 예수 그리스도 이름으로 기도합니다. 아멘.

주여! 우리는 계속 회의와 슬픔 속에 헤매었으나 주님은 한 걸음씩 앞으로 전진하셨습니다. 미지의 내일을 맡기오니 그날이 이를 때까지 우리를 인도해주옵소서. _ 존슨

너그러운 사람이 되게 하소서
둘째 주3

우리를 창조하신 하나님! 주님의 보혈로 구원하시고 말씀으로 구원을 확증하셔서 오늘 예배 가운데 나오게 하시니 감사드립니다. 게으름과 나태함에서 벗어나 부지런히 주님의 일을 하게 하옵소서. 우리가 먼저 주님을 사랑한 것이 아니라 주님이 우리를 먼저 사랑하셨으니 감사드립니다.

우리의 삶이 단 한 번뿐인 것을 깨닫게 하사 이 소중한 삶을 허비하지 않고 주님을 위하여 살게 하옵소서. 죄 중에 살지 않고 은혜 아래 살면서 날마다 기쁨 가운데 거하게 하소서. 삶이 곤고할 때마다 아무런 죄 없이 우리 때문에 십자가에 달리신 주님을 바라보게 하옵소서. 하나님의 나라를 바라보며 준비하며 살게 하옵소서. 우리를 불쌍히 여겨주시고 긍휼히 여겨주신 것처럼 우리도 남들에게 너그러운 사람이 되게 하옵소서. 그리하여 하나님 나라에 보다 더 많은 이들과 함께 가기를 원합니다.

사랑의 하나님! 우리 삶이 모양과 형식만 있는 그리스도인이 아니라 온유하고 겸손하신 주님을 닮게 하옵소서. 오직 모든 일을 주님의 이름과 성령의 능력으로 행하게 하옵소서. 기도해야 할 시간에 기도하게 하시고, 찬양할 시간에 찬양하게 하시며, 전도해야 할 때 전도하게 하옵소서. 우리 삶 속에 주님 말씀의 능력이 나타나게 하옵소서. 우리 삶이 말씀에 근거한 삶이 되게 하사 모든 일에 주님의 능력이 날마다 새롭게 나타나게 하여 주옵소서.

우리의 삶이 주님 중심, 교회 중심, 가정 중심, 성령의 은혜 중심이 되기를 원합니다. 오늘도 예배 가운데 새로운 변화가 일어나게 하옵소서. 주님을 사랑하며 성도를 사랑하며 가족을 사랑하게 하옵소서. 주님이 거룩하신 것처럼 우리도 거룩하게 하옵소서. 주님을 사랑합니다. 우리 주 예수 그리스도 이름으로 기도합니다. 아멘!

밤이 옵니다. 끝이 옵니다. 그러나 예수 그리스도께서 오십니다. 주여! 우리는 주를 기다립니다. 밤이나 낮이나 주를 기다립니다. _**아프리카 기도문**

11월

주님을 온전히 모시게 하소서
셋째 주1

영광과 찬양을 받으시기에 합당하신 하나님! 주님의 사랑하심과 인도하심에 무한 감사를 드립니다. 능력으로 우리에게 큰 평안을 주시니 감사를 드립니다. 우리 심령이 옥토가 되어 진리의 말씀을 온전히 받고 열매 맺게 하옵소서.

주님의 의로우심을 우리의 입술과 혀로 온종일 찬양하여도 감당할 수 없습니다. 하나님께서 거룩하신 것처럼 우리도 거룩한 삶을 살게 하옵소서. 오늘도 주님을 더욱 사랑하며 받은 은혜로 가족과 이웃을 사랑하게 하옵소서. 주님을 향하여 온전히 경배하며 할렐루야 찬양하며 아멘으로 화답하여 영광 돌리게 하옵소서. 이 시간 예배드리는 가운데 모든 성도가 마음의 문을 열게 하사 주님의 말씀에 은혜를 받게 하옵소서. 우리 마음의 문을 두드리시는 주님의 음성을 듣게 하사 주님을 온전히 모시게 하여 주시기를 원합니다.

사랑의 주님! 주님을 사랑합니다. 주님을 사모합니다. 우리 삶의 순간순간마다 함께하시는 주여, 오늘도 은혜와 사랑으로 임하시옵소서. 주님의 이름이 온 땅에 충만하며 주님을 향한 찬양이 가득하기를 원합니다. 주님 안에서 합력하여 선을 이루게 하옵소서. 교회에서 행하는 모든 일을 주님께서 인도하여주사 사랑과 기도로 새롭게 하옵소서. 성도들의 삶이 행복하고 하는 사업도 축복하사 주님의 일을 섬기는 기쁨이 넘치기를 원합니다. 모든 성도가 주님의 일에 서로 격려하며 동참하게 하옵소서. 주님의 교회와 성도들이 맡겨진 사명을 감당하여 세상의 빛과 소금의 역할을 다하게 하옵소서. 우리 삶이 주님의 말씀을 전하는 도구가 되게 하여 주시고, 모든 영광과 찬양을 주님께만 돌리게 하옵소서. 주님을 사랑합니다. 귀하신 우리 주 예수 그리스도 이름으로 기도합니다. 아멘!

 하나님! 하나님의 아들 예수 그리스도께서 그러하셨듯이 나에게 용기를 주옵소서. 이 세상으로부터 자 자신을 자유케 할 수 있는 용기를 주옵소서.
_헨리 나우웬

화평과 소망의 삶을 주소서
셋째 주2

진리의 하나님! 이 나라, 이 민족에게도 복음을 허락하시고 하나님 앞에 예배드리게 하시니 감사드립니다. 모든 영광과 찬양을 온전히 받으옵소서. 오늘도 이 땅의 많은 성도가 주님 앞에 기도하며 찬양하며 주님의 뜻을 이루는 삶을 살고자 애쓰오니 주님, 우리를 새롭게 하소서. 이 나라 이 민족이 더욱더 주님의 은혜를 충만히 받게 하사 온전히 하나님을 경외하며 구원의 말씀이 민족의 모든 가슴 가슴마다 강같이 흘러넘치기를 원합니다. 주님을 아는 지식으로 충만하게 하시고, 모든 교회와 성도들이 하나가 되어 천국을 향한 행진 속에 동참케 하옵소서. 우리가 주님의 복음을 전하는 도구로 사용됨을 기뻐합니다. 주님의 영광을 나타내게 하옵소서. 주님께서 우리를 인도하옵소서.

사랑의 하나님! 이 시간 주님을 찬양하기를 원합니다. 우리의 온 마음과 정성으로 주님을 사랑하게 하옵소서. 우리가 진실로 하나님의 자녀가 됨은 예수 그리스도의 은혜와 사랑 때문입니다. 주님께서 영광과 찬양을 받아주옵소서. 날씨가 점점 싸늘해지는 계절이지만 우리의 심령만큼은 주님의 사랑으로 따뜻해져서 주님의 사랑을 나누며 나타내는 성도의 삶을 온전히 살아가기를 원합니다.

우리의 마음부터 새롭게, 정결하게 하옵소서. 삶 속에 사랑과 나눔으로 믿음의 꽃을 피우게 하사 불평에서 화평으로, 낙망에서 소망으로 바뀌는 삶을 살아가게 하옵소서. 우리의 소망이 오직 주님 한 분이게 하옵소서. 우리에게 주신 주님의 사랑을 온 세상에 나타내기 원합니다. 주님의 뜻을 이루는 성도가 되게 하옵소서. 말씀의 능력을 주옵소서. 우리를 새롭게 하옵소서. 주님을 사랑합니다. 우리 주 예수 그리스도 이름으로 기도합니다. 아멘!

 우리 마음과 손에서 자만의 굴레를 벗겨주시고 이 세상의 자녀들을 굽어살피는 주님의 사랑을 우리의 생활로 표현하게 하소서.   _레슬리 브란트

11월

부르심에 합당한 삶이 되게 하소서
셋째 주3

전지전능하신 하나님! 오늘도 주님 전에 나올 수 있도록 인도하심을 감사드립니다. 이 예배를 받아주옵소서. 우리 삶이 교회 안에서와 교회 밖에서도 같기를 원합니다. 주님께서 허락하신 소중한 시간을 헛되이 보내지 않도록 인도하옵소서. 오늘도 주님의 몸된 교회마다 신령과 진정으로 예배드리며 찬양하게 하옵소서. 주님의 이름이 거룩히 여김을 받으시고 홀로 영광 받으소서. 우리 삶과 예배가 형식이나 구경거리가 되지 말게 하시고 성령 충만을 허락하사 온전히 영광을 돌리게 하옵소서. 주님의 인도하심 따라 항상 주님과 동행하는 기쁨으로 살게 하옵소서.

사랑의 하나님! 주님께서 이 민족을 보호하시고 섭리하시는 줄 믿습니다. 이 시간 간구하오니 주님의 은혜와 축복으로 살게 하옵소서. 이 민족을 인도하시고 악에서 구원하옵소서. 이 민족이 주님을 온전히 경외하며 진리와 자유와 의가 넘치는 민족이 되게 하옵소서.

욕심대로 살아가는 것이 아니라 주님의 사랑 안에서 진리의 자유를 누리며 살게 하옵소서. 주님의 부름에 합당한 삶을 살기를 원합니다. 무슨 일을 하든지 주님을 먼저 생각하게 하시고, 주님 보시기에 흡족한 삶을 살게 하옵소서. 어서 속히 이 민족이 한 마음 한 음성으로 예수님을 찬양하며 영광을 돌리게 하옵소서. 남북이 하나 되어 주님의 영광을 나타내게 하시고, 무너진 교회들이 다시 세워지게 하여 주옵소서. 이 민족이 믿음이 살아 있고 정직이 살아 있고 진실이 살아 있는 정의로운 믿음의 민족이 되게 하여 주시기를 원하오니 주여, 인도하시고 함께하옵소서.

주님을 아직도 모르는 사람들에게 시시때때로 복음을 전하게 하사 복음이 온 땅에 충만케 하옵소서. 이 민족과 교회로 오로지 하나님께 영광 돌리게 하실 우리 주 예수 그리스도 이름으로 기도합니다. 아멘!

 우리를 깨끗이 하시는 주님의 사랑에 스스럼없이 의지하게 하소서. 참회하여 새 믿음을 찾게 하소서. _레슬리 브란트

복음이신 주님을 전하게 하소서
넷째 주1

천하 만물을 창조하시고 섭리하시는 하나님! 우리를 사랑하사 십자가의 보혈로 구원하심을 감사드립니다. 날마다 주님을 닮아가게 하시고 주님의 뜻을 이루게 하옵소서. 우리 믿음이 열매 맺기를 원합니다.

지금까지 인도하신 하나님! 올해의 남은 한 달도 인도해주옵소서. 주님의 교회와 성도들을 품어주옵소서. 오늘도 예배 가운데 주님의 사랑을 더욱더 체험하게 하옵소서. 우리에게 성령을 충만히 허락하사 세계 선교 사역에 동참하게 하옵소서. 한 생명이라도 더 구원받길 원하시는 주님, 우리를 주님의 도구로 사용하옵소서.

주님이 복음을 전하셨던 것처럼 우리도 복음이신 주님을 전하게 하옵소서. 주님이 사랑을 보이셨던 것처럼 우리도 사랑이신 주님을 나타내게 하옵소서. 주님 교회의 모든 성도가 성령 충만의 뜨거운 열정을 갖고 온 세상 땅 끝까지 복음을 전하기 원합니다. 날마다 기쁨으로 충만케 하시고 구원받는 자들이 늘어가게 하옵소서.

은혜의 하나님! 주님은 우리의 목자가 되시니 우리를 날마다 인도하옵소서. 우리는 양이오니 양의 문으로만 들어가고 나가게 하옵소서. 날마다 주님의 영광을 나타내도록 정직함 속에 질서 있게 하옵소서.

주님의 교회가 사도행전의 교회를 본받아 믿음과 기도로 성령행전을 이루게 하옵소서. 교회가 평안하여 든든히 서게 하시고 성령의 위로로 진행하여 그 수가 늘어가게 하옵소서. 소외된 자들을 위하여 주님의 복음을 열심히 전하게 하옵소서. 주님의 자녀들에게 믿음에 믿음을 더하옵소서. 날마다 주님으로 인해 행복하게 하옵소서. 오늘의 예배를 받아주시는 주님을 사랑하며 우리 주 예수 그리스도 이름으로 기도합니다. 아멘!

자비로우신 하나님! 우리를 용서해주소서. 주님의 뜻에 순종함으로써 주님과 하나 되게 하소서.
_존 베일리

주님의 손길로 빚어주소서
넷째 주2

거룩하신 하나님! 하나님께 드리는 예배는 우리의 마음을 드리는 것이오니 우리의 마음을 받아주소서. 이 예배가 하나님께서 기뻐하시는 영적인 산 제사가 되게 하옵소서. 우리를 주 예수 그리스도의 보혈과 사랑으로 구원하셨으니 주님의 뜻대로만 살게 하옵소서. 우리가 주님을 찾을 때마다 주님의 오른손으로 잡아주시고, 우리 마음을 주님의 것으로 채워주시기를 원합니다. 이 세상일에 마음 뺏기는 일이 없도록 이끌어주옵소서. 나를 비워 주님의 은혜로 채워주옵소서. 주님의 손길로 깎아주시고 빚어주시고 다듬어주시기를 원합니다. 주님께 쓰임 받기를 원하오니 주여, 인도하옵소서. 믿어 믿음에 이르게 하여 주시고 강하고 담대한 믿음으로 성장시켜 주옵소서.

사랑의 주님! 우리를 새롭게 하사 성령의 인도하심 따라 살게 하옵소서. 삶 속에 성령의 아홉 가지 열매를 맺으며 살기 원합니다. 주님의 사랑 안에서 성도답게, 믿음 안에서 지혜와 지식과 능력과 권세를 공급받게 하옵소서. 우리 삶이 주 안에서 날마다 새로워지게 하여 주시고 믿음의 담력을 주사 능력 있는 성도가 되게 하옵소서. 주님의 일에 서성거리거나 머뭇거림 없이 동참하게 하사 주님의 뜻을 이루며 살게 하여 주시기를 원합니다. 주여! 우리를 인도하옵소서.

주님을 아직 모르는 사람들에게도 복음의 소식이 닿게 하옵소서. 고통과 절망에 빠진 이들을 주님께서 위로해주시기를 원합니다. 복음이 온 땅에 가득하기 원합니다. 우리의 모든 것에 모든 것 되시는 주님께서 이 시간에도 영광과 찬양을 받아주시고, 여기 모인 모든 성도가 마음을 모두어 예배드리오니 열납하소서. 우리 주 예수 그리스도 이름으로 기도합니다. 아멘!

이제 나의 삶을 하나님께 드리니 아침 같은 새 생명을 주십니다. 주님의 즐거움이 나의 즐거움인 것을, 주님의 은총이 나의 찬란한 산성인 것을 나 이제야 깨달았습니다.
_마일드레드 제퍼리

우리에게 허락하신 은사들을 개발하소서
넷째 주3

은혜로우신 하나님! 우리가 죄인 되었을 때 우리를 향한 아버지의 사랑을 부어주셨으니 그 은혜에 감사드립니다. 주님의 보혈로 구원하셨으니 지존하신 하나님께 영광을 돌립니다.

우리가 항상 주님의 인도하심 속에 살아가오니 주님께서 원하시는 뜻이 저희 안에 이뤄지게 하옵소서. 성령 충만함으로 주님을 바라보며 닮아가기를 원합니다. 오늘도 은혜 위에 은혜를 더하시고 평안 중의 평안으로 함께 하옵소서.

주 안의 기쁨을 누리며 살게 하옵소서. 의로운 삶을 살게 하옵소서. 평안과 기쁨 속에 주님을 섬기기를 원합니다. 기도하며 살게 하시고 말씀을 묵상하며 살게 하옵소서. 찬양하며 살게 하시고 전도하며 살게 하옵소서. 가족과 이웃과 성도들과 함께 사랑하고 섬기며 서로 기도해주며 주님의 뜻을 온전히 이뤄가게 하옵소서.

우리에게 평안을 주시는 하나님! 우리 삶을 시마다 때마다 인도하시니 감사합니다. 유일한 피난처이신 주님을 의지합니다. 다스리소서.

늘 맡겨진 사명을 자각하여 먼저 그 나라와 그 의를 구하게 하옵소서. 맡은 자의 구할 것은 충성이라고 하셨으니 주님께 충성하여 온 마음을 다하여 살게 하옵소서.

주님의 은혜로 구원의 기쁨이 넘치게 하옵소서. 오늘도 주님께로 나왔사오니 우리 삶에 주님의 은혜와 축복이 함께하기를 원합니다. 우리 삶을 받아주시니 주님만을 의지하며 살게 하옵소서. 우리에게 허락하신 은사들을 개발하여 주님의 복음을 효율적으로 증거케 하소서. 우리 삶을 통하여 하나님께 영광을 돌리기 원합니다. 오늘의 예배를 받아주옵소서. 성령 충만함을 주옵소서. 사랑이 많으신 예수 그리스도 이름으로 기도합니다. 아멘!

 하나님은 들어 올려 기도하고 찬양할 수 있는 두 손, 노래할 수 있는 혀와 입맞춤할 수 있는 입술, 그리고 춤을 출 수 있는 두 발을 주셨습니다. 하나님은 이 모든 것을 우리에게 주셨고 이 모든 것을 좋은 것이라고 말씀하셨습니다.
_패드레이그 오메일리

말씀이 육신이 되어 오신 주님

_용혜원

말씀이 육신이 되어 오신 주님

생명과 사랑과 빛과 진리입니다

하나님의 아들이시며

사람의 아들이신

주님은 하나님이시며 사람이었습니다

사람들은 그가 때때로

하나님의 아들로 능력 행하기를 원했고

사람의 아들로

혁명을 일으키기를 원했습니다

예수 그리스도처럼

사랑받으며 미움받은 이는 없습니다

예수 그리스도처럼

존경을 받으면서도

멸시를 당한 이는 없습니다

예수 그리스도처럼

놀랍게 전파되면서

압박을 받은 이는 없습니다

예수 그리스도는

바로 우리의 구주이며

살아 계신 하나님의 아들입니다

12월

내 이웃을 사랑하며 살게 하소서
첫째 주1

만물을 창조하시고 운행하시는 하나님! 벌써 한 해의 마지막 달입니다. 유종의 미를 거두어 하나님께 영광을 돌리게 하소서. 사랑과 믿음으로 함께하는 이들은 추운 계절이 와도 도리어 더욱 따뜻한 마음으로 삶의 기쁨을 나눌 줄 믿습니다. 더 깊은 겨울이 오기 전에 겨울을 준비하게 하소서. 가난한 이들과 병든 이들과 버림받은 이들을 기억하옵소서. 우리가 주님의 마음으로 이웃을 사랑하게 하사 그들에게 올겨울이 춥지만은 않게 하옵소서.

우리 모두가 주님의 인도하심에 감사하게 하소서. 우리의 모든 삶을 주님께 맡기며 오늘까지 인도하신 주님을 바라봅니다. 또한 어떻게 인도하실지 기대합니다. 주님만이 우리의 전부이심을 고백합니다.

소망을 주시는 하나님! 부족하고 나약하여 고통스러운 순간들을 지극히 세상적인 방법으로 이겨내려 했음을 고백합니다. 우리의 모든 죄를 용서하옵소서. 먼저 우리에게 상처 입힌 사람들을 용서합니다. 우리가 상처를 준 사람들에게 용서받게 하옵소서. 주님의 사랑으로 주 안의 지체들을 더욱더 사랑하며 열심히 섬기게 하옵소서. 내 이웃을 내 몸처럼 사랑하라 하신 주님의 말씀처럼 사랑하며 살기를 원합니다. 모든 일에 욕심 없이 행하게 하사 복음에 합당하게 살게 하옵소서.

주여! 우리를 인도하옵소서. 성령 충만하게 하옵소서. 예배에 참여한 모든 성도에게 은혜를 주실 것을 믿습니다. 이 예배가 날마다 생활 속으로도 이어지게 하옵소서. 주님이 우리의 목자 되심을 감사드리며 예배를 통하여 모든 영광과 찬양을 받아주옵소서. 주님을 사랑합니다. 우리 주 예수 그리스도 이름으로 기도합니다. 아멘!

오늘 하루를 하나님과 사람 앞에서 책임감 있게 살아갈 수 있는 능력을 우리에게 베풀어주옵소서.
_디트리히 본회퍼

성실과 진실로 살아 온전한 결실을 맺게 하소서
첫째 주2

전능하신 하나님! 주님의 은혜와 사랑에 감사를 드립니다. 올 한 해도 시작부터 이 시간까지 인도하심을 감사드립니다. 남은 한 달도 주님의 은혜 속에서 소망의 새로운 해를 준비하게 하옵소서. 새 술은 새 부대에 담아야 한다는 말씀처럼 한 달을 잘 마무리하고 회개하여 새롭게 살게 하옵소서. 우리가 주님께 온전히 쓰임 받기를 원합니다. 우리에게 믿음을 주사 진리 안에서 믿음으로 살게 하옵소서. 우리의 삶이 기도로 주님을 만나는 삶이 되게 하시고, 주님의 음성을 듣게 하시어 늘 깨어 있는 성도의 삶을 살게 하옵소서. 우리 삶의 전부가 주님의 은혜이오니 누리며 살게 하옵소서.

　우리 삶의 모든 것이 주님의 손길로 이루어졌사오니 올해를 인도하신 하나님께 영광을 돌리며 남은 한 달도 최선을 다하여 살게 하옵소서. 언제나 땀 흘린 소득으로 살게 하여 주시고, 성실과 진실로 살아 온전한 결실을 맺게 하소서.

　사랑의 주님! 이 땅의 그리스도인들이 성숙한 믿음을 갖게 하시고, 예수님의 제자로서 바른 삶을 살게 하여 주옵소서. 빛 되신 주님을 좇아 어둠을 밝히는 성도의 삶을 살게 하옵소서. 소금 같은 삶을 살게 하여 주시기를 원합니다. 우리의 뜻대로 서두르지 않게 하시고 언제나 주님의 인도하심을 받게 하옵소서. 우리가 오직 십자가만을 자랑하며 살게 하여 주옵소서. 진리의 자유 속에 날마다 복음을 전하며 살게 하여 주시기를 원합니다. 주님의 뜻을 알게 하사 이 땅 위에 주님 나라의 의를 이루는 행함이 있는 산 믿음이 되게 하옵소서. 오늘도 우리의 예배를 받아주시는 우리 주님을 사랑합니다. 우리 주 예수 그리스도의 이름으로 기도합니다. 아멘!

　내가 주님께 무엇을 드릴까요. 내 빈 마음을 드립니다.
　_크리스티나 로제티

12월

우리의 목자 되시는 주님 안에서 살게 하소서
첫째 주3

전지전능하신 하나님 아버지! 오늘도 주님의 전에 나왔으니 우리의 마음을 모두어 예배드리게 하옵소서. 이 예배가 신령과 진정으로 드려지게 하사 하나님께만 영광과 찬양을 돌리기 원합니다. 주님께서 우리의 목자가 되사 날마다 인도하시니 감사드립니다. 우리의 믿음이 날마다 성장하게 하시고 성숙하게 하셔서 영성 깊은 그리스도인의 삶을 살게 하옵소서.

먼저 그 나라와 그 의를 구하게 하시고, 주님 안에서 믿음으로 살게 하여 주옵소서. 날마다 순간마다 함께하사 주님의 영광을 나타내는 삶을 살게 하시고, 의미 있고 가치 있는 삶의 열매를 맺으며 살아가는 저희가 되게 하옵소서. 주님의 보혈로 구원받았사오니 날마다 복음을 전하는 주님의 도구로 쓰임 받게 하옵소서. 우리 영혼의 양식은 항상 주님의 말씀, 복음이 되게 하사 날마다 새롭게 하옵소서.

사랑의 하나님! 주님께서 기도하셨던 것처럼 우리도 주님의 모범을 본받아 기도하며 살기를 원합니다. 우리의 삶이 언제나 주님께 예배드리며 찬양하는 삶이 되게 하시고, 주님의 마음 닮아 온유하고 겸손하게 살게 하옵소서. 우리 삶이 주님의 형상까지 닮기를 원합니다. 우리의 목자시니 주님 안에서 언제나 주님의 음성을 따라 살게 하옵소서.

오늘도 하나님께 예배드리는 성도들에게 말씀의 은혜를 주옵소서. 이 땅에는 아직도 소외된 사람이 많사오니 병들어 나약하고 쓰러져가는 사람들을 보살필 수 있는 힘과 능력을 저희에게 주옵소서. 오직 예수 그리스도의 이름으로 복음과 사랑을 가지고 다가가 나누게 하옵소서. 이 거룩한 주일에 주님 전에 나와 드리는 예배를 받아주시고 은혜와 성령 충만함을 얻게 하옵소서. 우리 주 예수 그리스도 이름으로 기도합니다. 아멘!

 잘 기도하는 자는 잘 배운 자요, 많이 기도하는 자는 많이 배운 자다.
_루터

어려움과 시련을 이겨내는 믿음을 주소서
둘째 주1

처음과 나중 되시는 하나님! 올해도 이제 얼마 남지 않았습니다. 찬 바람이 불고 차가움이 더하는 겨울입니다. 이 계절에도 우리의 마음은 주님의 사랑으로 따뜻해지기를 원합니다. 주님을 저희 마음에 손님이 아닌 주인으로 모시기를 원합니다. 주님께서 저희 마음의 주인 되셔야 주님 안에서 살아갈 수 있음을 믿습니다. 우리를 부르신 분은 주님이시니 주님 뜻대로 살게 하옵소서. 이 추운 계절에 나무들이 봄을 기다리며 추위를 참아내듯이, 우리 삶에 온갖 어려움과 시련이 찾아온다 하여도 믿음으로 이겨내게 하옵소서. 언제나 우리를 부르신 부름에 합당하게 살기를 원합니다. 기도와 말씀으로 무장하여 강하고 담대한 믿음으로 날마다 승리하게 하옵소서.

사랑의 하나님! 어떤 상황에서도 변명이나 부인하는 일 없이 하나님의 뜻을 기다리며 이루어가는 믿음을 갖게 하옵소서. 주여, 우리에게 강한 확신을 주시기 원합니다. 우리의 삶이 주님의 강함과 능력과 지혜로 채워지게 하옵소서. 우리가 사랑을 나누면 하나님의 자녀임을 증거하는 삶이 되오니 사랑하며 살기 원합니다.

능력의 하나님! 이 추운 겨울에 소년 소녀 가장들을 보살펴주시고 인도하옵소서. 보호시설과 장애인들을 사랑하여 주시기 원합니다. 올해도 사랑의 충만함으로 따뜻한 겨울이 되게 하옵소서. 우리 주 예수 그리스도의 이름으로 기도합니다. 아멘!

 우리에게 은혜를 주사 당신의 말씀을 겸손히 받아들이게 하옵소서. 주님의 말씀이 없이는 아무도 진리를 깨닫지 못합니다. _요한 칼빈

영원한 진리로 자유케 하소서
둘째 주2

신실하신 하나님! 이 거룩한 주일, 저희가 주님 앞에 모여 찬양하고 기도하며 예배드립니다. 우리의 예배를 받아주옵소서. 우리 삶이 곧 예배가 되게 하옵소서.

역사하시는 주님, 이 나라와 이 민족과 주님의 교회를 부흥케 하시고 새로운 변화를 주옵소서. 음란과 타락과 무질서에서 떠나게 하옵소서. 우리를 붙들어주옵소서. 세상 것들로 채워지지 않는 갈망을 채워주셔서 죄악에 매여 있는 영혼들이 돌아오게 하옵소서. 비천한 우리를 하나님의 영으로 충만하게 하옵소서. 주님의 영원한 진리로 자유케 하심을 깨닫게 하옵소서. 연약한 육체를 따르지 말고 이 세상 속에 얽매여 살아가지 않게 도와주옵소서. 주님의 교회와 목회자들과 성도들의 가정을 인도하옵소서. 모든 가정에 화목과 사랑이 넘치게 하옵소서.

사랑의 주님! 우리가 기도함으로 날마다 응답받게 하시고, 말씀과 기도로 주님을 닮게 하여 주옵소서. 삶이라는 여행 속에서 우리가 날마다 주님과 동행하는 기쁨을 맛보게 하옵소서. 주님이 우리를 사랑하신 것처럼 우리도 사랑하며 살게 하옵소서.

소망을 주시는 주님! 주님의 보혈로 구원받았사오니 주 안에서 온전히 쓰임 받기를 원합니다. 강하고 담대한 믿음으로 살게 하옵소서. 우리의 온 열정을 복음에 쏟아붓게 하시고, 주님의 일이라면 언제나 순종하며 살게 하옵소서. 연약하고 나약한 심령으로 주님 앞에 나왔사오니 우리 심령을 새롭게 하옵소서. 이 시간 우리 마음과 뜻과 정성을 다하여 주님께 예배드립니다. 신령과 진정으로 드려지게 하옵소서. 성령 충만을 원합니다. 주님을 사랑합니다. 우리를 새롭게 하신 주 예수 그리스도 이름으로 기도합니다. 아멘!

오! 생명의 영이시여. 주님의 은혜를 우리에게 부어주소서. 우리의 손을 붙잡고 이 땅에서 이끌어주시며 주님을 사랑하는 자에게 베푸시는 영광을 바라보게 하옵소서.
_리처드 박스터

백부장 같은 겸손한 믿음을 주소서
둘째 주3

위대하시고 강하신 하나님! 우리 삶이 진리로 가득하기를 원합니다. 주님의 생명과 사랑을 부어주소서. 우리 민족을 인도하사 거짓과 무질서가 사라지게 하옵소서. 한탕주의, 퇴폐풍조가 사라지고 하나님을 온전히 경외하는 민족이 되게 하옵소서. 이 민족이 지도자로부터 어린아이에 이르기까지 하나님을 찬양하고 경배하게 하옵소서. 이 시대에 교회가 주님의 영광과 위엄을 나타내게 하옵소서. 부자 청년 같은 교만한 신앙이 아니라 백부장 같은 겸손한 믿음의 삶으로 복음을 전하며 날마다 주님의 영광을 나타내게 하옵소서. 오순절날 성령 받은 베드로와 같은 믿음을 주시고, 사도 요한과 같은 사랑의 마음을 주시기 원합니다. 골리앗을 이겨낸 소년 목동 다윗과 같은 강하고 담대한 믿음을 주시기를 원합니다. 성경의 믿음이 우리의 믿음이 되어 삶 속에 이루어지게 하옵소서.

늘 풍성한 은혜를 주시는 하나님! 우리 마음이 옥토가 되어 말씀을 잘 받아 열매 맺게 하시며 우리의 믿음이 반석 위에 세워져 흔들리지 않게 하옵소서. 차거나 미지근한 신앙이 아니라 초대 교회 성도들 같은 믿음의 열정으로 주님의 뜻을 이루며 살게 하옵소서. 우리와 함께하시는 주님을 믿습니다. 믿음의 열정도 사랑도 봉사도 초대 교회 성도들같이 하옵소서. 주님의 능력을 받아 복음을 생명력 있게 전하기를 원합니다.

언제나 주님과 동행하며 임마누엘의 신앙으로 승리하게 하옵소서. 복 있는 성도가 되어 늘 겸손히 주님을 따르도록 인도하옵소서. 우리의 삶이 복음의 나팔수가 되기를 원합니다. 오직 주님께서 다스리시고 승리하게 하옵소서. 예배를 받아주옵소서. 우리 주 예수 그리스도 이름으로 기도합니다. 아멘!

충만한 가르침에 의해 우리의 영혼을 강력하게 하옵소서. 교만과 불신을 멀리하게 도와주옵소서. 주님의 지혜와 주님의 자비로운 말씀 가운데 영원한 생명으로 인도해주옵소서. _웨스트코트

12월

온 누리에 충만한 사랑을 주소서
셋째 주1

우리를 구원하여 주시는 하나님! 날씨가 점점 추워지고 있습니다. 이 겨울에 가난한 이들과 병든 이들을 기억하옵소서. 거리를 떠도는 이들과 잠잘 곳도 제대로 없는 홈리스들을 기억해주시기를 원합니다. 이 추운 겨울에 저들의 영육이 상할까 염려되오니 인도하옵소서. 사회가, 또한 우리가 서로서로 관심을 갖고, 쓰러지고 버림받은 이들에게 사랑을 나누게 하소서. 저들도 한때는 가정이 있고 가족이 있어 행복을 이루며 살던 이들이오니 다시금 새롭게 시작할 수 있는 힘과 용기를 얻게 하옵소서. 실망하고 낙망한 마음에 용기를 주시기 원합니다. 자포자기하여 비참한 삶을 살지 않도록 하나님의 손길로 이끄시고, 우리 모두 믿음을 행하는 따뜻한 이웃이 되게 하옵소서.

사랑의 하나님! 이 나라의 경제가 회복되어 일자리가 더욱더 늘어나게 하여 주시고, 사람들이 살아가는 데 필요한 것들을 허락하옵소서. 많이 가지거나 너무 적게 가져 주님께 범죄하는 일이 없게 하옵소서. 이 나라에 빈부격차가 심하여지고, 날로 개인주의가 팽창하여 이웃을 생각지 않는 풍조가 확산되고 있습니다. 그러나 이웃이 없다면 우리도 존재할 수 없사오니 이웃을 사랑하는 마음들을 허락하옵소서. 가족으로부터 믿음의 형제자매와 이웃에게 주님의 사랑을 나타내게 하여 주시기를 원합니다. 사랑의 힘이 가장 크오니 사랑으로 살게 하옵소서.

이 겨울 노인과 과부들과 고아들을 기억하옵시고, 지체 장애인들에게도 사랑으로 함께하시며 건강을 허락해주시기를 원합니다. 우리 모두에게 사랑의 마음을 부어주사 베풀고 도우며 살게 하옵소서. 이 추운 겨울도 따뜻한 사랑을 나누고 받으며 은혜 안에서 보내게 하옵소서. 주님의 사랑이 충만하기를 원합니다. 우리 주 예수 그리스도 이름으로 기도합니다. 아멘!

 오, 주여! 우리가 오로지 주님 안에서만 찾을 수 있는 것을 주님 밖에서 구하지 않게 하소서. 참된 평안과 휴식, 기쁨과 행복은 한결같이 변함없으신 오로지 주님 안에만 있사옵니다. _에드워드 푸세이

은혜의 단비를 내려주소서
셋째 주2

만물을 주관하시는 하나님! 오늘도 주님을 사모하는 마음으로 예배드리오니 받아주시기를 원합니다. 우리의 잘못과 허물을 용서하여 주사 이 땅을 변화시켜 주옵소서. 우리에게 믿음에 믿음을 주시고, 주님의 뜻을 따라 살 수 있는 은혜를 주시옵소서. 우리가 날마다 주님을 닮아가며 주님의 영광을 나타내기를 원합니다. 주님 앞에 예배드리는 삶을 살게 하옵소서.

주님, 오늘의 예배를 받아주옵소서. 주님만이 우리의 구원이시며 생명입니다. 항상 주님으로 인하여 기뻐하게 하옵소서. 우리 심령 위에 은혜의 단비를 내려주시기 원합니다. 말씀과 사랑으로 함께하사 주님의 은혜로 가득하게 하옵소서. 우리 때문에, 나의 죄 때문에 십자가에 달리시고 속죄제물이 되어주신 주님의 사랑에 감사드립니다. 맡겨진 직분을 감당하며 살게 하옵소서. 주님께 잘했다 칭찬받는 성도의 삶을 살게 하여 주시기를 원합니다. 우리가 주님의 사랑으로 구원받았으니 열심을 다하여 주님을 섬기게 하옵소서.

사랑의 하나님! 우리의 삶이 오직 성령과 말씀에 이끌리어 살기를 원합니다. 사랑해야 할 주님을 사랑하지 못하고 세상을 사랑했던 죄악을 용서하옵소서. 우리를 인도하시고 지혜와 능력을 주옵소서. 우리를 사랑하사 믿음 가운데 살게 하옵소서. 우리가 죄 중에 살면서도 죄인인 줄 모르고 오히려 교만해져 나만이 의인인 것처럼, 의롭게 사는 것처럼, 고난 속에 사는 것처럼 행한 모든 죄를 용서해주옵소서. 하나님의 자녀로 우리 삶이 온전히 서기를 원합니다. 우리가 언제나 주 안에서 생각하고 말하며 복음을 전하는 삶을 살기 원합니다. 주님의 십자가 사랑으로 함께하옵소서. 우리를 사랑하시는 우리 구주 예수님의 이름으로 기도합니다. 아멘!

그대의 전 생애가 아멘과 할렐루야가 되기를 원합니다. 마음을 고요히 하십시오. 그러면 그대를 보게 될 것입니다. 보면 그대를 알게 될 것입니다. 알면 사랑하게 될 것입니다.
_어거스틴

12월 날마다 주님을 전하게 하소서
셋째 주3

만복의 근원이 되시는 하나님 아버지! 주님의 사랑하심과 인도하심에 감사드립니다. 날마다 주님의 뜻대로 살게 하시고 주님의 영광을 나타내게 하옵소서. 올해 얼마 남지 않은 날들도 주님의 은혜 가운데 살기를 원합니다. 우리에게 믿음에 믿음을 더하사 주님의 뜻을 이루게 하옵소서.

우리 삶이 주님의 형상을 닮아가기를 원합니다. 이 나라와 이 민족과 교회와 성도들을 인도하옵소서. 우리 입에 파수꾼을 세워주사 입술로 악을 토하지 않게 하옵소서. 세상 길을 따르기에 급급한 우리를 불러주시니 감사드립니다. 하나님께 나아갈 길을 만드시기 위하여 십자가에서 마지막 피 한 방울까지 다 흘리신 그 사랑에 무한 감사드립니다. 우리가 무엇으로 주님의 사랑을 다 갚을 수 있겠습니다. 주님께서 우리의 삶을 인도하사 늘 성령 충만으로 승리하게 하옵소서.

사랑의 하나님! 주님을 따라가는 길이 어렵더라도 찬송을 부르며 주님을 따르게 하옵소서. 순종하게 하시고 회개하게 하시고 복종하게 하시고 맡은 사명을 감당하게 하옵소서. 하나님 보좌 우편에 설 때까지 영광의 면류관을 받아 누리고, 다시 모든 영광을 하나님께 돌릴 때까지 주님을 섬기며 살게 하옵소서. 좌로나 우로나 치우치지 않게 하옵소서. 항상 우리 눈이 예수 그리스도께 고정되기를 원합니다. 우리의 일평생 전부를 드려도 그 은혜를 다 갚을 수 없사오니 늘 감사하는 믿음으로 살게 하옵소서. 날마다 주님을 시인하며 전하게 하옵소서. 매력 있는 성도의 삶을 살기 원합니다. 능력 있는 성도의 삶을 살기 원합니다. 권세 있는 성도의 삶을 살기 원합니다. 지혜가 있는 성도의 삶을 살게 하옵소서. 우리 삶에 주님의 인도하심이 항상 함께 하옵소서. 오늘의 예배를 받아주실 주님을 사랑합니다. 우리 주 예수 그리스도 이름으로 기도합니다. 아멘!

 기도할 때 명심할 것은 응답이 내리기 전까지 결코 물러나지 않는 일이다.
_조지 뮬러

성탄의 기쁨을 주셔서 감사합니다
넷째 주1

겸손하신 하나님! 우리를 구원하시고자 이 땅에 오신 주님을 찬양합니다. 이 기쁜 성탄으로 인하여 하나님께는 영광이요 이 땅에는 평화가 되오니 중대한 사명으로 이 땅에 오신 사랑의 주님께 감사드립니다. 이 성탄의 계절에 구원받은 성도들의 찬양과 경배를 받아주시기를 원합니다.

우리의 일생 동안 주님의 영광을 나타내며 살기를 원합니다. 이 성탄의 귀한 복음을 아직도 알지 못하고 깨닫지 못하는 이들이 있사오니 주여 인도하옵소서. 구원의 복음이 온 땅 모든 민족에게 전해지기를 원합니다. 성탄을 맞이한 모든 교회들의 예배를 받아주시고, 모든 성도의 찬양과 경배를 받으사 축복하소서. 이 땅에 우리를 구원하시고자 오신 주님을 찬양합니다.

사랑의 주님! 우리 삶에 날마다 성탄의 기쁨이 있게 하여 주시기를 원합니다. 우리의 모든 죄를 사하시려 어린 양으로 오신 주님을 사랑합니다. 하나님과 우리 사이에 중보가 되셨으니 그 사랑, 그 은혜를 감사드립니다. 이 성탄의 기쁨을 알지 못하고 아직도 방황하는 이들을 기억하사 주님 앞으로 돌아오게 하옵소서. 주여, 우리를 사랑하시고 인도하사 구원받게 하셨으니 주님의 도구로 온전히 쓰임 받게 하옵소서. 성탄절 행사를 준비한 모든 기관과 성도들을 축복해주옵소서. 모든 성도가 주님께서 오심을 축복으로 받아들여 성탄의 기쁨을 온전히 체험케 하시며 주님을 온전히 찬양하게 하옵소서.

이 귀한 성탄절에 예배드리는 기쁨, 하나님의 자녀가 된 축복을 주셨으니 그 은혜와 그 축복을 누리며 살기를 원합니다. 우리의 삶을 주님으로 인하여 행복하게 하시니 감사드립니다. 주님을 사랑합니다. 우리 주 예수 그리스도 이름으로 기도합니다. 아멘!

 부단히 기도하는 정신을 만들기 위해서는 보다 많은 기도의 훈련을 하여야만 한다.
_포 오사이스

12월 모든 일이 감사와 기도로 이루어지게 하소서
넷째 주 2

변함없이 우리를 인도하시는 하나님! 이 시간 영광을 받아주옵소서. 온 우주 천하 만물이 하늘을 우러러 찬양합니다. 이 한 해 365일을 하루같이 하늘 사랑으로 함께하심을 감사드립니다. 이 나라 이 민족을 기억하사 인도하시고 돌봐주심을 감사드립니다. 주님의 교회와 성도들을 사랑하사 지켜주심을 감사드립니다. 사랑하는 가족들을 보호하시고 사랑하심에 감사드립니다. 우리가 모든 것에 감사하며 올 한 해를 보내게 하시고, 새로운 해를 새롭게 시작하게 하옵소서.

우리가 복음 안에서 참다운 그리스도인의 삶을 살아가기를 원합니다. 서로의 삶이 어우러져야 아름다운 삶을 살게 됨을 알게 하옵소서. 언제나 주님의 은혜 아래 연합하게 하옵소서.

사랑의 하나님! 세계 선교를 위하여 수고한 선교사님들과 가족들을 기억하여 주사 그들을 더욱더 사랑하시고 축복하옵소서. 그들의 선교 지역과 성도들을 지켜주시고, 선교 단체와 방송 선교 사역에도 하나님의 은혜와 사랑을 부어주옵소서. 한 해 동안 성도들을 말씀과 사랑으로 인도하신 목사님과 부목사님 그리고 전도사님과 각 기관의 회장과 임원들을 축복해주시기를 원합니다. 앞으로도 더욱 열심히 주님의 일에 동참하며 복음을 전하는 기쁨이 충만하게 하옵소서. 올해를 인도하신 주님께 감사드리며 새로운 해를 더욱 주 안에서 준비하게 하옵소서. 모든 일이 감사와 기도로 이루어지게 하여 주시기를 원합니다.

오늘 주님께 예배드리는 성도들과 이 나라에 세우신 모든 교회, 모든 성도를 축복하옵소서. 모든 영광과 찬양을 하나님께 돌리오니 받아주옵소서. 모든 것이 주님의 사랑입니다. 주님을 사랑합니다. 임마누엘 우리 주 예수 그리스도 이름으로 기도합니다. 아멘!

오, 주님! 제 말과 행동에 있어서 주님의 인도하심을 간구합니다.
_스미스

소망으로 여는 예배를 드리게 하소서
넷째 주3

12월

우리의 예배를 받아주시는 하나님! 올해 첫 주일부터 마지막 주일까지 우리를 인도해주시고 함께하심을 감사드립니다. 오늘도 우리의 예배를 받아주심을 믿고 감사를 드립니다. 우리의 삶이 날마다 주님을 찬양하며, 승리하는 삶이길 원합니다.

올해도 함께하신 주님, 새로운 해에도 더욱더 풍성한 은혜로 함께하옵소서. 오직 주님의 영광을 나타내게 하옵소서. 한 해 동안 주님이 베푸신 은혜를 하나하나 돌아봅니다. 웃고 울었던 모든 것들이 다함없는 사랑과 은혜였음을 고백합니다. 주님, 감사드립니다.

하나님, 또한 우리가 맡은 일에 책임을 다할 수 있도록 믿음을 주시고 정한 마음을 허락하여 주시기를 원합니다. 우리를 인도하실 분은 주님밖에 없사오니 주님만을 의지하며 살게 하옵소서. 주님, 우리와 함께하여 주시기를 원합니다. 우리가 주님의 말씀대로 살게 하소서.

소망을 주시는 하나님! 날로 강퍅해지는 사람들의 마음에 사랑의 마음을 허락해주시기를 원합니다. 서로 이해하고 용서하며 사랑으로 살게 하옵소서. 이 나라 이 민족이 거하는 모든 곳에서 일의 시작과 끝을 기도와 감사로 이루게 하옵소서. 우리가 어디서나 사람들에게 필요한 존재가 되게 하여 주시고 선한 일, 주님의 일을 하는 데 온전히 동참하게 하옵소서.

올해의 남은 날도 믿음 안에서 돌아보게 하시고 새로운 해, 새로운 날의 삶을 위하여 준비하게 하옵소서. 신실하게 지금까지 인도하신 하나님께 이 시간 다시 감사를 드립니다. 남은 날도 함께하여 주시어 주님 안에서 기쁨으로 한 해를 마치고 새로운 해를 준비하게 하옵소서. 올해의 마지막 주일 예배를 받아주옵소서. 지금까지 인도하신 에벤에셀의 주님을 사랑합니다. 우리 주 예수 그리스도 이름으로 기도합니다. 아멘!

이 특별한 주일로 말미암아 이후의 모든 날이 특별한 날들, 평화와 사랑과 정의의 날들이 되기를 기도드립니다.   _탑 오도넬

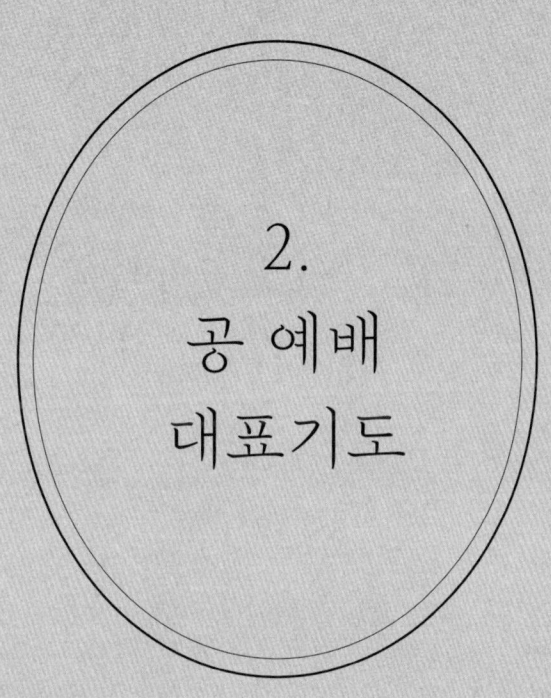

2. 공 예배 대표기도

우리들의 삶에는

_용혜원

어둠 뒤에는 빛이

슬픔 뒤에는 기쁨이

선한 싸움 뒤에는 의의 면류관이 있기에

어떤 모욕도

어떤 조롱도

나의 삶 나의 믿음의 기쁨을

빼앗지는 못합니다

예수 그리스도 나의 주님의

십자가의 고결한 사랑은

사망에서 생명으로

절망에서 소망으로

부족에서 넘침으로

갇힘에서 자유함으로

영원한 승리를 주셨습니다

이 모든 것은

예수 그리스도

나의 주님의 사랑

언제나 함께하시는

구속의 사랑입니다

나의 주님

진리 안에 살기를 원합니다

나의 주님

빛 가운데 살기를 원합니다

우리를 인도하시는 주님

그 놀라운 구속의 약속들이

우리들 삶의 길목마다 인도하시기에

우리들 삶에는

아무런 두려움이 없습니다

주일 저녁 예배 1
공 예배

전지전능하신 하나님 아버지! 거룩한 주일 새벽부터 이 시간까지 온전히 성수하며 예배드릴 수 있도록 인도하심을 감사드립니다.

이 시간 성도들의 중심에 주님을 사랑하는 마음이 불일 듯 일어나게 하옵소서. 그리하여 주님을 찬양하며 예배하는 기쁨을 알게 하옵소서. 우리가 알게 모르게 지은 모든 죄를 용서하여 주사 정결한 마음으로 예배드리게 하옵소서. 예배를 통하여 믿음의 담력을 얻어 세상에서 살아갈 때도 연약해지지 않도록 인도하시길 원합니다. 세상이 날로 악해지고 있사오니 우리도 영적인 무장을 하여 십자가 군병답게 강하고 담대한 믿음으로 살아가게 하옵소서.

이 시간 주님 앞에 드리는 모든 찬양과 기도를 받아주시고, 말씀을 전하는 목사님에게 지혜와 지식과 능력과 권세를 허락하여 주사 전하는 데 부족함이 없도록 인도하옵소서. 주님의 말씀을 통하여 온 성도가 진리를 깨닫고 은혜받는 시간이 되게 하옵소서. 오직 성령으로 충만하게 하옵소서.

사랑의 하나님! 우리가 형식에 치우치지 않고 주님 보시기에 아름다운 예배를 드리게 하옵소서. 이 시간 미처 구하지 못한 모든 것들도 주님의 뜻대로 응답하옵소서. 우리가 날마다 기도하며 찬양하며 말씀을 증거하길 원합니다. 이 시간 예배드리는 한 영혼 한 영혼을 깊이 만나주시고, 우리의 예배를 기쁘게 받아주옵소서. 이 예배의 시종을 주님께서 인도해주시기 원합니다. 사랑하는 주님을 높이기 원하며 우리 주 예수 그리스도 이름으로 기도합니다. 아멘!

하늘의 아버지! 내 병든 마음을 진정시켜주옵소서. 저로 하여금 땅 위의 모든 유혹을 잊게 하옵소서. 그리하여 당신의 위엄하신 낙원에 들어갈 수 있는 마음의 힘을, 오! 이 몸에게도 주옵소서.   _에브제니 바라친스키

주일 저녁 예배 2
공 예배

전지전능하신 하나님 아버지! 주님의 전에 이 저녁 다시 모여 예배드리오니 받아주옵소서. 예배드리는 시간이야말로 지상에서 가장 아름다운 시간인 줄 믿습니다. 마지막 때에 예배하는 자들을 찾으신다고 말씀하셨으니 주님께 예배드리기에 열심이길 원합니다. 예배드리는 시간이 기다려지게 하시고, 예배 속에 주님 앞에 온전히 머물게 하옵소서. 우리로 주님의 뜻에 온전히 순종하게 하옵소서.

사랑의 주님! 주님의 교회와 온 성도들을 기억하사 목사님으로부터 평신도에 이르기까지 모두 다 하늘나라 생명책에 그 이름이 기록된 줄로 믿고 감사드립니다. 주님의 이름으로 구원받아 자녀가 된 것을 감사드립니다. 우리가 죄악을 멀리하고 구별된 성도의 삶을 살게 하옵소서. 이 시간도 우리의 죄악을 용서하시고 주님의 은혜로 정결케 하여 주시기를 원합니다. 우리를 새롭게 하소서.

소망의 주님! 이 시간 은혜의 단비를 허락하사 힘 있고 바른 성도의 삶을 살기 원합니다. 언제 어디서나 주님의 자녀답게 살게 하옵소서. 이 나라와 전 세계에 흩어져 있는 모든 교회를 사랑하여 주시고 선교사와 가족들을 인도하옵소서. 우리가 성령 충만함을 입어 복음을 더욱더 힘차게 전하기 원합니다.

이 시간 말씀을 전하는 목사님께 성령의 능력을 칠 배나 더하여 주시며 말씀을 듣는 성도들에게 성령을 충만히 내려주옵소서. 모든 영광을 하나님께 돌립니다. 주여, 받아주옵소서. 주님을 사랑합니다. 우리를 인도하옵소서. 우리 주 예수 그리스도 이름으로 기도합니다. 아멘!

하나님이여! 그 선하심과 사랑으로 나를 지켜주소서!
_카누트 왕

주일 저녁 예배 3
공 예배

우리를 사랑하사 구원하신 아버지! 온 세상이 어두워진 이 시간 빛 되신 하나님께 예배드리게 하시니 감사드립니다. 만유의 주가 되시는 주님 안에서 빛 된 성도의 삶을 살게 하옵소서. 세상의 모든 것이 악으로 치닫고 있는 이때 믿는 자답게 살기를 원합니다.

우리의 부족을 아시는 주님께서 모든 것을 채워주사 주님 앞에 언제나 헌신할 수 있는 마음을 주옵소서. 주님의 보혈로 우리의 모든 죄를 깨끗이 사하셨음을 고백하는 그 믿음으로 승리하게 하옵소서. 우리가 생활하는 어느 곳에서라도 믿음의 자녀답기를 원합니다.

자비로우신 하나님! 이 시간 믿음이 연약하거나 병들고 삶과 사업에 지친 성도들을 붙잡아주시고 힘을 주시옵소서. 여러 가지 시험에 든 성도들에게 강하고 담대한 믿음을 주사 주님처럼 승리하는 삶을 살게 하옵소서. 성도마다 기도 제목이 있사오니 주님의 은혜 가운데서 응답받게 하소서.

주님의 교회가 날마다 믿음으로 성장하고 부흥하기를 원합니다. 기도의 문, 전도의 문, 말씀의 문, 선교의 문, 사랑의 문이 활짝 열려서 주님의 영광을 드러내게 하옵소서. 우리 삶이 시절을 따라 열매를 맺고, 언제나 주님 한 분만으로 만족하는 삶이 되기를 원합니다. 우리가 주님 자녀로서 믿음의 본이 되는 삶을 살게 하옵소서.

사랑의 주님! 이 시간 말씀을 전하는 목사님과 성도들에게 은혜 위에 은혜를 더하여 주시기를 원합니다. 이 예배를 통하여 모든 영광을 받아주옵소서. 주님을 사랑합니다. 우리 주 예수 그리스도 이름으로 기도합니다. 아멘!

 오, 주님의 십자가 보혈로써 우리를 구속하신 구세주여! 우리를 구원하시고 도우소서. 우리는 겸손히 당신께 간구하나이다. 오, 주님!
_영국 교회 기도서

삼일 저녁 예배 1
공 예배

전지전능하신 하나님! 주님의 은혜와 사랑에 감사드립니다. 이 시간 드리는 예배 가운데 함께하사 찬송과 영광을 받아주옵소서. 지난 3일 동안도 주님께서 인도하시고 보호하시고 지켜주셔서 이 시간 주님 전에 나와 예배드릴 수 있음에 감사드립니다. 우리의 허물과 죄악을 용서하여 주사 주님의 영광을 드러내게 하옵소서.

사랑의 하나님! 모든 성도가 믿음 생활에 열심을 내게 하사 주님의 전을 찾는 기쁨을 주옵소서. 이 시간 예배에 참여한 모든 성도에게 성령 충만을 허락하옵소서. 주님의 은혜를 받아야만 이 악한 세상을 이겨낼 수 있사오니 오직 예수님 이름으로 성령 충만함 받기를 원합니다. 날마다 우리 입술로 주님을 시인하게 하시고 날마다 찬양하며 전하게 하여 주시기를 원합니다.

은혜를 부어주시는 하나님! 이 시간 예배에 참석하지 못한 성도들이 어느 곳에 있든지 주님을 기억하며 기도하게 하시고 동일한 은혜를 경험케 하옵소서. 은혜가 된 말씀을 삶에 나타내며, 복음을 전하게 하여 주옵소서.

복음의 말씀, 생명의 말씀을 전하시는 목사님께 함께하사 피곤치 않게 하시며 주님의 말씀을 능력 있게 전하게 하옵소서. 전 세계에 흩어져 복음을 전하는 주님의 종들과 교회와 성도들과 이 민족을 기억하사 말씀으로 충만케 하옵소서. 우리 마음과 시선이 오직 예수 그리스도께만 집중되기를 원합니다. 주님 홀로 영광을 받아주옵소서. 주님을 사랑합니다. 우리 주 예수 그리스도 이름으로 기도합니다. 아멘!

 기도야말로 우리의 사랑이 수직적이고 수평적으로 자유롭게 흐르도록 해 준다. _리차드

삼일 저녁 예배 2
공 예배

사랑이 많으신 하나님! 모든 죄악에서 우리를 구원해주시고 날마다 주님의 사랑으로 인도하시니 무한 감사드립니다. 지난 삼 일도 주님의 인도하심으로 지내다가 예배드리고자 주님 앞에 왔사오니 우리의 예배를 받으옵소서.

우리를 수많은 사람 가운데 천에 하나, 만에 하나 택하여 주사 주님의 자녀로 삼아주심을 감사드립니다. 우리의 죄악을 사하여 주사 거룩한 무리가 되게 하시고, 오직 주님의 영광을 나타내며 생활하게 하옵소서.

소망의 하나님! 우리 삶이 다섯 달란트 받은 자와 같이 남김이 있기를 원합니다. 슬기로운 다섯 처녀와 같이 주님이 다시 오심을 준비하는 믿음을 갖게 하옵소서. 날마다 주님의 은혜로만 살게 하시며 주님 한 분만으로 만족하게 하옵소서. 주님만이 우리의 전부이십니다.

은혜를 주시는 하나님! 이 시간 마음 문을 열어 말씀을 듣게 하시며, 믿음으로 온전히 순종하며 헌신하게 하옵소서. 이 시간에도 곳곳에서 기도하며 예배드리는 모든 교회와 성도들과 함께하사 응답하옵소서. 성령 충만으로 역사하소서.

우리가 이 땅에서 주님의 자녀로서 맡은 사역을 감당하게 하시고, 우리 믿음이 반석 위에 세워지게 하옵소서. 우리에게 용서할 수 있는 마음을 주시고 사랑할 수 있는 마음 또한 주시기를 원합니다. 봉사와 구제에 몸과 물질을 아끼지 않게 하옵소서. 주님의 교회가 날로 부흥하기를 원합니다. 이 예배를 온전히 받아주시기를 원하며 우리 주 예수 그리스도 이름으로 기도합니다. 아멘!

오, 하나님! 하나님의 선하심으로 채워주소서. 오직 하나님께 모든 것이 있나이다.
_노리지 줄리안

삼일 저녁 예배 3
공 예배

은혜의 근본이 되시는 하나님! 우리를 사랑하사 십자가의 보혈로 구원받게 하심을 감사드립니다. 이 시간 주님 전에 예배드리고자 모였으니 우리 예배를 받아주옵소서. 지난 3일 동안의 삶 속에 있었던 거짓과 죄악이 하나도 빠짐없이 사함 받길 원합니다. 이 시간 정결한 마음으로 주님께 예배드리기 원하오니 우리를 깨끗하게 하옵소서.

우리가 날마다 주님의 말씀을 묵상하고 찬양하며 예배하기를 원합니다. 우리가 구원받아 하나님의 자녀가 되었으니 주님의 사랑을 입술과 삶을 통하여 온전히 나타내게 하옵소서.

믿음을 주시는 하나님! 나를 위한 기도만을 드리지 않고 간구와 도고를 통하여 전 세계 흩어져 있는 모든 이들과 마음을 같이하게 하옵소서. 기도와 전도하는 삶을 통하여 전 세계 복음화와 이 민족 복음화를 앞당길 수 있도록 인도하옵소서. 이 시간에도 병상에 있는 이들을 치료하여 주시고, 갖가지 고통과 어려움을 당한 이들에게 위로와 사랑으로 함께하옵소서.

사랑의 하나님! 이 예배 시간을 성령께서 인도해주시기 원합니다. 마음을 모아 예배드리는 성도들의 중심을 붙잡아주사 주님의 은혜와 사랑으로 가득가득 채워주옵소서. 우리 삶에 주님의 말씀과 손길과 사랑이 없으면 살아갈 수 없으니 매 순간 주님만을 의지합니다. 예배드리는 이 시간만이라도 온전히 주님을 찬양하며 경배하게 하옵소서. 이 시간 우리의 마음을 위로하시는 주님을 더욱더 사랑하길 원합니다. 주님을 사랑합니다. 우리 주 예수 그리스도 이름으로 기도합니다. 아멘!

 하나님의 뜻이 아닌 것을 제외하고는 응답되지 않는 기도란 없다.
_**코트랜드 마이어**

새벽 예배 1
공 예배

늘 우리를 인도하시고, 지금도 하늘 보좌에서 저희를 중보하시는 주님, 그 사랑에 감사드립니다. 주님의 모습을 닮고자 이 새벽 주님 전에 나왔습니다. 새벽 미명에 홀로 기도하시던 주님, 이 시간 우리의 기도를 들어주옵소서. 오늘 하루도 주님의 은혜와 사랑 그리고 인도하심 속에 기도와 말씀으로 새롭게 시작하기를 원합니다. 주님 앞에 온전히 영광을 돌리게 하옵소서. 하루를 시작하는 모든 이들의 마음속에 평강과 기쁨을 주옵소서.

사랑의 주님! 이 시간 우리 모두가 전 세계 나라와 교회와 가정과 이웃을 위하여 기도합니다. 하나님께서 통치하시고 홀로 주관하시어, 보이지 않지만 만물을 움직이시는 주님을 인정케 하옵소서. 하나님께서 홀로 이 땅의 통치자이심을 만방에 드러내 주옵소서. 무너진 가정과 교회가 회복되며 고통 중에 신음하는 이웃에게 사랑의 나눔이 전 세계적으로 일어나게 하옵소서.

말씀을 증거하는 목사님과 함께하옵소서. 이 시간 말씀의 능력으로 새롭게 하옵소서. 단잠을 깨고 주님을 만나기 위하여 나온 모든 성도를 기억하사 사랑으로 함께하옵소서. 마음을 다하여 주님께 간구하는 기도마다 응답하여 주시기를 원합니다. 기도 응답을 통하여 주님의 사랑하심을 더욱더 깊이 체험하며 살게 하옵소서.

오늘도 함께하옵소서. 오늘 하루를 살아가는 동안 가족과 지체들 모두 주 안에서 살게 하옵소서. 주님의 사랑 안에서 살게 하옵소서. 주님의 인도하심을 구하며 우리 주 예수 그리스도 이름으로 기도합니다. 아멘!

 성령은 활동하시는 하나님이시다.
_무디

새벽 예배 2
공 예배

복음이 온 땅에 충만하기를 원하시는 하나님! 지난밤에도 단잠을 허락하사 평안한 잠을 주시고 이른 아침 깨워주사 주님 앞에 나오게 하심을 감사드립니다.

오늘도 하루의 첫 시간을 주님 앞에 예배드리며 기도로 시작할 수 있게 하신 주님, 보람과 의미 있는 하루가 되게 하옵소서. 세밀히 인도하시는 주님 앞에 작은 일까지도 인도함 받게 하소서.

항상 기도하라 하신 주님! 우리 삶이 날마다 기도로 시작하기를 원합니다. 항상 먼저 주님께 영광 돌릴 것이 무엇인가를 구하게 하옵소서.

사랑의 주님! 우리가 삶 속에서 주님이 원하시는 빛과 소금의 직분을 감당하게 하옵소서. 오늘도 모든 삶 속에서 그리스도인답게 성도답게 살기를 원합니다. 기도할 제목이 생각나게 하시고, 아직도 주님 앞에 나오지 못한 이들에게 복음을 전하게 하옵소서. 세계 곳곳에서 선교하는 선교사들을 기억하사 그들의 가족과 교회 성도들에게 함께하옵소서. 복음 전하는 모든 이들의 심령을 강하게 하옵소서.

은혜의 주님! 우리의 가정과 직장과 모든 곳에서 복음을 전하기에 부족함이 없게 하옵소서. 이 시간도 오직 주님을 향하는 마음이기를 원합니다. 오늘도 주님과 동행하는 하루가 되길 기도하며 우리 주 예수 그리스도 이름으로 기도합니다. 아멘!

어떤 날 하나님이 버리신 것 같아서 수풀에 들어가 기도할 때에 하나님의 평강이 임하여 견딜 수 없었다.
_다비드 볼아이너

새벽 예배 3
공 예배

시작과 끝이 되시는 하나님! 하루를 시작하기 전에 가장 먼저 주님 전에 나왔습니다. 주님께서 우리 마음을 아시니 함께하옵소서. 하루의 처음 시간 가장 먼저 입을 열어 주님께 기도하오니 응답하옵소서. 우리의 모든 삶을 맡깁니다. 오늘의 시작부터 마치는 시간까지 주님께서 함께하시면 부족함이 없을 줄 믿습니다. 우리의 목자가 되어주사 인도하옵소서.

주님의 자녀로서 복 있는 성도의 삶을 살길 원합니다. 오만과 자만, 교만을 벗어버리고 오직 주님만을 믿고 살게 하옵소서. 겸손하게 하시며 순종하게 하옵소서. 모든 일에 사랑의 마음을 갖고 열심을 다하기 원합니다.

사랑의 주님! 이 나라 이 민족을 기억하사 위정자들과 지도자들을 인도하옵소서. 나라와 민족을 위하여 바른 정치를 하게 하시고, 하나님 앞에 바로 서는 민족이 되게 하옵소서. 주님이 세우신 교회와 목회자들과 성도들의 삶도 변화시켜 주옵소서.

구원의 주님! 이른 새벽부터 잠드는 시간까지 모든 일을 기쁨으로 행할 수 있는 마음과 용기를 주옵소서. 이웃을 사랑하며 가족을 사랑하며 희생할 줄 아는 아버지의 마음을 주옵소서. 오늘 하루의 삶을 사랑하는 주님께 의탁하며 우리 주 예수 그리스도 이름으로 기도합니다. 아멘!

하나님을 확신하는 신앙이 유일한 신앙이다.
_오스왈드 챔버

헌금 대표기도 1
공 예배

신실하신 하나님 아버지! 이 시간 주님 앞에 헌금을 드립니다. 주님의 말씀을 듣고 주님의 사랑으로 구원받았음에 감사하며 드리는 이 예물을 받아주옵소서. 주님 앞에 거짓 없이 진실하게 드리기를 원합니다. 주일 헌금과 십일조, 감사 헌금과 선교 헌금 그리고 건축 헌금과 구제 헌금을 드리는 손길마다 축복하옵소서. 우리가 드리는 헌금이 자원하는 마음으로 인색함 없이 구별하여 드리는 것이길 원합니다. 주님이 기뻐하시는 물질이 되게 하옵소서. 주님께 드리는 손길 손길마다 축복해주시고, 세상에서도 주님의 영광을 나타내는 아름다운 손길이 되게 하옵소서.

사랑의 주님! 오늘 드려지는 헌금이 아름답게 쓰이게 하사 주님의 영광을 드러내게 하옵소서. 주님께서 성도의 삶을 축복하셔서 주님께 더욱더 온전히 드리게 하옵소서. 하늘에 물질을 쌓게 하옵소서. 헌금을 드림도 하나님의 축복이오니 감사드립니다. 헌금에 참여한 손길들에게 하나님을 하나님되이 섬기는 축복을 주옵소서. 주님 앞에 드린 헌금이 아름답게 쓰여지게 하사 주님의 영광만 나타내게 하여 주시기를 원하며 우리 주 예수그리스도 이름으로 기도합니다. 아멘!

 네가 생명을 사랑한다면 기도를 사랑하라.
_녹스

헌금 대표기도 2
공 예배

지금까지도 변함없는 사랑으로 함께하시는 하나님! 주님의 사랑과 은혜에 감사드립니다. 이 시간 정성껏 준비한 헌금을 드리오니 받아주옵소서. 예배 가운데 구별되이 준비하여 드립니다. 우리 마음을 아시는 주님께서 받아주옵소서. 우리의 헌금이 외식이나 형식 그리고 위선에서 드리는 것이 아니라 오직 구원받은 믿음으로 드리게 하옵소서. 열에 하나를 구별하여 십일조를 드리는 손길마다 말라기 3장에 약속하신 축복을 내려주시고 감사 헌금을 드리는 손길마다 범사에 감사가 넘치게 하여 주옵소서.

사랑의 주님! 선교 헌금과 건축 헌금, 그 외의 모든 헌금을 드리는 성도들의 중심을 살피사 받아주시고 응답하옵소서. 선교 헌금을 드리는 손길마다 그 손길을 통하여 복음이 땅끝까지 증거되기를 원합니다. 건축 헌금을 드린 손길로 인하여 성전이 더욱 아름답게 이뤄지게 하옵소서. 구제 헌금을 드린 손길로 인하여 불우한 이웃에게 주님의 사랑을 나타내게 하여 주시기 원합니다.

소망의 주님! 이 시간 주님께 귀한 정성을 드리는 손길마다 함께하시기를 원합니다. 헌금을 준비하지 못하여 드리지 못한 이들도 축복하여주사 주님께 마음껏 드릴 수 있도록 인도하옵소서. 우리의 삶이, 우리의 손길이 언제나 주님께 쓰임 받기를 원합니다. 더욱더 풍성히 드리게 하시고 감사와 은혜로 부어주옵소서. 사랑하는 우리 주 예수 그리스도 이름으로 기도드립니다. 아멘!

신앙이 이성의 저지를 받지 않을 때는 영광으로 빠지기 쉽다.
_에디슨

헌금 대표기도 3
공 예배

우리의 예배를 기쁘게 받으시는 하나님! 오늘도 주님 앞에 인도해주심을 감사드립니다. 지금은 헌금 시간입니다. 우리의 모든 삶이 하나님의 은총이요 축복임을 고백합니다. 우리가 드리는 헌금이 과부의 두 렙돈처럼 진실하게 드려지기를 원합니다. 모든 물질 중에서 먼저 주님의 것을 구별하여 드릴 수 있는 믿음 주심을 감사드립니다. 주님께 드림을 기뻐하며 자원함으로, 감사함으로 드리오니 주님의 뜻을 이루는 데 사용하옵소서.

사랑의 주님! 모든 물질을 이 땅에 쌓기보다 하늘에 쌓게 하옵소서. 물질이 있는 곳에 저희 마음도 있다고 하셨으니 주님 앞에 우리도 온전히 기쁜 마음으로 드리게 하옵소서. 주님 앞에 드리는 손길들을 기억하사 은혜를 주옵소서. 주님 앞에 헌금을 드릴 때 인색함이 없이 주님의 축복하심을 믿고 아낌없이 드리게 하여 주시기를 원합니다. 물질 때문에 시험에 들어 있거나 물질로 실패하거나 고난 중에 있는 이들을 위로하시어 그들도 주님의 은혜로 회복되게 하옵소서.

사랑의 주님! 모든 물질이 오직 주님의 영광을 나타내는 데 쓰이게 하옵소서. 헌금을 관리하는 손길에도 주님이 원하시는 곳에 잘 쓸 수 있는 지혜를 주옵소서. 우리의 삶을 다스리시고 우리의 예배를 받아주시기를 원합니다. 우리 주 예수 그리스도 이름으로 기도합니다. 아멘!

모든 성공한 사람들이 가지고 있는 한 가지 자질은 책임을 지는 능력이다.
_마이클 코다

철야 예배 1
공 예배

우리의 삶을 인도하시는 하나님! 이 밤에 주님 앞에 모여 기도회를 갖습니다. 이 시간 죄악과 잘못이 있으면 모두 다 용서하여 주시기를 원합니다. 우리에게 죄악이 있으면 주님을 온전히 섬길 수 없사오니 악은 모양이라도 버리게 하시고 늘 새롭게 하옵소서.

우리 삶에 믿음이 부족하고 기도가 부족하오니 이 시간 전심으로 기도하게 하시고 마음을 다해 찬양하게 하옵소서. 주님께서 하늘 문을 여시고 성령 충만을 허락하옵소서. 세상을 살아가며 갖가지 어려움과 고통을 만날 때도 있으나 저희는 그 환경을 다스리시는 주님을 신뢰합니다. 주님이 저희의 평안이십니다.

은혜로우신 하나님! 주님의 교회 모든 성도에게 충만한 은혜를 주사 강하고 담대하게 복음을 전하고 복음 사역에 열정을 쏟게 하옵소서. 우리의 기도를 들어주옵소서. 이 민족을 새롭게 변화시켜 주옵소서. 강퍅한 심령이 변화되게 하여 주시고 질서가 회복되게 하옵소서. 연약한 심령에게 성령 충만함을 입게 하사 믿음에 믿음을 더하여 주시기를 원합니다. 믿는 자의 수가 더하여지며 그들로 인하여 사회의 소망이 새롭게 일게 하옵소서.

이 시간 저희의 부르짖는 기도를 들어주옵소서. 저희의 외치는 간구를 들어주옵소서. 우리의 신앙에 체험을 갖게 하사 새로운 변화 속에 부흥케 하여 주시고, 가정에 사랑이 넘치게 하옵소서. 늘 우리와 동행하시는 우리 주 예수 그리스도 이름으로 기도합니다. 아멘!

 신앙은 인생의 힘이다.
_**톨스토이**

철야 예배 2
공 예배

우리의 삶을 인도하시는 하나님! 하루를 맺는 이 깊은 밤, 주님 앞에 나왔습니다. 믿음의 삶을 산다 하면서도 부끄러운 일을 행하기에 익숙한 저희를 불쌍히 여겨주시고 성령으로 새롭게 하옵소서. 이 세상에는 우리를 유혹하고 연약하게 하는 것들이 너무나 많습니다. 이 시간 드리는 기도를 통하여 주님의 능력을 받아 당당한 그리스도인으로 살기 원하오니 함께 하옵소서. 우리의 생활에서 보람을 느끼게 하여 주시고 복음을 전함에도 힘있게 하여 주옵소서. 안목의 정욕과 이생의 자랑으로 인해 약해질 때 믿음의 기도로 바로 서게 하여 주시고 말씀의 능력으로 주 안에서 살아가게 하옵소서. 하나님, 우리를 강하게 붙들어주옵소서.

사랑의 주님! 주님의 전에 다양한 사연과 기도 제목을 가지고 나온 성도들을 기억하사 응답받게 하옵소서. 가족과 성도 중에 병든 이가 있으면 속히 낫게 하여 주시고, 실패한 이가 있으면 일어서는 용기를 주옵소서. 이 시간 믿음이 나약하거나 없어서 참석지 못한 성도 있으면 믿음을 주사 함께 예배드리고 기도하도록 변화시켜 주시길 원합니다.

오늘도 우리의 영혼이 주님의 은혜로 새롭게 되기를 원하고 저희가 자기만을 위하지 않고 기도로 세계를 움직이게 하옵소서. 나라와 민족 그리고 전 세계에 있는 사람들을 위하여, 가족과 교회를 위하여 뜨겁게 부르짖어 기도함으로 응답받게 하옵소서. 철야 예배를 인도하시며 말씀을 증거하시는 목사님께 성령으로 충만케 하옵소서. 나아온 심령 모두가 큰 은혜를 받게 하옵소서. 이 시간도 함께하여 주시길 바라오며 존귀하신 우리 주 예수 그리스도 이름으로 기도합니다. 아멘!

모든 중요한 싸움은 우리 자신 안에서 벌어진다.
_셀던 콥

철야 예배 3
공 예배

우리의 삶을 인도하시는 하나님! 금요일 밤 드리는 이 철야 예배까지도 지켜주셨으니 감사드립니다. 주님께 드리는 예배를 받아주옵소서.

우리가 주님의 형상으로 창조되었고, 주님을 닮아가는 삶을 살아야 함이 마땅하나 십자가 앞에서 죽지 못한 자아는 주님을 거슬러 범죄하였음을 고백합니다. 아버지, 저희의 모든 죄를 용서하옵소서. 새롭게 하사 주님의 삶을 본받게 하옵소서. 우리에게 강한 마음을 주시고 또한 믿음이 건강하게 성장케 하옵소서. 우리의 믿음이 남에게 의지하는 믿음이 아니라 남을 인도하고 주님의 복음을 자랑하는 삶으로 이어지길 원합니다. 이 시간 깊은 기도를 드리게 하시고 부르짖는 기도를 드리게 하사 능력 있게 하옵소서.

사랑의 주님! 우리 삶이 말씀 중심이 되게 하옵소서. 이 시간 목사님을 통하여 전해지는 주님의 말씀을 마음으로 받아들이기를 원합니다.

전에는 긍휼을 얻지 못했던 저희에게 그리스도를 주로 고백하는 믿음만으로도 크신 은혜를 베풀어주시고 소망과 사랑과 믿음을 주시니 감사드립니다. 주님의 십자가 사랑을 날마다 체험하며 살기를 원합니다. 기도할 때마다 주님이 가까이 계심을 느끼게 하시고, 기도할 때마다 주님이 응답해주심을 믿게 하옵소서.

이 시간 철야 기도회에 나아온 성도들을 인도하사 성령 충만, 은혜 충만, 말씀 충만으로 응답하여 주옵소서. 날마다 주님의 이름으로 승리하는 삶을 살기 원합니다. 주님의 사랑을 드러내게 하옵소서. 우리 기도를 들어주심을 믿습니다. 주님을 사랑합니다. 우리 주 예수 그리스도 이름으로 기도합니다. 아멘!

기독교에 이르는 통로는 복잡하게 뒤엉킨 교리가 아니라 단지 그리스도의 인격을 믿는 신앙뿐이다. _윌리엄 리용 펠프스

3. 절기 예배 대표기도

십자가의 사랑

_용혜원

주님께서

십자가에서 외치신 일곱 말씀이

사단의 나라에는

장송곡이 되었고

우리는 죄악에서 해방과

구원의 기쁨의 시작이 되었습니다

우리가 십자가의 사랑을

사모하며 살아가는 것은

참으로 놀라운 은혜와 축복입니다

우리가 주님의 고난을

생각할 때마다

마음의 경건함과 겸손함 속에

어린아이 같은

믿음을 소유하기를 원합니다

우리의 진정한 참회의 눈물이

언제나 흐르기를 원합니다

주님의 거룩한 성소로 들어가는 문을

열어주심을 감사드립니다

우리에게 영원한 구속의

비밀을 알게 하심을 감사드립니다

주님의 십자가는

우리의 고백이며 간증이며 자랑입니다

송구영신 예배 1
절기예배

우리를 사랑하시는 하나님 아버지! 새롭게 한 해를 맞이하는 이 시간 예배로 시작하게 하시니 감사드립니다. 지난 일 년 동안도 다함없는 돌보심과 사랑 속에 지나왔음을 고백하며 감사드립니다. 새로운 해를 기도로 준비하며 새해 첫 시간을 먼저 예배로 드리오니 영광을 받아주옵소서.

지난해 저희가 범한 모든 죄악과 잘못을 용서하여 주시고 주님께서 새롭게 부어주시는 은혜를 충만히 받아 올 한 해를 살게 하옵소서. 강하고 담대한 믿음으로 먼저 그 나라와 그 의를 구하며 복음을 전함으로 주님께 영광과 찬양을 돌리는 한 해가 되게 하옵소서.

사랑의 하나님! 전 세계에 복음과 구원의 역사가 충만케 하여 주시기를 원합니다. 간구하는 기도마다 응답받게 하여 주시고 맡은 바에 최선을 다하여 열매 맺게 하옵소서. 주님의 교회에서 세운 계획이 주님 뜻 안에서 아름다운 열매로 맺히기 원합니다. 또한 교회와 성도들의 가정에 주님의 사랑과 평안이 넘치기를 원합니다. 새로운 해에는 더욱더 주님 앞에 바로 살게 하옵소서. 모든 일을 통하여 주님께 영광을 돌리게 하옵소서. 예배드리는 기쁨을 주옵소서. 기도와 말씀과 찬양 속에 날마다 살게 하옵소서. 우리에게 맡겨진 사명을 감당하게 하옵소서. 주님의 교회에도, 저희 심령에도 부흥을 주옵소서. 주님을 사랑합니다. 우리 주 예수 그리스도 이름으로 기도합니다. 아멘!

내가 어둠 속에 헤맬 때 주여, 밝은 빛으로 나를 인도하소서. 밤은 어둡고 고향길은 먼 곳이니 주여, 나를 인도하소서. 멀고 멀어 보이지 않으니 한 걸음씩 한 걸음씩 지켜주옵소서.　　　　　　　　　　　_뉴먼

송구영신 예배 2
절기예배

전 지전능하신 하나님! 주님께서 허락하셨던 한 해가 또다시 역사속으로 사라지는 시간입니다. 지나온 시간 동안도 인도하시고 보호하신 은혜에 감사드립니다. 이 나라와 이 민족, 교회와 성도들과 모든 가정들을 주님께서 사랑하여 주시니 감사드립니다.

새로운 해, 새로운 달, 새로운 날들을 허락하신 주님, 주님의 뜻을 이 땅에 이루며 살게 하옵소서. 주님의 영광을 나타내는 한 해가 되게 하사 평생 기억되는 해가 되게 하옵소서. 우리의 믿음이 자라고 신앙이 성장하여 강하고 담대한 군사로 승리하기를 원합니다.

소망을 주시는 하나님! 올 한 해가 주님의 영광을 나타내는 최고의 해가 되게 하옵소서. 전심으로 예배드리며 하나님을 깊이 만나길 원합니다. 우리에게 허락하신 물질 역시 중심을 다하여 드리게 하시고, 전도에 열정을 쏟게 하옵소서. 언제 어디서나 주님의 사랑을 나타내며 살기를 원합니다. 올해, 저희의 기도 제목들이 시절을 따라 응답받길 원합니다.

새로운 해에는 온 세계와 이 민족 가운데 예수 그리스도로 충만하기를 원합니다. 오직 주님을 바라보며 사랑과 나눔의 향기를 나타내게 하소서. 항상 주님과 동행하게 하옵소서.

말씀과 기도와 선교와 구제의 역사가 예수 그 이름으로 이루어지게 하옵소서. 모든 것을 주님께 맡깁니다. 함께하옵소서. 우리 주 예수 그리스도 이름으로 기도합니다. 아멘!

 여름의 따뜻한 햇빛을 주시듯 겨울의 추위도 주신 하나님! 우리를 하나님의 사랑으로 포근히 감싸 긴 겨울 동안 지켜주소서.　_사무엘 롱펠로우

신년 예배 1
절기예배

거룩하신 하나님! 새로운 시간을 허락하심에 감사드립니다. 하루하루 첫날부터 마지막 날까지 주님의 영광을 나타내는 삶을 살게 하옵소서. 또한, 하루하루를 예배자로 살도록 인도해주옵소서. 우리의 삶이 예배가 되기를 원합니다. 우리 삶에 풍성한 열매를 맺게 하옵소서.

새롭게 시작되는 이 한 해 동안에도 주님의 뜻을 듣고 행하게 하옵소서. 성령 충만하게 하사 복음 전파의 사명을 감당하게 하옵소서. 예수 그리스도 안에서 교회가 부흥되고 주님의 피로 값 주고 사신 성도들을 성령으로 인도하사 은혜와 진리로 충만하게 하옵소서.

사랑의 주님! 삼천리 방방곡곡이 주님의 말씀으로 가득 차길 원합니다. 이 민족이 주님 안에서 축복받은 민족이 되게 하옵소서. 정치적인 안정을 주시고 경제 발전을 허락하옵소서. 도덕적 기강이 흐트러지지 않는 정직한 민족이 되게 하옵소서.

올해에 세운 계획이 주님의 은총 아래서 이루어지게 하옵소서. 기도하게 하시고 찬양하게 하시고 말씀 안에서 머무는 삶을 매일 실천하며 살게 하옵소서. 모든 성도의 가정마다 사랑과 평안이 가득하길 원합니다. 올해를 마치는 날까지 시절을 좇아 열매 맺게 하옵소서. 주님의 영광을 나타내는 한 해가 되게 하실 주님께 모든 영광을 돌립니다. 우리를 인도하옵소서. 사랑이 많으신 우리 주 예수 그리스도 이름으로 기도합니다. 아멘!

내 영혼아, 깨어나라. 떠오르는 태양과 더불어 하루를 시작하자. 게으름 떨쳐버리고 기쁨으로 일어나 아침의 속죄 기도를 드리자!   _토마스 캔

신년 예배 2
절기예배

천지 만물을 창조하시고 운행하시는 하나님! 모든 이름 위에 홀로 높으신 주님께서 함께하시니 우리의 평생이 감사와 기쁨입니다. 이 시간 신년 감사 예배를 주님께 드리오니 영광과 찬양을 받아주옵소서.

새 술은 새 부대에 담으라 하셨듯이 새해 첫날부터 말씀에 은혜를 받게 하사 주님의 뜻을 이루며 살게 하옵소서. 올 한 해, 365일 모든 날을 주님께서 이끄시고 하나님께 온전히 엎드리는 순종이 매일 이뤄지게 하옵소서. 행함 있는 믿음으로 살기를 원합니다. 목자 되신 주님께서 인도하옵소서. 주님의 자녀답게 살기를 원합니다. 맡겨주신 사명을 감당하며 살게 하옵소서.

사랑으로 함께하시는 하나님! 올해도 기도와 말씀 생활에 성실하길 원합니다. 복음 안에 살게 하옵소서. 우리의 삶이 주님의 나라와 그 의를 구하며 응답을 보는 삶이 되게 하옵소서.

교회에 부흥을 주옵소서. 주님의 교회가 세운 계획이 순차적으로 이루어지게 하시고 주님 안에서 열매 맺어가는 한 해가 되게 하여 주시기를 원합니다. 기관마다 성령의 역사하심으로 살아 움직이게 하옵소서. 성도들 가정에 사랑이 넘치게 하여 주시고 삶에 축복을 받게 하옵소서. 날로 타락해져만 가는 이 세대에 유혹과 미혹에 빠지지 말게 하시고 악은 모양이라도 버리게 하옵소서. 올 한 해 동안도 시절을 좇아 열매를 맺게 하옵소서. 주님을 사랑합니다. 우리 주 예수 그리스도 이름으로 기도합니다. 아멘!

 우리의 구원을 위해 하나님께서 사랑하는 외아들을 주셨습니다. 우리가 하나님의 자녀로서 이 땅에서의 모든 생애 동안 지난날의 악의를 잊어버릴 수 있는 마음과 선한 양심과 신실한 생각, 그리고 우리의 형제를 사랑하는 마음을 주옵소서. _실리

종려주일 예배 1
절기예배

신실하신 하나님! 종려주일을 기념하여 드리는 이 예배를 받아주옵소서. 죄악 속에서 허덕이는 우리를 구원하시려고 2천 년 전 유대 땅 베들레헴에 오심을 찬양합니다. 이 시간 주님께서 예루살렘에 들어가 호산나 찬양을 받으셨음을 기억합니다. 오늘 저희도 주님의 거룩하신 이름을, 우리를 구원하여 주신 그 이름을 찬양합니다. 그날의 찬양보다 더 진실한 찬양을 허락하사 온전히 주님께 영광과 존귀를 드리게 하옵소서. 우리의 삶에 주님이 함께하사 주님의 형상을 나타내기를 원합니다.

사랑의 주님! 저희는 때때로 교만할 때가 너무나 많습니다. 겸손하게 어린 나귀를 타고 예루살렘에 입성하신 주님의 모습을 배우게 하옵소서. 우리로 하여금 주님의 은혜 속에 살면서 날마다 착한 일을 행하게 하옵소서. 언제 어디서나 주님의 영광을 나타내는 삶을 살되 하나님께서 은혜로 주신 진리의 자유함으로, 말씀의 지혜와 지식으로 살게 하옵소서.

온유하고 겸손하신 주님을 닮아가게 하옵소서. 주님이 이 땅에 오신 이유와 십자가의 사랑을 깨닫게 하사 항상 주님께 감사하며 살게 하옵소서. 이 거룩한 주일에 주님께 예배드림과 하나님의 자녀가 되게 하심을 기뻐하며 영광과 찬양을 드립니다. 주여, 받아주옵소서. 우리 생명이 다하는 그날까지 권세와 권능으로 이 땅에 다시 오실 주님을 찬양하게 하옵소서. 우리 주 예수 그리스도 이름으로 기도합니다. 아멘!

나 오래 수고했으나 이 땅에는 쉴 곳 없고 나 오래 방황했으나 거할 집이 없더니 마침내 주님의 가슴에서 피난처를 찾았네. 주님은 두 팔 벌려 지친 영혼을 오라 하시니 나 주님에게서 쉴 집을 찾았네. 이제 나는 주님의 것 주님은 나의 하나님. _라이트

종려주일 예배 2
절기예배

우리를 사랑하시는 하나님! 인류를 구원하시고자 이 땅에 오신 주님을 찬양합니다. 오늘 거룩한 주일, 종려주일 예배로 드리오니 받아주옵소서. 인간의 모습으로 이 땅에 오시고, 어린 나귀를 타고 예루살렘 입성하신 모습을 보며 우리를 사랑하시는 주님의 마음을 본받게 하옵소서. 주님은 진정 마음이 온유하고 겸손하시니 주님의 마음을 본받길 원합니다. '호산나, 호산나' 외치던 그들처럼 주님의 이름만 외치는 것이 아니라 주님을 온전히 영접하고 그 뜻대로 살기를 원합니다.

사랑의 주님! 주님을 이용하려 할 때가 많이 있습니다. 우리가 그러한 범죄에서 떠나 주님께 쓰임 받는 도구가 되게 하옵소서. 내 만족과 안일을 이루는 데 사용되는 복음이 아니라 구원의 역사를 이루는 데 쓰이게 하옵소서. 언제나 하나님 아버지의 뜻이 무엇인지를 깨달아 주님 뜻에 합당하게 살기를 원합니다. 오늘 종려주일을 맞이한 저희가 예루살렘에 입성하시던 주님의 모습에 환호하는 군중의 모습을 살펴봅니다. 저희가 감정적이거나 순간적으로 주님을 환영하는 일이 없게 하옵소서. 철저하게 왕이신 하나님을 높이게 하옵소서. 이 예배를 하나님 아버지께 드리오니 모든 영광과 찬양을 홀로 받아주옵소서. 우리 주 예수 그리스도 이름으로 기도합니다. 아멘!

 우리로 하여금 중심으로부터 주님께 복종하며, 오직 인내와 온유와 겸손함을 지니며 진실함을 가지고 모든 것을 주님의 뜻에 따르게 하소서. _안네

고난주일 예배 1
절기예배

예수 그리스도를 이 땅에 보내사 우리를 구원하여 주신 하나님! 우리를 위하여 독생자 예수 그리스도를 보내주신 하나님의 사랑하심을 어찌 다 감사할 수 있겠습니까. 예수님께서 십자가를 지심으로 우리의 죄를 대속하신 그 은혜에 감사드립니다. 주님의 놀랍고 지고한 사랑에 영광과 찬양을 드립니다. 주님께서 함께하사 우리로 하여금 생활 속에 주님의 사랑을 나타낼 수 있도록 인도하옵소서. 주께서 찔림은 우리의 허물로 인함이요, 주께서 상하심은 우리의 죄악으로 인함입니다. 주님께서 징계를 받음으로 저희가 평화를 누리고, 주님께서 채찍에 맞음으로 저희가 나음을 입었습니다.

구원의 하나님! 주님의 놀라운 십자가 구속의 사랑에 다시금 감사드립니다. 그 사랑에 감사하여 드리는 이 예배를 받아주옵소서. 우리가 날마다 우리 자신을 부인하며 자기 십자가를 지고 주님을 따르게 하옵소서. 구원받은 놀라운 기쁨을 온 삶을 다하여 증거하게 하소서. 매일의 삶 속에 주님을 깊이 생각하고 사모하며 동행하게 하옵소서. 저희의 일상 속에서도 주님의 살아 계심을 드러내길 원합니다. 육적인 삶에 만족하지 않고 성령을 충만히 받아 영적인 은혜를 누리게 하옵소서. 이 귀하고 놀라운 십자가 보혈의 사랑이 온 세상에 충만하기를 원합니다. 주님께서 고난받으사 우리를 구원해 주심에 감사드리며 우리 주 예수 그리스도 이름으로 기도합니다. 아멘!

 우리는 주님의 선하심을 찬양할 수밖에 없습니다. 우리로 하여금 어떤 일에서든지 주님의 뜻을 알며 열매 맺게 하여 주옵소서. _베토벤

고난주일 예배 2
절기예배

예수 그리스도의 이름으로 우리를 구원해주시는 하나님! 주님께서 이 땅에 오사 십자가를 거절하지 않으시고 보혈의 피로 구속하여 주신 무한하신 사랑에 감사드립니다. 고난주일을 맞이하여 주님 고난의 십자가를 생각하며 마음을 다하여 예배드리오니 받아주옵소서. 죄악 가운데 살던 저희에게 구원을 주셨을 뿐 아니라 감사와 기쁨을 알게 하셨습니다. 그 하나님을 사랑합니다. 우리는 부족하고 연약하여 오늘도 빈 마음으로 왔사오나 우리의 중심을 아시는 아버지께서 새롭게 하옵소서.

이 땅의 모든 질고와 고통을 짊어지고 십자가에 달리신 주님을 찬양합니다. 우리 주님이 아니시면 우리는 영벌에 처할 수밖에 없었으나 주님의 사랑으로 구원받았으니 하나님의 크신 사랑과 그 은택을 잊지 않고 매 순간 주님께 저희 마음을 고정하게 하옵소서. 우리 영혼을 사랑하사 인도하시는 주님, 언제나 주님의 이름으로 승리하는 삶을 살기 원합니다.

사랑의 주님! 이 고난주일, 주님 앞에 마음을 모두고 예배드리는 성도들을 붙잡아주옵소서. 우리가 기도할 때나 예배드릴 때나 언제든지 주님의 이름으로 하게 하옵소서.

고귀한 복음을 미련해 보이는 전도를 통해 듣고 믿게 하시는 하나님, 저희의 입술로 주님의 살아 계심을 고백하며 살게 하옵소서. 저희처럼 다른 이들도 주님의 사랑을 알게 되길 원합니다. 우리 삶 속에서 늘 주님을 묵상하며 주님의 사랑을 체험하며 살게 하옵소서. 나를 위하여 당하신 주님의 흔적을 잊지 않게 하옵소서. 말씀을 전하는 목사님과 찬양드리는 성가대와 모든 성도를 인도해주시기를 원합니다. 주님을 사랑하며 우리 주 예수 그리스도 이름으로 기도합니다. 아멘!

 우리로 하여금 친절한 생각과 부드러운 말씨와 관용이 넘치는 행위를 하게 하옵소서. 받는 것보다 주는 것이 좋다는 것과 자기를 내세우기보다 자기를 부인하는 것, 섬김을 받는 것보다는 남을 섬기는 것을 우리에게 가르쳐 주옵소서.
_헨리 알포드

부활주일 예배 1
절기예배

전능하신 하나님! 사망의 궤계를 깨뜨리시고 다시 사신 아버지 앞에 나아와 드리는 이 예배를 받아주옵소서. 부활이요 생명이라 말씀하신 예수 그리스도 나의 주님! 할렐루야! 주님의 부활하심에 찬양과 경배를 드립니다. 주님은 우리에게 씌워진 사망의 올무를 벗기시고 새 생명, 영원한 생명의 축복을 허락하셨습니다. 우리가 주님의 부활하심으로 새 생명을 얻었사오니 오직 주님 안에서 살아가게 하옵소서.

사랑의 하나님! 오늘 주님의 부활 소식이 온 세상에 충만합니다. 온 땅과 온 하늘이 주님을 찬양합니다. 이 세상 사람들의 모든 고통과 질고를 한 몸에 짊어지시고 십자가 위에서 피 흘리사 우리의 죄악을 대속하시고 사흘 만에 부활하심을 믿습니다. 오늘 거룩한 부활주일에 주님의 부활하심을 찬양하며 신령과 진정으로 예배드리고자 합니다. 주님, 저희가 부활의 증인으로 살게 하옵소서. 부활의 은혜가 충만히 임하기를 원합니다. 하나님 중심으로, 행동하는 믿음으로, 살아 있는 그리스도인으로 살아가게 하옵소서. 성령 충만함을 입어 저희에게 맡겨주신 학업이나 생업이나 모든 일에 최선을 다하며 주님의 영광을 드러내게 하옵소서. 오늘도 주님의 사랑을 입은 저희가 부활의 권능과 권세로 능력 있는 성도로 변모되게 하옵소서. 주님을 사랑합니다. 우리 주 예수 그리스도 이름으로 기도합니다. 아멘!

오, 주님! 우리로 하여금 기쁨으로 주님의 뜻을 따르는 심령이 되게 하옵소서. 오, 우리의 하나님이시여! 하나님의 법이 우리의 심령에 새겨지게 하옵소서.
_존 틸로슨

부활주일 예배 2
절기예배

전능하신 하나님! 사망 권세를 이기시고 부활하신 우리 주님을 찬양합니다. 부활주일을 맞이하여 주님의 이름을 높이 높이 찬양하오니 받아주옵소서. 죄에 눌려 고통받던 인생을 구원하시고 부활하셔서 영생의 소망을 주신 주님께 감사를 드립니다.

부활하시고 승천하시어 지금도 하나님 보좌 우편에서 우리를 위하여 중보하시는 주님, 주님만 바라며 살게 하옵소서. 주님께서 사망 권세를 깨뜨리고 다시 사시어 우리 이름이 하늘나라 생명책에 기록되어 있음을 감사드립니다. 우리의 매일이 주님을 시인하고 고백하는 삶이길 원합니다.

사랑의 주님! 주님이 부활하셨다는 놀라운 소식이 온 땅에 가득하기를 원합니다. 오늘 주를 그리스도라 고백하는 모든 성도가 주님께 영광을 돌리오니 받아주옵소서. 아직도 이 놀라운 부활의 소식을 모르는 이들에게 주님의 복음이 전해지길 원합니다. 곧 오실 주님을 사모하되 모든 육체가 구원을 얻기까지 기다리시는 주님의 심장을 저희에게도 허락하시어 주님의 지상명령을 성취케 하옵소서. 우리에게 맡겨진 사명 감당하기를 원합니다.

세상의 빛과 소금의 직분을 감당하게 하옵소서. 오늘 예배를 통하여 부활하신 주님을 찬양하오니 영광을 받아주시고 은혜와 평안을 내려주옵소서. 주님, 우리에게 주님의 빛을 비추어주옵소서. 우리 주 예수 그리스도 이름으로 기도합니다. 아멘!

오! 생명의 영이시여, 주님의 은혜를 부어주소서. 주님을 사랑하는 자에게 베푸시는 영광을 바라보게 하옵소서. _리처드 박스터

성령강림주일 예배 1
절기예배

우리를 고아와 같이 버려두지 않으시고 함께하시는 성령님! 온 성도들이 성령 충만하여 반석 위에 세운 믿음으로 하나님께 영광과 찬양을 드리기를 원합니다. 성령님께서 강림하심을 기억하고 사모하며 이 예배를 드리오니 은혜를 내려주옵소서. 어제나 오늘이나 변함이 없으신 하나님께서 오늘도 주님의 교회와 성도들에게 오순절의 성령 충만함을 허락하사 자녀답게 주님의 이름을 드높이며 살게 하옵소서. 오늘날과 같이 건조한 시대의 메마른 심령 위에 성령의 은혜를 부어주사 열매 맺는 삶을 살게 하옵소서.

사랑의 하나님! 성령 충만하게 하옵소서. 은혜를 내려주사 성령 충만하기를 간절히 원합니다. 우리의 심령을 소생시켜 주시고 이 시대에 주님의 영광과 주님께서 맡기신 분깃을 감당케 하옵소서. 성령 충만함 없이는 구원의 역사도, 부흥의 역사도 있을 수 없사오니 오직 성령으로 충만하게 하사 온 세상 끝까지 기도의 문, 전도의 문, 말씀의 문, 사랑의 문이 열리게 하옵소서. 아직도 세상 곳곳엔 주님을 알지 못해 탄식하며 절망에 빠져 있는 사람이 많습니다. 우리가 성령 충만함을 입고 우리의 생명이 다하는 날까지 복음을 전할 수 있도록 연약한 무릎과 가벼운 헌신을 새롭게 하소서. 오늘도 예배 중에 성령 충만함을 입게 하옵소서. 성령을 체험케 하사 초대 교회 성도들 같은 믿음의 열심을 주옵소서. 주님을 찬양합니다. 우리 주 예수 그리스도 이름으로 기도합니다. 아멘!

 우리의 믿음과 진리와 사랑을 강하게 하옵소서. 그리고 우리 주 예수 그리스도를 믿는 성도들의 사귐에 우리도 함께하게 하옵소서.   _폴리갑

성령강림주일 예배 2
절기예배

삼위일체이신 하나님 아버지! 오늘 성령강림 주일을 맞이하여 영광을 돌리며 예배드리오니 함께하옵소서. 우리 모두에게 성령 충만을 주옵소서. 초대 교회 오순절의 역사가 다시 일어나기를 원합니다. 강한 믿음의 열정으로 초대 교회 성도들처럼 복음을 전하게 하옵소서. 사랑하고 나누며 구제하는 삶을 살기를 원합니다. 우리의 믿음이 성령 충만하지 못하면 주님의 일을 할 수 없사오니 이른 비와 늦은 비의 은혜를 내려주사 성령의 역사를 이루게 하옵소서.

주여! 함께하옵소서. 잃어버린 영혼들, 죄와 탐심에 찌들어 고통받는 영혼들을 향한 아버지의 사랑을 주사 생명을 전하게 하옵소서. 때를 얻든지 못 얻든지 주님의 복음을 전하게 하옵소서. 주님께서 인도해주시길 원합니다.

소망의 하나님! 성령강림 주일을 맞이한 모든 성도를 기억하사 성령님과의 교제를 매일 매 순간 힘쓰게 하옵소서. 우리의 믿음이 체험적인 신앙이 되기를 원합니다. 흔들림 없이 주님과 동행하는 믿음이 되기를 원합니다. 우리 삶이 언제나 주님께 영광을 돌리기 원합니다. 우리가 성령의 인도하심을 따라 살아가며 기도와 말씀으로 무장하여 살게 하옵소서. 우리의 삶이 육신을 따라 살지 않고 성령의 인도하심을 따라 살기를 원합니다. 초대 교회 성도들처럼 오직 예수 신앙이 되게 하옵소서. 우리 교회 모든 성도가 성령님으로 인해 새롭게 되어 한 성도도 연약한 믿음을 가진 자가 없게 하옵소서. 주님이 함께하시기를 원하며 우리 주 예수 그리스도 이름으로 기도합니다. 아멘!

 우리로 하여금 주님을 사랑하게 하옵소서. 주님을 사랑하는 이들을 사랑하게 하옵소서. 그리고 주님과 함께 행동하게 하옵소서. _모하메드

어린이주일 예배 1
절기예배

어린 생명을 사랑하시는 하나님 아버지! 오늘은 어린이주일입니다. 모든 어린이를 품에 안으사 구원하여 주시고 주님의 사랑으로 축복해 주시기를 원합니다. 우리 자녀들이 이 땅에서 살아가는 동안 주 안에서 지혜롭고 슬기롭게 자라게 하옵소서. 주님께서 성장하면서 키가 자라매 지혜가 더하셨던 것처럼 이 땅의 어린 생명들에게도 지혜와 사랑을 주시옵소서. 영육이 강건케 하여 주시고, 어려서부터 하나님을 주로 고백하는 순수하고 확신 있는 믿음을 주옵소서. 이들이 자라며 하나님과 사람 앞에 칭찬받는 인물이 되게 하옵소서. 늘 주님 안에서 보호하여 주시고 인도해주시기를 원합니다.

사랑의 하나님! 어린이들에게 솔로몬 같은 지혜를 주시고 여호수아같이 강하고 담대한 믿음을 주시기 원합니다. 마음이 온유하고 겸손하신 우리 주님을 닮아가게 하사 늘 주님의 사랑을 받고 살아가며 주님 안에서 성장하기를 원합니다. 어린이들이 주 안에서 꿈을 이루며 살게 하옵소서.

사랑의 하나님! 주님의 자녀들이 주님의 말씀으로 양육되어 주님을 경배하며 찬양하는 습관이 들게 하옵소서. 어린 생명들이 가정이나 교회나 사회에서나 학교에서나 언제 어디서나 뛰어난 지혜로 살아가게 하옵소서. 주님의 영광을 나타내기를 원합니다. 부모들은 예배와 기도로 믿음의 삶의 모범을 보이게 하옵소서. 오직 주님의 사랑으로 가정마다 은혜가 넘치기를 원합니다. 주님께서 어린이들을 사랑하여 주시고 축복해주심을 믿습니다.

주님, 영광과 찬양을 받아주옵소서. 주님을 사랑합니다. 우리 주 예수 그리스도 이름으로 기도합니다. 아멘!

우리의 삶에 베풀어주신 멋진 일들로 인해 감사합니다. 그것들을 바라보며, 그것들을 생각하며, 그것들을 기억하게 도와주옵소서.   _조웨트

어린이주일 예배 2
절기예배

어린이들을 사랑하시는 하나님! 불꽃 같은 눈동자로 이 땅의 모든 어린 영혼을 보살피시는 아버지의 깊은 사랑을 의지하여 이 시간 기도합니다. 이 땅의 어린이들에게 건강과 지혜를 주옵소서. 어려서부터 부모와 교회와 학교 그리고 사회로부터 사랑과 바른 교육을 받고 자라나게 하옵소서. 주 안에서 믿음으로 성장하게 하시고, 말씀과 기도로 마음에 주님을 모시고 자라가기를 원합니다. 저들의 마음에 진실함과 정결함을 허락하옵소서. 날로 타락하고 변질되어 가는 세속 문화에서 저들을 구별하여 주시기를 원합니다. 아이들에게 아름다운 꿈을 주시고 사랑의 마음을 주시옵소서. 부모들이 자녀들을 위하여 기도하게 하시고, 교회도 저들을 위하여 바른 말씀으로 교육하게 하옵소서.

사랑의 주님! 어린이주일을 맞이한 모든 어린이들을 주님께서 축복해주실 줄 믿습니다. 아이들에게 건전한 놀이 문화를 허락하시고 순수하고 깨끗한 영혼들로 주 안에서 성장하게 하옵소서. 저들에게 지혜를 주시고 믿음을 주사 은혜 안에서 살게 하옵소서. 늘 감사하는 마음을 주시고 부모와 이웃을 사랑할 수 있는 마음 주시기를 원합니다. 아이들이 성장하면서 더욱더 주님의 영광을 나타내는 삶을 살게 하시고 세상의 빛과 소금의 직분을 잘 감당하게 하옵소서.

어린이주일을 맞이한 교회의 모든 이들이 어린이들에게 더욱더 관심을 갖게 하여 주시고 저들을 사랑하며 주님의 길로 인도하게 하옵소서. 특별히 고아나 전쟁의 위험과 생계의 위협 가운데 있는 어린이들을 기억해주옵소서. 육체적으로나 성적으로나 정신적인 학대로부터 어린 영혼들을 지켜주옵소서. 어린이들을 사랑하시는 우리 주 예수 그리스도 이름으로 기도합니다. 아멘!

우리가 앞으로 일어날 일에 대해 올바른 결단을 갖게 도와주옵소서. 시간이 흐르는 동안에 인내심이 비겁으로 흐르지 않게 하옵소서. 우리의 용기가 어떤 일에 대해서도 물러서지 않게 도와주옵소서. _피터 마샬

어버이주일 예배 1
절기예배

사랑의 하나님 아버지! 이 거룩한 주일을 어버이주일 예배로 드립니다. 모든 영광과 찬양을 받아주옵소서. 우리가 이 세상에 태어날 수 있음은 부모님의 사랑 때문입니다. 오늘 아버지와 어머니를 축복해주시고, 우리 자녀들에게 부모님을 보다 더 공경할 수 있는 마음을 주옵소서. 특별히 영육의 건강을 주시고 모든 일에 축복해주시어서 주님의 은혜와 평강 속에 살아가게 하옵소서. 늘 자녀들을 위하여 기도하는 것에 응답하여 주옵소서. 영육 간에 강건하게 하여 주시기를 원합니다. 병약한 부모들이 있사오면 하루속히 건강이 회복되게 하여 주시고, 혹여라도 아직까지 예수님을 알지 못하는 부모들이 있다면 우리의 목숨과도 같이 사랑하는, 아니 그보다 더 사랑하는 부모 형제들에게 구원을 허락해주옵소서.

사랑의 하나님! 날로 가정이 파괴되어 가는 이 시대에 우리의 가정을 주님의 사랑으로 지켜주시기를 원합니다. 사랑과 평안이 넘치는 가정이 되게 하여 주시고, 신앙생활과 가정생활과 사회생활 모두가 모범이 되게 하옵소서. 가족들이 하나 되어 주님의 사역에 동참하며 하나님의 사랑을 받고 칭찬받게 하옵소서. 오늘 예배드리는 우리 모두가 서로 사랑하게 하여 주시고, 가정과 가족의 소중함을 알아 서로 섬기며 기도하게 하옵소서. 주님의 사랑과 축복이 날마다 더하는 가정들이 되게 하여 주시기를 원합니다. 오늘의 예배를 받아주옵소서. 주님을 사랑합니다. 우리 주 예수 그리스도 이름으로 기도합니다. 아멘!

 오 주님! 우리는 바쁜 세상에 살고 있습니다. 이 세상에서의 우리의 일을 완성하기 위해서는 우리의 눈과 귀와 생각이 필요합니다. 우리가 이 세상에 들어가기 전에 우리의 눈과 귀와 생각을 주님께 맡길 필요가 있습니다.
_토머스 아놀드

어버이주일 예배 2
절기예배

우리의 삶을 인도하시는 하나님! 오늘도 저희 발걸음을 주님의 전으로 이끄시니 감사드립니다. 오늘 주님의 날을 어버이주일로 지켜 예배드리오니 받아주옵소서. 창조 시의 아름다운 가정을 찾아보기 힘든 이때에, 주님께서 창조하신 이 땅의 가정이 회복되고 아름답게 성숙되길 원합니다. 모든 가정이 사랑의 띠로 하나가 되어 서로 사랑하고 인내하며 돕게 하옵소서. 가정이 무너지면 도덕과 질서와 사랑이 무너지오니 가정들을 붙잡아주옵소서. 주님의 십자가 고난을 기억하여 어려움을 이겨내게 하시고 가정에 틈타는 사탄의 세력들을 믿음으로 물리쳐 승리케 하옵소서.

사랑의 하나님! 이 땅의 많은 어버이가 가정과 자녀들을 위하여 땀 흘리며 수고하는 것을 아실 줄 믿사오니 주님께서 축복하옵소서. 어버이들의 믿음이 반석 위에 세워져 자녀들을 믿음과 기도로 키우게 하시고, 모든 삶을 주님의 인도하심 따라서 살게 하옵소서. 가정의 어른들이 신앙생활에도 모범을 보이게 하옵소서. 자녀들이 부모에게 효도하고 순종하여 하나님을 섬기듯 부모에게도 정성을 다하게 하옵소서. 가정의 화목을 원하시는 주님께서 함께해주시기를 원합니다. 모든 가정마다 축복하옵소서. 어려움에 처한 가정들을 더욱더 주님의 사랑으로 붙들어주시기를 원합니다. 주여! 영광을 받아주옵소서. 우리 주 예수 그리스도 이름으로 기도합니다. 아멘!

 오, 주님! 우리를 전적으로 깨끗하게 하사 주 예수 그리스도께서 다시 오실 때 아무 책망받을 일이 없도록 우리의 마음과 생각을 지켜주옵소서.
_토마스 아 캠피스

맥추감사주일 예배 1
절기예배

심고 거두게 하시는 하나님! 오늘은 맥추감사주일입니다. "항상 기뻐하라 쉬지 말고 기도하라 범사에 감사하라" 말씀하신 주님! 지난 모든 삶이 주님의 은혜이며 사랑임을 고백합니다. 이 모든 것이 우리를 향하신 하나님의 뜻임을 믿습니다. 우리에게 건강 주시고 성령으로 인도하심을 감사드립니다. 우리를 책망과 칭찬과 위로로 하나님을 닮게 다듬으시니 감사드립니다. 십자가 구원의 은혜로 영원한 생명을 얻게 하심도 감사드립니다. 우리의 모든 삶이 하나님의 은혜요 축복이오니 더욱더 주님을 사랑하며 살게 하옵소서.

구원의 하나님! 우리가 형식이나 체면 때문이 아니라 진실로 주님께 감사드리며 헌신하게 하옵소서. 우리 삶 속에서의 모든 수확이나 거둠이 주님의 은혜이오니 진정한 감사를 드리게 하옵소서. 삶의 모든 것을 감사하게 하옵소서. 작은 일이나 큰일이나 모든 것이 주 안에서 이루어지는 것에 더욱더 감사하며 살기 원합니다.

우리에게 주님의 도를 가르쳐주옵소서. 주님의 진리로 지도해주시고 교훈을 깨닫게 해 주시기를 원합니다. 오늘 맥추감사주일에 우리에게 거둠의 축복을 주시니 감사드립니다. 우리의 삶 전부가 주님의 은총이오니 항상 주님 안에서 살기를 원합니다. 주여, 영광을 받아주옵소서! 주여, 찬양받으옵소서! 우리 주 예수 그리스도 이름으로 기도합니다. 아멘!

 우리의 심령이 갈하고 메말랐을 때 자비의 소낙비로 우리에게 임하시옵소서. 나의 가난한 심령이 한 구석에 처박혀 있을 때 내게로 오시옵소서.
_타고르

맥추감사주일 예배 2
절기예배

공중의 나는 새와 들의 백합화도 손수 먹이시고 입히시는 하나님 아버지! 우리 삶에 구원을 주시고 항상 인도하심을 감사드립니다. 우리에게 열매들을 허락하사 거둠의 축복을 주시니 감사드립니다. 이 거룩한 주일 예배를 맥추감사주일로 드리오니 받아주옵소서. 우리의 감사가 입술로 드리는 공허가 아니라 마음 중심에서 올려지는 감격이길 원합니다. 형식적인 감사나 체면 유지용이 아니라 마음속에서 주님을 사랑함으로 드리게 하옵소서. 오늘 주님 앞에 감사드리는 성도마다 축복해주사 범사에 더욱 감사가 넘치게 하옵소서. 우리 삶에 감사가 넘치면 기쁨도 넘치오니 늘 주님께 감사하며 살게 하옵소서.

사랑의 주님! 감사드리고 싶으나 여러 가지 사정으로 온전히 감사드리지 못하는 성도들을 붙잡아주시기 원합니다. 또한 상황과 환경을 뛰어넘어 감사할 조건들로 위로받게 하옵소서. 오늘도 이 땅에는 여러 가지 고통을 당하고 있는 사람들이 많사오니, 주여 인도하옵소서. 경제적 고통을 당하고 있는 사람들에게 힘을 주사 회복할 수 있는 기회를 주시며, 병약한 이들이 속히 회복되어 행복한 삶을 살아가게 하옵소서. 하나님께 감사치 않고 악행을 일삼는 사람들의 마음도 붙잡아주사 주님의 은혜로 새롭게 하옵소서. 오늘 말씀 전하는 목사님에게 능력을 주옵소서. 주 안에서 말씀을 전하는 이와 듣는 이 모두가 복되게 하옵소서. 우리 주 예수 그리스도 이름으로 기도합니다. 아멘!

 우리의 마음을 열고 성령의 은혜로 비춰주시고 주님의 마음을 기쁘게 하는 일이 무엇인지 찾아낼 수 있게 하옵소서. _베데

추수감사주일 예배 1
절기예배

우리 삶을 주관하시고 인도하시는 하나님! 이 거룩한 주일을 추수감사주일로 드리게 하시니 감사드립니다. 모든 영광과 찬양을 받아주옵소서. 우리의 삶을 축복하여주사 항상 은혜를 베푸시니 감사드립니다. 날마다 우리에게 필요한 것들을 채워주시며 때를 따라 인도하시는 아버지께 오늘은 한 해의 삶 속에 이루어진 결실을 올려드리고자 모였사오니 주여, 우리가 드리는 예배와 예물을 받아주옵소서. 올해도 주님께서 이 나라와 이 땅의 교회들과 우리 가정에, 우리 일터에 충만한 은혜와 결실을 허락하여 주셨습니다. 감사합니다. 주님!

사랑의 주님! 들판에 오곡백과가 무르익어 주님을 찬양하며 영광을 돌리듯이 우리의 삶속에서 맡겨진 분깃과 사명에 기름진 열매로 넉넉하게 하옵소서. 주님은 포도나무요 우리는 가지라 하신 주님, 주신 은혜에 비하면 너무도 작은 결실임을 압니다. 그러나 아버지 안에서 더욱 풍성한 열매 맺는 삶을 살게 하실 줄 믿습니다. 진리의 말씀을 저희 심령 속에 새겨 범사에 주님께 감사드리게 하옵소서. 저희가 주님의 보혈로 구원받았으니 이 놀라운 은총에 늘 감사하게 하옵소서. 우리의 이름이 하늘나라 생명책에 기록됨을 믿고 감사드립니다. 날마다 우리의 모든 삶이 감사로 이어지기를 원합니다. 주님께 진실로 감사를 드리며 우리 주 예수 그리스도 이름으로 기도합니다. 아멘!

오 주님! 주님에게서 얼굴을 돌리는 것은 타락이며 주님을 향해 얼굴을 향하는 것은 구원이며 그리고 주님 안에 서는 것은 영원히 사는 것입니다.
_어거스틴

추수감사주일 예배 2
절기예배

만복의 근원 되시는 하나님 아버지! 올 한 해도 주님의 경륜 아래서 모난 것을 다듬고 연약한 것을 치시어 보다 더 하나님을 닮게 하시니 감사드립니다. 시작부터 지금까지 많은 열매를 허락하여 주신 주님께 감사함으로 추수감사 예배를 드리오니 받아주옵소서. 성도 한 사람 한 사람마다 드리는 감사들을 기쁘게 받아주시고 축복해주시기를 원합니다. 우리의 나약함과 부족함을 아시고 늘 채워주시는 하나님께 감사드립니다. 우리 삶에 이른 비와 늦은 비를 때를 따라 허락하시는 주님의 사랑에 감사드립니다. 우리를 구원하시고 사랑해주시고 영원한 천국까지 인도하시는 하나님의 사랑을 어찌 다 감사할 수 있겠습니까. 다만 저희가 이 시간 내려 주신 그 은혜가 얼마나 귀한 것인지 잠잠히 되새겨보며 주님 앞에 경배코자 합니다. 주님, 왕으로 임하사 다스려주옵소서. 우리의 삶을 인도하사 주님 뜻대로 살게 하옵소서.

  사랑의 하나님! 우리 삶에 감사가 넘치게 하옵소서. 하루하루를 감사로 시작하게 하옵소서. 우리의 기도와 찬양과 예배 역시 감사로 시작되기를 원합니다. 우리를 사랑하셔서 비천한 인생을 존귀케 바꾸신 그 은혜에 감사드립니다. 하나님이 허락하신 풍성함으로 저희 배만 채움이 아니라 나누고 흘려보내는 은혜도 주옵소서. 우리에게 믿음에 믿음을 더하사 주님의 사역에 동참함을 기쁘게 하옵소서. 우리의 생업에 축복하심을 감사드립니다. 우리의 가정에 축복하심을 감사드립니다. 우리의 교회와 성도들을 축복하시니 감사드립니다. 이후로도 모든 삶을 다스려주시고 인도해주시기를 원합니다. 전천후 감사를 통하여 우리의 신앙이 더욱더 성숙하게 하옵소서. 주님을 사랑합니다. 우리 주 예수 그리스도 이름으로 기도합니다. 아멘!

 오! 우리의 하나님이신 주님이시여, 올바른 축복을 올바로 구하는 방법을 우리에게 가르쳐주옵소서. 우리 인생의 배를 주님께서 조종하사 폭풍우에 시달리는 영혼을 조용한 항구로 돌아가게 하옵소서. 우리에게 가야 할 길을 가르쳐주옵소서. _성 바실

성탄절 예배 1
절기예배

전지전능하신 하나님! 우리를 구원해주시기 위하여 이천 년 전에 유대 땅 베들레헴에 탄생하신 주님을 찬양합니다. 이 시간 저희가 주님의 이름으로 예배드리오니, 주여 영광을 받아주옵소서. 하늘에는 영광이요 땅에는 평화를 허락하신 주님의 은혜에 감사와 찬양을 드립니다. 예수 그리스도로 말미암아 참 소망과 참 기쁨의 구원을 얻게 하신 하나님의 은혜에 감사드립니다. 주님이 탄생하시던 날 하늘에 별이 빛나고 천사와 목자와 동방박사들이 찬양을 드렸듯이 오늘 종일토록 이 땅에 오신 주님을 찬양하기 원합니다. 주님께서 우리에게 오셔서 구원의 길이 열렸으며 진리와 생명을 얻었으니 주님의 무한한 사랑에 감사드립니다.

사랑의 주님! 아직도 이 땅에는 복음으로 인한 기쁨을 누리지 못하는 사람이 많사오니 주님의 복음이 온 세상에 가득하기를 원합니다. 우리를 구원하시고자 인간의 모습으로 오심에 찬양과 감사를 드립니다. 오늘도 성령의 은혜로 함께하시는 주님께서 주님 나라에 갈 때까지 지켜주옵소서.

어린이부터 노인에 이르기까지 주님을 찬양하며 감사드리오니 받아주옵소서. 모든 영광과 찬양을 주님께서 홀로 받아주시기를 원합니다. 주님 앞에 모여 예배드리는 모든 성도에게 다시금 주님께서 구원해주신 사랑을 체험케 하옵소서. 우리를 사랑하시고 인도하시는 우리 주 예수 그리스도 이름으로 기도합니다. 아멘!

우리 입술이 주님을 찬양하며, 우리의 삶은 주님을 송축하며, 우리의 묵상은 주님께 영광을 돌리게 하여 주옵소서.
_고대 기도문

성탄절 예배 2
절기예배

우리를 구원하신 하나님! 예수 그리스도, 우리 주님께서 이 땅에 오심을 찬양합니다. 오늘이 없었다면 십자가 구속의 은혜도 없었을 터인데 우리를 위하여 크신 사랑을 보이신 주님의 은혜에 감사드립니다. 우리의 생각과 행동으로 다 표현할 수 없는 주님의 사랑이기에 예배를 통하여 영광을 돌립니다.

성탄절을 맞이한 모든 교회와 성도들에게 주님의 은총이 가득하게 하옵소서. 주님께서 이 땅에 오심은 하나님의 놀라운 섭리와 사랑에서 이루어진 줄 믿습니다. 그 놀라운 사랑을 우리로 알게 하심을 감사드립니다. 주님께서 이 땅에 오신 이날을 상업주의와 유흥의 시간으로 보내려 하는 이들을 불쌍히 여겨주시기를 원합니다. 그들에게도 복음을 통하여 이 귀한 날의 참된 의미를 깨닫게 하옵소서.

사랑의 주님! 이 귀하고 놀라운 주님의 사랑이 육신으로 이 땅에 오심을 기념하여 예배드리는 모든 성도가 구원의 기쁨을 누리게 하실 줄 믿습니다. 모든 이들이 마음을 열고 주님을 온전히 영접하게 하옵소서. 우리의 삶 속에서 이 땅에 오신 주님을 날마다 전하기 원합니다. 오늘 종일토록 주님을 찬양케 하옵소서. 주님이 이 땅에 오심을 소리 높여 찬양하는 성가대의 찬양을 받아주옵소서. 성탄의 기쁜 소식을 전하는 목사님에게 능력으로 함께 하시고 우리 모두 다 한 마음으로 말씀을 받고 실천하게 하옵소서. 모든 영광을 주님께 드리오니 받아주옵소서. 주님을 사랑합니다. 우리 주 예수 그리스도 이름으로 기도합니다. 아멘!

 우리의 대적인 어둠이 멀리 가게 하옵시며 평안한 가운데 잠들게 하시고 주님의 뜻에 따라 일하기 위해 눈을 뜨게 도와주옵소서. _앤드르슈

송년주일 예배 1
절기예배

세초부터 세말까지 인도하시는 하나님 아버지! 한 해 동안도 신실하게 인도하심에 감사드립니다. 한 해를 보내는 마음을 모두어 송년주일 예배를 드립니다. 한 해를 보내고 마지막 주일인 오늘, 모든 것이 주님의 은혜였음을 고백합니다. 에벤에셀의 하나님께서 우리와 함께하셨으니 이후로도 더욱더 함께하실 줄 믿습니다. 한 해를 시작할 때 주님께 고백하며 간구한 모든 것을 다 이루지 못하였음을 회개하오니 용서해주옵소서. 주님, 우리를 새롭게 하사 우리의 기도하는 시간이 더 늘어나게 하여 주시고 우리의 구제와 봉사와 선교와 사랑이 더욱 넘치게 하옵소서.

　사랑의 주님! 한 해를 살아오며 우리의 믿음과 열심이 부족하였음을 고백합니다. 우리 계획의 부족함, 우리 지혜의 부족함, 우리 능력의 부족함을 고백하오니 채워주옵소서. 새로운 해에는 주님의 능력과 권세로 더욱 충만하게 하사 하늘의 뜻을 이 땅에 이루게 하옵소서. 주님 앞에 올해 드릴 수 있는 결실을 드리오니 받아주옵소서. 이 모든 것이 주님의 사랑이요 축복입니다. 새로운 해에는 더욱더 주님 앞에 영광을 돌리기를 원합니다. 우리의 부족함과 연약함을 채워주시고 우리의 모든 허물을 사하사 은혜로 더욱더 충만한 삶을 살게 하옵소서. 올해도 신실하게 인도하신 주님께 감사드립니다. 새해에도 함께하여 주옵소서. 우리 주 예수 그리스도 이름으로 기도합니다. 아멘!

우리의 태양이며 위로자가 되시는 주님! 우리에게 오사 우리를 불러내어 새로운 아침의 힘을 주시며 우리를 격려하심으로 행복이 주어질 때는 솔직하게 기뻐하며 슬픈 일이 찾아왔을 때는 힘 있게 참고 기다리게 하여 주옵소서.　　　　　　　　　　　　　　　　　　　　　　　_스티븐슨

송년주일 예배 2
절기예배

처음과 나중이 되시는 하나님! 올해 1월부터 12월 마지막 주일까지 날마다 때마다 순간마다 인도해주심을 감사드립니다. 한 해를 보내며 12월 마지막 주일을 송년주일 예배로 드리오니 받아주옵소서. 올 한 해를 살아오면서 주님께 범한 모든 죄를 용서하옵소서. 주님 앞에 하겠다고 하고서 다 하지 못한 일들이 있으면 최선을 다하여 마치게 하여 주시기를 원합니다.

주님의 교회와 성도들을 인도해주신 하나님께 감사드립니다. 새로운 해에는 더 새롭게 되어 주님의 일에 열심을 갖게 하옵소서. 올해 기도한 것 중에 응답받지 못한 것들은 다시 기도하게 하시고, 올해 열매 맺지 못한 일들은 내년엔 꼭 열매를 맺게 하여 주옵소서.

사랑의 주님! 우리로 하여금 남은 기간 동안도 감사하며 보내게 하여 주시고, 새 술은 새 부대에 담는다고 하셨으니 새해를 기도로 준비하게 하옵소서. 해가 바뀌면 우리의 믿음도 더욱더 성장하기를 원합니다. 새로운 해에는 주님의 사랑과 섭리를 더욱더 깨달아 주님의 일에 열심을 내게 하옵소서. 한 해를 보내는 아쉬움도 있지만 새로운 해를 허락하신 주님께 감사드립니다. 새로운 해에는 주님이 어떻게 인도하시고 축복해주실까 기대하며 살게 하옵소서. 주님을 사랑합니다. 우리 주 예수 그리스도 이름으로 기도합니다. 아멘!

 때로 저희는 커다란 위험에 직면하지만 우리의 본성이 악함으로 바르게 설 수 없음을 주님도 아십니다. 어떠한 위험 가운데서도 어떠한 시험 가운데서도, 우리를 지켜주옵소서.
_겔라시우스 예전서

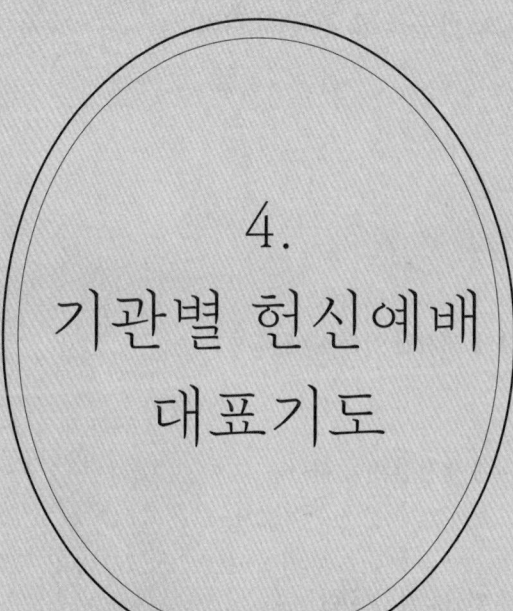

4.
기관별 헌신예배 대표기도

예수 그 이름으로 찬양하리라

_용혜원

내 마음에 새겨진 이름 하나

예수!

내 영혼에 새겨진 이름 하나

예수!

예수 그 이름으로 살리라

예수 그 이름으로 찬양하리라

나의 삶을 새롭게 하신 주님

나의 영혼을 새롭게 하신 주님

영원한 나의 사랑

영원한 나의 구원

영원한 나의 축복

예수 그 이름으로 행복하리라

예수 그 이름으로 기뻐하리라

누구에게나 전해도 좋은 이름

누구에게나 전해야 할 그 이름

예수!

예수!

내 마음에 새겨진 이름 하나

예수!

내 영혼에 새겨진 이름 하나

예수!

예수 그 이름으로 살리라

예수 그 이름으로 찬양하리라

주일학교 헌신 예배

헌신예배

자비로우신 하나님 아버지! 주일학교 헌신 예배를 드리오니 받아주시기를 원합니다. 주님 앞에 몸과 마음을 드려 헌신하기를 원하는 교사들과 어린이들을 보살펴주옵소서. 주님께 진실하기를 원하오니 주여, 이 시간 새롭게 하옵소서. 우리의 헌신이 말이나 형식으로 그치는 것이 아니라 진실로 깊이 있는 고백과 행함이 따르는 헌신이게 하옵소서. 어린이들을 사랑하시는 주님께서, 교사들을 사랑하시는 주님께서 언제나 그 큰 사랑으로 함께해주시기를 원합니다. 어린 영혼 한 명 한 명과 모든 교사를 주님께서 사랑하여 주시니 감사드립니다.

우리를 구원하여 주시는 하나님! 주일학교를 기억하여주사 매 주일 새로운 어린이들이 찾아와 만나게 하여 주옵소서. 천하보다 귀한 생명들이 구원받고 함께 찬양하는 기쁨을 허락하옵소서. 주일학교 교사들과 담당하는 목사님과 전도사님, 또한 교장 선생님과 부장님에게도 지혜와 믿음을 주사 어린 생명들을 인도하는 데 부족함이 없게 하옵소서. 주일학교 어린이들에게 지혜와 믿음을 주시기 원합니다. 어린이들이 고운 마음 착한 마음으로 주님을 섬기기를 원하오니 주여 인도하옵소서. 이 어린이들이 성장하여 주님 보시기에 아름다운 성도의 삶을 살게 하여 주시기를 원합니다. 아이들에게 꿈과 비전을 주사 이루어가게 하옵소서. 주님의 사랑받는 믿음의 자녀가 되게 하옵소서. 우리 주 예수 그리스도 이름으로 기도합니다. 아멘!

 주님의 커다란 자비와 주님의 거룩한 십자가의 증거로 우리를 도우시며 주님의 뜻대로 인도해주시기를 원합니다. 그리하여 무엇보다도 정결한 몸과 마음을 가지고 중심으로부터 주님을 사랑하게 하옵소서. _알프레드

중·고등부 헌신 예배

헌신예배

우리를 사랑하사 구원하시는 하나님! 이 시간 주님을 찬양합니다. 중, 고등부 학생들이 주님 앞에 모여 헌신 예배를 드리오니 받아주옵소서. 지금 학업을 연마 중인 학생들에게 지혜를 주사 공부하는 데 부족함이 없도록 인도해주옵소서. 언제나 삶 속에서 하나님을 섬기고 예배드림이 가장 중요한 것임을 깨닫게 하사 학업 중에도 주일을 성수하며 기도하도록 인도하옵소서.

사랑의 주님! 우리의 마음과 몸을 사랑으로 감싸주옵소서. 피곤하고 지친 심령 위에 평안과 기쁨을 가질 수 있도록 믿음에 믿음을 더하여주시기를 원합니다. 모든 학생에게 꿈과 비전을 주시고, 주님을 향하는 믿음의 열정을 주옵소서. 강하고 담대한 믿음을 주시어 반석 위에 세우게 하시고 하나님의 뜻을 깨달아 영광을 돌리는 삶을 살게 하옵소서. 학생회를 지도하는 목사님과 전도사님 그리고 교사들과 부장님에게 성령 충만으로 함께하여 주시길 원합니다. 우리 학생회가 주님의 영광을 나타내는 일에 앞장서며 소문나는 교회가 되게 하옵소서. 기도와 전도에 성실할 수 있게 하여 주시고, 말씀대로 살아 이 시대에 주님께서 허락하신 사명을 감당하게 하옵소서. 오늘 드리는 헌신 예배를 계기로 더욱더 부흥하는 학생회가 되기를 원합니다. 주님께서 학생회를 인도하옵소서. 우리 주님을 사랑합니다. 우리 주 예수 그리스도 이름으로 기도합니다. 아멘!

해 뜨는 때부터 해 질 때까지 주님을 예배하는 자들을 축복하소서. 주님의 선하심을 베푸소서. 주님의 사랑으로 충만하게 하시며 주님의 영으로 우리를 인도하소서.　　　　　　　　　　　　　　_고대의 기도

대학부 헌신 예배

헌신예배

전 지전능하신 하나님! 대학부 헌신 예배를 드리고자 모였습니다. 우리가 주님께 온 마음과 온 정성을 다하여 헌신하고자 하오니 함께하옵소서. 젊은이답게 강하고 담대한 믿음으로 살아가게 하여 주시고 주님의 영광을 나타내게 하옵소서. 주신 비전을 품고 젊은 날 학업에 열심을 갖게 하여 주셔서 모든 대학부 회원들이 자기 분야에서 전문가가 되게 하여 주시기를 원합니다. 우리의 믿음이 반석 위에 세워지게 하여 주옵소서. 우리가 믿음의 청년답게 세상에 빛과 소금의 직분을 다하며 살게 하옵소서. 항상 주님께 영광과 찬양을 돌리기를 원합니다.

사랑의 하나님! 우리에게 믿음의 열심을 주옵소서. 대학부가 계획하고 추진하는 일을 믿음으로 행하게 하여 주시고, 믿음으로 열매 맺게 하옵소서. 회원들 각자가 맡은 일에 최선을 다하게 하여 주시고, 회장과 임원들에게 믿음과 사랑을 주사 대학부를 이끌어가는 데 부족함이 없게 하옵소서.

우리 모두가 예배드리는 삶에 우선순위를 맞추게 하시고 늘 기도하며 말씀 속에서 살아가게 하옵소서. 믿음의 장부가 되어 주님께서 맡겨주신 사명을 감당하게 하옵소서. 교회에서나 학교에서나 가정에서나 사랑으로 섬기며 살아가기를 원합니다. 우리 대학부가 앞으로 더욱 부흥하고 변화되어 주님의 영광을 드러내게 하옵소서. 우리 모두에게 성령 충만과 믿음의 열정을 주시기를 원합니다. 주님을 사랑합니다. 우리 주 예수 그리스도 이름으로 기도합니다. 아멘!

 오, 주님! 우리의 입술로 말하는 것을 마음으로 믿고 우리의 삶에서 실천하게 도와주소서. 그리고 주님의 자비에 의해 끝까지 충실하게 하옵소서.
_존 헌터

청년부 헌신 예배

헌신예배

우리에게 소망을 주시는 하나님! 젊은 날에 창조주 여호와를 기억하라 하신 하나님의 말씀에 순종하기 위하여 청년들이 헌신을 다짐하며 예배드립니다. 혈기가 왕성하여 자기가 하고 싶은 대로 살기 쉬운 이때에 주여, 인도하옵소서. 주님을 섬기기에 부족함이 없도록 늘 동행해주시기를 원합니다. 젊은 날에 주님을 위하여 어떻게 헌신하며 사명을 다할까 고민하는 열정이 가득하게 하옵소서. 열정적인 믿음을 가지고 주님께 영광을 돌리는 삶을 살게 하옵소서.

사랑의 주님! 모든 청년이 여호수아와 갈렙처럼 확실하고 분명하게 주님의 뜻을 분별하며 끝까지 믿음을 지키게 하옵소서. 학교에서나 직장에서도 믿음의 자녀로 모든 면에 본이 되게 하시고, 교회에서도 각 분야에서 최선을 다하여 주님 앞에 설 때 칭찬받을 수 있는 청년들이 되게 하옵소서. 우리 청년들이 날마다 믿음으로 승리하고, 믿음의 정병으로 지금과 다가오는 세대에 더욱 주님 보시기에 아름다운 삶을 살게 하옵소서. 청년회를 지도하는 목사님과 전도사님 그리고 모든 청년회 회장과 임원들에게 성령 충만함을 주사 인도하는 데 부족함이 없도록 도와주시기를 원합니다. 오늘도 모든 청년에게 성령 충만을 주실 줄 믿습니다. 주님께서 청년회를 인도하여주심을 믿으며 우리 주 예수 그리스도 이름으로 기도합니다. 아멘!

주님을 두려워하는 가운데 살게 하시며, 주님의 은혜 가운데 죽게 하옵소서. 그리고 주님의 은혜 가운데 쉬게 하시며, 주님의 능력 가운데 일어나게 하시고, 주님의 영광 가운데 사는 자가 되게 하옵소서.　　　　_라우드

남전도회 헌신 예배

헌신예배

사랑의 하나님! 오늘 귀한 예배를 남전도회 헌신 예배로 드리게 하시니 감사드립니다. 주님의 능력으로 남전도회를 인도하여주사 모든 회원이 강하고 담대한 믿음으로 승리하게 하옵소서. 여호수아와 갈렙 같은 믿음으로 교회의 모든 일을 능력 있게 행하게 하시고, 회장으로부터 모든 회원이 하나 되어 기도와 말씀과 찬양으로 무장하여 이 시대에 예수 그리스도를 나타내기에 부족함이 없도록 인도하옵소서. 교회 부흥에 원동력이 되는 기관이 되게 하옵소서. 교회의 모든 일에 앞장서서 일하는 남전도회가 되기를 원합니다.

능력의 하나님! 이 시간 남전도회 회원들이 오순절 날 역사했던 성령의 역사하심으로 모두가 성령 충만하기를 원합니다. 오늘의 시대는 믿음과 성령의 역사하심이 없이는 주님의 일을 할 수 없사오니 오직 예수, 오직 성령 충만으로 함께하옵소서. 모든 남전도회 회원들이 가정과 교회에서 주님의 편지로 읽혀지는 삶을 살게 하옵소서. 영육에 강건함을 주사 주님의 일을 하기에 부족함이 없도록 인도하옵소서. 주님께서 함께하여 주사 믿음의 본이 되는 삶을 살게 하실 줄 믿습니다. 주여! 함께하옵소서. 주님 앞에 드리는 오늘의 헌신 예배를 받아주옵소서. 모든 영광과 찬양을 돌리며 우리 주 예수 그리스도 이름으로 기도합니다. 아멘!

우리의 심령 속에 거하셔서 우리의 눈에는 희망의 빛을 가지며 우리의 입술에는 영광이 풍부한 불꽃을 가지며 우리의 혀에는 주님의 말씀을 가지며 우리의 심령에는 주님의 사랑을 갖게 하소서.   _**무명**

여전도회 헌신 예배

헌신예배

　전지전능하신 하나님 아버지! 예수 그리스도의 십자가 구속의 사랑으로 우리를 구원하여 주심을 감사드립니다. 늘 주님의 교회와 성도들을 사랑하시고 인도하여주심도 감사드립니다. 여전도회 회원들이 헌신 예배를 드리고자 모였습니다. 주님께서 우리가 드리는 헌신을 받아주시기를 원합니다. 주님 앞에 온전한 헌신을 하기 원하는 모든 여전도회 회원에게 믿음 위에 믿음을 더하여주옵소서. 나라와 민족과 교회와 목회자들과 가정과 이웃을 위하여 기도하며, 모든 봉사에 있어서 순종하는 마음으로 주님의 사랑을 나타내게 하옵소서.

　사랑의 주님! 모든 여전도회 회원이 주님을 본받아 사랑하는 삶을 살게 하옵소서. 언제나 마음과 행동 속에 주님을 위하여 일하는 믿음 주시기를 원합니다. 가정과 교회에서 믿음 생활의 모범을 보이게 하여 주시고, 지역사회에서도 예수 그리스도의 향기를 나타내게 하옵소서. 모든 이에게 믿음의 담력을 주시고 건강을 주시며 지혜를 주사 언제나 주님의 영광을 나타내게 하옵소서. 모든 여전도회 회원들이 각자에게 주어진 사명을 감당하게 하옵소서. 주님의 손길로 모든 회원과 이 시간에 참석한 모든 성도들을 축복해주옵소서. 회원과 임원들에게 은혜와 능력 주시기를 원합니다. 주님을 사랑합니다. 우리 주 예수 그리스도 이름으로 기도합니다. 아멘!

 우리에게 닥쳐오는 문제들에 대응할 힘을 주시며, 위험한 일에 대해서는 용감하게 고난에 굴복하지 않으며, 노여움을 참으며, 운명이 변하여 죽음의 문에 가까이 이를지라도 서로 충실하며 사랑할 수 있게 하옵소서.
_스티븐슨

교사 헌신 예배

헌신예배

우리의 목자가 되시는 하나님! 양 떼들을 사랑하시어 항상 인도하시는 주님의 신실하심에 감사드립니다. 교회 모든 교사가 주님 앞에 헌신 예배를 드립니다. 교사들에게 지혜와 지식과 능력과 권세를 주사 맡겨진 사명을 감당하게 하옵소서. 오직 예수 그리스도만 전하기를 원합니다. 한 영혼 한 영혼을 소중히 여기며, 가르치기 전이나 가르칠 때나 가르친 후에도 기도하게 하옵소서. 사랑하는 마음을 주옵소서. 영혼을 소중히 여기기를 원합니다. 주님을 닮아가는 삶을 살게 하옵소서.

은혜의 하나님! 교사들이 지혜의 부족을 느낄 때마다, 연약할 때마다, 피곤을 느낄 때마다 힘을 주시고 능력 주시기를 원합니다. 주님의 교사들이 바로 서야 교회 교육에 변화가 있사오니 함께하옵소서. 교사들에게 말씀을 온전히 가르칠 수 있는 믿음을 주옵소서. 교사들에게 믿음과 사랑의 뜨거운 열정을 주사 성령의 은혜로 사역하게 하옵소서. 한 영혼 한 영혼이 천하보다 귀한 영혼임을 아오니 오직 주님의 사랑을 귀히 여기게 하옵소서. 오직 주님의 이름으로 복음을 힘 있게 전하게 하여 주옵소서.

사랑의 하나님! 능력에 능력을 주사 가르치기에 부족함이 없도록 인도해 주옵소서. 영혼을 더욱더 사랑하기를 원합니다. 교사들의 헌신 예배를 받아 주옵소서. 주님을 사랑합니다. 우리 주 예수 그리스도 이름으로 기도합니다. 아멘!

모든 선을 갖추신 하나님이시여! 하나님의 거룩하신 뜻을 마음으로부터 원하며 현명하게 구하며 확실히 알고 전적으로 성취할 수 있도록 하소서.
_토마스 아퀴나스

구역장 헌신 예배

헌신예배

우리에게 사명을 주시고 능력을 주시는 하나님! 주님 앞에 모여 찬양과 경배를 드리오니 받아주옵소서. 교회에서 가장 작은 조직인 구역을 기억하여주사 모든 구역 식구와 구역장에게 믿음을 주셔서 주님을 섬기기에 부족함이 없게 하옵소서. 구역이 살아 움직여야 가정이 변화되고 교회가 역동적으로 움직이오니 주여, 모든 구역을 인도하옵소서. 오늘 주님 앞에 예배드리는 구역장마다 말씀의 능력을 주시고 사랑을 허락하여주사 구역을 돌보기에 부족함이 없게 하옵소서. 지혜를 주시고 능력을 주시기 원합니다. 구역마다 기도가 불같이 일어나게 하여 주시고 전도의 문을 활짝 열어 성도의 수가 배가 되게 하옵소서.

사랑의 하나님! 한 구역 한 구역의 모든 사정을 아시는 주님께서 필요한 것들을 채워주사 주님의 일을 하기에 부족함이 없게 하옵소서. 구역 예배를 드리기에 게으르지 말게 하시고 부지런히 주님을 섬기게 하옵소서. 구역장들에게 건강을 주시고 가정에도 축복을 주사 맡은 일에 어려움이 없도록 인도하옵소서. 모든 구역장마다 성령 충만을 주사 강하고 담대한 믿음으로 주님의 일을 하게 하옵소서. 우리 모두가 구역을 위하여 더욱더 뜨겁게 기도하게 하시고 보살피며 섬기게 하옵소서. 구역이 부흥되기를 원합니다. 모든 구역마다 새로운 변화가 일어나게 하옵소서. 주님이 함께하심을 믿고 구역장 헌신 예배를 드립니다. 주여, 받아주옵소서. 우리 주 예수 그리스도 이름으로 기도합니다. 아멘!

주님의 튼튼한 보습으로 밭을 갈고 우리가 뿌린 씨앗을 위해 고랑을 덮으소서. 이곳은 우리 하나님의 땅이요, 밭입니다. 이곳은 인간이 맺어야 할 열매가 자라는 곳입니다.
_롱펠로우

성가대 헌신 예배

헌신예배

찬양을 기쁘게 받으시는 하나님! 주님 앞에 찬양 드리기를 기뻐하는 성가대들이 헌신하기 원하여 예배드립니다. 예배드릴 때마다 불려지는 성가대원들의 찬양이 하나님께 영광을 돌리게 하옵소서. 온 성도와 함께 주님의 이름을 찬양하기에 부족함이 없도록 인도하옵소서. 성가대원 한 사람 한 사람이 주님 앞에 온전한 믿음으로 찬양하게 하옵소서. 지휘자와 반주자 그리고 모든 성가대원에게 믿음 위에 믿음을 더하여주시기를 원합니다. 강하고 담대한 믿음, 반석 위에 세워진 믿음으로 찬양하게 하옵소서.

사랑의 하나님! 성가대원들이 주님 앞에 온전한 찬양을 드리게 하옵소서. 연습에 게으르지 말게 하여 주시고, 중심에 주님을 영접한 그리스도인답게 찬양을 준비하게 하옵소서. 모든 성가대원이 쓰임 받기를 원합니다. 성가대원들이 교회에서나 가정에서나 평상시 그들이 거하는 곳에서도 하나님의 자녀답게 살게 하옵소서. 오늘 성가대원들이 드리는 헌신 예배를 주님께서 기쁘게 받아주시기를 원합니다. 말씀을 전하는 목사님과 모든 성도에게도 주님의 은혜와 평강이 함께하시기를 원하며 우리 주 예수 그리스도 이름으로 기도합니다. 아멘!

 시간과 영원의 주 하나님! 주님은 우리를 시간 안의 피조물로 지으셨으며 시간이 끝날 때 주님의 축복된 영원 속으로 우리를 이끄십니다. 주님의 은사인 시간을 선용하는 지혜를 주사 은혜의 때를 잊지 않게 도와주옵소서.
_크리스티나 로제티

제직 헌신 예배

헌신예배

전 지전능하신 하나님 아버지! 하나님 앞에 제직들이 헌신하고자 예배 드리오니 받아주옵소서. 주님께서 모든 제직을 인도하여주사 기도하며 말씀 속에서 살아가게 하옵소서. 우리 제직들이 먼저 믿음의 본이 되게 하여 주시고, 주님의 일을 위하여 사랑하며 헌신하기를 원합니다. 주님의 온유하고 겸손하신 마음을 닮아가게 하옵소서. 교회를 위하여 더욱더 열심히 사역에 동참하게 하여 주시고 믿음으로만 살게 하옵소서. 모든 제직이 삶과 신앙생활에 모범을 보이게 하시고 먼저 그 나라와 그 의를 구하게 하옵소서.

사랑의 하나님! 제직들이 교회 일을 할 때 먼저 주님을 생각하며, 주님의 마음으로 일하게 하옵소서. 우리가 항상 주님의 도구로 쓰임 받음을 감사하며 살게 하옵소서. 우리의 마음을 낮아지게 하시며 겸손하게 하옵소서. 주님의 교회를 위하여 무슨 일을 할까 생각하며 늘 앞장서게 하옵소서. 우리에게 맡기신 사명을 잘 감당하기를 원합니다. 제직들의 믿음을 강하게 하여 주시고 사업과 가정을 축복하여주사, 주님의 일을 하기에 부족함이 없게 하옵소서. 주님께서 우리의 예배를 받아주심을 믿고 감사드립니다. 우리 주 예수 그리스도 이름으로 기도합니다. 아멘!

 나는 주님이 부르시는 음성을 듣지 못하는 귀머거리였습니다. 그러나 이제 주님의 부르심에 응답할 수 있는 용기를 주옵소서. 여기 있는 나를 보내소서.
_존 베일리

장학 위원회 헌신 예배 1
헌신예배

믿음의 주요, 온전하게 하시는 전능하신 하나님! 장학 위원회를 위하여 기도드립니다. 하나님의 자녀들을 위한 장학 단체이오니 언제나 시작부터 끝까지 하나님이 인도하여 주시고 함께 하여 주시옵소서.

장학 기금이 잘 마련되어 항상 부족함없이 풍성하게 하여 주시고 장학 위원회를 운영하는 이들에게 지혜와 은혜를 주셔서 잘 운영하게 하여 주시기를 간절히 기도합니다.

장학 혜택을 받을 수 있는 자녀들이 늘어나게 하여 주시고 장학 위원회를 통하여 많은 학생의 꿈과 희망이 열리게 하여 주시기를 원합니다. 장학 혜택을 받은 모든 학생이 하나님의 영광을 위하여 쓰임 받게 하여 주시고 나라와 민족과 교회를 위하여 쓰임 받게 하여 주시기를 원합니다.

장학 위원회를 통하여 하나님의 섭리하심과 인도하심을 깨닫게 하여 주시고 늘 항상 좋은 결과를 통하여 풍성한 열매를 맺게 하여 주시기를 원합니다.

장학 위원회의 모든 기금이 학생들을 위하여 잘 쓰여 지게 하여 주시고 이 일을 위하여 늘 수고하고 애쓰며 기도로 준비하고 일하는 모든 이들을 축복하여 주시기를 원합니다.

우리 주 예수 그리스도 이름으로 기도합니다. 아멘!

우리의 기도에도 현실을 위한 기도보다는 미래를 내다볼 줄 아는 기도가 있어야 한다.
_작자미상

장학 위원회 헌신 예배 2
헌신예배

전 지전능하신 하나님! 장학 위원회를 설립하여 주시고 인도하여 주심을 감사드립니다. 장학 위원회를 통하여 많은 학생이 학업을 연마하여 꿈과 희망을 현실로 이루어가게 하여 주시기를 원합니다. 배움을 통하여 한층 더 성숙한 삶을 살게 하여 주시고 하나님을 알고, 믿고, 배우며 따르며 살게 하여 주시기를 원합니다.

사랑의 하나님!

장학 위원회를 통하여 배움의 과정에서 도움을 받은 학생들이 성장하여 다시 다른 사람들의 삶을 위하여 도움을 주는 삶을 살게 하여 주시기를 원합니다. 배고픔을 느껴본 사람들이 배고픔을 알듯이 가난을 느껴본 사람들이 도움이 얼마나 고귀하고 감사한 일인지 알게 됩니다.

장학 위원회가 더욱더 성장하고 발전하여 많은 학생에게 도움이 되고 베풂이 되게 하여 주시고 이 귀한 사역에 동참하는 이들이 날로 늘어나게 하여 주시기를 원합니다. 이 귀한 사역을 위하여 날마다 애쓰고 수고하는 이들을 기억하시고 축복하여 주시기를 원합니다.

우리 주 예수 그리스도 이름으로 기도합니다. 아멘!

누구든지 철저하게 적용하지 않고는 참다운 기도의 사람이 될 수 없고, 성공을 기대할 수도 없으며, 그리고 성공하지도 못할 것이다.   _호머핫지

건축 위원회 헌신 예배 1
헌신예배

천지 만물을 창조하시고 운행하시는 전능하신 하나님! 하나님의 성전을 건축하기 위하여 모인 건축 위원회를 인도하여 주시고 함께 하여 주시기를 원합니다.

성전 건축을 위한 헌금을 충만하게 하여 주시고 건축하는 동안 사건이나 사고가 일어남 없이 성령의 인도하심으로 순탄하게 진행되게 하여 주시기를 간절한 마음으로 기도를 드립니다. 하나님이 전을 건축하는 것이오니 하나도 빈틈이나 허술함이 없이 건축되게 하여 주시기를 원합니다.

하나님의 성전이 모습을 이루어 갈 때마다 무한 감사와 영광을 돌리게 하여 주시고 모든 영광과 찬양은 하나님께서 받아주시기를 원합니다.

능력이 많으신 하나님!

우리는 늘 부족하고 나약하오니 늘 충만하게 채워 주셔서 힘들고 어려울 때도 나약하여 지치지 않게 하여 주시고 모든 것을 하나님께 의지하며 나가게 하소서.

성전이 잘 건축되어 예배를 통하여, 찬양을 통하여, 하나님께 영광을 돌리게 하여 주시기를 원합니다. 시작과 끝이 되시는 하나님께서 성전 건축의 시작과 끝을 인도하여 주시기를 원합니다.

우리 주 예수 그리스도 이름으로 기도합니다. 아멘!

 기도가 안되고 기도하고 싶지 않은 순간이 바로 기도해야 하는 순간이다.
_토레이

건축 위원회 헌신 예배 2
헌신예배

천지 만물을 주관하시는 하나님! 만물의 시작과 끝이 하나님께 있사오니 그 큰 사랑에 감사드립니다.

주님의 성전을 짓고자 건축 위원회가 모였사오니 한 몸 한 뜻이 되어 말씀 속에서 기도하며 하나님의 성전을 짓게 하여 주시기를 원합니다.

한 순간도 멀리하지 마시고 하나님의 성전을 온전히 이룰 때까지 인도하여 주시기를 원합니다.

능력의 하나님!

성전을 이루는데 필요한 물질을 허락하여 주시고 준비와 설계와 짓는 모든 과정에서 사건, 사고없이 온전히 지어져 하나님께 영광과 찬양을 드리며 입당 예배를 드리게 하여 주시기를 원합니다.

사람의 생각과 뜻이 아니라 하나님의 뜻과 섭리가 언제나 함께 하여 주시고 하나님께서 예배와 찬양과 기도를 받으실 거룩한 성전이 되게 하여 주시기를 원합니다. 모든 것을 합력하여 선을 이루시는 하나님을 전적으로 의지하며 성전을 이루게 하여 주시기를 원합니다.

우리 주 예수 그리스도 이름으로 기도합니다. 아멘!

해가 떠서 비칠 때 기도하지 못한 자는 구름이 일어났을 때도 기도할 줄 모른다.　　　　　　　　　　　　　　　　　　　　　　　　　_비델울도

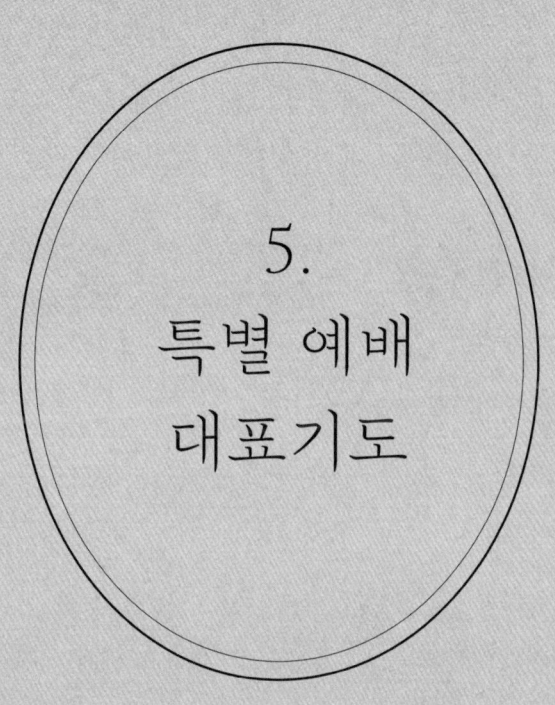

5. 특별 예배 대표기도

구원의 다리

_용혜원

주님이 이어놓으신

구원의 다리는

아무도 무너뜨릴 수가 없습니다

보혈의 피로

고귀한 화목제물이되사

이루어놓으신

새 생명의 길이기에

아무도 어찌 할 수가 없습니다

그리하기에

누구든지

이 구원의 다리를

예수 이름으로 건너기를 원하면

거듭나는 축복을

받을 수 있습니다

아무런 조건도

필요하지 않고

아무런 준비가 없어도

오직 예수

그 이름을 믿기만 하면

오직 예수 주님을 영접하기만 하면

주님이 피로 놓으신

구원의 다리를 건널 수 있습니다

주님이 십자가의

사랑으로 이루신

새 생명의 다리를

건널 수 있습니다

신학대학 주일 예배
특별예배

말씀과 진리와 능력의 하나님! 이 거룩한 주일을 신학대학 주일로 지켜 하나님께 영광과 찬양을 드리려 하오니 받아주옵소서. 신학대학을 위하여 간절히 기도하오니 응답하여 주시기를 원합니다. 신학대학과 신학생 그리고 교수들에게 주님께서 함께하여 주옵소서. 주님의 말씀을 전하는 목회자들을 배출하고자 학교를 세워주셨으니 모든 신학생에게 깊은 영성, 바른 인격과 함께 말씀의 능력과 지혜를 주사 믿음과 사랑으로 충만한 사역자들이 배출될 수 있도록 인도하옵소서. 이 시대는 참되게 복음을 전하는 목회자들이 필요한 시대인 줄 압니다. 세상에서도 인정하는 사역자가 많이 배출되어 주님의 몸된 교회와 성도들을 인도하기에 부족함이 없게 하옵소서.

사랑의 주님! 신학대학 교수들에게 함께하사 지식만이 아니라 성령과 말씀으로 가르치게 하시고, 신앙과 인격에 부족함이 없는 지도자가 되게 하옵소서. 신학대학 모든 직원과 운영진들을 기억하여 주사 축복해주시기를 원합니다. 하나님, 하나님이 주신 사명에 충실하여 주님의 뜻을 온 세상에 나타내는 학교와 학생들이 되게 하옵소서. 각 신학대학을 통하여 말씀에 순종하는 능력 있는 목회자들이 더욱 많이 배출되어 이 시대를 이끌게 하소서. 주님의 함께하심을 믿고 우리 주 예수 그리스도 이름으로 기도합니다. 아멘!

주님의 힘 있는 팔로 우리를 지켜주옵소서. 하나님의 사랑하시는 아들 우리 구주 예수그리스도 안에 있는 자비와 사랑의 친절로 우리를 구원하여 주옵소서. 참으로 진실하신 말씀 안에서 우리를 가르쳐주옵소서. _존 낙스

군목 주일 예배
특별예배

이 민족을 지켜주시는 하나님 아버지! 이 나라 이 백성을 사랑하사 지켜 주시고 군의 복음화를 위하여 군목들을 세워주심을 감사드립니다. 이 거룩한 주일, 군목 주일로 하나님께 영광을 돌리며 군대가 더욱더 복음화되기를 간구합니다. 이 땅의 젊은이들이 조국 강산과 부모 형제들을 보호하기 위하여 불철주야로 애쓰며 지금 이 시간에도 땀 흘리고 있사오니 그들에게 은혜와 사랑을 더하여 주옵소서. 강한 믿음과 건강도 주시고 꿈을 주시며 자신감을 주옵소서.

사랑의 주님! 오늘의 예배는 군 선교를 위한 예배이오니 우리 교회로 하여금 군 선교에 많은 관심과 사랑을 갖게 하시며 그들을 위한 기도와 선교와 사랑을 아끼지 않게 하소서. 전후방 부대마다 세우신 교회 위에 말씀과 은혜로 충만하게 하옵소서. 군목들이 언제 어디서나 복음 전할 수 있는 여건이 조성되기를 원합니다. 그들에게 지혜와 강한 믿음을 주셔서 복음으로 장병들을 인도하기에 부족함이 없게 하옵소서. 주여! 세우신 군목들을 성령 충만하게 하옵소서. 전 군의 복음화가 이루어질 수 있도록 인도하옵소서. 군인 교회와 모든 군목들과 가족, 성도들을 주님께 올려드립니다. 우리 주 예수 그리스도의 이름으로 기도합니다. 아멘!

내 몸에 주님 거하시고, 내 입으로 하여금 주님 이름의 영광을 전하게 하시며, 나의 사랑, 나의 모든 능력을 주님 믿는 사람들의 전진을 위하여 사용하옵소서. 나의 굳은 믿음과 신뢰가 흔들리지 않게 하소서. _무디

총회 주일 예배
특별예배

전능하신 하나님! 전국 교회 지도자들이 모여 총회를 개최하는 주간입니다. 이 한 주간을 기억하시고 총회를 기억하사 모든 회의마다 주께서 함께하소서. 교회들이 주님의 뜻을 이루며 펴는 데 총력의 힘을 다하게 하옵소서. 지난해 동안 총회의 운영을 위하여 수고한 총회장과 모든 임원에게 주님께서 축복하시며, 새롭게 선출되는 총회장과 모든 임원에게 능력과 은혜를 주사 주님과 교회를 위하여, 성도들을 위하여 일하게 하옵소서. 급속히 변해가는 이때 총회를 기억하사 지혜와 슬기로 이 시대를 이끌어가게 하옵소서. 더욱 진리로 충만하게 하옵소서.

　사랑의 하나님! 우리 교단의 모든 교회를 부흥케 하사 전 세계에 선교하고, 말씀을 증거하는 교단이 되게 하옵소서. 교단의 모든 교회를 기억해주시기를 원합니다. 농어촌 교회와 개척 교회들이 어려움을 극복하게 도와주시고 부흥하게 하옵소서. 교회 교회마다 성령으로 충만케 되어 주님의 사역을 온전히 감당하길 원합니다. 말씀과 진리로 함께하시며 주님의 교회와 목회자와 성도들에게 힘을 더하여주소서. 모든 교회가 하나님의 사역에 열정을 다하게 하옵소서. 성령행전을 이 시대에 나타내는 교회가 되게 하여 주시기를 원하며 우리 주 예수 그리스도 이름으로 기도합니다. 아멘!

 우리의 심령을 새롭게 하시고 우리의 마음을 주님께로 이끄셔서 우리의 일을 무거운 짐이 아니라 기쁨이 되게 하옵소서.　　　_벤저민 젱크스

장애 주일 예배
특별예배

사랑의 하나님! 몸소 십자가의 대속 제물이 되사 우리에 대한 사랑을 확증하신 은혜에 감사드립니다. 오늘 장애인 주일을 맞이하여 우리를 온전케 하시는 예수 그리스도를 생각할 수 있도록 인도하시니 감사드립니다.

장애인들을 기억하시고 체휼하시는 하나님, 몸과 마음에 원하지 않는 고통을 안고 살아가는 저들을 불쌍히 여겨주시기를 원합니다. 우리 모두가 주님을 닮아 장애인들을 보살피게 하옵소서. 주님께서 이 땅에 오셔서 병들고 가난하고 어려움에 처한 자들의 상처를 감싸주시고 치유해주신 것처럼 우리도 저들의 아픔을 돌보게 하옵소서.

사랑의 하나님! 하나님의 축복을 받은 우리 모두, 주님의 영광을 위하여 나보다 어려운 자를 돌아보며 주님의 사랑을 실천하는 손과 발이 되게 하옵소서. 장애인들을 인도하여주사 저들의 거처와 삶에 필요한 물질들이 채워지도록 일자리를 허락하옵소서. 장애인들을 보살펴주는 선교단체에도 필요한 것들로 채워주옵소서. 장애인들과 함께 사는 가족들에게도 힘과 용기를 허락해주시기 원합니다. 장애인들에게 소망과 기쁨과 믿음을 주옵소서. 주님께서 저들의 영육을 인도하옵소서. 주님께서 사랑하여 주시기를 원합니다. 우리 주 예수 그리스도 이름으로 기도합니다. 아멘!

 나를 감싸고 있는 은혜를 깨닫게 하소서. 친한 사람들로부터 소외되지 않게 하소서. 매일의 양식 가운데서 주님의 은혜를 깨닫게 하시며, 우리 집의 안락함을 통하여 하나님 은혜의 보좌에 대해 생각하게 하옵소서. _**조웨트**

삼일절 주일 예배
특별예배

천지 만물을 창조하시고 역사를 주관하시는 하나님! 모든 나라와 민족을 사랑하시고 지금도 다스리심을 믿고 감사를 드립니다. 오늘은 우리 민족이 일본에 항거하여 만세 운동을 일으켰던 날입니다. 민족을 사랑하는 수많은 사람의 희생으로 오늘의 우리 모습이 있게 하셨습니다. 우리 민족이 더욱더 나라를 사랑하게 하옵소서. 이 나라 이 민족이 의와 자유와 정의를 사랑하는 민족이 되게 하옵소서.

사랑의 하나님! 일제 탄압에 맞서 수많은 그리스도인과 선열들이 분연히 일어나 맞서 싸웠던 이날, 그들이 나라와 민족을 사랑했던 조국애를 본받게 하옵소서. 이 나라에 아직도 여러 가지 어려움이 있지만 믿음과 사랑과 소망으로 하나가 되어 슬기롭게 이겨 나가게 하옵소서.

삼일절을 맞이한 이때에 나라를 사랑하는 애국애족 정신이 이 땅에 가득하게 하옵소서. 하나님 앞에 바로 선 민족이 되어 하나님을 온전히 예배하고 찬양하게 하옵소서. 이 민족을 사랑하시고 지금까지도 돌보시는 우리 주 예수님 이름으로 기도합니다. 아멘!

 내 영혼의 영원한 아버지시여! 이날, 나의 첫 생각을 주님께 두게 하소서. 주님을 예배하게 하시며 나의 첫 언어로 주님을 노래하게 하시고, 나의 첫 행위는 기도로 주님 전에 무릎 꿇는 것이게 하소서. _존 베일리

해방 주일 예배
특별예배

이 민족을 사랑하시는 하나님! 이 나라 이 백성을 36년간의 일제 치하에서 해방해주신 은총에 감사드립니다. 나라도 잃고 언어도 잃고 이름마저 잃어야 했던 아픔을 되새기며 이 민족의 새로운 영적 해방을 위하여 기도드립니다. 조국 광복을 위하여 애쓰고 수고한 이들의 피와 땀으로 이 민족이 오늘날 세계 속의 한국으로 장족의 발전을 했사온데 이제는 이 민족이 세계를 위한 선교의 국가로 하나님께 영광 돌리기를 원합니다. 이 민족이 하나님 앞에 바로 서는 민족이 되게 하옵소서. 우리나라 모든 분야에서 서로가 신뢰하고 협력하는 마음을 허락하옵소서.

사랑의 하나님! 이 민족의 해방을 감사드리는 오늘, 이 땅에 아직 남북으로 갈라져 있는 아픔이 있사오니 이 민족에게 하루속히 통일을 허락하사 주님을 경배하며 온전히 영광을 돌리게 하옵소서. 이 나라에 정치적 발전이 있게 하옵소서. 이 나라에 경제적 발전이 있게 하옵소서. 모든 분야에 발전이 있기를 원합니다. 빈부의 격차가 줄게 하시고, 농어촌에도 풍성함을 허락하여주사 땀 흘려 살아가는 보람을 갖게 하옵소서. 우리로 하여금 나라와 민족을 사랑하게 하시고, 위정자들이 올바른 정치를 하게 하옵소서. 주님의 교회와 성도들이 더 많은 중보 기도를 드리게 하여 주시기를 원합니다. 주여, 이 민족을 인도하옵소서. 그렇게 하실 우리 주 예수 그리스도 이름으로 기도합니다. 아멘!

 오, 주님! 항상 우리와 함께하사 우리의 모든 순간이 고요하게 빛나게 하소서. 죄악의 어두운 밤을 쫓아내시고 세상 곳곳에 주님의 참된 빛을 주소서.
_버나드

성서 주일 예배
특별예배

천지 만물을 창조하신 하나님! "태초에 말씀이 계시니라. 이 말씀이 하나님과 함께 계셨으니 이 말씀은 곧 하나님이시니라. 그가 태초에 하나님과 함께 계셨고 만물이 그로 말미암아 지은 바 되었으니 지은 것이 하나도 그가 없이는 된 것이 없느니라"하신 말씀을 기억합니다. 오늘은 주님이 허락하신 말씀의 은혜에 감사드리는 성서 주일입니다. 말씀 속에 보여주시는 하나님의 오묘하신 섭리를 찬양합니다. 우리에게 주님의 뜻을 알게 하시려고 성령을 주셨으니 온전히 깨닫게 하사 진리의 자유함을 누리며 살게 하옵소서. 아직도 말씀을 알지 못하고 듣지 못하는 이들에게 성경이 더 보급되기를 원합니다.

말씀의 하나님! 오늘날 방향 없는 세대와 거짓 진리로 혼란스러운 이 땅이 오직 주님의 말씀으로 정결케 되기를 원합니다. 주님의 말씀으로 새롭게 하옵소서. 주님의 말씀으로 모든 성도의 심령을 충만케 하옵소서. 주님을 증거하는 목회자들에게 말씀의 지혜와 권능을 주시기 원합니다. 주님의 말씀이 온 세상에 충만함을 믿사오니 영광과 찬양을 받아주옵소서. 전 세계 모든 민족이 자기 언어로 성경을 읽을 수 있게 하옵소서. 우리에게 생명의 양식을 허락하신 주님께 무한 감사를 드립니다. 언제 어디서나 오직 말씀의 능력으로 살게 하옵소서. 말씀이 육신 되어 오신 예수님 이름으로 기도합니다. 아멘!

우리의 슬픔을 가볍게 질 수 있는 힘을 주소서. 우리의 사랑이 봉사의 열매를 맺을 수 있는 힘을 주소서. 가난한 자를 무시하지 않고, 무례한 폭력 앞에 무릎 꿇지 않는 힘을 주소서. 작은 일에 대해서도 고상하게 마음을 쓸 수 있는 힘을 주소서.
_타고르

종교개혁 주일 예배
특별예배

전 지전능하신 하나님! 모든 것을 날마다 새롭게 하심을 감사드립니다. 주님께서 피로 값 주고 사신 생명들을 위하여 섭리하시고 은혜로 함께하심을 감사드립니다. 오늘은 종교개혁 주일입니다. 이 땅의 교회가 말씀을 떠나 타락의 길을 걸을 때 새로운 개혁을 통하여 주님께 돌아오게 하셨습니다. 오직 믿음으로, 오직 말씀으로, 오직 은혜로, 오직 주님의 이름으로 이 땅의 교회들이 초대 교회의 모습으로 돌아가게 하옵소서. 변질되어 가는 모습에서, 진리를 떠나는 모습에서, 오직 예수 신앙으로 주님께 돌아가기를 원합니다. 주님만이 교회의 인도자이심을 믿습니다.

사랑의 하나님! 우리와 함께하여주사 오늘 이 시대에 주님의 사역을 위하여 모든 교회와 목회자와 성도들이 다시 한번 개혁한다는 마음으로 새롭게 변화되게 하옵소서. 새로운 갱신을 통하여 교회가 살아나게 하시고, 성도들과 목회자들에게 믿음의 열정을 허락하여 주시기 원합니다. 우리에게 성령 충만함으로 주님의 일을 하게 하옵소서. 초대 교회의 성도들처럼 주님만을 바라보며 살기를 원합니다. 복음을 전하게 하시고 복음대로 살게 하옵소서. 우리 모두가 주님만이 교회의 주인이심을 깨달아 영광과 찬양을 돌립니다. 주여, 우리와 함께하옵소서. 우리 주 예수 그리스도 이름으로 기도합니다. 아멘!

그리스도께서 걸어가신 것같이 우리도 걸을 수 있게 도와주소서. 그리스도 안에 성령이 임하신 것같이 우리 안에도 머물러 주소서. 우리의 삶이 그리스도를 닮게 하소서. _조웨트

제직 회의 1
특별예배

회의를 주관하시는 하나님! 교회 제직들이 사역을 의논하고자 모였습니다. 주님께서 함께하사 모든 제직의 마음을 성령으로 인도하옵소서. 교회와 성도들을 사랑하는 마음을 주시고, 주님의 일에 열심을 주시기를 원합니다. 이 시간 토의하고 의논되어지는 모든 일이 주님께 영광을 돌리는 일이 되게 하옵소서. 합력하여 선을 이루기를 원합니다.

사랑의 주님! 저희 교회가 이 시대에 빛과 소금의 직분을 다하게 하옵소서. 교회의 제직들에게 주님의 영광을 드러내는 일에 헌신할 수 있는 마음을 주옵소서. 모든 제직이 착하고 충성된 종으로 칭찬받게 하옵소서. 제직회의에서 의논되는 모든 일을 주님 뜻 안에서 이루어 주옵소서. 주님께서 인도해 주심을 믿습니다. 우리 주 예수 그리스도 이름으로 기도합니다. 아멘!

오 주님! 살아 있는 신앙과 거룩한 희망과 불타는 사랑과 주님을 사모하는 마음을 주옵소서.
_토머스 모어

제직 회의 2
특별예배

모든 회의를 주관하시는 하나님! 주님의 교회를 사랑하는 제직들이 모여 교회의 여러 가지를 의논하고자 합니다. 주님께서 함께하여 주사 모든 제직들의 마음을 성령으로 인도하옵소서. 교회를 사랑하는 마음을 주시고 주님의 일에 열심을 주시길 원합니다. 이 시간 토의하고 의논하는 모든 일이 주님께 영광이 되게 하옵소서. 모든 일의 시작이요 마침이 되시는 주님께서 합력하여 선을 이루게 하옵소서.

사랑의 하나님! 주님의 교회가 이 시대에 빛과 소금의 직분을 다하게 하옵소서. 교회 제직들에게 주님의 영광을 드러내는 일에 헌신할 수 있는 마음을 주옵소서. 그리하여 주님께 착하고 충성된 종으로 칭찬받게 하옵소서. 제직 회의에서 의논되어지는 모든 일이 주님의 뜻에 합당하게 하옵소서. 주님께서 인도해주심을 믿습니다. 우리 주 예수 그리스도 이름으로 기도합니다. 아멘!

우리를 인도하시고 가르치시고 격려하셔서 우리가 주님께서 바라는 대로 순결하고 온화하며 진실하고 고상하며 정중하고 관대하며 유능하고 책임감 있는 유익한 자들이 되기를 주님의 존귀와 영광의 이름으로 간절히 기도합니다. 아멘!
_찰스 킹슬리

구역 예배
특별예배

사랑이 많으신 하나님! 주님이 고난당하신 금요일을 맞이하여 구역 식구들이 모여 주님 앞에 예배드립니다. 주님께서 우리 구역의 모든 가정마다 은혜와 축복을 내려주옵소서. 바른 믿음의 생활로 주님께 영광 돌리기 원합니다.

　사랑의 주님! 구역에 속한 모든 가정마다 부부가 화목하게 하시고, 자녀들이 주 안에서 잘 자라나 주님께 영광을 돌리게 하옵소서. 믿음이 연약한 성도들을 강한 믿음으로 인도해주시고, 병약한 성도들을 주님의 손길로 치유하여 주옵소서. 사업하는 이들의 사업을 축복하여주사 물질로 영광을 돌리게 하옵소서.

　사랑의 주님! 전도를 통하여 구역 식구들이 늘어나기를 원합니다. 오늘 예배드리는 이 가정 위에 주님의 은혜와 평강이 함께하기를 원합니다. 구역 예배를 인도하는 이에게도 성령 충만함을 주시옵소서. 주여, 우리와 함께하옵소서. 우리 주 예수님 이름으로 기도합니다. 아멘!

오 하나님! 원합니다. 우리의 영혼과 몸을 지켜주시고 우리의 판단력을 높이시며, 길을 가르쳐주시고, 생활을 정돈하게 하시며, 사업에 축복을 주시고, 우리의 소원을 채워주시며 거룩한 생각을 주시옵소서.　_앤드류스

야외 예배
특별예배

아름다운 자연을 주신 하나님! 우리에게 이렇게 좋은 환경과 자연을 허락하시니 감사드립니다. 온 성도들과 함께 자연 속에서 하나님을 찬양하오니 영광을 받아주옵소서. 이 땅의 모든 것을 말씀으로 창조하신 하나님의 놀라우신 은총을 찬양합니다. 우리를 하나님의 형상으로 창조하셨으니 바른 믿음 생활로 주님의 뜻을 이 땅에 이루게 하옵소서. 성도들이 이곳에서 오늘 하루를 보내는 동안 하나님의 사랑을 깨닫게 하옵소서.

　사랑의 하나님! 교회의 모든 성도가 게임과 놀이를 통해 주 안에서 하나됨을 체험하게 하옵소서. 서로 사랑하는 마음을 갖기 원합니다. 오늘 함께 하신 목사님과 장로님 그리고 권사님, 부목사님과 전도사님 그리고 모든 성도에게 주님의 평안과 사랑을 더하시옵소서. 우리를 사랑하사 아름다운 자연을 주신 하나님을 종일토록 찬양하길 원합니다. 주님을 찬양합니다. 주님을 사랑합니다. 우리 주 예수 그리스도 이름으로 기도합니다. 아멘!

우리를 도와주시고 구원하여 주소서. 고난당하는 자들을 구원하여 주소서. 외로운 자들에게 자비를 베푸시고 넘어진 자들을 일으켜 주옵소서. 믿지 않는 자들을 고쳐주시며 연약한 자들을 일으키소서. 낙심한 자들을 위로하소서.
_클레멘트

성경 공부 시간
특별예배

천지 만물을 창조하신 하나님! 우리가 주님 앞에 말씀을 배우고자 모였습니다. 영안이 열려 말씀의 뜻을 깨닫게 하옵소서. 말씀 속에서 믿음 생활을 온전히 할 수 있도록 인도하옵소서. 가르치는 이와 배우는 이가 하나 되어 말씀의 오묘한 비밀을 깨닫기를 원합니다.

사랑의 주님! 우리 믿음의 삶이 말씀에 근거하여 좌로나 우로나 치우치지 않도록 하옵소서. 하나님의 말씀은 우리의 심, 혼, 골수를 쪼개어 바른길로 인도하시는 힘과 능력이 있사오니 말씀에 굳건히 서서 성도답게 살게 하옵소서.

사랑의 주님! 말씀 속에서 더욱더 십자가의 사랑을 배워 복음을 전하는 성숙에 이르게 하옵소서. 배운 말씀을 행하며, 강하고 담대한 성도의 삶을 살기 원합니다. 우리에게 말씀을 깨달을 수 있는 지혜를 주옵소서. 주님을 사랑합니다. 우리 주 예수 그리스도 이름으로 기도합니다. 아멘!

 우리는 성령을 사용할 수 없다. 다만 그가 우리를 사용하실 뿐이다.
_워렌 위어스비

교사 기도회
특별예배

말쏨이 되시는 하나님! 우리를 예수 그리스도의 보혈로 구원해주시니 감사드립니다. 이 시간 교사들이 말씀을 가르치기 전, 먼저 주님께 마음을 드리고 주님의 인도하심을 받기 위하여 모였습니다. 모든 영광과 찬양을 받아주옵소서.

교사들에게 말씀을 잘 가르칠 수 있는 지혜를 주시고, 잘 인도할 수 있는 믿음을 주시기 원합니다. 무엇보다도 사랑을 충만히 부어주옵소서. 날로 악해져 가는 세상에서 우리를 인도하실 분은 주님이시니 함께하옵소서. 예배 중에 주님의 은혜를 새롭게 부어주옵소서.

사랑의 주님! 말씀을 전할 목사님에게 성령 충만을 주시고 예배드리는 교사들과 학생들이 마음 문을 열고 말씀을 받아들이게 하옵소서. 우리에게 믿음의 열심을 주사 부흥하게 하시고, 학생들이 성령 충만함을 받아 삶이 변화되기를 원합니다. 모든 영광과 찬양을 받으실 우리 주 예수 그리스도 이름으로 기도합니다. 아멘!

오! 주 예수 그리스도시여, 주님은 길이며 진리며 생명이십니다. 주께 비오니 우리가 길이신 주님을 떠나 방황하는 일이 없게 하시며, 진리이신 주님을 불신하는 일이 없게 하시고, 생명이신 주님 외에 다른 것을 의지하는 일이 없게 하소서. _에라스무스

성가대 연습 전
특별예배

찬양받으시기에 합당하신 하나님! 주님께 더욱더 온전한 찬양을 드리기 위하여 모였습니다. 우리에게 믿음과 열정을 주옵소서. 우리의 목소리로 주님께 찬양을 드릴 수 있도록 택하여주심을 감사드립니다. 우리의 온 마음과 온 정성을 다한 찬양을 통하여 영광을 돌리게 하옵소서.

  사랑의 하나님! 지휘자와 반주자 그리고 성가대원 한 사람 한 사람을 기억하여 주사 건강을 주시고 믿음을 주시며 삶을 축복하옵소서. 주여! 우리가 성가대 연습을 하는 시간에도 중심으로 찬양하게 하옵소서. 우리 성가대가 날로 더욱 주님께 합당한 찬양을 드릴 수 있기를 원합니다. 예배 때 찬양을 통하여 하나님께 영광을 돌리고 성도들에게는 기쁨을 전하게 하옵소서. 우리로 주님을 찬양할 축복 주심을 감사드립니다. 홀로 모든 찬송을 받으실 우리 주 예수 그리스도 이름으로 기도합니다. 아멘!

정신없는 삶이 끝나고 우리의 일을 끝맺기까지 우리를 도와주옵소서. 그리하여 주여, 주님의 은총 안에서 안전한 잠자리, 거룩한 안식과 더불어 종래에는 평화를 누리게 하옵소서.   _뉴먼

임원 회의
특별예배

알파와 오메가 되신 하나님! 이 시간 임원 회의로 모였습니다. 회의를 통하여 주님께 합당한 의견이 모이고 추진되게 하옵소서. 회의에서 토의되는 모든 안건이 주님의 일을 하기에 부족함이 없는 것이기를 원합니다. 임원들 각자의 마음을 인도하여주사 개인의 생각이나 주장을 내세움이 없이 주님의 뜻에 합당하게 하옵소서. 주님께서 우리에게 사명을 맡겨주셨으니 충성을 다하게 하옵소서.

   사랑의 하나님! 임원들의 마음을 인도하옵소서. 시간과 물질을 아끼지 않고 드리오니 축복하옵소서. 이 시간 회의를 인도하는 회장을 붙잡아주시고 토의하는 모든 일을 통하여 주님의 복음이 확장되기를 원합니다. 우리로 하여금 사랑과 믿음을 가지고 주님의 일을 하게 하옵소서. 임원 회의의 시작부터 끝까지 주님께서 인도해주심을 믿습니다. 주여! 오시옵소서. 우리 주 예수 그리스도 이름으로 기도합니다. 아멘!

주여! 겸손히 주님께 간구하오니 다만 우리에게 참회의 심령과 주님만을 바라는 굳건한 마음을 주옵소서. 주여! 사는 동안 우리의 헌신이 주님께 열납되고 죽을 때에 우리의 영혼이 당신을 맞을 준비를 갖추게 하소서.
_라우드

각 기관 정기 총회 기도회 1
특별예배

천지 만물을 주장하시는 하나님 기관 정기 총회 기도회를 시작합니다. 그동안 수고한 임원들을 기억하여 주셔서 삶과 믿음을 축복하여 주시기를 원합니다. 날마다 하나님의 사랑과 은혜 속에 열매 맺는 삶을 살게 하여 주시기를 원합니다.

새롭게 일하기 위하여 선출되는 이들도 잘 선출되어 하나님의 영광을 잘 드러내고 나타내게 하여 주시기를 원합니다.

사랑의 주님!

기관들이 일할 때마다 힘과 능력을 주시고 모든 것이 합력하여 선을 이루게 하여 주시기를 원합니다. 일할 때마다 사람이 드러나는 것이 아니라 우리 주 예수 그리스도 말씀과 사랑이 드러나게 하여 주시기를 원합니다.

총회를 통하여 기관이 성장하고 발전하여 더욱더 주님의 일을 크고 넓고 깊게 할 수 있도록 힘과 능력을 주시기를 원합니다.

기관을 위하여 수고하고 기도하는 이들을 축복하여 주시고 인도하여 주시기를 원합니다.

우리 주 예수 그리스도 이름으로 기도합니다. 아멘

이 세상에서 누가 가장 하나님 아버지의 사랑을 받을 수 있는 사람인가? 그는 하나님을 자기 아버지로 100퍼센트 신뢰하는 사람이다.   _조지뮬러

각 기관 정기 총회 기도회 2
특별예배

만물을 주관하시는 하나님! 하나님께서 우리의 모임을 항상 인도하여 주심을 감사드립니다. 그동안 수고한 임원들이 떠나고 새로운 임원들을 선출하오니 하나님이 원하시는 사람들이 선출되어 하나님이 원하시는 일을 온전하게 이루어 나가며 하나님께 찬양과 영광을 돌리게 하여 주시기를 원합니다.

사랑의 하나님

임원들이 하나님이 주신 임무를 잘할 수 있도록 믿음과 능력을 주시기를 원합니다. 하나님의 도구가 되고 그릇이 되어 온전하게 쓰임 받게 하여 주시기를 원합니다. 모든 기관이 일심으로 하나 되어 하나님의 영광을 드러내게 하여 주시기를 원합니다.

기관 전체와 임원들이 하나님을 소망하며 하나님을 바라며 하나님의 일을 온전히 하게 하여 주시기를 원합니다. 게으르지 말고 늘 부지런히 하나님의 일을 깨어서 기도하며 할 수 있는 믿음을 주시기를 원합니다.

기관들을 축복하시고 인도하여 주시기를 원합니다.

우리 주 예수 그리스도 이름으로 기도합니다. 아멘!

 기도는 은사가 아니라 그리스도인의 의무이다. 한 번도 눈물 흘린 적이 없는 기도는 기적에 가깝다. _라우드

부흥 집회 1
특별예배

전지전능하신 하나님! 주님의 교회에 부흥성회를 열게 하여 주심을 감사드립니다. 이번 성회가 열리는 동안 성령을 물 붓듯이 쏟아부으사 모든 심령이 변화 받기를 원합니다.

우리의 모든 죄악을 용서하여 주옵소서. 주님께 순종하며 충성하는 믿음의 사람이 되게 하옵소서. 강사 목사님을 성령 충만으로 입혀주사 생명의 말씀, 능력의 말씀, 권세의 말씀을 들고 우리 주님만 전하게 하옵소서. 집회 기간 동안 강사 목사님과 담임 목사님 그리고 모든 성도에게 강건함을 주시기 원합니다. 그리고 가정과 교회에 다른 일들이 생겨 집회를 방해하는 일들이 없도록 붙들어주옵소서.

권능의 주님! 집회가 열리는 시간 시간마다 많은 무리가 모여 능력을 받고 주님을 찬양하게 하옵소서. 이번 성회를 통하여 교회와 성도들에게 놀라운 변화가 일어나 전도의 열매를 보게 하시고, 부흥에 부흥을 더하여주시기를 원합니다. 신유의 역사와 회개의 역사가 일어나게 하옵소서.

집회 시간 처음부터 끝까지 사탄의 세력이 방해하지 못하도록 오직 주님의 피 묻은 손으로 역사하여 주시기를 원합니다. 주여! 이 시간에 성령의 불을 오순절 마가의 다락방처럼 부어주옵소서. 주님께서 함께하여 주실 줄 믿습니다. 우리 주 예수 그리스도 이름으로 기도합니다. 아멘!

우리가 주님의 사랑을 이야기할 때는 항상 무언가 넘쳐흐릅니다. 아직 잴 수 없는 깊음이 있고, 측량할 수 없는 높음이 우리 앞에 있습니다. 우리의 입으로는 그 놀라움을 결코 다 말할 수 없습니다. 다만 영원히 그의 이름을 찬송할 뿐입니다.
_바버

부흥 집회 2
특별예배

능력과 권능의 하나님! 부흥성회를 통하여 은혜를 부어주실 주님께 영광과 찬송을 드립니다. 이번 부흥성회에 성령 충만함을 허락하옵소서. 우리의 믿음과 삶을 새롭게 하사 이 악한 세대에 믿음으로 승리하게 하옵소서. 지금 이 시간에도 함께하여 주옵소서. 우리의 허물과 죄악이 있으면 모두 다 용서하여 주시고 주님의 은혜를 넘치게 받을 수 있는 정결한 그릇이 되게 하옵소서. 사탄의 세력은 믿는 자를 넘어지게 하려고 우는 사자와 같이 찾아다니는데, 우리로 하여금 깨어 경성함으로 살아가게 하옵소서. 이 시간 주님 앞에 나온 한 심령 한 심령마다 은혜와 사랑으로 함께하옵소서. 오늘 초청받아 처음 나온 이들의 마음 문을 열어주셔서 고넬료 가정에 임하셨던 구원의 역사가 일어나게 하옵소서.

권세가 많으신 하나님! 오늘 부흥성회도 처음부터 은혜를 받게 하여 주시기를 원합니다. 강사 목사님에게 지혜와 지식과 능력과 권세를 주시어 복음을 증거하기에 부족함이 없게 하옵소서. 병든 이들이 회복되게 하시고, 시험에 들고 실패한 이들이 새롭게 되어 다시 시작하게 하옵소서. 온 교회에 성령의 불이 쏟아져 내리게 하옵소서. 하나님의 능력과 권능을 체험하기 원합니다. 모든 영광과 찬양을 받아주심을 믿고 우리 주 예수 그리스도 이름으로 기도합니다. 아멘!

주여, 나는 주님을 알지 못하오나 나는 주님의 것입니다. 나는 주님의 마음을 헤아릴 수 없으나 주께서는 나를 위하여 자기 몸을 바치셨습니다. 오 주여!
_하마슐드

간증 집회 1
특별예배

사랑의 주님! 간증 집회를 열고 있습니다. 이 간증 집회를 하나님께서 인도하여 주시고 함께 하여 주시기를 원합니다. 사람의 자랑이나 죄만 드러나는 것이 아니라 하나님의 인도하심과 섭리하심 속에 간증이 이루어지게 하여 주시기를 원합니다.

간증의 통하여 사람의 모습이 드러나기보다 하나님의 말씀과 은혜가 드러나게 하여 주시기를 원합니다.

은혜의 주님!

이 간증 집회를 통하여 성도들이 은혜를 받게 하여 주시고, 자신의 신앙을 돌아보고 믿음이 성장하는 시간이 되게 하여 주시며 말씀 생활과 기도 생활을 더욱 더 할 수 있는 동기와 기회가 되게 하여 주시기를 원합니다.

간증 시간 동안 주 예수 그리스도와 십자가와 하나님의 사랑만 드러나게 하여 주시기를 원합니다.

간증하는 이를 하나님께서 붙잡아 주시고 인도하여 주셔서 간증 집회 기간 동안 하나님의 도구로 귀하게 쓰임 받게 하여 주시기를 원합니다. 이 시간 모든 성도가 하나님의 인도 속에 충만한 은혜를 받게 하여 주시기를 원합니다.

우리 주 예수 그리스도 이름으로 기도합니다. 아멘

 기도란 예수 그리스도의 이름으로 우리의 죄를 고백하고 하나님의 자비하심을 감사함과 아울러 하나님의 뜻에 맞추어 우리의 소원을 하나님께 올리는 것이다.   _무디

간증 집회 2
특별예배

말씀으로 천지를 창조하신 하나님! 오늘 간증 집회를 인도하여 주시기를 원합니다. 간증하시는 분의 몸과 마음과 입술을 주장하여 주시고 하나님의 말씀과 예수 그리스도의 십자가 사랑이 증거 되게 하여 주시기를 원합니다.

오늘 간증을 통하여 성도들이 자신의 믿음의 삶을 돌아보게 하시고 언제나 바른 믿음으로 성도답게 살게 하여 주시기를 원합니다.

사랑의 주님!

주 안에서 언제나 믿음의 본이 되는 삶을 살게 하여 주시고 구주 예수 그리스도의 삶을 닮아가는 삶을 살게 하여 주시기를 원합니다.

오늘 간증 집회에 마음을 열고 귀를 열고 온전히 받아들이게 하여 주시고 이 시간을 통하여 창조주 하나님께서 영광과 찬양을 받아주시기를 원합니다.

오늘 간증 집회의 첫 시간부터 마지막 시간까지 오직 성령께서 인도하여 주시기를 간절한 마음으로 기도 드립니다. 하나님을 사랑합니다. 하나님의 말씀대로 살기를 원합니다.

우리 주 예수 그리스도 이름으로 기도합니다. 아멘!

하나님께 간절히 기도하는 것이 중요한 것이 아니라, 그분의 뜻이 반영된 기도가 중요한 것이다. 나는 열렬히 사랑하는 분이 있다. 그 분은 하나님, 하나님 뿐이시다.   _진젠도르프

전도 집회 1
특별예배

말씀으로 천지를 창조하신 하나님! 하나님의 말씀을 통하여 전도 집회를 열고 있습니다. 죄로 인해 타락한 이 시대에 강퍅한 마음을 활짝 열어 우리 구주 예수를 영접하게 하여 주시길 간절히 원하고 원하며 기도합니다.

하나님의 말씀으로 자신이 지은 죄를 깨닫게 하여 주시고 주 예수를 영접하여 죄를 고백하고 구원받아 하나님의 자녀가 되게 하여 주시기를 원합니다.

권능의 하나님!

전도 집회 기간에 많은 이들이 초대받게 하여 주시고 많은 이들이 구원받게 하여 주시기를 원합니다. 이 집회를 열기 위하여 수고하시는 많은 분들을 일일이 기억하여 주시고 축복하여 주시기를 원합니다.

말씀을 전하시는 목사님을 영육 간에 성령으로 인도하여 주시고 성가대가 온전한 찬양으로 하나님께 영광을 돌리게 하여 주시기를 원합니다.

전도 집회 기간에 말씀 충만, 은혜 충만, 성령 충만, 사랑 충만하여 모든 이들이 하나님의 은혜를 풍성하고 충만하게 받게 하여 주시를 원합니다.

우리 주 예수 그리스도 이름으로 기도합니다. 아멘

기도는 만능의 갑옷이요, 값이 떨어지지 않는 보물이요, 고갈되지 않는 광산이며 구름으로도 흐려지지 않는 하늘이다. 이것은 뿌리요, 지반이요, 한량없는 축복의 어머니이다.
_크리소스톰

전도 집회 2
특별예배

우리를 구원하여 주시는 하나님! 오늘 하나님의 이름으로 전도의 문을 활짝 열고 전도 집회를 열고 있습니다. 성령 충만, 말씀 충만, 은혜가 충만한 시간이 되게 하여 주시기를 원합니다.

이 시대가 날로 악하고 죄악이 가득해 사람들이 말씀을 듣고 회개하여 주 예수 이름으로 구원받아야 하오니 크고 넓으신 하나님의 사랑으로 축복하시고 인도하여 주시기를 원합니다.

구원의 하나님!

한 사람 한 사람이 더 전도 집회에 초대되어 구원받게 하여 주시고 이 전도 집회를 통하여 구원받은 하나님의 자녀가 날로 숫자에 숫자를 더하여 교회가 부흥하게 하여 주시기를 원합니다.

이 전도 집회를 통하여 하나님의 말씀이 드러나게 하시고 예수 그리스도의 보혈의 십자가가 드러나게 하여 주시고 하나님의 놀라우신 구원의 섭리가 현장에서 현실이 되어 나타나게 하여 주시기를 원합니다.

이 전도 집회를 날이 갈수록 예수 그리스도의 구원을 통하여 소문나게 하소서.

우리 주 예수 그리스도 이름으로 기도합니다. 아멘!

온종일 하나님 앞에서 그대가 기도하는 시간을 갖도록 힘쓰며, 종종 하나님 앞에서 늘 신선한 기도의 샘물이 되도록 하라.   _페넬수

선교사 파송 및 후원 예배
특별예배

예루살렘과 유대와 사마리아와 땅끝까지 복음을 전하라 말씀하신 하나님! 전 세계에 흩어져 복음을 전하는 선교사들을 기억하옵소서. 모든 사역지에서 만나는 갖가지 어려움을 믿음으로 이겨내게 하시옵소서. 선교사들에게 강하고 담대한 믿음을 주사 주님의 이름으로 승리하게 하옵소서.

오늘 본 교회에서도 선교사님을 파송하고 후원하고자 합니다. 함께하여 주옵소서. 파송되는 선교사님과 가족들에게 믿음을 주시고 영육 간에 강건하게 하옵소서. 현지에서 잘 적응할 수 있는 지혜와 능력을 주옵소서.

능력의 하나님! 선교사들을 돕는 이들이 늘어가게 하옵소서. 우리도 기도와 물질로 후원하기로 결정합니다. 우리로 하여금 끝까지 성실하게 하옵소서.

선교지역의 모든 상황이 복음을 전하기에 적합하도록 인도하옵소서. 복음을 증거할 때마다 구원받는 수가 늘어가게 하여 주시고, 선교사님과 가족들에게 건강함을 주시며, 선교사들이 세운 교회의 성도들을 은혜와 평강으로 인도하옵소서. 주님께서 날마다 선교사님들의 삶에 힘을 주사 승리하게 하심을 믿습니다. 주여, 인도해주옵소서. 우리 주 예수 그리스도 이름으로 기도합니다. 아멘!

우리를 사랑하사 모든 죄의 더러움에서 우리를 씻으신 그에게 영광을 돌리라. 그리스도와 함께 왕과 제사장을 삼아 나라들을 다스리게 하신 그에게 영광을 돌리라.
_호레이셔스 보나르

여름 성경학교
특별예배

사랑이 많으신 하나님 아버지! 방학을 맞아 여름 성경학교를 열게 하여 주시니 감사드립니다. 이 무더운 여름철에 주님의 말씀과 찬양과 율동과 여러 가지 놀이를 통하여 주님의 구원하신 사랑을 깨닫고자 하오니 인도해주옵소서.

교사들에게 어린이들을 잘 이끌 수 있는 믿음과 지혜를 주시고, 어린이들에게는 마음을 열고 주님의 말씀을 잘 받아들이는 은혜를 주옵소서.

사랑의 주님! 여름 성경학교 기간 동안 목사님과 교사들 그리고 어린이들의 건강을 지켜주시고 한 명도 어려움 당하지 않도록 보살펴주시기를 원합니다. 모든 순서가 기도하며 계획한 대로 이루어지게 하시고 성령의 인도하심만 받게 하옵소서.

이 시간 말씀을 전하시는 목사님께 성령 충만함을 주옵소서. 우리 마음에 주님의 말씀이 필요하오니 잘 받아들이게 하옵소서. 성경학교 기간 동안 날씨도 주관하여 주시며, 모든 일을 통하여 하나님께는 영광이 되고 우리에게는 기쁨의 시간이 되게 하옵소서. 우리 주 예수 그리스도 이름으로 기도합니다. 아멘!

모두 그분께서 아십니다. 주님 그대를 택하시고 그의 택하심을 그대가 받았습니다. 주님이 모두 아십니다. 주님이 계획하셨습니다. 그러므로 주님을 믿고 기뻐하시기 바랍니다.　　　　　　　　　_마가레트 클락슨

수련회
특별예배

우리의 믿음이 자라는 것을 보고 기뻐하시는 하나님! 주님의 말씀을 깊이 깨닫고 성도 간의 아름다운 교제를 나누고자 수련회를 개최합니다. 이 수련회 기간 동안 주님께서 함께하시고 보살펴주시기를 원합니다.

우리 몸과 마음이 주님을 향하게 하시고 이번 수련회를 통하여 주님의 사랑을 더 깊이 알게 하옵소서. 성도 간의 교제를 통하여 구체적인 기도로 섬기고 나누는 삶을 살기 원합니다.

사랑의 주님! 수련회를 인도하시는 목사님과 모든 임원을 기억하여 주시고, 수련회를 통하여 신앙이 성장하고 교회가 부흥하며 가정이 변화되는 놀라운 역사를 경험하게 하옵소서. 주님께서 시간 시간마다 은혜와 사랑을 베풀어주옵소서. 이 수련회를 위하여 보이지 않는 곳에서 수고하고 애쓰는 성도들을 기억하사 축복하옵소서. 수련회의 모든 과정과 일정을 인도하실 우리 주 예수 그리스도 이름으로 기도합니다. 아멘!

이곳에 그리스도께서 함께하신다면 내 기도는 오래지 않아 행복의 찬송을 터뜨려 울리고 그리하여 내게 기쁨과 환희가 넘치리라. _마가레트 생스터

찬양 예배
특별예배

전 지전능하신 하나님! 주님 앞에 찬양 예배를 드리오니 받아주옵소서. 우리의 찬양을 받으실 분은 주님밖에 없사오니 모든 영광과 찬양을 홀로 받으시옵소서.

주님의 보혈로 구원받은 우리가 평생토록 주님을 찬양하기 원합니다. 주님께 드리는 찬양이 믿음의 고백이 되게 하옵소서. 우리 삶에 사랑과 은혜로 함께해주시기를 원합니다. 모든 성도의 마음이 하나가 되어 온전히 주님을 찬양하며 예배드리게 하옵소서. 우리와 함께하시는 주님께 기쁨과 기대 가운데 나아갑니다.

사랑의 주님! 우리의 삶을 날마다 인도하시니 감사드립니다. 우리의 삶 속에서 주님을 찬양하게 하옵소서. 곡조 있는 기도인 찬양을 통하여 주님께 기도하고 간구하기를 원합니다. 우리의 삶이 찬양을 통하여 새롭게 변화되게 하옵소서. 이 시간 주님께 드리는 찬양을 기쁘게 받아주시며 우리에게 풍성한 은혜를 주옵소서. 우리 주 예수 그리스도 이름으로 기도합니다. 아멘!

주님의 창고에 있는 모든 풍요 중에서 제게 더 이상 아무것도 주지 않으실지라도 주여, 이것만은 제게 주소서. 조용한 마음, 만족, 평화, 사랑하는 가슴, 순종, 정결. 주여! 이것만은 제게 주소서. _조 라이스

총동원 전도 주일 예배
특별예배

우리를 구원하시는 하나님! 주님의 날, 이 거룩한 주일을 온 성도들이 하나가 되어 총동원 전도 주일로 지킵니다. 모든 성도가 하나 되어 기도하고 준비한 일이오니 영광과 찬양을 받아주옵소서.

오늘 초청받은 사람들이 주님을 영접하여 구원받으며, 새 생명의 역사가 일어나기를 원합니다. 천하보다 귀한 생명들이오니 주님께서 저들의 마음 문을 열어주시고 강권하여 주옵소서. 성령님 환영하고 홀로 역사하시길 사모하오니 오늘 새로 나온 이들 중에 한 심령도 그냥 왔다가 그냥 돌아가는 이가 없게 하옵소서.

사랑의 주님! 총동원 전도 주일 예배를 준비하기 위하여 기도와 물질로 애쓴 모든 이들을 축복하옵소서. 말씀을 전하시는 목사님을 붙잡아주사 성령 충만으로 복음을 뜨겁게 전하게 하시고, 듣는 이들이 새롭게 변화 받게 하옵소서. 성가대의 찬양을 받아주시며 순서를 맡은 이마다 주님의 사랑으로 인도하옵소서. 주님께서 오늘 나온 모든 이에게 은혜와 평강으로 함께하시기를 원합니다. 구원의 역사, 변화의 역사가 일어나게 하옵소서. 사랑합니다. 우리 주 예수 그리스도 이름으로 기도합니다. 아멘!

 주님이 가장 사랑하는 것들을 나도 사랑합니다. 그리하여 그의 품에 더 가까이 갈 것입니다. 나는 예수님을 사랑합니다. _마르다 스넬 니콜슨

주일학교 예배
특별예배

사랑의 예수님! 이 거룩한 주일에 주님 앞에 나와 예배를 드리게 하여 주심을 감사드려요. 우리가 주님의 사랑으로 구원받았으니 주님을 온전히 사랑하게 해주세요. 예수님께서 저희를 사랑하시는 줄 믿습니다.

저희가 드리는 예배를 받아주세요. 선생님들과 어린이들이 한마음으로 예배드리고, 말씀을 잘 배워 말씀대로 살게 해주세요. 말씀 전하는 목사님께도 함께해주세요. 예배를 주님께서 받아주세요. 사랑하는 예수님 이름으로 기도합니다. 아멘!

 주여! 주님만이 우리가 원하는 모든 것입니다. 그 외에는 아무것도 없습니다. 주님으로부터 축복의 강물이 흐릅니다. 주님 안에 축복받은 자가 살며 생명의 샘, 우리의 구원, 우리의 세계, 우리의 거할 곳이 바로 주님의 품입니다.
_잔 마리 귀용

학생회 예배
특별예배

우리를 사랑하사 돌보시는 주님! 우리가 드리는 이 예배를 받아주옵소서. 주님의 보혈로 구원받은 저희가 주님께 예배드림을 기뻐합니다. 우리는 공부하는 학생이오니 지혜를 주시어서 학업을 연마하기에 부족함이 없게 하옵소서.

여호수아처럼 강하고 담대하게 하여 주시고, 다니엘처럼 굳건한 믿음을 주시며, 바울처럼 확실한 믿음을 주옵소서. 요셉처럼 꿈과 비전을 허락하여 주시기를 원합니다. 오늘 우리가 드리는 예배가 주님께 상달되게 하옵소서.

사랑의 주님! 우리 학생회가 더욱더 부흥하게 하시고 우리 모두에게 믿음에 믿음을 주시기 원합니다. 말씀을 읽게 하여 주시고 기도하여서 반석 위에 세워진 견고한 믿음을 갖게 하옵소서.

학생회를 인도하는 부장 선생님과 목사님께도 함께하옵소서. 선생님과 학생이 하나 되어 주님의 뜻을 이루게 하옵소서. 회장과 임원들에게 믿음과 지혜를 주셔서 학생회를 잘 이끌어가게 하옵소서.

이 시간 말씀을 전하는 목사님을 붙드시고, 말씀을 통해서 진리를 깨닫게 하옵소서. 우리의 예배를 열납하실 주 예수 그리스도 이름으로 기도합니다. 아멘!

하나님은 사랑입니다. 주님이 나의 짐을 져주실 것을 압니다. 비록 그 모든 것을 알지 못할지라도 주님이 나를 돌보심을 압니다.   _그레이스 트로이

청년회 예배
특별예배

전지전능하신 하나님! 이 시간 청년들이 모여 예배드리오니 받아주옵소서. 젊은 날에 여호와를 경외하라 하신 하나님, 주님을 경외하며 드리는 이 예배를 받아주옵소서. 우리에게 복음의 열정을 주사 주님을 바라보며 살게 하시며, 성령 충만함을 주옵소서. 그리하여 젊은 날 더욱더 주님의 뜻을 청종하길 원합니다. 꿈과 소망을 갖고 그 모든 것을 이루어주실 주님을 바라봅니다. 그 하나님을 의지하며 힘차게, 확신 있게 정진케 하옵소서. 이 시간 주님 십자가의 구원 사랑을 깨닫기 원합니다.

사랑의 주님! 우리에게 맡겨진 사명을 잘 감당하게 하옵소서. 주님의 일에 최선을 다하게 하시고, 모든 일이 합력하여 선을 이루게 하옵소서. 언제 어디서나 세상의 빛과 소금의 직분을 감당하길 원합니다. 하나님의 인도하심을 기대하며 살기를 원합니다. 주님의 사랑으로 생동하게 하옵소서. 강하고 담대한 믿음으로 날마다 승리하는 삶을 살게 하옵소서.

오늘의 예배를 열납하시며 청년회를 인도하실 우리의 주인 되신 예수님 이름으로 기도합니다. 아멘!

그대는 오직 최선을 다하고 모든 결과는 주님께 맡기십시오. 그대에게 생명과 열정과 일과 노력과 기쁨과 사랑과 열심을, 그리고 모든 것 위에 모든 것을 주시는 주님께. _존 옥센함

입시생을 위한 기도 1
특별예배

사랑의 목자가 되시는 하나님! 진학을 앞두고 있는 입시생들을 위하여 기도하오니 응답하여 주시기 원합니다.

건강으로 인도하여 주셔서 입시를 준비하는 동안 힘들고 지치지 않게 하여 주시기를 원합니다. 늘 기도함으로 하나님의 인도하심을 체험하게 하여 주시고 강한 믿음으로 어떤 어려움도 이겨낼 수 있는 믿음의 담력을 주시기를 원합니다.

권능의 하나님!

입시생들에게 지혜와 지식과 총명을 허락하여 주셔서 뛰어난 머리로 준비할 수 있도록 언제나 함께하여 주시기를 원합니다. 서두르는 마음이나 불안하고 초조한 마음이 사라지게 하여 주시고 넉넉한 마음으로 입시를 준비하여 나가게 하여 주시기를 원합니다. 학생들과 부모들이 서로의 마음을 잘 이해하여 부딪침이 없게 하여 주시고 모든 것이 합력하여 선을 이루게 하여 주시고 시작도 좋고 결과도 좋아 좋은 열매를 맺게 하여 주시기를 원합니다.

입시생들이 늘 항상 기분 좋게 입시를 준비할 수 있도록 마음을 주장하여 주시기를 원합니다.

우리 주 예수 그리스도 이름으로 기도합니다. 아멘

천국은 두 발로 뛰어가는 길이 아니라 두 무릎으로 기어가는 길이다.
_브레이너드

입시생을 위한 기도 2
특별예배

말씀으로 천지를 창조하신 하나님! 세상을 운행하시고 인도하시는 무한하신 사랑을 감사드립니다.

입시를 앞두고 공부하느라 힘들고 지친 학생들을 인도하여 주시기를 원합니다. 학생들에게 믿음에 믿음을 더하여 주셔서 자신감과 열정을 가지고 끝까지 도전하여 열매를 맺는 입시생들이 되게 하여 주시기를 원합니다.

선한 목자가 되시는 하나님!

입시생들의 몸과 마음을 인도하여 주시고 그들이 원하고 바라는 삶을 살 수 있도록 강하고 담대하게 미래를 위하여 도전에 도전을 하여 승리하게 하여 주시기를 원합니다.

입시를 준비하는 모든 학생이 꾸준한 마음으로 입시를 치를 수 있도록 늘 항상 지켜주시고 인도하여 주시기를 원합니다.

어려울 때일수록 어려움을 이겨내는 용기와 담력을 주시기를 원합니다.

자기가 원하는 일을, 최선을 다해 이루어 나가게 하여 주시기를 원합니다.

우리 주 예수 그리스도 이름으로 기도합니다. 아멘!

믿음의 기도만이 우주에서 전능하신 여호와를 움직일 수 있는 능력이다.
기도는 최상의 치료제이다.　　　　　　　　　　　_존 옥센함

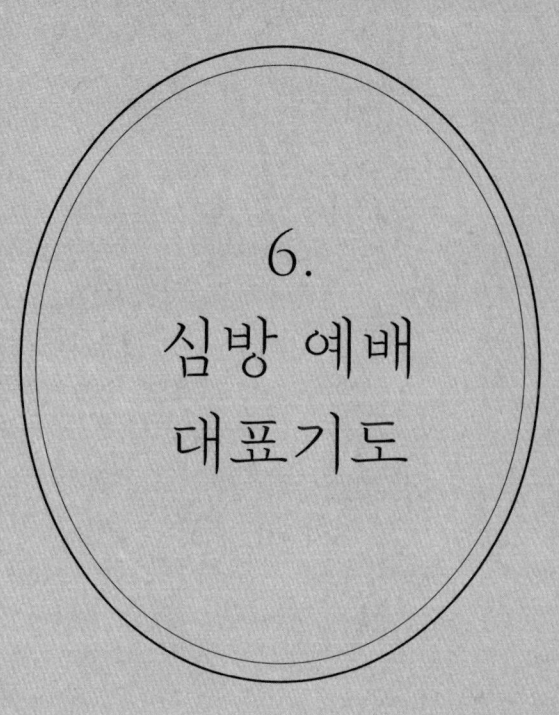

6.
심방 예배
대표기도

주님의 손길

_용혜원

나는 알았습니다

주님 사랑의 손길이

언제나 함께하시는 것을

눈으로 볼 수 없으나

믿음으로 느낄 수 있는

주님의 따스한 손길을

나는 알 수 있습니다

주님 사랑의 손길이

언제나 함께하시는 것을

나의 삶 속에

언제나 주님의 손길을

따뜻하게 느낄 수 있기에

나도 주님을 닮아

사랑의 삶을 살기를 원합니다

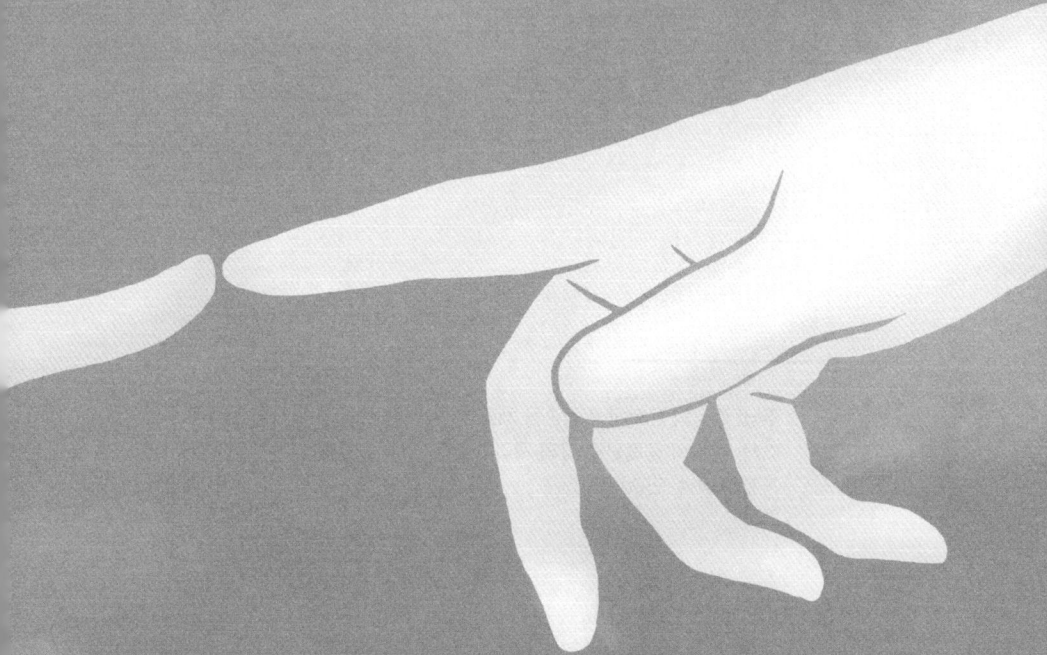

심방 기도
심방예배

은혜로우신 하나님! 주님이 사랑하시는 가정에 주님의 이름으로 심방 하오니 함께하옵소서. 이 가정이 주님 안에서 복되게 하옵소서. 우리의 모든 삶을 인도하시는 주님께서 은혜와 축복을 허락하옵소서. 온 가족이 날마다 주님의 형상을 닮아가게 하옵소서. 가족이 모이면 기쁨이 충만하게 하시고, 가족이 흩어지는 시간에도 서로 중보하며 사랑하게 하옵소서.

사랑의 주님! 주님께서 이 가정의 주인이 되사 늘 사랑으로 지켜주시기를 원합니다. 이 가정의 처지와 형편을 잘 아시는 주님께서 보호하시고 함께하옵소서.

이 가정을 크고 넓으신 사랑으로 품어주시기를 원합니다. 주님을 사랑하고 나타내며 자랑하는 가정이 되게 하옵소서. 주님으로 인해 구원받고 축복을 받았다고 소문나는 가정이 되게 하옵소서. 이 가정의 모든 식구가 기도하는 삶, 전도하는 삶, 찬양하는 삶을 살게 하옵소서. 이 가정의 모든 식구가 시절을 좇아 열매를 맺기 원하며 우리 주 예수 그리스도 이름으로 기도합니다. 아멘!

주님! 주님의 온화하신 겸손을 채울 수 있는 빈 마음과 의지를 저에게 주옵소서. 주님의 능력으로 나의 자아가 흔들리지 않게 하소서. 주님 안에서만 견고히 설 수 있습니다.
_존 웨슬레

개업 축하 기도
심방예배

인간의 생사화복을 주관하시는 하나님! 사랑하는 성도가 새로운 사업을 하고자 개업 예배를 드립니다. 이 일을 시작하게 하신 분은 주님이시니 이 시간 은총을 내려주옵소서. 이 사업을 통하여 주님께만 영광 돌리게 하옵소서. 날로 번창하여서 시작은 미약하나 나중은 창대하기를 원합니다. 사업의 모든 것을 믿음으로 이루어가게 하옵소서. 주님이 함께하여 주소서. 사업이 흥하거나 쇠할 때도 언제나 주님 중심으로 경영하게 하옵소서.

은혜의 하나님! 이 사업을 기도로 시작하였으니 기도로 이루어가게 하옵소서. 이 시간 성도들이 함께 모여 기도하오니 응답하옵소서. 물질을 통하여 하나님의 사업에 앞장서게 하여 주시고, 사업을 잘 이룰 수 있는 지혜를 주옵소서. 이 사업을 통하여 믿는 사람의 모범이 되기를 원합니다. 이 사업에 동참하는 이들과 모든 거래처 사람들과의 관계도 잘 이루어지게 하옵소서.

이 시간 말씀을 전하시는 목사님께 성령의 은혜로 함께해주시고, 동참한 모든 성도에게 주님의 은혜와 평강을 더하여주옵소서. 주님! 함께하여 주시고 축복해주옵소서. 우리 주 예수 그리스도 이름으로 기도합니다. 아멘!

 시련이 온다 할지라도, 두려움이 습격한다 할지라도, 시험을 통해 부족한 것을 이해하게 됩니다. 신실한 사람은 보다 확실히 실패하지 않습니다. 나의 하나님은 의롭게 선하십니다. _헨리 J. 하커

병든 이를 위한 기도
<u>심방예배</u>

모든 병을 치료하시는 하나님! 병든 이들을 기억하여 주사 주님의 피 묻은 구원의 손길로 만져주옵소서. 여러 가지 아픔과 고통으로 신음하며 절망하는 이들에게 위로와 평안을 주옵소서. 우리의 모든 죄를 예수 그리스도의 보혈로 용서해주옵소서. 악한 병에서 속히 완쾌하며 가족과 성도들이 주님 안에서 즐겁고 보람된 삶으로 영광 돌리기 원합니다.

사랑의 하나님! 병든 이들의 환부를 주님의 손길로 덮으사 치료하옵소서. 아픈 이들을 간호하는 가족들을 기억하시고 소망 주시기를 원합니다. 병든 이들을 위하여 기도하는 목사님과 온 성도의 간구를 기억하사 응답하시고 속히 낫게 하옵소서.

환자와 가족들 마음의 상처도 치유하여 주시기를 원합니다. 치료하는 의사들과 간호사들을 기억해주시고, 모든 것이 주님의 은혜 가운데 있으며, 성령의 인도하심이 함께하심을 잊지 않도록 도와주소서.

소망의 하나님! 주님의 능력과 권세로 치료하여 주시기를 간절히 원합니다. 우리로 하여금 병든 이와 그 가족을 향한 하나님의 사랑과 긍휼의 마음으로 기도하며 섬기게 하옵소서. 주님을 사랑합니다. 우리 주 예수 그리스도 이름으로 기도합니다. 아멘!

 하늘 아버지 집에서 거할 곳이 많습니다. 그 길은 그리스도요, 그는 유일한 문이십니다. 그가 자기 백성을 하늘로 이끄시니 우리에게 오라 명하시며 몇 번이고 우리를 부르십니다. _존 라이스

군에 간 아들을 위한 기도
심방예배

이 나라와 이 민족을 인도하시는 하나님! 주님의 한없는 사랑에 감사드립니다. 조국과 민족을 위하여 부름을 받아 군에 입대한 아들들을 기억하여 주옵소서. 영육 간에 강건하여 군무에 잘 적응하게 하시고 군 복무 동안 나라와 민족과 가족을 사랑하는 마음을 주옵소서.

군 생활 속에서도 믿음의 성장에 열심을 갖도록 인도하옵소서. 훈련받을 때도 함께해주시고, 상관과 동료와의 대인관계도 원만하도록 인도하옵소서.

사랑의 주님! 군대에 있는 모든 장병을 기억하사 그들에게 강건함을 주시기 원합니다. 나라와 민족을 위하여 젊은 날 헌신하고 있으니 저들을 지켜주옵소서. 이 나라 이 민족이 강건하기를 원합니다. 모든 장병에게 용기를 선물하시고 사랑이 넘치게 하사 모든 면에 부족함이 없도록 인도하옵소서.

상관의 명령을 잘 따르는 병사들이 되게 하시고 병사들을 사랑하는 지휘관이 되게 하옵소서. 군대가 더욱더 복음화되어 하나님께 영광 돌리게 하옵소서. 주님께서 인도하실 줄 믿으며 우리 주 예수 그리스도 이름으로 기도합니다. 아멘!

 예수님께서 우셨습니다. 그 슬픔의 눈물은 사랑의 유산입니다. 어제도 오늘도 내일도 그는 동일하십니다. 주님은 나에게 가장 소중한 분이십니다.
_에드워드 데니

이사한 가정을 위한 기도
심방예배

우리를 구원하시고 인도하시는 하나님! 새로운 장막으로 이사한 이 가정을 축복하옵소서. 이 장막에서 더욱더 아름다운 가정으로 살게 하옵소서. 온 식구가 은혜와 사랑 속에서 믿음의 삶으로 영광 돌리게 하옵소서. 믿음 위에 믿음을 주사 형통한 삶을 주옵소서. 이 가정이 주님을 닮아가게 하시고 함께 기도하고 찬양하며 예배드리는, 복 있는 가정이 되게 하옵소서. 언제나 주님 안에서 살아가는 가정이 되게 하옵소서.

평안을 주시는 하나님! 이 가정이 은혜와 사랑과 소망이 넘치는 믿음의 가정이 되게 하실 줄 믿습니다. 모든 가족에게 건강과 지혜를 주시기를 원합니다. 매일 이 장막에서 자고 깰 때에도 지켜주시고 함께하옵소서.

이 가정이 행하는 모든 일에도 주님이 함께하옵소서. 말씀으로 하나 되어 믿음으로 살아가는 가정이 되게 하옵소서. 이 장막에 들어오고 나가는 모든 이에게도 주님의 은혜와 평강이 넘치기를 원합니다. 이 가정을 축복하시는 주님을 사랑합니다. 우리 주 예수 그리스도 이름으로 기도합니다. 아멘!

나는 나의 구속자가 살아 계심을 압니다. 그 복된 확신이 주는 기쁨은 얼마나 큽니까. 주님은 살아 계십니다. 한 번 죽으셨던 주님이 살아 계십니다. 나의 영원한 머리가 되시는 그가 살아계십니다. ＿사무엘 메들리

불신 가족을 위한 기도
심방예배

우리를 죄에서 자유케 하신 하나님! 십자가에서 피 흘리사 우리의 죄악을 사하시고 구원하신 주님을 사랑합니다. 우리를 품에 안으사 사랑과 은혜로 함께하시는 주님을 찬양합니다.

우리 중에 아직도 주님을 알지 못하고 죄악 중에 헤매는 가족이 있으니 불쌍히 여겨주옵소서. 구원의 큰 기쁨을 알지 못하는 가족들이 있습니다. 하나님, 바울의 고백처럼 내가 그리스도와 끊어지는 상상할 수도 없는 일과 가족의 구원을 바꿀 수 있다면 기꺼이 그럴 정도로 그들의 구원을 원합니다. 하나님 없이 한순간도 살 수 없는데도 말이지요. 그들을 사랑으로 섬기게 하여 주시고, 그들을 위하여 예수님의 심장을 소유하게 하옵소서. 주님께서 약속하신 대로 우리 가정에 구원을 주실 줄 믿습니다.

구원의 하나님! 아직 주님을 알지 못하고 깨닫지 못하는 가족들이 주님을 만나게 하옵소서. 주변의 그리스도인들을 통하여, 먼저 믿은 저희를 통하여 주님을 보게 하옵소서. 주님! 꿈속에서라도 주님을 만나는 역사가 일어나기를 원합니다.

인간의 영혼을 천하보다 귀히 여기시는 주님! 가족들에게 더욱더 전할 수 있는 믿음을 주시고 그동안 온전히 복음을 전하지 않은 잘못을 용서해주옵소서. 이 모든 것을 주님께 의지할 수밖에 없사오니 주님께서 담당하시고 주님 원하시는 대로 속히 돌아오게 하옵소서. 주여, 인도하시고 구원해주옵소서. 주님을 사랑합니다. 우리 주 예수 그리스도 이름으로 기도합니다. 아멘!

우리의 죄 때문에 주님이 보혈을 흘렸으니 그가 천국 문을 열고 우리를 들어가게 하시도다. 아, 그가 우리를 사랑함같이 우리 또한 사랑하리니 주의 보혈의 피를 믿으라. 주의 일을 온전히 이루라. _알렉산더

주일학교 교사를 위한 기도
심방예배

권세와 능력의 하나님! 천하보다 귀한 생명들을 가르치는 주일학교 선생님들에게 사랑을 부어주소서. 선생님들에게 무엇보다도 말씀을 잘 가르칠 수 있는 지혜를 주옵소서. 아이들에게 예수님을 가르칠 때마다 그들의 마음 판에 분명하고 확실한 복음이 심어지길 원합니다. 주님께서 교사들과 아이들이 사랑으로 하나가 되도록 도와주옵소서.

사랑의 주님! 모든 주일학교 교사들에게 건강을 주시고 믿음을 주옵소서. 교사들이 바른 믿음 속에서 성령 충만해야 어린 생명들을 건강한 신앙으로 성숙시킬 줄 압니다. 또한 사랑의 마음을 주사 어린 생명들을 목자의 마음으로 안아줄 수 있게 하옵소서.

주일학교의 어린 생명들이 어릴 때부터 주님 안에서 주님을 닮아가는 삶을 살 수 있도록 먼저 가르치는 자들의 삶이 모범이 되게 하옵소서. 주여! 주일학교 교사들에게 은혜 충만, 성령 충만, 사랑 충만을 주옵소서. 그리하실 우리 주 예수 그리스도 이름으로 기도합니다. 아멘!

주여! 나의 남은 시간을 주님 손에 드립니다. 나를 취하사 깨뜨리시어 주님이 계획하신 대로 나를 새롭게 빚어주옵소서. 아멘!   _마르다 스넬 니콜슨

교회에 새로 나온 성도의 가정을 위한 기도
심방예배

우리를 사랑하시는 하나님! 이 가정이 주님을 주인으로 모시고 새롭게 믿음의 첫발을 딛고자 교회로 나오게 하시니 감사드립니다. 이 가정을 주님께서 기억하사 모든 가족이 구원받게 하시고 날마다 주님의 영광을 나타내는 삶을 살게 하옵소서. 가족들에게 사랑과 평안을 주시며 믿음을 주시어 일평생 삶 가운데 부족함이 없게 하옵소서.

사랑의 주님! 주님께서 이 가정에 필요한 것들을 아시니 채워주옵소서. 앞으로 몸된 교회에서 한 지체로 예배드리며 믿음의 삶을 살아가기 원합니다. 이 가정의 모든 일이 합력하여 선을 이루게 하옵소서. 오늘 주님께서 이곳에 함께하실 줄 믿사오니 이 가정이 주님의 이름으로 승리하며 사명을 감당하는 가정이 되게 하옵소서!

사랑의 주님! 늘 주님을 사랑하며 찬양과 기도 속에 예배드리는 가정이 되길 원합니다. 주님 앞에 서는 날 칭찬받는 믿음의 가정이 되게 하옵소서. 주님의 넓고 높은 사랑으로 충만히 덮어주시기를 원합니다. 오늘 이 가정을 위하여 말씀을 전하시는 목사님께 능력을 더하여주시고 이곳에 함께한 모든 이에게 주님의 은혜와 사랑이 가득하기를 원합니다. 은혜를 충만히 내려주옵소서. 우리 주 예수 그리스도 이름으로 기도합니다. 아멘!

위에 있는 더 밝은 세상에서 내 시선이 영광과 부딪치기까지는 내가 사랑하는 분의 발자취를 따르는 것이 내 영혼의 기쁨입니다. _무명

약혼한 가정을 위한 기도
심방예배

사랑이 많으신 하나님! 귀한 가정의 자녀가 결혼을 앞두고 약혼을 하였습니다. 주님께서 사랑으로 함께하셔서 결혼하기까지 몸과 마음을 정결케 지켜가며, 하나님의 은총과 부모와 친지, 그리고 성도들의 축복 속에 결혼하게 하옵소서. 이제 결혼 예식을 시작으로 한 가정, 한 몸을 이루기 전까지 기도로 준비하기를 원합니다. 결혼을 앞둔 두 사람에게 서로를 더욱 신뢰할 수 있는 믿음을 주시고 서로 사랑하게 하옵소서.

사랑의 하나님! 결혼을 믿음과 기도로 준비하게 하여 주시기를 다시금 기도합니다. 주 안에서 주님의 인도하심 따라 가정을 이루게 하옵소서. 앞으로 기거할 장막을 허락해주시고, 결혼 전이나 결혼 후에도 언제나 믿음 생활에 열심을 내게 하시고, 시절을 따라 열매 맺는 삶을 살아가게 하옵소서.

몸소 완전한 사랑을 보이신 하나님! 모든 것은 사랑의 마음으로 이루어지오니 사랑의 충만함으로 연합하게 하옵소서. 주님이 목자가 되셔서 모든 삶을 인도하옵소서. 약혼한 이들을 축복해주시며 주님의 놀라운 평강으로 함께하옵소서. 우리 주 예수 그리스도 이름으로 기도합니다. 아멘!

내 번민의 시간에 시험이 나를 괴롭히나, 내 죄를 고백할 때 성령이여, 나를 위로하소서. 잠자리에 들면 마음과 생각이 병들어 의심이 가득해 괴로우니 성령이여, 나를 위로하소서. _로머트 헤리크

결혼한 가정을 위한 기도
심방예배

가정을 만드시고 축복하시는 하나님 아버지! 하나님의 사랑 안에서 만난 두 사람이 결혼하여 가정을 꾸리게 하여 주시니 감사드립니다. 결혼은 사랑의 열매로 이루어지는 것이오니 주님 사랑 안에서 축복된 가정이 되게 하옵소서. 힘들 때나 기쁠 때나 언제나 마음이 하나 되어 아름다운 하모니를 이루는 가정이 되게 하옵소서.

사랑의 주님! 신랑과 신부가 믿음에 믿음을 가지고 언제나 예수 안에서 신실함으로 행하게 하옵소서. 모든 삶의 길이요 진리요 생명이신 주님의 인도하심 따라 살게 하옵소서. 귀한 가정에 자녀의 축복을 주시고, 물질과 건강의 은혜를 주사 주님으로 인해 행복한 가정이 되게 하옵소서. 부모님과의 관계도 사랑으로 이루어지게 하여 주시고, 많은 가정이 축복된 가정을 보고 예수님을 믿는 역사가 일어나게 하옵소서.

축복의 주님! 가정생활을 시작하오니 서로를 더욱 신뢰하게 하시고 사랑과 인내로 시절을 따라 열매를 맺게 하옵소서. 주님의 손길로 항상 돌봐주시고 믿음 생활도 더욱 새롭게 하옵소서. 사랑으로 하나가 되어 결혼한 가정을 주님께서 축복하심을 믿으며 우리 주 예수 그리스도 이름으로 기도합니다. 아멘!

예수! 내 영혼의 연인이여, 물결이 삼킬 듯 소용돌이치고 폭풍우 아직 거셀 때 나를 주의 가슴으로 감싸주소서. 인생의 폭풍이 지나갈 때까지 오 주여, 나를 숨겨주소서. 마지막엔 내 영혼 받아주소서.   _찰스 웨슬레

임신을 원하는 가정을 위한 기도
심방예배

인간의 생명을 창조하시고 주인 되신 하나님! 주님께서 사랑하시는 자녀의 가정을 통하여 영광과 찬양을 받아주옵소서. 이 가정에 자녀가 없사오니 하나님께서 천하보다 귀한 생명을 허락해주시기를 간구하옵니다.

사랑의 주님! 하나님의 귀한 선물인 자녀를 원하는 마음의 고통과 아픔 때문에 염려하는 이 가정을 인도해주시기 원합니다.

한나에게 아들을 주신 하나님! 이 가정의 기도를 들으시고 응답하소서. 하나님의 사랑하심과 인도하심이 필요하오니 함께하옵소서. 하나님의 신실하심을 믿고 기다리게 하여 주시고, 하나님이 주시는 마음의 기쁨과 평안을 소유하게 하옵소서. 가족들도 한 마음으로 기도하고 서로 격려하며 주님의 인도하심을 기다리게 하옵소서. 기도에 동참함으로 응답의 기쁨도 소유하게 하소서.

이 세상의 모든 고통과 질고를 홀로 지시고, 구원의 사랑으로 돌보시는 주님을 바라보게 하옵소서. 모든 것이 하나님이 섭리 속에서 이루어지오니 주님 앞에 감사하며 기다립니다. 그러나 주님, 너무 낙망치 아니하도록 속히 응답하옵소서.

사랑의 주님! 삶 속에 어려움이 있을 때일수록 주님의 인도하심 따라 살게 하여 주시고 하나님의 큰 사랑을 경험케 하옵소서. 귀한 가정의 소원을 아시는 주님, 함께하옵소서. 우리 주 예수 그리스도 이름으로 기도합니다. 아멘!

변화 많은 내 인생의 길에서 괴롭든지 기쁘든지 내 혀와 마음 언제나 주를 찬양하리. 아, 내 주를 찬미하며 고난 중에 그를 찾으면 그는 나를 구하려 오시고, 주님의 군대 언제나 가까이 거하사 믿은 모든 이에게 구원의 은총을 주시리.   _니콜라스 브레이드

임신한 가정을 위한 기도
심방예배

만복의 근원이 되시는 하나님 아버지! 자녀의 가정에 귀한 생명을 허락하사 잉태하게 하심을 감사드립니다. 귀한 생명이 어머니의 복 중에서 잘 자라 순산하게 하옵소서. 아기 어머니에게 건강을 주시고 태중의 아이를 위해 정결한 삶을 살게 하시며 사랑의 마음을 갖게 하옵소서. 귀한 생명이 태어나 하나님께 영광을 돌리게 하시고 부모에게 기쁨이 되며, 성도들에게도 기쁨이 되게 하옵소서. 모두가 하나님의 사랑이오니 축복하소서.

사랑의 하나님! 복된 가정을 인도하여주사 아이를 위하여 기도하게 하시고, 자녀에게 믿음의 유산을 물려주는 경건하고 사랑이 넘치는 가정이 되게 하소서. 모든 생명을 인도하시는 주님께서 이후로 더욱더 함께하옵소서.

주님의 사랑이 충만하기를 원하며 우리 주 예수 그리스도 이름으로 기도합니다. 아멘!

 슬픔의 날이 올 것입니다. 곤궁할 때가 올 것입니다. 그러나 그때에도 구주가 함께하시니 주님은 참으로 나의 목자이십니다. 그가 모든 짐들을 지시며 나의 마음을 위로하십니다. 내가 그를 원할 그때에 그가 여기 계시며 결코 떠나지 않습니다. _**존 라이스**

사업에 성공한 가정을 위한 기도
심방예배

은혜 위에 은혜를 더하시는 하나님 아버지! 이 시간 주님 앞에 감사하며 예배드립니다. 사업을 축복하셔서 날로 번창케 하시니 감사드립니다. 모든 것이 하나님의 축복입니다. 사랑하는 하나님, 감사합니다.

그동안 사업을 위하여 수고한 모든 이를 위로하여주시고, 회사를 이끌어가는 경영진에게도 함께하옵소서. 하나님의 도우심으로 여기까지 온 것을 믿고 감사하며 더욱 겸손하고 바른 믿음으로 발전하며 성공하기를 원합니다. 모든 이들이 기도하게 하시고 범사에 감사하는 마음으로 일하게 하소서.

사랑의 하나님! 이 사업체를 통하여 주님의 복음이 증거되며 주님의 영광이 드러나길 원합니다. 좋은 제품을 만들게 하시고, 신용이 있어 모든 거래처와의 관계도 잘 이루어지게 하옵소서. 하나님 앞에 물질을 바르게 드리게 하시고 모든 경영을 하나님의 가르침에 합당하게 하옵소서.

그동안 애쓰고 수고한 가족들에게 영육 간에 강건함을 주시고, 더욱더 기도로 무장하고 말씀에 굳건히 서게 하옵소서. 앞으로의 사업 계획에도 축복해주시고 하나님의 손길로 번창하는 사업이 되게 하옵소서. 맡겨주신 재물을 하늘 창고에 쌓게 하시고, 이 사업체를 통로로 삼으사 많은 이들이 은혜를 경험케 하옵소서. 하나님의 축복하심에 감사하며 우리 주 예수 그리스도 이름으로 기도합니다. 아멘!

주님의 의의 나라가 오리라. 온전히 이루리라. 모든 열방은 주 앞에 엎드려 절하리. 주님의 이름을 찬양하리. 주님은 위대하시어 그 강한 손으로 큰일을 이루시니, 영원한 보좌의 하나님 홀로 영광 받으소서. _존 밀턴

사업에 실패한 가정을 위한 기도
심방예배

소망의 하나님! 우리가 어려울 때 주님을 향한 간절함이 부끄러우나 그래도 주님 외에 우리의 도움이 없음을 고백합니다. 오늘 이 가정이 사업에 실패하여 어려움을 당하고 있사오니 힘과 용기를 주시고 재기할 수 있는 여건을 마련해주옵소서. 삶에는 늘 성공만 있는 것이 아니라 실패도 있으니 오늘을 거울삼아 새롭게 출발할 수 있는 용기도 허락하소서. 나약해진 심신을 강하게 하시고 어려운 때일수록 주님을 소망하며 믿음으로 살게 하옵소서.

　사랑의 주님! 사업에 실패한 원인이 있을 줄 아오니 잘못이 있으면 회개하게 하시고, 실수한 것이 있으면 지혜를 주사 다시 재기할 때는 이런 일이 없게 하옵소서. 어려움을 당한 가족들에게 강하고 담대한 믿음을 주시고, 어려움에서 회복할 수 있도록 힘과 용기를 허락하옵소서. 이런 때일수록 가족들이 사랑과 믿음으로 하나가 되어 새로운 사업을 준비하게 하옵소서. 어려움 속에 있을 때 사람들을 바라보며 의지하지 말게 하시고, 오직 주님만을 바라보게 하소서. 사람을 원망하거나 비판하지 말고 하나님의 인도하심에 주목케 하옵소서. 주님께서 이 가정의 사업을 회복시켜 주시고 믿음을 회복시켜 주옵소서. 우리를 체휼하시는 예수님 이름으로 기도합니다. 아멘!

주여, 나는 불평의 괴수여서 나의 사랑은 약하고 희미하지만 이제 나 주를 사랑하고 섬기리이다. 오, 내게 더 큰 사랑의 은사를 허락하소서.
_윌리암 코우퍼

집을 신축한 가정을 위한 기도
심방예배

자비로우신 하나님 아버지! 주님께서 우리의 장막 중에도 함께하심을 믿고 감사드립니다. 주님께서 사랑으로 인도해주시는 이 가정이 집을 신축하고 감사의 예배를 드리오니 받아주옵소서. 주님의 은혜와 축복으로 집을 짓고 완성케 하셨으니 모두가 주님 것입니다. 이 장막에 주님이 주인 되시고 다스려주시기 원합니다. 이 장막에 거하는 가족에게 하나님의 축복이 충만하며 들어오고 나가는 모든 이에게 주님의 손길이 함께하시기를 원합니다. 주님께서 이 가정의 주인이 되어 주셔서 믿음 안에서 살게 하옵소서.

사랑의 하나님! 기도와 찬양이 넘쳐나게 하시며, 예배드리기에 부족함이 없게 하옵소서. 그동안 집을 신축하느라고 심신이 연약해졌으면 강건하게 하시고 주님이 이 가정의 목자가 되어주사 인도하옵소서.

이 가정이 항상 주님의 나라와 그 의를 구하는 복된 가정이 되게 하옵소서. 장막을 마련했으니 신앙생활에도 열심이 있게 하여 주시고 열매 맺게 하옵소서. 가족들 모두 다 강하고 담대한 믿음으로 승리하며 말씀으로만 살아가게 하옵소서. 사랑과 나눔의 삶을 살아 주님을 세상에 널리 전하게 하옵소서. 주님을 사랑합니다. 우리 주 예수 그리스도 이름으로 기도합니다. 아멘!

우리 기쁜 마음으로 주를 찬양하자. 그는 인자하시니 그의 자비, 오래 참으시며 영원히 변치 않으신다.
_존 밀턴

집을 새로 산 가정을 위한 기도
심방예배

우리 삶을 축복하시는 하나님! 믿음 가운데 살며 늘 하나님을 경외하는 이 가정이 기거할 터전을 마련하여 하나님께 감사하며 예배를 드리오니 받아주옵소서. 그동안 집을 마련하기까지 여러 어려움을 극복한 가족들에게 기쁨을 더하여주시기를 원합니다. 새로운 집을 마련했으니 믿음의 생활 역시도 새롭게 하옵소서. 이 가정이 하나님의 은혜와 사랑으로 더욱더 복된 가정이 되게 하시고, 시절을 따라 열매를 맺는 가정이 되게 하옵소서.

사랑의 하나님! 사랑하는 가족들의 모든 생활에 기쁨을 주시고 삶에 소망을 주사 더욱더 힘 있고 바르게 살도록 이끄소서. 모든 가족의 믿음이 반석 위에 세워지길 원하며 말씀과 기도 생활도 모범적인 그리스도인이 되도록 하옵소서.

주님이 이 가정의 목자가 되어주시어 주님의 살아 계심을 증거하는 가정이 되게 하옵소서. 주님께서 축복해주심을 믿고 우리 주 예수 그리스도 이름으로 기도합니다. 아멘!

주께서 은밀히 너를 위해 계획하시나니 확실히 주님은 실패하지 않으리. 하나님의 신실하심 아래서 쉼을 누리리라. 주 안에서 너는 진실로 이기리로다.
_마리 그림스

병든 이가 있는 가정을 위한 기도

심방예배

병든 자를 치료하시는 하나님 아버지! 주님께서 이 땅에 오셔서 수많은 병자를 치유하시고 낫게 하셨음을 기억합니다. 이 시간 이 가정에 몸이 상하여 아픈 이를 올려드립니다. 지금 이 시간 주님의 피 묻은 손길로 안수하사 속히 낫게 하옵소서.

성령님, 함께하시고 주님의 능력으로 인도하옵소서. 아픈 자의 마음을 아시는 주님께서 상한 심령을 어루만져 주옵소서. 우리의 마음을 고치시는 이는 주님뿐이오니 주님만을 의지합니다.

능력의 주님! 함께하옵소서. 치유하여 주사 건강한 몸으로 주님을 더욱더 열심히 섬기게 하옵소서. 아픈 이도 기도하며 주님을 바라보게 하시고 주님의 능력이 임하기를 사모케 하옵소서. 환자를 보살피는 가족에게 따뜻한 사랑의 마음을 주사 서로 하나 되어 어려움을 이겨내게 하옵소서.

구원의 복음으로 변화받게 하시고 말씀 안에서 주님의 능력을 체험케 하옵소서. 주여, 다시금 원하오니 이 시간 아픈 이를 어루만져 주시고 속히 치유되어서 기쁨이 충만케 하옵소서. 라파의 하나님을 믿고 우리 주 예수 그리스도 이름으로 기도합니다. 아멘!

우리의 눈이 감기는 한밤중에도 "나는 잠들지만 주여! 내 심령은 깨어 있게 하소서. 주님과 함께 조심하며 기도하게 하소서!" 이렇게 고백함은 얼마나 아름다운 일입니까!
_아모스 웰스

수술을 앞둔 환자를 위한 기도
심방예배

사랑으로 함께하시는 하나님! 이 시간 간절히 기도하는 것은 하나님의 사랑하는 자녀가 수술을 앞두고 있습니다. 주님께서 마음에 안정을 주시기 원합니다. 모든 것을 주님께 맡기고 편안한 마음을 갖게 하옵소서.

의사들이 집도하는 수술이 잘 되게 하여 주시고, 수술의 결과가 좋아서 하루속히 회복하여 집으로 돌아가게 하옵소서. 사람이 하는 수술이지만 주님의 치료 역사를 보게 하소서. 주님께서 힘 주시고 능력을 주시기를 원합니다. 십자가 보혈의 사랑으로 함께하옵소서.

사랑의 주님! 이 시간 가족들과 성도들이 함께 기도하오니 응답하여 주시기를 원합니다. 우리는 나약하고 부족합니다. 전능하시고 만인이 의원이 되시는 주님께서 함께하옵소서. 수술이 끝날 때까지 환자도, 저희도 기도하게 하시고 주님의 인도하심만 바라보게 하옵소서. 주님께서 사랑해주시고 인도해주심을 믿고 우리 주 예수 그리스도 이름으로 기도합니다. 아멘!

 이 땅의 삶이 곤궁합니까? 기도하십시오! 기도는 활기 있는 행동입니다. 기도하십시오! 하늘에 계신 하나님께서 들으실 것입니다. 기도하십시오! 기도는 분위기를 바꿀 것입니다. 기도하십시오! 기도는 평안으로 인도할 것입니다.
_아모스 웰스

퇴원을 앞둔 가정을 위한 기도
심방예배

만복의 근원 되시는 하나님 아버지! 하나님의 자녀가 병상에 있다가 완치되어 퇴원할 수 있도록 인도하시니 감사드립니다. 그간 영도 육도 연약하여 많이 고생한 하나님의 자녀를 불쌍히 여겨주소서. 가족들도 여러 가지로 많은 수고를 했사오니 이들의 마음에 평안과 기쁨을 주옵소서.

이제는 건강하게 하시어서 그동안 하지 못한 일을 행하며 하나님께도 더욱더 쓰임 받는 자녀가 되게 하옵소서. 병상을 통하여 인간의 연약함을 다시 한번 알게 되었으니 언제 어디서나 주님께 의지하고 주님의 인도하심 따라 순종하며 살기를 원합니다.

사랑의 주님! 그동안 병이 낫기를 위하여 기도한 목사님과 모든 성도, 그리고 가족들을 위로해주옵소서. 퇴원하는 하나님의 자녀도 건강함을 얻었으니 강하고 담대한 믿음으로 열심히 살게 하옵소서. 모든 것을 주님께 맡기는 신앙을 갖게 하시고 언제나 주님의 뜻대로 살게 하옵소서.

그동안 물질과 시간과 여러 가지 어려움이 있었을 줄 아오니 회복시키신 하나님의 은총 가운데 감사와 간구로 생활하게 하옵소서. 하나님께서 허락해주신 건강을 믿음으로 잘 관리하게 하옵소서. 하나님의 자녀와 귀한 가정을 다시금 올려드리며 우리 주 예수 그리스도 이름으로 기도합니다. 아멘!

때때로 나는 말로 기도하지 않습니다. 그의 발 앞에 내 영혼이 고개를 숙이고 주님이 거룩한 손을 내 머리에 얹으심에 나는 조용하고 달콤한 사귐을 갖습니다.
_마르다 스넬 니콜슨

어려움을 당한 가정을 위한 기도

심방예배

우리의 목자가 되시는 하나님 아버지! 우리를 살피시고 인도해주시는 주님께서 이 가정의 어려움을 아시오니 위로하시고 해결해주시기를 원합니다. 인간의 힘으로는 막을 수 없사오니 주님께서 힘을 주시고 용기를 주사 난관을 극복하게 하옵소서. 어려울 때일수록 기도하게 하시고 오직 믿음으로 주님만 의지하게 하옵소서. 잘못과 죄악이 있으면 모두 용서해주시고 주님의 은혜와 사랑으로 극복하기를 원합니다. 이 어려움의 근본적인 원인을 깨닫게 하셔서 어려움이 반복되지 않도록 지혜를 주시기 원합니다.

사랑의 주님! 가족이 믿음으로 하나가 되어 기도와 말씀으로 무장하게 하소서. 고난을 헤쳐 나갈 때 더욱 힘이 생기오니 끝까지 승리케 하옵소서. 주여, 도와주시고 힘 주시기를 원합니다. 우리 삶의 생사화복을 주관하시는 주님께서 이 가정에 함께하옵소서. 더욱더 주님의 전을 찾아 예배드리게 하시고 마음을 가다듬어 하나하나 해결하게 하옵소서. 당한 어려움을 피하거나 외면하지 않고 이겨내기를 원합니다. 주님께서 이 가정을 사랑하시고 인도하실 줄 믿습니다. 함께하옵소서. 우리 주 예수 그리스도 이름으로 기도합니다. 아멘!

 시련이 온다 할지라도, 두려움이 습격한다 할지라도, 시험을 통해 부족한 것을 이해하게 된다네. 신실한 사람에게는 보다 확연하게, 결코 실패하지 않나니 나의 하나님은 의롭고 선하시도다.   _헨리 하커

가족 구원을 위한 기도
심방예배

우리를 구하신 하나님! 주님의 무한하신 사랑에 감사드립니다. 주님의 십자가 보혈로 구원받았으니 날마다 주님의 은혜를 찬양하며 살고 싶습니다. 우리는 구원함을 받았지만 가족들 중에 아직도 주님을 영접하지 않은 가족이 있으니 저들이 마음 문을 열고 속히 주님을 영접하기를 원합니다. 가족들이 온전히 구원받아 모든 가족의 이름이 하늘나라 생명책에 기록되기를 소원합니다. 성령으로 인도하옵소서. 말씀으로 인도하옵소서. 주님의 사랑으로 강권하여 주시 기를 원합니다.

사랑의 주님! 이 땅의 삶이 짧고도 짧은 것임을 알게 하사 하늘나라에 소망을 갖고 살아가게 하옵소서. 먼저 믿은 식구들이 믿음의 본을 보이게 하시고 기도와 사랑으로 주님의 복음을 전할 수 있도록 인도하옵소서.

주님, 저희는 부족하오니 성령님께서 강권하실 때에만 저들이 움직일 줄 믿습니다. 천하보다 귀한 생명이오니 온 가족이 구원받아 천국에 가게 하여 주시고, 이 땅에서도 주님의 일을 잘 감당하여 오로지 주님께 영광과 찬양을 돌리게 하옵소서. 주님께서 인도하실 줄 믿습니다. 꼭 그렇게 하실 우리 주 예수 그리스도 이름으로 기도합니다. 아멘!

주여! 아침에 기도하오니 오늘 하루도 우리를 지켜주소서. 무엇보다 행로의 모퉁이를 지켜주소서. 길이 탄탄할 적에는 돌연한 운명도 두렵지 않으나 저 앞에 저녁의 열린 문이 보이나이다.   _무명

직장을 얻기 원하는 가정을 위한 기도

심방예배

우리의 삶을 인도하시는 하나님! 이 시간 직장이 없어서 염려하며 걱정하는 가정을 위하여 기도합니다. 주님께서 인도하여주사 손으로 수고하며 보람을 얻는 직장을 허락하여 주시기를 원합니다. 직장을 잃어 생활에 어려움이 있사오니 주여, 도와주옵소서. 할 일이 있어야 삶에 힘과 용기가 생기오니 새로운 직장을 허락해주시기를 원합니다. 적성과 재능에 맞아 일을 잘할 수 있는 곳으로 인도해주시고 근무 환경이 좋은 직장을 허락하여 주사 삶이 안정되게 하옵소서.

사랑의 하나님! 주님께 기도하게 하시고 기다리게 하여 주시기를 원합니다. 모든 일을 인도하시는 분은 주님이시니 주님의 뜻대로 이끌어주옵소서. 어떠한 상황에도 대처할 수 있는 강한 믿음 주시기를 원합니다. 현재의 어려움도 잘 이겨내게 하옵소서. 주여, 도우시고 힘 주사 모든 일들을 통하여 주님께 감사할 수 있게 하옵소서. 하나님의 사랑과 능력으로 인도하옵소서. 우리 주 예수 그리스도 이름으로 기도합니다. 아멘!

주여! 나를 사로잡으소서. 그럴 때 자유케 되오리다. 그 검을 내어주라고 강권하소서. 그러면 정복자가 되오리다. 나 스스로 서노라면 생명의 경적에 놀라 주저앉나이다. 주님의 굳건한 팔로 잡아주소서. 그럴 때 내 손이 강하오리다.
_조지 맷드슨

직장을 얻은 가정을 위한 기도
심방예배

우리의 모든 삶을 인도하시는 하나님! 주님께서 사랑하시는 귀한 가정에 응답하셔서 취업하게 하심을 감사드립니다. 허락하신 직장에 첫 마음처럼 감사하며 잘 다니게 도와주소서. 상사와 동료와의 인간관계가 잘 이루어지며 맡은 일에서도 인정받게 하옵소서. 원하는 직장에서 이제 최선을 다하여 생활하게 하옵소서. 삶 속에서 예수 그리스도를 전하기 원합니다.

사랑의 주님! 그동안 기도한 가족들의 마음을 아시니 사랑으로 인도해주시기를 원합니다. 믿음 생활도 게으르지 않게 하소서. 기도하는 생활, 말씀 안에 사는 생활이 꾸준히 이어지게 하옵소서. 직장 생활을 잘할 수 있는 지혜와 건강을 주시기 원합니다. 직장에서 인정받아 꼭 필요한 사람이 되게 하옵소서. 주님께서 항상 사랑해주시고 인도하심을 믿고 우리 주 예수 그리스도 이름으로 기도합니다. 아멘!

언덕에서 사랑의 십자가를 지신 주님의 발자국을 발견하고, 그분을 구하는 모든 자가 쉽게 이를 수 있도록, 하나님께로 가는 삶의 탄탄대로를 세우십니다.
_알버트 레오나드 머레이

새로운 사업을 원하는 가정을 위한 기도
심방예배

만복의 근원 되시는 하나님! 주님께 기도하며 새로운 사업을 시작하려는 이 가정을 인도하옵소서. 새로운 사업을 할 수 있는 지혜와 여건과 기회를 허락하옵소서. 모든 일을 시작부터 끝까지 믿음으로 이루게 하옵소서. 만물을 운행하시는 분은 주님이시니 주님을 믿고 행하기를 원합니다. 하나님 앞에 영광 돌릴 수 있는 사업을 하여 사람들에게도 도움이 되고 이익이 되게 하옵소서. 모든 일을 순차적으로, 주님의 인도하심 따라 이루게 하옵소서.

소망의 주님! 귀한 가정을 하나님의 은혜로 충만케 하시고 기도함으로 준비케 하여 주시길 원합니다. 물질을 통하여도 하나님께 온전히 영광 돌리게 하옵소서. 주님의 사랑과 축복으로 인도하옵소서. 모든 일을 믿음으로 행하게 하시고 먼저 주님의 나라와 그 의를 구하게 하옵소서. 시절을 좇아 열매를 맺게 하시고 모든 일이 합력하여 선을 이루게 하옵소서. 우리 주 예수 그리스도 이름으로 기도합니다. 아멘!

거센 바람이 불고, 폭풍우 내게 닥쳐와도 나의 마음은 믿음의 노래를 부르리라. 그들이 나를 해치지 못할 것을 내가 아노니 주께서 그 날개를 타고 오시리라.
_마크 거이 피어스

믿음 생활을 시작한 가정을 위한 기도
<u>심방예배</u>

우리의 삶을 날마다 새롭게 인도하시는 하나님! 주님께서 귀한 가정을 사랑하시고 인도하시니 감사드립니다. 귀한 가정의 식구들이 주님을 영접하고 새롭게 믿음 생활을 시작하오니 함께하여 주옵소서. 구원하심이 주님께만 있음을 압니다. 이 가정을 인도하사 주님의 사랑으로 인해 복된 가정이 되게 하옵소서. 믿음이 자라게 하시며 주님 안에서 새롭게 살아가는 기쁨이 넘치게 하여 주시고 예배드릴 때마다 말씀으로 새로워지게 하옵소서.

사랑의 주님! 모든 식구의 믿음이 반석 위에 세워지기를 원합니다. 믿음은 들음에서 난다고 하셨으니 주님의 말씀을 들어 마음 판에 새기게 하옵소서. 이 가정의 생업에 축복해주시고 부부와 자녀를 인도해주옵소서. 주님께서 이 가정을 사랑하시고 축복하심을 기대하오니 함께하옵소서.

이 가정이 만복의 근원이 되시는 주님을 영접하고 주님 안에서 살기로 결정하오니 은혜로 더하여 주소서. 날로 성장하는 가정이 되게 하옵소서. 이 가정을 통해 더욱 많은 영혼이 주께로 돌아오게 하옵소서. 이 가정의 삶을 주님께 올려드리며 우리 주 예수 그리스도 이름으로 기도합니다. 아멘!

아무것도 할 것이 없습니다. 큰일이든, 작은 일이든, 어떤 죄인일지라도 역시 아무것도 할 것이 없습니다. 예수님이 그 일을 하셨습니다. 모든 것을 하셨습니다. 오래 오래전에. _작자미상

부부가 시험에 든 가정을 위한 기도
심방예배

사랑이 많으신 하나님! 오늘 주님의 이름으로 예배드리며 이 가정의 부부를 위하여 기도합니다. 부부가 서로 마음의 상처를 입어 시험에 들어 있으니 서로의 사랑이 다시 회복되게 하옵소서. 주님의 손길이 필요하오니 부부의 상처 난 마음을 어루만져 주옵소서. 사랑은 허다한 허물을 덮는다고 하셨으니 사랑의 마음이, 의지가 회복되게 하옵소서. 과거는 흘러가는 것이오니 앞날에 소망을 갖고 살아가게 하소서. 서로 이해하고 서로 용서하여 받아들이게 하옵소서. 이 세상에서 사랑보다 소중한 것이 없사오니 이들이 지금의 어려움을 딛고 일어서서 보다 더 견고한 사랑과 신뢰를 이뤄가게 하옵소서.

소망의 주님! 이 시간 기도하오니 십자가에 달리신 주님을 기억하게 하옵소서. 아무런 죄가 없으신 주님께서 바로 우리의 죄, 나의 죄 때문에 십자가에서 피 흘려 구원하여 주심을 생각해 서로 용서하게 하옵소서. 주님께서 두 사람의 마음을 녹여주옵소서. 긍휼히 여길 수 있도록 새롭게 하옵소서. 서로를 위하여 기도할 수 있는 마음을 주시고, 어려울 때일수록 주님 앞에 나와 말씀을 듣고 믿음을 회복하고 가정을 회복하기 원합니다. 주님께서 부부의 사랑을 회복시켜 주심을 믿습니다. 주여! 인도하옵소서. 우리 주 예수 그리스도 이름으로 기도합니다. 아멘!

내가 행한 선으로나 내가 달린 경주자로서가 아니라 오직 그분의 사랑하신 아들 때문에 나는 구속의 인침을 받았다.   _데일 하클리프

자녀 문제로 어려운 가정을 위한 기도
<u>심방예배</u>

우리를 구원하신 하나님 아버지! 저희가 살면서 겪는 갖가지 어려움이 있습니다. 그런 어려움 중에서도 자녀로 인하여 고통을 겪고 있는 이 가정을 기억해주시기를 원합니다. 이 가정의 자녀를 기억하여주사 그 마음을 주님께서 인도하옵소서. 성령의 인도하심을 받게 하옵소서. 이 가정이 당한 어려움이 속히 해결되게 하시고 부모와 자녀에게 이겨낼 수 있는 지혜와 슬기를 허락해주옵소서. 서로가 서로를 위하여 사랑하고 기도하게 하시고, 어려움을 겪고 있는 자녀와 부모의 마음에 사탄이 틈타지 못하게 성령께서 지켜주옵소서.

사랑의 주님! 모든 죄악이 마음에서 시작되오니 마음을 지켜주사 다시 주님을 향한 믿음을 바로 정립케 하옵소서. 절대로 어려운 상황을 통하여 부모와 자녀가 서로를 포기하지 않게 하시고 주님처럼 끝까지 사랑하는 마음으로 이겨내게 하옵소서. 기도하게 하시고, 말씀을 보게 하시고, 철저하게 믿음으로 돌아가게 하여 주옵소서. 이 가정의 모든 것을 주님께서 아시니 사랑으로 인도하옵소서. 우리 주 예수 그리스도 이름으로 기도합니다. 아멘!

슬픔 뒤에 주어지는 평안이 있다. 우리의 희망이 실현됨 때문이 아니라 도리어 희망을 단념했기 때문에 오는 평안이다. 내일을 우러러 바라봄 때문이 아니라 지금 폭풍이 고요해진 것을 조용히 바라봄으로 오는 평안이다.
_게이츠

새롭게 직분을 받은 가정을 위한 기도
심방예배

우리에게 사명을 주시는 하나님! 이 가정을 사랑하고자 교회에서 새로운 직분을 맡게 하시니 감사드립니다. 하나님이 허락하신 직분에 최선을 다하여 하나님께 영광 돌리게 하옵소서. 맡은 자의 구할 것은 충성이라 하셨으니 최선을 다하여 온 마음으로 주님의 일에 동참하기를 원합니다.

먼저 그 나라와 그 의를 구하게 하시고 주님만 바라보며 살게 하옵소서. 이 가정에 화목을 주시고, 건강을 주시고, 하는 일을 축복해주시기를 원합니다. 모든 일은 믿음과 사랑과 소망으로 이루어지오니 그 근본 되신 주님께서 함께하옵소서.

사랑의 주님! 믿음에 열심을 주옵소서. 언제나 예수님 중심, 교회 중심, 가정 중심의 삶을 살게 도우소서. 이 세상에서 빛과 소금의 직분을 다하여 주님 앞에 서는 날 잘했다 칭찬받을 수 있는 성도가 되게 하옵소서. 귀한 가정에 날마다 은혜 위에 은혜를 더하여주시기 원합니다. 주님의 사랑과 축복이 강같이 흐르게 하옵소서. 주님을 사랑합니다. 우리 주 예수 그리스도 이름으로 기도합니다. 아멘!

하나님, 제 마음과 제 생각 가운데 살아 역사해주십시오. 하나님, 마지막 날이 되어 제가 세상과 헤어질 때에도 제 안에 거하여 주심을 믿습니다.
_작자 미상

방송 선교를 위한 기도
심방예배

말씀의 능력으로 함께하시는 하나님! 방송 선교를 위하여 기도합니다. 저희가 사는 이 땅에는 다양한 매체들을 통해 수많은 소식이 순간순간마다 전해지고 있습니다. 그 가운데서도 복음을 전하는 방송들을 기억하여 주사 방송을 통하여 구원의 역사를 이뤄가는 데 부족함이 없게 하옵소서. 방송에 종사하는 모든 이에게 십자가의 은혜를 체험케 하시고, 오직 믿음으로 방송하게 하옵소서. 방송을 듣고 있는 모든 사람의 마음 문을 열어주사 말씀이 증거될 때마다 성령의 인도하심을 체험케 하옵소서.

사랑의 주님! 모든 매체들이 날로 발전에 발전을 더하고 있사오니 방송 선교에도 새로운 변화가 있게 하옵소서. 어떠한 변화 속에서도 오직 예수 그리스도의 생명의 복음을 전하게 하옵소서. 방송에 종사하는 모든 이들에게 영육 간에 강건함을 주시기 원합니다. 주님의 능력 가운데 방송국들이 날로 발전하기를 원합니다. 그리하여서 사치와 향락과 오락 속에서 인생을 허비케 하는 매체들보다 뛰어난 기술과 내용으로 많은 이에게 생명과 기쁨을 전하게 하옵소서. 복음 나팔수가 되게 하옵소서. 주님께서 인도해주심을 믿고 우리 주 예수 그리스도 이름으로 기도합니다. 아멘!

오, 주님! 주님의 사랑 속에 우리가 외칩니다. 주님을 섬김으로 따르는 고통은 즐거움입니다. 주님의 은총 속에 만나는 패배는 승리가 됩니다.
_콘래드

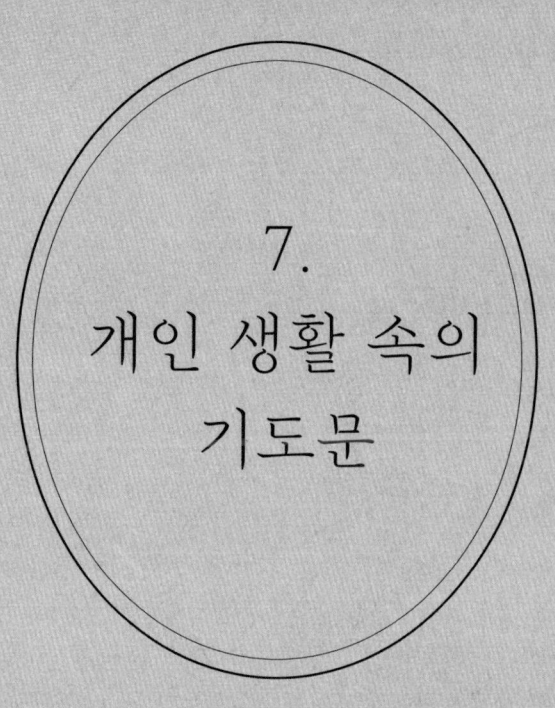

7.
개인 생활 속의
기도문

고독한 예수

_용혜원

예수 그리스도는

이 땅에서 항상 고독하였다

사람들은 그의 얼굴에서

웃음을 볼 수가 없었다

모두가 예수 그리스도에게

도움을 청할 뿐

예수 그리스도의 마음을

헤아리지 못하고

서성거리는 사람들뿐이었다

사람들은

자신의 문제에만

예수 그리스도가 관심을

가져주기를 바라고 원했다

이 땅에 오사 복음의 문을 열고

십자가를 지고 가야 한다는 것보다

중요한 것은 자신들의 문제였다

예수 그리스도는

고독에 머물러 있거나

고독 때문에 절망하지 않으셨다

무리를 떠나서

홀로 하나님과 교제를 누리셨다

예수 그리스도는

이 땅에서 항상 고독하였다

나의 믿음을 위한 기도
개인생활

할렐루야! 사랑과 은혜가 충만하신 하나님! 우리를 사랑하시고 인도하여주시니 감사드립니다. 날마다 주님을 찬양하며 주님을 사랑하기를 원하오나 우리 마음이 온전하지 못함을 용서하옵소서. 죽어도 주님의 영광을 위하여, 살아도 주님의 영광을 위하여 살게 하시고 주님과 늘 동행하며 감사와 기쁨 속에 거하게 하옵소서.

"내가 거룩하니 너희도 거룩하라" 하신 주님의 말씀처럼 바르지 못한 나의 생각, 나의 행동, 모든 것들을 이제 다시 내려놓고 고쳐지게 하시며 주님의 간섭 속에 살아가는 믿음의 자녀가 되게 하옵소서.

사랑의 주님! 그리스도인으로서 성도들 속에서 믿음의 본이 되게 하소서. 세상에서 빛과 소금의 직분을 감당하게 하옵소서. 하나님을 기쁘게 하는 성도의 삶을 살기를 원합니다. 믿음이 너무 부족하오니 행함 있는 믿음을 주옵소서. 믿음에 믿음을, 사랑에 사랑을, 겸손에 겸손을 더하여 주시기 원합니다. 나의 마음과 입술과 귀가 열려 하나님만 온전히 바라보게 하옵소서. 주님을 사랑합니다. 우리 주 예수 그리스도 이름으로 기도합니다. 아멘!

우리가 듣고 보고 또는 말하고 행동하는 모든 것에 은혜를 베풀어주소서. 우리는 위대하신 하나님의 용서를 구하옵니다. 모든 죄들이 하나님께로 돌아서며 하나님의 용서를 구하옵니다.
_베두인족의 기도

잠에서 깨어나서 드리는 기도
개인생활

나의 생명을 주관하시는 하나님! 주님의 사랑에 감사드립니다. 지난밤도 주님께서 인도하사 평안히 잠들게 하시고 새날을 맞이하여 상쾌한 마음으로 시작하게 하시니 더욱 감사드립니다. 오늘 하루 해야 할 모든 일에 열심과 열정을 가지게 하옵소서. 만나는 사람들을 사랑으로 대하게 하시고, 주님의 복음을 증거하는 좋은 계기가 되게 하옵소서.

사랑의 주님! 오늘도 길지 않은 인생에서 소중한 나날 중의 하루이오니 이 소중한 하루 삶을 통해서 주님께 영광을 돌리게 하옵소서. 바쁜 중에도 말씀을 상고하게 하시고, 바쁜 중에도 기도와 찬양을 드리게 하옵소서. 오늘 하루도 온종일 주님과 동행하기를 원합니다. 함께하시고 인도하시는 우리 주 예수 그리스도 이름으로 기도합니다. 아멘!

 우리의 무지한 어두움을 제거하여 주소서. 우리에게 자비를 베풀어주소서. 우리로 하여금 우리의 마음과 힘을 다하여 주님의 얼굴을 찾게 하소서. 주님의 한없으신 은총 가운데 거룩하신 존전으로 나아가게 하소서. _알쿠인

아침에 드리는 기도
개인생활

어둠 속에서 광명을 주시는 하나님! 새로운 날을 허락하심을 감사드립니다. 오늘 하루를 주님의 말씀대로 살아갈 수 있는 지혜를 주옵소서. 주님의 인도하심을 따라 살기를 원합니다. 주님께서 기도하기 전에, 예배하기 전에 남이 내게 지은 죄를 먼저 용서하라고 하셨으니 내게 죄지은 자를 먼저 용서합니다. 받은 자보다 주는 자가 복이 있다고 하셨으니 오늘 하루도 남에게 나누어줄 수 있는 마음과 믿음을 주옵소서.

사랑의 하나님! 오늘 하루를 제 마음대로 제가 좋아하는 대로 살 것이 아니라 주님이 원하시는 대로 살기를 원합니다. 헛되이 시간을 보내지 않고 주님의 인도하심 따라 보람 있는 하루가 되게 하옵소서. 온 세상을 얻어도 영혼을 잃으면 소용이 없으니 모든 일을 믿음으로 행하게 하여 주시고, 오늘 하루 맡겨진 일에 최선을 다하게 하시며 모든 삶을 감사드리게 하옵소서. 우리 주 예수 그리스도 이름으로 기도합니다. 아멘!

내 영혼아 깨어나라. 떠오르는 태양과 더불어 하루를 시작하자. 게으름을 떨쳐버리고 기쁨으로 일어나 아침의 속죄를 드리자. 힘써 그대 재능 갈고 닦아 위대한 날을 위해 주를 예비하자.
_토마스 캔

저녁에 드리는 기도
개인생활

사랑의 하나님! 하루의 일을 마치는 시간입니다. 오늘 하루도 인도하여 주심을 감사드립니다. 이 시간 주님께로만 향하기를 원하오니 함께 하옵소서. 모든 것이 주님의 은혜요 사랑입니다. 이 세상의 모든 것이 주님께로부터 왔으니 욕심부리지 않고 주님의 은혜로만 살게 하옵소서. 오늘 아침을 주님의 은혜로 시작했고 종일토록 주님이 인도하셨으니 하루의 일과를 마치는 이 시간 평안과 안식을 허락하신 하나님께 감사드립니다.

구원의 하나님! 삶의 모든 염려와 걱정, 근심을 모두 다 주님께 맡겨드립니다. 오늘 하루 모든 일의 결과도 주님이 열매 맺게 하옵소서. 더욱 부지런히 땀 흘리며 살아가기를 원합니다. 날마다 주님의 복음을 전하는 기쁨을 누리게 하옵소서.

은혜의 주님! 오늘 하루 중에 지은 죄가 있으면 사하여 주옵소서. 혹 저 때문에 상처받은 영혼이 있으면 그를 위로해주시기를 원합니다. 다툰 일이 있거든 먼저 용서하고 용서를 구하게 하옵소서. 맡은 자의 구할 것은 충성이라고 하셨으니 오직 믿음으로 살게 하옵소서. 다시금 오늘 하루를 인도하신 주님의 은혜와 사랑에 감사드립니다. 주님을 사랑합니다. 우리 주 예수 그리스도 이름으로 기도합니다. 아멘!

 오래전에 지었지만 그것은 내 죄입니다. 주여, 사하여 주소서. 주여, 내 더러운 죄를 사하여 주소서. 주께서 그토록 용서하셨지만 우리 죄악 된 삶은 날마다 반복되어 주께서 슬퍼하시나이다. 새롭게 하옵소서.   _존 던

잠들기 전에 드리는 기도
개인생활

나의 삶을 인도하시는 하나님! 오늘도 주님이 함께하여 주셨으니 감사합니다. 지금은 하루를 맺고 영육의 소생을 위해 허락하신 잠을 청하려 합니다. 평안히 잠들게 하사 하루의 피로가 풀리게 하옵소서. 꿈속에서라도 주님을 만날 수 있다면 더욱 행복한 주님의 자녀입니다. 이 시간 사랑하는 교회 목사님과 온 성도와 가족들, 친구와 친척들에게도 평안을 주소서.

사랑의 하나님 아버지! 이 시간에도 잠들지 못하고 기도하는 사람이 많습니다. 그들의 부르짖는 기도를 응답하여 주옵소서. 일터에서 일하는 이들과 나라를 지키는 젊은이들을 기억하시며 세계 선교를 위하여 복음을 증거하는 선교사님들을 기억해주시기 원합니다. 모두가 주님의 사랑입니다. 모두가 주님의 은혜입니다. 단잠을 주시고 피로에서 회복되게 하시는 주님! 감사드립니다. 사랑하는 예수님 이름으로 기도합니다. 아멘!

길고 긴 밤 지켜주소서. 주의 천사 큰 날개 펴 나를 덮으사 내 잠자리를 지켜주소서. 아침이 오면 신령한 주님 앞에서 죄 없이 깨끗한 마음으로 서게 하소서. 내 생애 다할 때까지 성부께 영광, 성자께 영광, 또 성령께 영광을 돌리게 하소서.
_배링 고울드

식사기도 1
개인생활

우리에게 일용할 양식을 허락하시는 하나님! 주님의 은혜를 감사드립니다. 이 음식 먹고 건강함을 얻어 주님의 일에 충성하게 하옵소서. 사랑의 마음으로 준비한 손길을 기억하시고 축복하옵소서.

사랑의 하나님! 우리가 먹고 마실 때마다 주님의 사랑에 감사하게 하옵소서. 우리 삶 전체가 주님의 은혜요 사랑이니 늘 주님만을 사랑하며 기쁨 속에 살게 하옵소서. 오늘도 우리에게 귀한 음식을 허락해주시니 감사드립니다. 날마다 주님의 형상을 닮아가게 하옵소서. 주님을 사랑합니다. 우리 주 예수 그리스도 이름으로 기도합니다. 아멘!

세상이 어떻게 변하여도 주는 변함없으니 영광의 태양은 쇠하지도 기울지도 않으리라. 구름과 폭풍우 위에서 햇빛 청명하며 어둠 속 그의 백성에게 빛을 비추리니 모든 것 잃어버려도 만족하리. 나는 주의 것, 주는 나의 하나님!
_존 퀼스

식사기도 2
개인생활

우리에게 일용할 양식을 주시는 하나님! 주님의 은혜와 사랑에 감사드립니다. 우리가 주님의 사랑을 입어 구원받았고 언제나 주님의 은총 속에 살아가오니 주님을 위하여 헌신하는 삶을 살게 하옵소서. 이 식탁을 준비한 손길을 기억하여 주옵소서. 우리에게 강건함을 허락하사 맡겨진 사명을 감당케 하옵소서.

사랑의 주님! 우리 이웃 중에 가난한 이들을 기억하여주사 그들의 필요를 저희가 돌아보며 또한 아버지께서 구석구석 역사해주옵소서. 또한 금식하며 기도하는 이들을 인도해주시기를 원합니다.

우리에게 허락하신 힘과 능력으로 복음을 전하며 맡겨주신 사명을 감당하게 하옵소서. 함께 이 음식을 나누며 교제할 때도 성령님 주관하셔서 우리 안에 기쁨과 강건함을 주소서. 주님을 사랑합니다. 우리 주 예수 그리스도 이름으로 기도합니다. 아멘!

주가 다시 오실 날 가까웠으니 그의 죽으심으로 우리가 살고 그가 부활하심으로 우리도 그와 함께 부활하니, 오 나의 주여, 내 영혼 기쁨의 날을 예비하게 하소서. 주의 고귀한 피로 나를 씻으사 내 죄를 도말하소서.
_호라티우스 보나르

가정 예배 기도(월요일)
개인생활

사랑의 하나님! 월요일 아침 제일 먼저 우리 가족이 모여 주님 앞에 예배를 드립니다. 우리의 예배를 기쁘게 받아주옵소서. 한 주간의 모든 날을 주님의 인도하심 속에 살아가게 하옵소서. 주님께 기도함으로 모든 일을 시작하게 하시고, 주님의 말씀을 묵상하며 찬양하는 삶을 살게 하옵소서.

  은혜의 하나님! 우리 가족이 세상의 어느 곳에서든지 주님의 자녀답게 살아 영광을 돌리기 원합니다. 세상의 빛과 소금의 직분을 감당하게 하옵소서. 악은 모양이라도 버리게 하시며 주님의 거룩함을 닮아가는 삶을 살게 하옵소서. 가족을 위하여, 교회를 위하여, 민족을 위하여, 세계 선교를 위하여 기도하는 삶을 살게 하옵소서. 주님이 함께하심을 믿고 우리 주 예수 그리스도 이름으로 기도합니다. 아멘!

내 가난한 마음, 죄로 무거울 때 나를 용서하시고 새로운 평화를 주소서. 나를 기억하소서. 많은 시험 내 길을 가로막아 악에서 헤어나지 못할 때 힘을 주소서. 주여, 나를 기억하소서.   _**토마스 호웨이스**

가정 예배 기도(화요일)
개인생활

구원의 하나님! 오늘 하루도 기도로 시작하게 하심을 감사드립니다. 우리가 주님 앞에 범죄한 것이 있으면 용서해주옵소서. 주님의 십자가 보혈로 씻어주사 정결하게 하옵소서. 우리 가족의 모든 삶이 주님의 사랑 안에 있으니 언제나 감사하는 삶을 살게 하옵소서. 가족 중에 믿음이 없는 이에게 믿음을 주사 주님 안에 뿌리를 두고 사는 기쁨과 감사를 누리게 하옵소서.

소망의 하나님! 우리 가족에게 이 땅에서 맡겨주신 사명을 감당하게 하옵소서. 우리 가족이 지역에서나 직장에서나 학교에서 그리고 교회에서 맡겨진 일을 책임 있게 감당하기 원합니다. 가족들에게 건강을 주시고 지혜를 주옵소서. 세상 것에 욕심을 내지 않고 주님의 인도하심과 은혜로만 살게 하옵소서. 오늘 하루도 주님이 함께해주시기를 원합니다. 주님을 사랑합니다. 우리 주 예수 그리스도 이름으로 기도합니다. 아멘!

우리에게 성부와 성자를 알게 하시고, 성령과 더불어 삼위가 하나이신 하나님은 평생토록 내 노래가 되십니다. 영원한 찬송, 성부와 성자와 성령!
_존 코신

가정 예배 기도(수요일)
개인생활

십자가의 사랑으로 우리를 사랑하신 하나님! 주님을 찬양합니다. 주님을 사랑합니다. 오늘도 우리 가족이 모여 주님께 예배드리게 하심을 감사드립니다. 우리 가족 모두의 삶이 주님을 자랑하는 삶이기를 원합니다. 우리가 주님을 영접하여 하나님의 자녀가 되었으니 그 은혜와 축복을 누리게 하옵소서. 어디를 가나 복음을 전하고, 그리스도인으로서 본이 되는 삶을 살기를 원합니다.

우리의 예배를 받아주시는 하나님! 오늘은 수요일 예배 삼일 기도회가 있는 날입니다. 주님의 교회에 모인 성도들이 온전한 예배를 드리게 하옵소서. 예배를 인도하는 목사님께 함께하옵소서. 또한 복음을 전하기 위하여 세계 곳곳에서 선교사역을 하는 모든 선교사를 기억하사 주님의 영광을 나타내게 하옵소서. 오늘도 우리 가족 모두가 주님의 뜻을 이루는 하루가 되게 하소서. 주님을 사랑합니다. 우리 주 예수 그리스도 이름으로 기도합니다. 아멘!

세상에 살면서 지금껏 지은 모든 죄를 하나님 독생자의 희생을 보시고 용서하옵소서. 잠들기 전에 평안을 주옵소서. _토마스캔

가정 예배 기도(목요일)
개인생활

우리를 사랑하시는 하나님! 주님께서 우리 가정을 사랑하사 구원의 은총을 주셨으니 감사드립니다. 감사 중의 감사는 우리 가족의 이름이 하늘나라 생명책에 기록되었다는 것입니다. 가족 모두의 삶에 사랑 위에 사랑을 더하여 주옵소서.

사랑의 하나님! 아직도 복음을 알지 못하는 사람이 많사오니 우리의 생활 속에서 복음을 증거하기 원합니다. 우리가 무슨 일을 하든지 주님께 하듯 하고, 모든 일의 시작과 끝도 기도로 이루게 하옵소서.

주여, 우리 가족을 인도하여주사 주님의 사랑으로 지켜주옵소서. 주님을 사랑합니다. 오늘 하루도 승리하게 하옵소서. 우리 주 예수 그리스도 이름으로 기도합니다. 아멘!

성령님, 성령님의 도움으로 교회가 서고 경건한 마음과 기쁨의 은총을 누리며 죄와 슬픔에서 우리가 자유케 되었으며, 오직 주님께서 주님의 성전을 합당하게 하십니다.
_존 드라이든

가정 예배 기도(금요일)
개인생활

모든 죄를 사유하시는 하나님! 오늘은 주님이 십자가에서 고난당하신 금요일입니다. 주님께서 우리의 죄악을 사하시기 위하여 화목제물이 되시고 십자가에 달리사 구원을 이루어주심을 감사드립니다. 주님의 놀랍고 큰 사랑을 받았으니 주님을 소망하며 살게 하옵소서. 주님의 자녀로 주님의 향기를 나타내는 삶을 살길 원합니다. 우리 가족의 삶이 주님께 영광을 돌리게 하옵소서.

사랑의 하나님! 오늘 저녁은 교회마다 철야 예배로 모이는 날이오니 모든 성도들을 사랑하사 은혜 충만, 사랑 충만, 성령 충만을 허락하옵소서. 우리의 삶이 날마다 주님의 편지로 읽혀질 수 있도록 성도의 바른 삶을 살게 하옵소서. 오늘도 주님의 사랑을 나타내기 원합니다. 우리 가족 모두가 십자가의 사랑을 나타내는 삶을 살게 하옵소서. 우리 주 예수 그리스도 이름으로 기도합니다. 아멘!

내 가진 것이 없어 오직 주의 십자가만 붙드오니 내 발가벗은 영혼 입혀주시고 의지할 곳 없는 죄인, 은혜로 돌보소서. 이 더러운 몸, 생명 샘 찾으오니 주여 나를 씻겨주소서.   _토플라디

가정 예배 기도(토요일)
개인생활

우리 가족을 인도하시는 하나님! 월요일부터 오늘 토요일까지 주님께서 함께하시니 감사드립니다. 하루 한순간도 주님의 은혜와 사랑이 아니면 살아갈 수 없으니 늘 주님께서 동행하옵소서. 복음으로 승리하는 삶을 살기 원합니다. 우리 가족 모두에게 강하고 담대한 믿음을 주옵소서. 여호수아처럼 가족 모두가 여호와 하나님만을 섬기게 하여 주시기를 원합니다.

사랑의 하나님 아버지! "주 예수를 믿으라. 그리하면 너와 네 집이 구원을 얻으리라"는 말씀이 그대로 우리 가족에게 임하기를 원합니다. 더욱더 가족을 사랑하며 가족을 위하여 기도해 믿음으로 하나 되게 하옵소서. 내일은 거룩한 주일이오니 기도로 준비하는 하루가 되기를 원합니다. 목사님과 모든 성도를 기억하옵소서. 우리 주 예수 그리스도 이름으로 기도합니다. 아멘!

온유하고 거룩하신 하나님! 주께 가까이 가게 하소서. 내 어린양 찾아가는 길에 순결한 빛을 주소서.
_윌리암 코우퍼

가정 예배 기도(주일)
개인생활

구원의 하나님 아버지! 거룩한 주님! 주님 앞에 가족 예배를 드립니다. 받아주옵소서. 오늘 온종일 주님 전에서 예배드릴 때 가족들이 맡은 모든 일을 통하여 주님께 영광을 돌리게 하옵소서. 주님을 찬양하며 경배하기를 원합니다. 또한, 주님 앞에 예배드리는 모든 성도에게 구원의 기쁨과 주님의 사랑을 더욱더 부어주옵소서.

사랑의 하나님 아버지! 말씀을 전하시는 목사님에게 영육 간에 강건함을 주시고 장로님과 권사님 그리고 모든 성도에게 초대 교회에 내리셨던 성령 충만함을 주옵소서. 성가대와 교사들, 안내하는 이들 모두 하나 되어 주님을 예배하게 하옵소서.

오늘 주님의 전에 처음 나온 이들이 주님의 복음을 온전히 체험하기를 원합니다. 주님만을 찬양하며 예배하게 하옵소서. 주님을 사랑합니다. 우리 주 예수 그리스도 이름으로 기도합니다. 아멘!

우리에게 눈을 아름다운 창문으로 주시고 노래할 입술을 주셨으니, 아! 전능하신 하나님! 이토록 세상을 아름답게 지으셨네.   _알렉산더

삶 속의 작은 기도문
개인생활

1. 행복의 주님!

참 빛 되신 주님께서 우리를 사랑하시고 구원해주셨으니 우리도 주님을 본받아 살게 하옵소서. 세상의 빛과 소금의 직분을 감당하기를 원합니다. 우리 주 예수님 이름으로 기도합니다. 아멘!

2. 우리의 예배를 기쁘게 받으시는 주님!

우리로 하여금 신령과 진정으로 예배드리게 하여 주옵소서. 하나님이 기뻐하시는 영적인 산 제사를 드리게 하옵소서. 우리의 삶이 예배가 되기를 원하며 존귀하신 우리 주 예수님 이름으로 기도합니다. 아멘!

3. 사랑의 주님!

선한 목자가 되셔서 우리를 인도하심을 감사드립니다. 주님의 십자가 고난의 사랑을 깨달아 그 사랑을 나누며 살아가게 하옵소서. 주님을 사랑합니다. 우리 주 예수님 이름으로 기도합니다. 아멘!

한때는 나는 그분 안에 있기를 원했으나 이제는 내가 그분을 소유하고 삽니다. 한때 나는 죽음을 기다렸으나 이제는 그분 오심을 기다립니다. 그리고 내 희망은 주님 안에서 튼튼하게 뿌리를 내렸습니다. _심프슨

삶 속의 작은 기도문
개인생활

4. 우리에게 믿음을 주시는 주님!

우리의 믿음이 크고 깊고 넓어 날마다 주님의 영광을 나타내길 원합니다. 믿음의 놀라운 능력을 힘입어 살게 하옵소서. 우리 주 예수 그리스도 이름으로 기도합니다. 아멘!

5. 인내의 주님!

우리도 베드로와 같이 주님을 부인하던 사람들입니다. 은혜로 용서받고 새로워진 삶 속에서 날마다 주님을 증거하며 맡겨진 사명을 감당하게 하옵소서. 주여, 우리를 인도하옵소서. 주님을 사랑합니다. 우리 주 예수 그리스도 이름으로 기도합니다. 아멘!

6. 거룩하신 주님!

날마다 악의 세력과 싸워 승리하는 믿음으로 살기를 원합니다. 주님만이 구원의 산성이요 반석이십니다. 우리에게 강하고 담대한 믿음을 주사 주님의 일을 하게 하옵소서. 우리 주 예수님 이름으로 기도합니다. 아멘!

 주님은 신이시며 또한 완전한 인간이시니 주님은 가장 높고 성스러우신 분이십니다. 우리의 의지는 우리의 것이지만 주님이 우리를 사랑하시므로 주신 것이기에 그것을 주님께 맡깁니다.　　　　　_알프레드 테니슨

삶 속의 작은 기도문
개인생활

7. 구원의 주님!

우리로 하여금 주님을 믿게 하시니 감사드립니다. 주님 안에서 영생을 얻게 하시고 구원의 소망을 주셨으니 날마다 주님을 닮게 하옵소서. 늘 주님의 마음을 소유하게 하소서. 예수님 이름으로 기도합니다. 아멘!

8. 능력의 주님!

우리에게 날마다 믿음을 주시고 주님의 사랑을 나누며 살게 하옵소서. 주님처럼 섬김의 삶을 통하여 하나님께 영광을 돌리기를 원합니다. 요한복음 3장 16절의 이처럼의 사랑을 날마다 체험하게 하옵소서. 우리 주 예수 그리스도 이름으로 기도합니다. 아멘!

9. 사랑의 주님!

우리로 하여금 주님의 은혜로 구원받게 하셨으니 주님의 뜻대로만 살게 하옵소서. 우리로 하여금 진리 안에 자유하게 하옵소서. 진리의 말씀을 전파할 수 있는 능력을 주시기 원합니다. 선한 목자 되신 우리 주 예수님 이름으로 기도합니다. 아멘!

이제 내 영혼이 평화와 광명으로 충만하니, 보이지 아니하나 사랑이신 주님과 함께 걷겠습니다. 나의 하나님, 주님께 기대어 인생길을 가니 평화만이 가득합니다.
_호레이 셔스 보나르

삶 속의 작은 기도문
개인생활

10. 말씀의 주님!

주님의 말씀을 우리에게 주시니 감사드립니다. 말씀을 알고 듣고 지키게 하옵소서. 마음 판에 새기게 하옵소서. 말씀의 인도 따라 살기를 원합니다. 우리 주 예수님 이름으로 기도합니다. 아멘!

11. 기쁨의 주님!

우리로 하여금 기도할 수 있도록 인도하심을 감사드립니다. 믿음에 믿음을 더하사 하나님의 은총 아래 살게 하옵소서. 기도하는 기쁨을 누리기 원합니다. 온전하게 하시는 주님만을 바라보며 믿음으로 살게 하옵소서. 우리 주 예수 그리스도 이름으로 기도합니다. 아멘!

12. 자비로우신 주님!

우리에게 구원을 허락해주시고 거룩한 성, 새 예루살렘을 허락해주시니 무한 감사를 드립니다. 주신 사명 감당하며 살게 하옵소서. 주님이 날마다 주시는 참 평안과 참 기쁨 속에 살게 하옵소서. 우리 주 예수 그리스도 이름으로 기도합니다. 아멘!

 텅 빈 광야에서 예수님이 나를 발견하셨습니다. 오! 그가 그날 내게 보여주신 것은 은혜였습니다. 길 잃은 양처럼 나는 방황하였습니다. 그러나 그가 나의 방황하는 길을 따라와 나를 찾았습니다.   _존 라이스

삶 속의 작은 기도문
개인생활

13. 사랑의 주님!

흠 없는 어린양의 대속으로 새 생명을 얻은 우리가 이 놀라운 구원의 복음을 전하는 기쁨을 알게 하옵소서. 천하보다 귀한 영혼들의 이름이 주님의 은혜로 하늘나라 생명책에 기록되게 하옵소서. 우리 주 예수님 이름으로 기도합니다. 아멘!

14. 구원의 주님!

율법 아래 있지 아니하고 하나님의 은혜로 구원받음을 감사드립니다. 오직 주님을 믿는 믿음 안에서 살게 하옵소서. 우리를 구원하기 위하여 피 흘려 구속하신 주님의 사랑에 감사드리며 우리 주 예수님 이름으로 기도합니다. 아멘!

15. 은혜의 주님!

우리의 몸을 하나님이 기뻐하시는 거룩한 산 제물로 드리게 하옵소서. 우리로 하여금 이 세대를 본받지 않고, 하나님의 선하시고 기뻐하시고 온전하신 뜻이 무엇인지를 분별하게 하옵소서. 믿음의 분량대로 살되 더욱 성숙하게 하옵소서. 욕심을 버리게 하옵소서. 그렇게 해주실 우리 주 예수 그리스도 이름으로 기도합니다. 아멘!

예수여! 내가 이제 나아갑니다. 죄로 지친 나는 곁길에서 방황하고 있습니다. 나를 주님의 팔에 안으시고 용서하여 주소서. 사랑하는 주 예수여, 이제 나를 구원하여 주소서!
_존 라이스

삶 속의 작은 기도문
개인생활

16. 소망의 주님!

우리로 하여금 주님의 사역에 동참하게 하옵소서. 수고를 아끼지 않고 희생할 수 있는 믿음을 주옵소서. 주님의 영광을 나타내기를 원합니다. 날마다 주님과 동행하는 삶의 기쁨을 주옵소서. 우리 주 예수 그리스도 이름으로 기도합니다. 아멘!

17. 부활의 주님!

주님의 부활하심을 통하여 우리에게 부활의 소망 주심을 감사드립니다. 부활의 소망을 갖게 하사 더욱더 주 안에서 영광을 돌리게 하옵소서. 우리 삶에서 죄악 된 어둠이 사라지게 하시고 빛 되신 주님의 은혜만 가득하게 하소서. 우리 주 예수 그리스도 이름으로 기도합니다. 아멘!

18. 우리를 구원하신 주님!

삶 속에서 예수 그리스도의 향기를 발하며 살게 하옵소서. 우리의 삶이 주님의 편지로 읽혀지기를 원합니다. 우리가 주님의 도구로 사용되게 하옵소서. 우리의 삶이 주님께 쓰임 받기를 원하며 우리 주 예수 그리스도 이름으로 기도합니다. 아멘!

오! 나의 죄를 사함받는 이 기쁨, 이제 나는 믿을 수 있고 또 믿습니다. 내가 가진 모든 것과 나 자신과 나의 앞날을 귀하신 주님께 드립니다. 내 영혼의 어두운 밤을 흩트리신 주님은 바로 나의 큰 기쁨이십니다.
_알버트 미들레인

삶 속의 작은 기도문
개인생활

19. 소망의 주님!

믿음으로 의롭다 칭하신 주님께 감사드립니다. 주님이 십자가에 못 박히사 우리를 구원하여 주셨으니 오직 십자가만을 자랑하며 살게 하옵소서. 우리의 삶에 주님의 흔적이 있게 하옵소서. 우리 주 예수 그리스도 이름으로 기도합니다. 아멘!

20. 은혜의 주님!

주님의 구원하심으로 옛사람을 벗어버리게 하시니 감사드립니다. 우리로 하여금 하나님의 의와 진리의 거룩함으로 지으심을 받은 새 사람의 삶을 살게 하옵소서. 주님을 의지합니다. 주님을 찬양합니다. 우리 주 예수 그리스도 이름으로 기도합니다. 아멘!

21. 사랑의 주님!

우리의 삶이 구별되게 하옵소서. 세상 사람들이 보기에도 성도로서 부족함이 없는 삶이기를 원합니다. 날마다 주님의 일로 기뻐하게 하옵소서. 날마다 주님이 주시는 은혜로 감사하게 하옵소서. 우리 주 예수 그리스도 이름으로 기도합니다. 아멘!

할렐루야, 구원받았네! 나는 성령으로 거듭났다네. 죽으신 구주의 피로 구속함을 받았네. 이제 나는 의로워졌으며, 죄를 모두 사함 받았네. 대제사장 되신 그분으로 인해 높이 들리움 받았네.
_존 라이스

삶 속의 작은 기도문
개인생활

22. 권능의 주님!

이 세대를 변화시켜 주옵소서. 타락의 물결이 날로 거세니 함께하여 주옵소서. 욕망의 불길이 날마다 더한 이 세파를 용서해주시기 원합니다. 오직 복음만을 믿게 하옵소서. 늘 믿음 안에서 승리하게 하옵소서. 늘 주님 안에서 살게 하옵소서. 우리 주 예수 그리스도 이름으로 기도합니다. 아멘!

23. 회복의 주님!

우리의 신앙이 주님 앞에서 정직하게 하옵소서. 믿음 안에서 주님만을 바라보며 살기를 원합니다. 우리의 삶 속에 주님의 뜻을 이루어주옵소서. 주님만이 우리의 복과 구원이 되십니다. 우리가 남을 칭찬하고 격려하며 축복하는 삶을 살게 하옵소서. 우리 주 예수 그리스도 이름으로 기도합니다. 아멘!

24. 승리의 주님!

우리로 하여금 믿음으로 승리하는 그리스도인이 되게 하옵소서. 불법을 행하는 자들이 나타날지라도 오직 믿음으로 이기고 주님만을 의지하며 살게 하옵소서. 우리의 삶 속에 주님의 말씀과 사랑이 함께함이 참으로 행복함을 고백하며 우리 주 예수 그리스도 이름으로 기도합니다. 아멘!

오 그리스도시여! 당신만이 홀로 이 죄의 무게를 가볍게 하실 수 있습니다. 오 하나님의 어린양이여! 오직 당신이 흘리신 피 만이 내 안에 평안을 줄 수 있습니다.
_호레이셔스 보나르

8. 예식 예배 대표기도

날마다 주와 동행하게 하소서

_용혜원

해 떠오름부터

해 질 때까지

나의 호흡을 지켜주시는 주님

나의 눈이 바라보는 것들이

진실이게 하소서

나의 귀가 듣는 것들이

진리이게 하소서

나의 입이 말하는 것들이

주님을 증거함이 되게 하소서

나의 발길이 닿는 곳에서

주님의 뜻을 이루게 하소서

나의 태어남부터

죽는 날까지

생명을 지켜주시고

인도하여 주시는 주님

죄악을 떠나게 하소서

세속에 물들지 않게 하소서

세대를 분별하게 하소서

날마다 주와 동행하게 하소서

주님만이

나의 참기쁨

나의 참소망

나의 참사랑입니다

약혼 예배
예식

우리를 축복해주시고 사랑하시는 하나님! 오늘 귀하고 복된 날 하나님 앞에서 약혼식을 통하여 영광을 돌립니다. 주님께서 OOO형제와 OOO자매를 사랑하사 오늘 약혼하게 허락하시니 무한 감사를 드립니다. 두 사람이 하나님의 섭리와 은총 가운데 이 세상에 출생하였고 그동안 부모님의 사랑으로 잘 자라게 하여 주심이 하나님의 축복이요, 은총입니다.

사랑의 하나님! 이 사랑하는 두 사람이 하나님의 섭리하심과 인도하심 속에 만나 복된 가정을 이루기 위하여 가족과 형제 그리고 친척들 앞에서 약혼을 하오니 축복해주옵소서.

결혼할 때까지 진실하고 정결한 마음으로 만남을 이루어가게 하시고 두 사람의 삶을 통하여 하나님의 사랑이 나타나게 하옵소서. 건강을 주시고 믿음을 주사 영육 간에 부족함이 없게 하옵소서. 오늘 약혼식에 참여한 모든 이에게도 주님께서 함께해주시고, 약혼한 두 사람이 앞으로 하나님의 은혜 속에 복된 가정을 이룰 줄 믿고 존귀하신 예수님 이름으로 기도합니다. 아멘!

우리 기쁜 마음으로 주를 찬양하자. 그는 인자하시니 그의 자비, 오래 참으시며 영원히 변치 않으시니 그의 이름 널리 전하세. 신들 중에 뛰어난 신이시니 그는 자비하고 오래 참으시며 영원히 변치 않으시리.   _존 밀턴

결혼 예배
예식

만복의 근원 되시는 하나님! 주님 앞에 신랑과 신부가 함께 영광을 돌립니다. 이 귀한 예식을 받아주사 축복해주옵소서. 가족과 여러 증인 앞에서 두 사람이 결혼하여 부부가 되고자 합니다. 앞으로의 모든 삶을 주님께서 인도하시고 축복하옵소서.

이 가정을 행복하게 하옵시고 부부가 하나 되어 살되 언제나 주님을 사랑하며 살게 하옵소서. 자녀를 허락하여 주시고 물질을 충만하게 허락하옵소서. 믿음에도 장부가 되어 주님의 일을 열심히 감당하기를 원합니다.

사랑의 하나님! 신랑과 신부가 서약한 대로 신성한 가정을 이루게 하옵소서. 앞으로의 결혼 생활에서도 예배와 기도와 찬양과 말씀으로 응답받으며 살기를 원합니다. 신랑과 신부의 양가 부모들을 축복하시며 늘 기도하여 준 모든 이와 함께하옵소서.

두 사람의 마음과 생각과 뜻과 행동이 하나가 되어 부족함이 없는 사랑을 나누게 하옵소서. 주례하는 목사님과 결혼식에 참여한 모든 하객과 양가 부모, 신랑 신부를 축복하옵소서. 주님의 인도하심을 믿으며 우리 주 예수 그리스도 이름으로 기도합니다. 아멘!

변화 많은 내 인생의 여정에서 괴롭든지 기쁘든지 내 혀와 내 마음은 언제나 주를 찬양하리. 아! 내 주를 찬미하며 그 이름을 높이라
_니콜라스 브레이디

백일 축하예배

예식

사랑이 많으신 하나님 아버지! 귀하고 복된 가정에 자녀를 허락하여 주시고 지난 백일 동안 보호하여 주심을 감사드립니다. 하나님의 축복하심과 부모들의 사랑 속에 태어난 자녀이오니 늘 사랑 속에 자라게 하옵소서.

귀한 자녀가 커서 부모님과 교회와 하나님 앞에 자랑거리가 되게 하옵소서. 부모와 교회와 주님께 기쁨이 되게 하옵소서. 아이를 키우느라고 애를 쓰는 아기 어머니에게 건강과 강함을 주시고, 기도로 키우게 하여 주사 하나님께 쓰임 받는 자녀가 되게 하옵소서. 자라가며 지혜와 지식과 능력과 권세를 주셔서 주님께 쓰임 받기에 부족함이 없게 하소서.

사랑의 주님! 오늘부터 이 가정에 더욱더 기쁨과 평안과 사랑이 넘치기를 원합니다. 가정에 믿음과 사랑이 넘쳐야 아이가 잘 자랄 수 있사오니 늘 인도하옵소서. 백일을 축복하기 위하여 모인 성도들과 가족들을 축복하시고 아이와 부모를 축복해주옵소서. 주님께서 함께하심을 믿고 우리 주 예수 그리스도 이름으로 기도합니다. 아멘!

주의 풍성하신 은혜로 내 모든 죄를 덮어주시고, 주의 넘치는 치유의 냇물에서 우리를 깨끗하게 하소서. 주는 생명의 샘이오니 값없이 주님을 마시게 하사 내 가슴속에도 생명의 생이 영원토록 솟게 하소서. _찰스 웨슬레

돌 축하예배
예식

우리들의 생사화복을 인도하시는 하나님 아버지! 오늘 귀한 가정의 자녀가 돌을 맞이했습니다. 목사님과 부모와 일가친척과 성도들이 모여 주님의 이름으로 축하하며 예배드리오니 받아주옵소서.

하나님의 사랑으로 성장하여 왔사오니 주님처럼 키가 자라며 지혜가 더하게 하옵소서. 지혜와 총명을 허락하여주사 튼튼하게, 슬기롭게, 아름답게 성장하기를 원합니다. 하나님의 은혜가 저의 머리 위에 항상 있게 하시고 주님의 손길이 늘 보호하옵소서.

사랑하는 하나님! 돌을 맞은 아이가 성장해 갈수록 주님의 뜻을 온전히 따르며 부모께 순종하고 효도할 줄 아는 아이가 되게 하옵소서. 하나님께서 주시는 사명을 잘 감당할 수 있는 자녀로 자라게 하옵소서. 아이 부모에게 건강을 주시고 지혜를 주사 믿음과 말씀과 기도로 자녀를 키워나가게 하옵소서.

오늘 이 귀한 가정에 하나님의 축복이 함께하기를 기도합니다. 말씀을 전하는 목사님을 통하여 부모와 우리가 하나님의 말씀을 온전히 받아들이게 하옵소서. 주님께서 함께하심을 믿습니다. 주님을 사랑합니다. 우리 주 예수 그리스도 이름으로 기도합니다. 아멘!

주여! 살든지 죽든지 나 염려하지 않습니다. 주님을 사랑하고 섬기는 것만이 내 할 일, 이것은 당신의 은총입니다. 이 세상 오래 살면 기쁘오리다. 내 오래도록 주께 순종할 수 있으니, 비록 생애 짧을지라도 내 어찌 그 끝남을 슬퍼하리이까!
_리처드 백스터

생일 축하예배
예식

사랑과 자비가 많으신 하나님! 오늘 생일을 맞은 하나님의 자녀 OOO을 축복해주시고 영광을 받아주옵소서. 이 땅에 보내주신 하나님께 감사의 예배를 드리오니 인도하옵소서. 오늘은 귀한 자녀가 이 세상에 태어난 날을 축하하고자 우리가 모였습니다. 우리의 일거수일투족을 인도하시는 하나님, 귀한 자녀의 일생을 주님께서 사랑과 평안으로 인도하옵소서. 마음에 소망하는 것들을 이루어주시고 기도에 응답받는 삶을 살게 하옵소서.

사랑의 하나님! 언제 어디서나 필요한 사람이 되게 하여 주시고 하나님께 쓰임 받게 하옵소서. 자녀의 믿음이 강하고 담대하고 신앙이 날로 굳어져서 믿음의 본이 되는 삶을 살게 하옵소서. 항상 건강을 주시고 주님 중심, 교회 중심, 가정 중심, 믿음 중심의 삶을 살게 하옵소서.

오늘까지 인도하신 하나님! 앞으로의 삶도 사랑으로, 축복으로 인도하옵소서. 생일을 맞이한 자녀의 부모도 축복해주옵소서. 주님을 사랑합니다. 우리 주 예수 그리스도 이름으로 기도합니다. 아멘!

내 번민의 시간에 시험이 나를 괴롭히나 내 죄를 고백할 때, 성령이여! 나를 위로하소서. 내 잠자리에 들면 마음과 생각이 병들어 의심이 가득해 괴로우니 성령이여! 나를 위로하소서. _로버트 헤리크

회갑 축하예배
예식

만복의 근원 되사 우리를 축복해주시는 하나님! 오늘 사랑하는 주 안의 OOO의 회갑을 축하하며 하나님께 감사와 영광을 돌리오니 받아주옵소서. 하나님의 섭리하심과 뜻 가운데 OOO을 이 땅에 보내주시고 사랑하시고 축복하시고 은혜 내려주심을 감사드립니다. 주 안에서 믿음으로 구원받게 하시고 자녀를 축복하시고 인도하심을 감사드립니다.

이제 앞으로 더욱 주 안에서 기뻐하며 소망 중에 주님께 영광을 돌리는 삶을 살게 하옵소서. 이 땅에 태어난 60년 동안 보호하시고 인도하신 주님께서 앞으로도 건강 주시고 믿음에 믿음을 더하사 축복하옵소서.

사랑의 하나님! 부부간에 사랑을 더하시며, 자녀들을 축복해주시어서 믿음 안에서 주님을 섬기며 주 안에서 부모에게 효도를 다하는 복된 자녀가 되게 하옵소서. 자녀들의 가정과 사업에도 축복해주시기를 원합니다.

회갑을 맞이한 OOO의 앞으로의 삶을 더욱더 영육 간에 강건하게 하옵시고 하나님께 찬양과 영광을 돌리게 하옵소서. 날마다 말씀 속에서 주님을 소망하며 즐겁게 살게 하옵소서. 주님과 교회에 꼭 필요한 성도가 되게 하옵소서. 기도에 힘을 더하여 주시고 반석 위에 세운 믿음으로 살게 하옵소서. 기도하며 살아가게 하옵소서. 응답받으며 살게 하옵소서. 주님의 뜻을 이루며 살게 하옵소서. 참석한 가족과 모든 이들을 축복해주시기를 원하며 예수님 이름으로 기도합니다. 아멘!

우리 떨리고 두려운 마음으로 나아갈지라도 주가 친절히 맞으시리니 저녁의 슬픔 대신 아침의 기쁨을. 두려움과 떨림 대신 믿음과 소망 주시리.
_몬젤

칠순(고희) 축하예배 1
예식

우리를 인도하여 주시는 하나님! 우리의 삶에 언제나 함께 하여 주시는 하나님께 감사를 드립니다.

　칠순(고희)이 되도록 늘 한결같은 사랑으로 믿음을 축복하여 주심을 믿고 인도하심 받기를 원합니다. 오늘까지 인도하여 주신 하나님께서 남은 인생도 함께하여 주시기를 원합니다. 남은 인생을 하나님 앞에 바로 서게 하여 주시고 교회와 가족들에게도 믿음의 본이 되고 기도의 유산을 남겨 줄 수 있는 믿음을 갖게 하여 주시기를 원합니다.

　사랑의 하나님!

　나이가 들수록 날마다 때마다 순간마다 하나님을 의지하며 살게 하여 주시고 하나님의 은혜 속에 성령의 아홉 가지 열매를 맺는 삶을 살게 하소서.

　하나님의 말씀 따라 순종하는 믿음을 갖게 하시고 하나님의 말씀 속에 늘 기도하며 황혼의 마지막 순간까지 아름답게 살아가게 하여 주시기를 원합니다. 늙어갈수록 믿음의 길을 온전히 가게 하여 주시고 전폭적으로 하나님만 의지하며 살게 하여 주시기를 원합니다.

　우리 주 예수 그리스도 이름으로 기도합니다. 아멘

하고자하는 어떠한 일이 생기거나 혹은 내가 해서는 안될 일이 있다면 온전히 기도하라.
_작자 미상

칠순(고희) 축하예배 2
예식

우리를 인도하여 주시는 하나님! 하나님이 주신 세월을 따라 살다가 칠순 맞이하여 하나님의 사랑과 인도하심에 무한 감사를 드립니다.

오늘까지도 인도하여 주신 하나님께서 남은 인생도 건강과 믿음을 주셔서 하나님과 교회와 가정에 믿음의 본이 되는 삶을 살게 하여 주시기를 원합니다.

사랑의 하나님!

앞으로 황혼이 짙어가는 남은 인생도 건강하게 하시고 믿음으로 살아서 아름다운 인생을 살게 하여 주시기를 원합니다. 남은 인생 시간을 헛되게 허비하지 않게 하시고 기도하게 하시고 말씀을 묵상하며 살게 하여 주시기를 원합니다.

칠순(고희)까지 축복된 삶으로 인도하여 주신 하나님께 감사드리며 나이가 들어갈수록 신령과 진정으로 하나님을 경외하고 찬양하며 예배 드리기를 원합니다. 선한 목자가 되시는 하나님께서 남은 인생도 언제 어느 때나 인도하여 주시고 함께 하여 주시기를 원합니다.

우리 주 예수 그리스도 이름으로 기도합니다, 아멘

하루를 잃은 자는 인생을 잃은 자와 같다. 하루의 첫 시간을 잃은 자는 하루를 잃은 자다.   _에머어스

임종 예배
예식

우리의 삶과 죽음을 주장하시는 하나님 아버지! 주님의 이름으로 간절히 간구하오니 들어주소서. 이 시간 하나님께서 지금까지 인도하시고 사랑하여 주신 하나님의 자녀 OOO를 기억하여 주옵소서. 삶의 남은 순간에 OOO의 마음속에 예수 그리스도의 이름을 부르게 하시고 주님의 십자가의 보혈을 믿게 하옵소서. 하늘나라의 영원한 생명, 영원한 천국을 바라보는 소망으로 인해 기뻐하게 하옵소서. 주님께서 품 안에 안아주실 때까지 악한 영이 틈타지 않게 하옵소서. 성령을 충만히 부어주사 강하고 담대한 믿음을 갖게 하소서.

사랑의 주님! 사랑하는 OOO의 영혼을 천군 천사로 지켜주시고 주님의 보혈로 함께하옵소서. 아직도 주님을 온전히 영접하지 못하였다면 지금 이 시간 영접하게 하시어 저의 이름이 하늘나라 생명책에 기록되게 하옵소서.

함께한 가족과 성도들을 인도하셔서 삶의 의미를 다시 한번 깨닫게 하시고, 주님 앞에 바른 믿음으로 살게 하옵소서. 주님께 귀한 영혼을 의탁합니다. 주님, 구원하여 주옵소서. 우리 주 예수 그리스도 이름으로 기도합니다. 아멘!

오 하나님! 하나님의 자비로써 내 소생하는 영혼을 살피시며, 경탄과 사랑과 찬양의 길로 나를 인도하는 주님의 부드러운 보살핌이 내 영혼에 한없는 위로가 됩니다.
_조셉 에디

입관 예배
예식

우리의 생명을 인도하시는 하나님! 주님께서 사랑하시고 함께하시던 OOO의 영혼을 부르셨습니다. 이 시간 사랑하는 성도들과 함께 고인의 시신을 입관하고자 하오니 주여, 함께하옵소서. 고인 없이 이 지상의 삶을 살아가야 하는 유족들을 위로해주시고 주님의 은혜와 사랑으로 감싸주시기를 원합니다.

사랑의 하나님! 우리가 이 시간 삶의 깊은 의미를 깨닫게 되었으니 믿음의 삶을 더욱 온전히 살기 원합니다. 고 OOO이 이 지상에서의 모든 고통과 절망에서 떠나 주님의 나라에 있는 줄로 믿고 감사드립니다. 가족들을 주님께서 사랑으로 위로해주옵시고, 앞으로의 삶을 이끌어주옵소서.

사랑의 주님! 우리가 고 OOO을 이 지상에서 다시 볼 수는 없지만 영원한 하늘나라에서 부활의 소망으로 다시 만날 줄 믿습니다. 입관 예배를 드리는 가족과 친척 그리고 성도들의 마음에도 위로의 손길로 함께하옵소서.

모든 입관 순서를 인도해주옵소서. 우리 주 예수 그리스도 이름으로 기도합니다. 아멘!

오 주님! 오늘 아침 일찍 일어나 지금 잠자리에 들기까지 하루 종일 평안하게 지켜주셨음을 감사드립니다.
_윌리엄 바클레이

발인 예배
예식

길이요 진리요 생명이신 하나님! 우리의 모든 삶을 주님께서 인도하심을 믿습니다. 우리 생명의 연수가 모두 주님의 뜻이오니 사나 죽으나 주님의 뜻인 줄 믿습니다. 지금 이 시간 고 OOO의 발인 예배를 드리고자 하오니 이곳에 모인 모든 이들과 유족들을 위로하옵소서. 오늘 온종일 이루어지는 장례 절차를 인도하옵소서. 우리 모두가 이 일을 통하여 인생의 무상함을 깨달아 주님을 섬기는 데 게으르지 않도록 도와주소서.

사랑의 주님! 우리의 모든 삶이 주님의 손에 있사오니 주님만을 따르기 원합니다. 이 발인 예배를 통하여 모든 이가 주님의 섭리를 알게 하옵소서. 다시금 더 원하오니 유족들과 친척들과 성도들에게 주님의 사랑으로 함께 하사 위로하옵소서. 우리 주 예수 그리스도 이름으로 기도합니다. 아멘!

믿음은 그 기다림의 날로 실패하지 않으리라. 그의 믿음이 드디어 보답을 받게 될 것이다. 하나님이 당신의 종을 내어놓으실 때에 지나간 많은 고통을 구원하는 때가 왔도다.
_프레다 한버리 알렌

하관 예배
예식

우리의 생명을 주관하시는 하나님! 지금 우리는 사랑하는 고 OOO의 시신을 하관하고자 모였습니다. 우리의 인생이 흙에서 시작하였으니 흙으로 다시 돌아감의 섭리를 아오나 영혼은 주님께서 받아주신 줄 믿고 소망을 갖습니다. 부활의 날 다시금 만나는 기쁨을 허락하심을 믿습니다. 고 OOO의 유족들을 기억하사 주님 안에서 부활의 날을 소망케 하옵소서.

구원의 하나님! 이 시간 이곳에 있는 이들에게 함께하여 주옵소서. 모든 이에게 부활의 소망을 주시고, 이 땅의 죽음의 아픔을 이기게 하여 주시기를 원합니다. 인간의 나약함을 주님께서 아시니 주여, 불쌍히 여겨주소서. 하관 예배의 모든 순서와 모든 일에 주께서 함께하여 주시기를 원합니다. 유족들의 삶을 인도해주시기를 원합니다. 모두가 슬픔에서 떠나 믿음 안에서 살아가게 하옵소서. 언제나 함께하시는 주님을 사랑합니다. 우리 주 예수 그리스도 이름으로 기도합니다. 아멘!

오 하나님! 저의 생활 가운데서 사랑의 열매를 맺도록 하옵소서. 주님이 저에게 베푸셨던 모든 것과 저를 위해 하셨던 모든 일을 잊지 않고 주님을 깊이 사랑하도록 도와주옵소서.
_윌리엄 바클레이

화장 예배 1
예식

우리의 구원자 되시는 하나님! 하나님의 은혜로 이 땅에 태어나 잘 살다가 하나님의 부르심을 받아 하늘나라로 돌아갔기에 화장 예배를 드립니다.

인간은 흙에서 와서 흙으로 다시 돌아가는 것이 순리이며 믿음이오니 이 순간도 모든 것을 하나님께 의지하고 맡기게 하여 주시기를 간절히 원합니다.

사랑의 하나님!

고인을 떠나보내는 가족들의 슬픔을 위로하여 주시고 천국에서 다시 만날 날이 있다는 것을 믿고 믿음 생활을 잘하게 하여 주시기를 원합니다. 가족 한 사람 한 사람 아픈 마음을 위로하여 주시고 가족 한 사람 한 사람 아픈 마음을 감싸주시고 슬픔을 이겨내게 하여 주시기를 원합니다.

장례 절차가 하나님의 사랑과 인도하심 속에 순차적으로 잘 진행되게 하여 주시고 은혜 속에 이루어지게 하소서.

모든 순서와 절차를 하나님께서 인도하여 주심을 감사드립니다.

우리 주 예수 그리스도 이름으로 기도드립니다. 아멘

 나의 구주를 갈망함을 나는 감출 수 없습니다. 그를 보고 싶은 열망이 있음은 그날까지 결코 사라지지 않을 것입니다.   _에바 그레이

화장 예배 2
예식

생사화복을 인도하시는 하나님! 고인이 된 성도를 화장하는 시간입니다. 가족들의 슬프고 안타까운 마음을 위로하시고 인생이 왔다가 가는 것임을 깨달아 늘 깨어있는 성도가 되게 하여 주시기를 원합니다.

한 줌의 재로 남는 인생 헛된 욕심과 헛된 욕망으로 살지 않게 하시고 날마다 참된 믿음으로 살게 하여 주시기를 원합니다. 화장 절차를 처음부터 끝까지 인도하여 주시고 함께 하여 주시기를 원합니다.

사랑의 하나님!

화장 예배를 통하여 삶을 더 진실하고 겸손하며 순결하게 살아갈 수 있도록 인도하여 주시고 믿음의 소중함을 다시 한번 더 깨닫게 하여 주시기를 원합니다. 허무한 세상에 마음 두지 말고 하늘나라를 소망하며 하나님의 거룩한 자녀, 거룩한 백성으로 살게 하여 주시기를 원합니다.

삶의 진실을 깨닫는 시간이 되게 하여 주시고 하나님의 구원하심에 소망을 갖는 시간이 되게 하여 주시기를 원합니다. 인생의 소중함을 다시 한번 더 깨닫고 알게 하여 주시기를 원합니다. 우리의 모든 삶을 인도하여 주시는 하나님께 감사드립니다.

우리 주 예수 그리스도 이름으로 기도합니다. 아멘!

우리가 정한 장소에 한마음으로 모여 우리 주의 약속인 은혜의 성령을 기다립니다.
_몽고메리

추도 예배
예식

인간의 생사화복을 주관하시는 하나님! 추도 예배를 드립니다. 우리의 모든 삶이 주님께로부터 와서 주님께로 돌아감이 이치임을 압니다. 우리도 모두 가게 될 아버지 나라에 먼저 간 고인을 생각하며 추도 예배를 드리오니 온 가족들 위에 함께하옵소서. 온 가족 위에 주님 위로의 손길이 함께하시기를 간구합니다. 우리 삶의 모든 것이 주님의 은혜와 사랑임을 깨닫게 하옵소서. 또한, 우리도 주님 앞에 갈 날을 기억하며 믿음 안에서 주어진 순간들을 아름답게 보내게 하옵소서.

사랑의 주님! 추도 예배를 드리는 우리도 언젠가는 이 세상을 떠날 날이 있으니 세상적인 욕심에 빠지지 말게 하시고 세속에 물들지 않도록 인도해 주시길 원합니다. 언제나 주님 안에서 주님을 사랑하며 살게 하옵소서.

추도 예배를 드리는 모든 가족을 주님의 이름으로 축복해주시고 주님의 사랑으로 인도하옵소서. 이 가정에 고귀한 믿음의 유산이 대대로 뿌리내리게 하옵소서. 주님, 이 시간에도 함께하여 주시기를 원합니다. 우리 주 예수 그리스도 이름으로 기도합니다. 아멘!

하나님이여! 주의 인자를 좇아 나를 긍휼히 여기시며 주의 많은 자비를 좇아 내 죄과를 도말하소서. 나의 죄악을 말갛게 씻기시며 나의 죄를 깨끗이 제하소서. _다윗

영아 장례예배
예식

우리의 생사화복을 주관하시는 하나님! 귀한 어린 생명을 주님께서 부르셔서 사랑받는 OOO의 장례식을 하려 합니다. 어린 생명이 이 땅에서의 삶을 마치고 부모 곁을 먼저 떠나갔습니다. 우리에게는 슬픔이요 아픔입니다. 주여, 불쌍히 여겨주옵소서. 주님의 섭리와 뜻을 알 수는 없으나 슬픔을 당한 부모와 가족들, 친척과 성도들을 위로해주시고 은혜를 부어주시기를 원합니다. 어린 생명도 부모의 힘으로는 어찌할 수 없음을 알았사오니 더욱더 주님을 바라보며 주님을 의지하게 하옵소서.

사랑의 하나님! 우리 생명의 주인은 하나님이십니다. 이 땅에서 부름받는 그날까지 주님의 뜻을 분별하며 더욱더 의지하며 살게 하옵소서. 주님 사랑의 손길로 부모와 가족들의 마음을 만져주시고 슬픔에서 벗어나게 하옵소서. 가족들에게 믿음 안에서 새롭게 살아갈 힘과 용기를 허락해주시기를 원합니다. 우리의 삶에서 어둠을 쫓아내 주시고 생명의 주되신 하나님께서 다스려주옵소서. 부모님과 가족들에게 믿음의 삶으로 모든 것을 이겨내게 도우시고 주님의 사랑과 인도하심이 함께하기를 원합니다. 우리 주 예수 그리스도 이름으로 기도합니다. 아멘!

다른 사람들이 실패한 일을 내게 맡겨주소서. 그러나 그들의 실패에서 성공의 씨를 거두도록 이끌어주소서. 오늘이 나의 마지막 날인 것처럼 살 수 있게 도와주소서.   _오그 만디노

영아 하관예배
예식

우리의 삶을 인도하시는 하나님! 이 세상을 창조하시고 우리에게 생명을 허락하신 하나님께서 우리의 생명을 주관하심을 믿습니다. 어린 생명을 귀한 가정에 허락하셨다가 부르심을 아오나 가족들이 너무나 슬프고 고통스럽습니다. 그날이 오면 하나님의 섭리와 뜻을 알겠지만 슬프고 상한 마음을 위로해주시기 원합니다. 우리 주님께서 모든 죄악을 짊어지사 십자가에 달리시고 고통당하심과 죽으심을 기억합니다. 자신을 버리기까지 우리를 구원하고자 하시는 주님의 그 사랑으로 위로받게 하옵소서. 어린 생명이 주님과 함께 있음을 기억하고 소망을 갖게 하여 주시기를 원합니다.

사랑의 하나님! 가족들이 이 일로 인하여 심한 마음의 상처를 입어 실족하거나 넘어지지 않게 하여 주시고, 늘 주님과 동행하는 삶을 살게 하옵소서. 주님이 오실 때에 부활할 그날을 생각하며 믿음으로 살면서 승리하기를 원합니다. 부모와 가족들과 온 성도들을 위로해주옵소서. 우리 주 예수그리스도 이름으로 기도합니다. 아멘!

기다릴지어다. 참고 기다릴지어다. 하나님은 늦지 않으시리니 싹트는 당신의 계획은 아버지의 손안에 있도다. 그러나 주께서 펼치시기까지 기다릴지어다. 그러고 기다리고 기다리고 또 기다릴지어다.   _머시 글래드윈

학습식
예식

우리를 구원하신 하나님! 우리를 사랑하사 예수 그리스도의 보혈로 구원하여 주심을 감사드립니다. 오늘 학습을 받는 이들이 주님을 영접하여 믿게 하시고 하나님께서 함께하심으로 그 믿음이 더욱 자라게 하소서.
 말씀에 굳건히 서게 하시고 체험 있는 믿음으로 주 안에서 기뻐하게 하옵소서. 하나님의 사람으로 부족함이 없는 그리스도인이 되게 하옵소서.
 사랑의 주님! 학습받는 이들이 주님과 성도들 앞에 하나님의 자녀가 됨을 시인하오니 저들의 마음을 받아주시기를 원합니다. 저들이 예수 안에서 살아감을 기뻐하게 하시고 항상 인도하심을 믿고 따르게 하옵소서. 오늘 학습받는 이들에게 성령 충만함을 주시고 지혜와 총명을 허락하여 주시기를 원합니다. 앞으로의 삶도 예수 그리스도 안에서 온전한 그리스도인으로 눈부시게 성장하게 하옵소서. 우리 주님께서 인도하심을 믿고 귀하신 예수님의 이름으로 기도합니다. 아멘!

오 주님! 우리에게 굳은 믿음을 주사 가치 없는 애정에 의해 침체되지 않게 하소서. 굴하지 않는 마음을 주사 시련을 이기게 하소서. 바른 마음을 주사 가치 없는 일에 시험당하지 않도록 도와주소서. _토마스 아퀴나스

유아 세례식 1
예식

우주 만물을 운행하시는 하나님! 오늘 하나님 앞에서 유아 세례식을 진행하오니 인도하여 주시고 축복하여 주시기를 원합니다.

오늘 하나님 앞에 믿음의 삶을 살기를 원하며 유아 세례를 받은 어린이의 몸과 마음과 영혼을 일평생 인도하여 주시기를 원합니다.

아이의 키가 자라며 지혜가 자라게 하여 주시고, 말씀과 기도 속에서 믿음의 자녀로 성장하여 나가게 하여 주시기를 원합니다.

능력의 하나님!

이 아이가 자라가며 하나님께 영광과 찬양을 돌리며 예배하는 삶을 살게 하시고 가족과 주변 사람들에게 기쁨과 감동을 주는 삶을 살게 하여 주시기를 원합니다. 하나님께서 꼭 필요하고 사람들에게 꼭 필요한 존재가 되게 하소서.

사람들에게 사랑을 주고 기쁨을 주고 행복을 주는 사람이 되게 하여 주시기를 원합니다. 말씀 속에서 자라게 하시고 믿음 속에서 자라게 하시고 늘 기도 속에서 믿음이 성장하게 하여 주시기를 원합니다.

우리 주 예수 그리스도 이름으로 기도합니다. 아멘!

동녘 햇빛이 산천을 때리고 그 밝은 빛 하늘에서 퍼부을 때 성스러운 발아래 경배하며 물러가는 어둠의 대지는 모두 함께 외치니 "부활절 아침, 주가 다시 사셨네!"
_**필립 부룩스**

유아 세례식 2
예식

전 지전능하신 하나님! 하나님께서 이 땅에 허락하신 고귀한 생명, 아이에게 유아 세례식을 베풉니다.

이 어린 아이를 구원하여 주시고 인도하여 주시고 축복하여 주시며 평생토록 하나님이 믿음의 삶으로 인도하여 주시기를 간절히 기도합니다.

어린 시절부터 마음의 문을 열고 하나님의 말씀을 받아들이고 예수 그리스도의 거룩하신 이름으로 구원받게 하여 주시기를 간절히 원합니다.

사랑의 하나님!

이 아이를 사랑하여 주시고 인도하여 주시고 건강하게 하여 주시고 자라나서 하나님의 쓰임을 받고 사람들에게 사랑을 받게 하여 주시기를 원합니다.

이 아이를 통하여 사람들이 하나님과 구주 예수 그리스도를 만나는 계기가 될 수 있도록 인도하여 주시기를 원합니다.

이 아이가 자랄수록 하나님의 자랑거리, 교회의 자랑거리, 가정에 행복을 주는 온전한 믿음의 존재로 성장하게 하여 주시기를 원합니다.

하나님께서 유아 세례식을 받아 주시고 축복하여 주시기를 원합니다.

우리 주 예수 그리스도 이름으로 기도합니다. 아멘!

내 가난한 마음속, 영혼이 갖는 소망의 대상이며 내 최고의 꿈이 깃든 오! 성스럽고 유일한 이곳.　　　　　　　　　　　　　_존 더글러스

세례식

예식

우리의 죄악을 사유하시며 인애를 베푸시는 하나님! 우리를 죄 가운데서 건지신 은혜에 감사드립니다. 오늘 예수 그리스도를 주로 고백하며 세례받는 이들을 축복하여 주옵소서. 이들이 주님을 영접하고 구주로 고백하여 믿음으로 세례받게 하심을 감사드립니다. 세례받는 이들을 인도하사 주님 앞에 몸과 마음을 드릴 때 받아주시고 주님의 은혜와 축복으로 함께해주옵소서. 이들이 기도하는 삶을 살아가게 하시고, 주님의 삶을 본받아 살게 하옵소서. 자신의 이름이 하늘나라 생명책에 기록됨을 기뻐하게 하여 주시기를 원합니다. 이들이 물로 세례를 받지만 주님의 손길이 함께하여 주소옵소서. 주여, 이들을 인도하옵소서.

사랑의 주님! 세례받을 때 주님의 사랑을 더욱더 체험하게 하시고 일생토록 주님과 동행하는 삶을 살게 하옵소서. 주님의 인도하심 따라 열매를 맺게 하여 주시고, 주님이 허락하신 축복이 함께하기를 원합니다. 오늘 세례받은 이들을 축복하옵소서. 우리에게 큰 은혜를 베푸시는 주 예수 그리스도 이름으로 기도합니다. 아멘!

우리 아버지시여! 우리에게 주님의 뜻을 알 뿐 아니라 그것을 실천할 수 있는 길도 가르쳐주소서. 최선의 것을 행할 수 있는 길도 가르쳐주소서. 우리의 잘못으로 그 목적을 흐리지 않도록 도와주소서. _조웨트

입교식 1
예식

전 지전능하신 하나님! 우리를 항상 인도하여 주시는 하나님께 감사를 드립니다.

오늘 하나님 앞에 믿음으로 살기를 원하며 입교하오니 몸과 마음과 영혼을 받아 주시기를 원합니다. 일평생 하나님을 향한 믿음이 변하지 않게 하여 주시고 언제나 믿음의 길을 온전히 가게 하여 주시기를 원합니다.

길이요 진리요 생명이 되시는 하나님!

하나님을 믿기를 원합니다. 하나님의 길을 가기를 원합니다. 오직 믿음 속에서 믿음으로 살기를 원합니다.

말씀의 하나님!

믿음은 바라는 것들의 실상이요 증거라 하였사오니 믿음 속에서 응답받는 삶을, 열매 맺는 믿음의 삶을 살게 하여 주시기를 원합니다.

오늘 입교하는 성도의 삶을 축복하여 주셔서 하나님의 인도하심 속에 복된 성도의 삶을 살게 하여 주시기를 원합니다.

만복의 근원이신 하나님께서 늘 인도하여 주심을 믿습니다.

우리 주 예수 그리스도 이름으로 기도합니다. 아멘!

세상에서 할 일 많은 중에 주님 내게 오셨습니다. 그리고 나를 불렀습니다.
"주님! 갈 수 없습니다. 할 일이 너무 많아서요" 그러나 난 대항할 수 없이 주님을 따랐습니다.
_엘라 페터슨

입교식 2
예식

천지의 주인이신 하나님! 오늘 하나님을 믿고 예수를 영접하여 하나님의 교회에서 입교하는 성도들의 이름을 한 분 한 분 기억하여 주시고, 인도하여 주시고, 축복하여 주시기를 원합니다.

첫 믿음이 가장 소중하오니 잘 성장하여 믿음의 열매를 열게 하여 주시기를 원합니다.

사랑의 주님!

오늘 입교하는 성도가 날마다 항상 하나님의 말씀 속에서 주 예수 그리스도와 동행하는 삶을 살게 하여 주시고 하나님의 사랑과 축복을 받게 하여 주시기를 간절하게 기도합니다. 세월을 헛되이 보내지 않고 주님의 인도하심을 받게 하시고 믿음이 성장하여 믿음의 본이 되는 성도의 삶을 살게 하여 주시기를 원합니다.

은혜의 주님!

오늘 입교하는 성도가 주님의 마음을 닮아가는 삶을 살게 하시고 늘 믿음 속에서 주님을 바라보며 살게 하여 주시기를 원합니다. 날마다 은혜 위에 은혜를 더하여 주시고 믿음에 믿음을 더하여 주시기를 원합니다.

우리 주 예수 그리스도 이름으로 기도합니다. 아멘!

기다릴지어다. 참고 기다릴지어다. 하나님은 늦지 않으시리니.
_머시 글랜드원

성찬식
예식

사랑의 하나님! 우리를 구원하시기 위하여 십자가에 달리신 주님을 찬양합니다. 우리를 구원하신 사랑에 감사드립니다. 주님께서 잡히시기 전날 밤에 제자들과 함께 행하신 성찬 예식을 행하고자 하오니 은혜를 내려주옵소서. 구원의 기쁨으로 성찬을 대하게 하옵소서.

"너희가 모일 때마다 이를 기념하라!" 하신 주님, 주님의 구원과 사랑을 체험하는 시간이 되게 하옵소서. 주님께서 우리에게 보여주신 십자가의 사랑을 우리는 감당할 길이 없습니다. 우리를 구원하신 온전한 주님의 사랑에 감사와 경배를 드립니다.

은혜의 주님! 이 시간 성찬을 대하는 모든 형제자매들을 사랑하사 이들의 이름이 생명책에 기록됨을 믿습니다. 주님의 살을 상징하는 떡을 대하고 주님의 피를 상징하는 포도주를 대할 때마다 십자가의 구원하심을 감사하며 찬양하게 하옵소서. 이 시간 모든 성도들 머리 위에 주님의 피 묻은 손길이 함께해주시기를 원합니다. 우리를 구원하신 주님의 은혜를 찬양합니다. 주님을 사랑합니다. 우리 주 예수 그리스도 이름으로 기도합니다. 아멘!

우리가 갈라섬 없이 주님과 굳게 결합하며, 지침 없이 주님을 경배하고, 실패 없이 주님을 섬기며, 충심으로 주님을 찾아서 복되게 주님을 만나고 영원히 모시게 하옵소서.
_안셀름

교회 기공식
예식

전 지전능하신 하나님! 거룩하신 주님께서 우리의 모든 삶을 인도하시니 모든 영광과 찬송을 드립니다. 주님께서 친히 교회의 머리가 되시고, 지금도 다스리심을 압니다. 저희가 주님이 기뻐하시는 교회를 세우고자 교회 기공 예배를 드리오니 받아주옵소서. 오랫동안 기도와 물질로 준비하여 교회를 짓기 시작하오니 모든 과정을 주님께서 인도하옵소서. 그동안 주님의 전을 지으려 애쓴 이가 많사오니 주님께서 한 사람 한 사람 사랑과 축복으로 은혜 주옵소서. 이제 땅을 파고 견고하고 아름답게 교회를 세우고자 하오니 일하는 모든 이에게 지혜와 능력을 주시기를 원합니다.

사랑의 하나님! 우리 교회 모든 성도에게 주님의 전을 지을 수 있는 믿음 주심을 감사드립니다. 이 축복된 일에 더욱더 동참하여 준공되는 날 일심으로 기뻐하며 주님께 영광을 돌리게 하옵소서. 교회가 지어지는 모든 과정을 인도하여주사 어려운 시험 없도록 하시고, 아무 사고도 없이 순차적으로 지어지게 하옵소서. 교회가 완성되어 온 성도 함께 주님께 예배드릴 날을 기대하며 기쁨으로 감사를 드립니다. 앞으로의 모든 일을 주님께서 인도해주옵소서. 우리 주 예수 그리스도 이름으로 기도합니다. 아멘!

기도를 잊지 말라. 만일 그대의 기도가 성실하다면 기도할 때마다 그 속에 새로운 느낌과 새로운 의미가 있을 것이다. 그 기도는 곧 그대에게 생생한 용기를 줄 것이며, 그대는 기도가 곧 하나의 교육이라는 사실을 깨닫게 될 것이다.
_도스토예프스키

창립(설립) 예배 1
예식

말쓸의 능력의 하나님! 하나님의 은혜와 사랑에 무한 감사드립니다. 하나님의 교회를 창립하고자 합니다.

시작은 지극히 미약하나 날로 창대하게 축복하시고 인도하여 주시기를 원합니다. 하나님의 교회가 말씀으로 시작하게 하여 주시고 기도로 시작하게 하여 주시고 성령으로 인도하심을 받게 하여 주시기를 간절히 원합니다.

양들의 목자가 되시는 하나님!

하나님의 교회를 양들로 채워주시고 목사님을 선한 목자로 인도하여 주셔서 하나님의 교회를 인도하여 나가기에 영육 간에 부족함이 없도록 인도하여 주시기를 원합니다. 때마다 시마다 필요한 물질을 채워주시고 영육 간에 늘 강건하여 기도와 말씀으로 시작하게 하여 주시기를 원합니다.

믿음의 하나님!

하나님 교회가 늘 항상 하나님과 주 예수 그리스도와 성령이 함께 하시는 살아있고 생명력 있는 교회가 되게 하여 주시기를 원합니다. 날마다 말씀과 기도가 함께 하는 교회가 되게 하여 주시기를 원합니다.

우리 주 예수 그리스도 이름으로 기도합니다. 아멘!

하늘에 계시는 아버지, 나를 지혜롭게 하시고 날 따르는 어린아이들의 눈동자에 의심의 빛이 보이지 않게 하시고 항상 부드럽고 친절하게 날 지키소서.
_마가레트 생스터

창립(설립) 예배 2
예식

예배와 찬양을 받으시기에 합당하신 하나님! 오늘 하나님의 인도하심과 사랑 속에 교회가 새롭게 창립하오니 축복하여 주시고 인도하여 주시기를 원합니다.

그동안 교회 창립을 위하여 준비하고 기도하여 온 목회자와 성도들을 기억하여 주시고 강한 믿음과 성령 충만을 허락하여 주시기를 원합니다. 하나님의 교회가 시작하오니 부족하더라도 인도하여 주시기를 원합니다.

전지전능하신 하나님!

새롭게 세워지는 하나님의 교회가 기도와 말씀으로 생명력이 넘치게 하여 주시고 이 시대의 교회로 성장하게 하여 주시며 기도의 문, 전도의 문이 활짝 열려 날마다 해마다 부흥에 부흥을 더하게 하여 주시기를 원합니다. 시련과 고난과 역경의 순간이 찾아오더라도 기도와 말씀으로 이겨내게 하시고 예수 십자가로 승리하는 교회가 되게 하여 주시기를 원합니다.

예수 그리스도의 말씀과 구원으로 소문난 교회가 되게 하시고 영적으로 깨어있어 이 시대에 필요한 교회가 되게 하여 주시기를 원합니다.

우리 주 예수 그리스도 이름으로 기도합니다. 아멘!

갈보리 언덕 위에 못 박히시고 피 흘리심으로 나에게 자유를 주신 주님의 마음, 애통한 주님의 마음입니다. _애바 그레이

교회 입당식
예식

모든 영광과 찬양을 받으시기에 합당하신 하나님! 주님의 사랑하심과 인도하심에 무한 감사를 드립니다. 나약하고 부족한 저희를 세우사 주님의 전을 아름답게 지을 수 있도록 인도하신 은혜에 감사드립니다.

이 시간 주님께 감사를 드리며 교회 입당식을 하오니 모든 영광과 찬양을 받아주옵소서. 그동안 애쓰고 수고한 이들을 축복하옵소서. 기도와 물질로 주님의 전을 세운 성도들을 축복해주시기를 원합니다. 저들의 기도와 눈물을 아시니 주님께서 사랑과 은혜로 함께하옵소서. 우리의 생각으로는 도저히 할 수 없는 일을 주님께서 이루어주시니 감사드립니다.

사랑의 하나님! 이제 주님의 교회가 지어졌으니 온 성도들이 마음껏 찬양하고 마음껏 기도하며 하나님께 신령과 진정으로 예배드리게 하옵소서. 교회가 부흥하며 평안 가운데 든든히 서가고 성령으로 진행하여 그 수가 늘어가게 하옵소서. 전도의 역사가 일어나게 하시고, 믿음의 열정을 주사 주님께서 맡겨주신 사명을 감당하게 하옵소서. 이후로 주님의 교회를 찾아 나오는 이마다 구원받게 하여 주시고 축복받게 하옵소서. 주님이 함께하심을 믿고 살아 계신 예수 그리스도 이름으로 기도합니다. 아멘!

오, 주님이시여! 나로 하여금 쓸모없는 삶을 살지 않도록 하옵소서.
_요한 웨슬레

교회 헌당식
예식

우리를 구원하신 하나님! 오늘 우리가 주님 앞에 모여 교회를 헌당하오니 모든 영광과 찬양을 받아주옵소서. 주님께서 교회의 머리가 되시고 주인이 되시어 돌보시고 주님의 뜻을 이뤄가게 하옵소서. 이 전에서 예배를 드릴 때 영광 받아주소서. 주님의 전에서 기도할 때 응답해주시고, 찬송을 드릴 때 흠향하여 주옵소서. 주님을 더욱더 경외함으로 예배드릴 때마다 큰 은혜와 축복을 내려주옵소서.

사랑의 하나님! 주님의 전에서 이루어지는 모든 일이 하나님 앞에 영광이 되며, 주님의 말씀을 통하여 구원받는 역사가 날마다 일어나기를 원합니다. 회개하는 역사가 일어나게 하여 주시고, 이 전에서 삶이 변화되게 하옵소서. 주님의 전에서 결혼하는 이들을 축복하여 주시고, 성찬과 세례식이 있을 때마다 받는 이들이 주님의 은혜로 충만케 하옵소서. 주님의 교회를 헌당하기까지 알게 모르게 수고한 모든 이들을 축복하옵소서. 저희 모두 주님이 오시는 그날까지 오직 복음을 전하며 온전히 쓰임 받게 하옵소서. 우리 주님께서 인도하여 주시기를 원합니다. 사랑이 많으신 예수님 이름으로 기도합니다. 아멘!

삶이 비록 네게 잘못을 가져온다 해도 하나님은 정녕 그 모든 것을 네게 선으로 이루어 주시리라.
_찰스 허버트

목사 임직식
예식

거룩하시고 자비로우신 하나님! 영원무궁하신 하나님께 찬송과 영광을 돌립니다. 복음 사역에 귀히 쓰시려고 목사 임직식을 허락하시니 감사드립니다. 하나님께서 세우신 종이오니 성령의 기름을 부어주시고, 말씀을 능력 있게 전하게 하옵소서. 주님의 사랑을 본받아 사랑의 종들이 되게 하여 주시고, 오직 주님의 영광을 나타내게 하옵소서. 앞으로 종들이 가는 곳마다 성령의 역사가 일어나게 하시고 무슨 일을 하든지 모든 일에 합력하여 선을 이루게 하옵소서. 어떠한 역경과 시련도 이겨내게 하시고, 강하고 담대한 믿음으로 오직 예수 그 이름을 전하게 하옵소서. 주님의 이름으로만 승리하는 목회를 하게 하옵소서.

사랑의 주님! 주님의 종들이 기도할 때마다 응답하여 주시고 성령님과 깊이 교제하게 하옵소서. 말씀을 전할 때마다 예수 그리스도의 보혈로 구원받아 변화되는 심령이 늘어나기를 원합니다. 사역하는 교회마다 부흥케 하시고 온 성도들과 함께 때를 따라 주시는 기쁨을 누리며 섬기게 하옵소서.

가정에 복을 주시고 자녀들에게 축복하셔서 사역하기에 부족함이 없는 건강과 물질을 허락하옵소서. 오직 주님만 바라보고, 오직 주님만 나타내는 하나님의 통로로 인도하옵소서. 우리 주 예수 그리스도 이름으로 기도합니다. 아멘!

기적은 하나님의 행위이시다. 혼란한 시대에 예지할 수 없는 그 목소리의 방문에 아무런 준비도 없이 우리는 주님 앞에 서 있는 것이다.
_파스테르나크

장로 임직식
예식

전 지전능하신 하나님 아버지! 주님께서 피로 값 주시고 사신 교회에 귀한 지체를 장로로 세워주심을 감사드립니다. 주님의 무한하신 긍휼과 사랑으로 교회를 섬기며 치리하게 하시고 봉사하게 하옵소서. 하나님께서 장로로 세우심은 주님의 일을 하라는 뜻이오니 순종하며 따르게 하옵소서.

세우신 장로들 위에 지혜과 지식과 권세와 능력을 주사 성도들을 인도하기에 부족함이 없도록 이끌어주소서. 하늘의 은혜를 내리사 성령으로 충만하게 하옵소서.

사랑의 주님! 세우시는 장로들이 주님 앞에 바로 선 믿음을 갖게 하시고 믿음의 삶에서도 모범이 되게 하옵소서. 하는 사업에 축복하시고 가정과 모든 삶에 하나님의 은총과 사랑이 함께하시기를 원합니다.

날마다 주님과 동행하게 하시고 성도들과의 관계가 주님의 사랑으로 이루어지게 하옵소서. 하나님의 일에 죽도록 충성하여 잘했다 칭찬받게 하여 주시기를 원합니다. 주님께서 세우시는 장로들의 삶을 축복과 은혜로 인도해주실 줄 믿으며 우리 주 예수 그리스도 이름으로 기도합니다. 아멘!

부디 피곤한 육체는 깊은 잠에 젖게 하소서. 마음은 아직 그 잠 속에서도 그리스도를 기억하리다.   _프루텐티우스

권사 취임식
예식

만복의 근원 되시는 하나님! 주님의 여종들을 사랑하사 주님의 몸된 교회에서 권사로 취임하게 하심을 감사드립니다. 그동안 눈물과 피와 땀으로 교회를 섬기며 기도와 사랑을 나눈 귀한 종들이오니 이 시간 영광과 찬양을 받아주시기를 원합니다. 귀한 직분을 맡았으니 전보다 더 교회에 충성하게 하시고 봉사하게 하시고 사랑을 나누게 하옵소서. 오늘 직분 맡은 이들을 통하여 교회가 더욱더 부흥하게 되고 주님의 사랑이 넘치기 원합니다. 주님께서 우리의 간구를 아시오니 응답하옵소서. 주님의 손길로만 인도하옵소서.

사랑의 주님! 오늘 직분 맡은 이들의 가정과 삶을 돌봐주시기를 원합니다. 항상 주님의 은혜 가운데 살게 하시고, 하나님의 사랑과 축복을 받아 복된 가정들이 되게 하옵소서. 주님이 필요로 하실 때 언제나 자신을 드리게 하옵소서. 교회의 어머니 역할을 감당할 수 있도록 도와주시고, 어떤 어려움도 사랑으로 품고 기도하게 하옵소서. 주님의 교회와 가정을 새롭게 하는 귀한 권사님들 되게 하옵소서. 오늘 권사로 취임하는 이들을 영육 간에 강건하게 하옵소서. 늘 성령 충만한 삶을 살기 원하오니 주여, 함께하옵소서. 우리 주 예수 그리스도 이름으로 기도합니다. 아멘!

아, 기쁨이여, 마음의 즐거움이여, 이 마음은 내 기쁨을 숨기려 않노니 어찌 외치지 않고 마에 가두어 두랴. 이 세상 사람은 나를 미쳤다 하겠으나 하나님의 사랑을 받는 이 기쁨을 세상 사람들은 어찌 알 수 있으리오.
_아코포네

안수집사 임직식 1
예식

권능의 하나님! 하나님의 섭리 안에서 모든 것이 이루어짐을 믿고 감사 드립니다.

믿음의 삶을 살아오며 하나님의 일에 동참하다가 안수 집사로 임직식을 갖습니다. 이 귀한 일을 하나님께서 인도하여 주시고 축복하여 주시기를 원합니다. 온전한 믿음으로 하나님의 일에 헌신, 봉사하게 하여 주시고 하나님이 원하시는 곳에서 온전하게 쓰임 받게 하여 주시기를 원합니다.

말씀의 하나님!

하나님의 일에 동참할 때 말씀에 근거하여 말씀 중심으로 일하게 하시고 하나님 보시기에 아름답게 일하게 하여 주시기를 원합니다. 사람에게 보이려고 위선적으로 일하지 않게 하여 주시고 오직 하나님만 바라보게 하여 주시기를 원합니다.

하나님께서 필요로 하는 곳에서 하나님이 원하시는 일을 하여 칭찬받은 믿음의 삶을 살아가게 하여 주시기를 원합니다. 맡은 자의 구할 것은 충성이라 하셨으니 늘 하나님의 말씀에 충성하는 하나님의 일꾼이 되게 하여 주옵소서.

우리 주 예수 그리스도 이름으로 기도합니다. 아멘

 하나님께서 우리의 모든 환난과 기도에 응답하실 때 어떤 방법으로 언제 응답하시든지 나는 의심하지 않습니다. 어떻게 해서든지 어디서든지 나는 그의 뜻을 믿기 때문입니다.   _**휘트네이**

안수집사 임직식 2
예식

창 조주이신 하나님! 하나님께서 오늘 귀한 은혜와 축복 속에 안수 집사 임직식을 거행하게 하여 주심을 감사에 감사를 드립니다.

순서마다 인도하여 주시고 함께 하여 주시기를 원합니다. 오늘 안수 집사가 되는 모든 이들을 영육 간에 축복하여 주시고 하나님의 말씀 속에 성령 충만한 시간이 되게 하여 주옵소서.

권능의 하나님!

오늘 임직받는 안수 집사들에게 성령 충만, 은혜 충만, 말씀 충만을 주시고 가정과 사업에도 축복하여 주셔서 주님의 일을 마음껏 할 수 있도록 복에 복을 더하여 주시고, 저들의 삶에 함께 하여 주시기를 원합니다. 하나님의 교회에 꼭 필요한 안수 집사들이 되게 하시고 하나님의 뜻을 따라 하나님의 뜻을 이루는 안수 집사가 되게 하여 주시기를 원합니다.

안수 집사님들로 인하여 교회가 부흥되게 하시고 은혜와 사랑이 충만한 교회가 되게 하여 주시기를 원합니다. 하나님이 부르셨으니 하나님이 인도하여 주시고 쓰임 받게 하여 주시기를 원합니다.

우리 주 예수 그리스도 이름으로 기도합니다. 아멘!

오, 비할 데 없는 주님의 사랑! 주님이 지셨던 그 많은 고통! 내 어찌 모두 알 수 있겠습니까. 그 사랑의 크기와 주님 안에 나를 구속하신 사랑의 높음을 나는 결코 알 수 없습니다. 주여! 주님 안에서 그것을 찾게 하소서.
_오스왈드 스미스

서리집사 임직식 1
예식

만물의 주인이 되시는 하나님! 이 세상에서 하나님을 믿고 하나님 안에서 믿음의 삶을 살게 하여 주심을 무한 감사드립니다.

오늘 서리 집사 임명을 하오니 임명되는 분들이 하나님의 인도하심 속에 하나님의 일에 쓰임을 받고 살아감을 감사하게 하여 주시기를 원합니다.

이제는 하나님 안에서 한가롭게 사는 인생이 아니라 쓰임을 받는 삶이 되었으니 무한 감사하며 헌신하고 봉사하게 하여 주시기를 원합니다.

사랑의 하나님!

언제 어디서나 하나님이 원하시는 곳에서 온전하게 쓰임 받기를 원하오니 믿음에 믿음을 더하여 주시기를 원합니다. 하나님은 언제나 우리를 보고 계시오니 형식적이 아니라, 온 마음과 온몸을 다하여 헌신하게 하여 주시기를 원합니다. 힘이 들고 어려울 때도 믿음으로 하나님을 의지하며 변하지 않는 믿음으로 살게 하여 주시기를 원합니다.

늘 항상 하나님의 부르심에 응답하며 하나님의 뜻 안에서 순종하는 하나님의 일꾼이 되게 하여 주시기를 원합니다.

우리 주 예수 그리스도 이름으로 기도합니다. 아멘

나의 주 예수여! 나의 마음을 깨뜨리소서. 나의 가장 은밀한 곳에 주님의 달콤한 말씀을 두시옵소서. 나를 숨겨주소서. _맥케인

서리집사 임직식2
예식

만물을 주관하시는 하나님! 오늘 하나님의 집, 거룩한 교회에서 서리 집사 임명을 하게 하심을 무한 감사드립니다. 서리 집사님 한 분 한 분마다 하나님께서 인도하여 주시고 축복하여 주시기를 원합니다.

오늘, 이 귀한 시간에 말씀 충만, 은혜 충만, 성령 충만하여 임명받는 서리 집사님들이 주님의 일에 온 마음과 온 정성을 다하여 하나님의 인도하심과 칭찬을 받게 하여 주시기를 원합니다.

사랑의 하나님!

하나님의 일도 강하고 담대한 믿음이 있어야 할 수 있으니 모든 서리 집사님들에게 강하고 담대한 믿음에 믿음을 더하여 주시기를 원합니다.

하나님의 성전에서 하나님의 도구로 쓰임 받음을 감사하며 믿음의 삶을 살게 하여 주시기를 원합니다.

은혜의 하나님!

모든 것이 하나님의 은혜와 축복이오니 모든 서리 집사님들이 기쁨과 감동으로 서리 잡사 직분을 감당하게 하여 주시기를 원합니다.

하나님의 사랑과 은혜가 날마다 충만할 것을 믿습니다.

우리 주 예수 그리스도 이름으로 기도합니다. 아멘!

두려움도 가시고 이제는 무섭지 않으리. 편안한 곳에서 주를 찬양하리라.
주님의 손으로 만드신 그곳에서.
_에니 존슨 플린트

구역장 임명식 1
예식

천지 만물을 보살피시는 하나님! 하나님께서 친히 목자가 되셔서 성도들을 인도하여 주심을 감사드립니다.

구역장을 임명하오니 구역장들이 맡은 구역을 잘 인도할 수 있도록 믿음과 사랑과 지혜를 주시기를 원합니다. 구역장들을 통하여 구역이 부흥되게 하여 주시고 구역이 잘 성장하여 교회에 성도가 늘어나고 부흥되게 하여 주시기를 원합니다.

말씀의 하나님!

구역장들에게 말씀의 능력을 주시어 예배를 드릴 때마다 은혜와 사랑이 충만하고 넘치게 하여 주시기를 원합니다. 구역원들이 모일 때마다 예수 사랑으로 하나가 되고 믿음으로 하나가 되어 믿음의 열매를 시마다 때마다 풍성하게 맺을 수 있도록 축복하시고 인도하여 주시기를 원합니다.

교회의 모든 구역이 하나 같이 초대 교회의 뜨거운 믿음으로 하나가 되어 복 받은 성도의 삶을 살게 하여 주시기를 원합니다. 구역마다 말씀과 기도 그리고 예수 사랑의 터전이 넓어지게 하여 주시기를 원합니다.

우리 주 예수 그리스도 이름으로 기도합니다. 아멘!

저는 저 자신을 정복하지 못하는 한, 결코 생활에서 가치 있는 것을 만들어 내지 못함을 알고 있습니다.
_윌리엄 바클레이

구역장 임명식 2
예식

사랑의 하나님! 하나님의 교회 구역 구역이 하나님의 양 떼들의 목장이 오니 인도하여 주시기를 원합니다.

오늘 구역장으로 임명되는 성도들이 각자의 사명을 감당할 수 있도록 사명감과 믿음을 허락하여 주시기를 원합니다. 구역장으로 임명될 때 하나님의 은혜와 사랑이 충만하기를 원합니다.

능력의 하나님!

이번에 임명되는 구역장들로 인하여 구역이 모일 때마다 기도하고 찬송하며 예배드릴 때마다 은혜 내려주시고 축복하여 주시기를 원합니다. 구역장이 인도하여 구역마다 믿음이 살아나고 전도가 활성화되고 구역 모임이 활발하여져서 하나님의 교회가 더욱더 확장되게 하여 주시기를 원합니다.

권능의 하나님!

새로 임명되는 구역장들을 통하여 하나님의 교회가 부흥하고 성령 충만할 수 있도록 능력과 권세를 주시기를 원합니다. 천지 만물을 창조하시고 운행하시는 하나님께서 구역장을 통하여 새롭게 인도하여 주실 것을 믿습니다. 함께 하여 주시기를 원합니다.

우리 주 예수 그리스도 이름으로 기도합니다. 아멘!

하나님은 어떤 상황에서도 우리를 가장 평안하게 인도하여 주신다. 이 길이 바로 주님의 길이다.   _무명

교사 임명식 1
예식

전 지전능하신 하나님! 우리로 하여금 말씀 속에서 깨닫게 하시고 진리로 자유함을 얻도록 인도하여 주시니 감사합니다.

오늘 하나님의 교회에서 교사로 임명되는 이들을 축복하여 주시기를 원합니다. 교사들에게 하나님의 말씀과 예수 그리스도의 삶을 잘 가르칠 수 있도록 능력과 권세를 부어 주옵소서.

사랑의 하나님!

교사들이 먼저 하나님 앞에서 믿음으로 살아가는 삶의 본이 되게 하여 주시기를 원합니다. 가르칠 때 언제나 말씀과 기도를 준비하게 하여 주시고 강하고 담대하게 예수 사랑으로 가르치게 하여 주시기를 원합니다.

전하는 자가 있어야 믿고 깨닫는 자가 있으니, 교사들을 인도하여 주시기를 원합니다. 교사들이 말씀 속에서, 신앙 속에서, 예수 그리스도의 성품을 닮아가며 가르치게 하여 주시고 하나님과 예수 그리스도의 삶을 온전히 가르치게 하여 주시기를 원합니다. 날마다, 때마다, 순간마다, 하나님의 인도하심이 필요하오니 늘 항상 같이하여 주시기를 원합니다.

우리 주 예수 그리스도 이름으로 기도합니다. 아멘!

오! 하나님, 우리 삶의 계획과 구상을 붙드셔서 매 순간이 황금의 때, 행복의 시간이 되게 하옵소서.
_로버트 슐러

교사 임명식 2
예식

말씀의 근원이신 하나님! 오늘 주님의 교회에서 교사로 임명되는 이들을 사랑하여 주시고 축복하여 주시고 인도하여 주시기를 원합니다. 모든 교사에게 하나님의 말씀을 잘 가르칠 수 있도록 성령 충만, 은혜 충만, 말씀으로 충만하게 하여 주시기를 간절하게 기도하오니 응답하여 주시기를 원합니다.

능력의 주님!

교사들이 하나님의 말씀을 가르칠 때마다 생명력이 있는 하나님의 말씀으로 가르치게 하여 주시고 구원의 하나님을 말씀으로 가르치게 하여 주시기를 원합니다. 교사들에게 지혜와 총명을 주시고 착한 마음과 선한 양심을 허락하여 주셔서 예수 그리스도의 마음으로 가르치는 교사가 되게 하여 주시기를 원합니다.

사랑의 주님!

교사들을 인도하여 주시기를 원합니다. 가르침을 따라 학생들이 달라지오니 온전한 하나님의 말씀으로 가르치게 하여 주시기 원합니다. 교사들을 통하여 하나님은 영광을 받아주시고 하나님의 교회는 생명의 말씀이 넘치게 하여 주시기를 원합니다.

우리 주 예수 그리스도 이름으로 기도합니다. 아멘!

모든 인생길이 너희 보는 앞에 열려 있을 때에 지금 네가 의지하고 있는 손길을 보게 되리라. _프레다 한버리 알렌

9.
중보
기도문

이 세상에서 가장 아름다운 모습

_용혜원

주님 앞에

모든 죄를 회개하고

성령 충만한 그리스도인의

모습을 아시나요

이는 바로

이 세상에서

가장 아름다운 모습입니다

가난한 이웃들에게

자기가 가진 것으로

나눔을 갖는 그리스도인의

모습을 아시나요

이는 바로

이 세상에서

가장 아름다운 모습입니다

병든 자 버리운 자들에게

예수 사랑으로

냉수 한 그릇을 대접하는 그리스도인의

모습을 아시나요

이는 바로

이 세상에서

가장 아름다운 모습입니다

다른 사람들을 위하여

예수 이름으로

기도하며 사랑하는 그리스도인의

모습을 아시나요

이는 바로

이 세상에서

가장 아름다운 모습입니다

나라와 민족을 위한 기도 1
중보기도

이 나라와 이 민족을 사랑하시는 하나님! 우리를 사랑하여 주시니 감사드립니다. 이 민족이 주님 앞에 바로 서게 하옵소서. 주님을 섬기며 주님이 원하시는 민족이 되게 하옵소서. 대통령으로부터 각부 장관과 모든 공직자가 깨끗한 양심으로 일하게 하여 주시고, 이 민족의 영적인 지도자인 성직자들도 기도하며 주님의 말씀만을 전하게 하옵소서. 이 나라, 이 민족이 오직 하나님의 뜻에 합당한 민족이 되기를 원합니다.

사랑의 주님! 모든 국민 한 사람 한 사람이 서로 사랑하는 마음을 품고 나라와 민족을 위하여 기도하게 하옵소서. 개인의 부귀와 영달만을 구하지 않게 하시고, 나라와 민족을 위하여 헌신하는 마음을 주시기 원합니다. 이 민족이 죄를 떠나 하나님의 영광만을 드러내며 하나님께 신령과 진정으로 산 제사를 드리는 민족이 되게 하옵소서. 복음이 충만한 민족이 되게 하여 주옵소서. 성령의 역사가 충만한 민족이 되기를 원합니다. 사랑이 충만한 민족이 되게 하옵소서. 허락하신 이 충만함으로 오직 주님께 영광 돌리며 살게 하옵소서. 주님께서 이 민족을 사랑과 은혜로 인도하심을 믿습니다. 주여, 함께해주옵소서. 우리 주 예수 그리스도 이름으로 기도합니다. 아멘!

사랑은 어디서 와야 합니까? 누구를 향한 사랑이 되어야 합니까? 주님! 저는 사랑을 원합니다. 사랑을 필요로 합니다. _미셸 쿠오스트

나라와 민족을 위한 기도 2
<u>중보기도</u>

각나라와 족속을 통치하시는 만유의 주님! 우리나라와 민족을 변화시켜주시기를 원합니다. 모두가 두렵고 떨리는 마음으로 구원을 이루고, 욕심보다 나눔의 삶을 살게 하옵소서. 현실에 매달려 치부와 화려함을 꿈꾸기보다는 영생의 소망 속에서 진실함과 순결함을 이뤄가는 저희가 되길 원합니다. 개인적인 욕망 속에 몸부림치기보다는 나라와 민족을 위한 삶을 살게 하옵소서.

구원의 하나님! 성장과 물량주의만 추구하지 않고 정직과 진리를 추구할 수 있는 마음을 주시기 원합니다. 혼자보다는 어울림의 기쁨을 알게 하시며, 작은 만남도 작은 사랑의 나눔도 소중히 여기게 하옵소서. 이 땅의 삶은 한정적임을 깨닫게 하사 영원한 생명의 초대를 기뻐하게 하옵소서. 죄를 죄로 깨달을 수 있는 마음을 주옵소서. 악을 깨닫게 하옵소서.

사랑의 하나님! 이 나라의 모든 지도자와 교계 지도자들과 성도들 그리고 모든 백성에게 사랑과 지혜를 주시기 원합니다. 하나님이 원하시는 삶이 무엇인지를 깨닫게 하옵소서. 날마다 삶 속에 먼저 그 나라와 그 의를 구하게 하옵소서. 복음과 정직과 진실이 가득한 나라가 되길 원하며, 우리 주 예수 그리스도 이름으로 기도합니다. 아멘!

오, 주여! 그들을 주님 앞에 데려왔습니다. 여기 제가 주님 앞에 나오면서 자신을 주님 앞에 드러낼 때 그들도 함께 보여드립니다. 제가 여기 있습니다. 그들도 있습니다. 주님! 주님 앞에 있습니다. _**미셸 쿠오스트**

목회자를 위한 기도 1
중보기도

거룩하신 하나님! 주님이 맡겨주신 성도들을 말씀으로 인도하는 목회자들을 기억해주옵소서. 성도들에게 좋은 양식을 공급할 수 있도록 믿음과 능력을 주옵소서. 영육 간의 강건함을 주시며 성령 충만함을 허락하여 주시기를 원합니다. 이 악한 세대에 양 떼들을 풍성히 먹일 수 있도록 지혜와 지식과 능력과 권세를 주시옵소서.

사랑의 하나님! 강단에서 주님의 말씀을 증거할 때마다 주님만 드러나게 하시고 심방할 때나 집회를 인도할 때나 말씀을 준비할 때나 기도할 때나 찬양할 때나 언제 어디서나 주님의 보호하심과 인도하심이 함께 하기를 원합니다. 동역자들과 함께 일할 수 있는 사랑의 마음을 주시며, 모든 것을 통솔할 수 있는 리더십의 능력도 주시기 원합니다.

목회자 가족을 기억하사 평안하게 하시고 기쁨이 넘치게 하옵소서. 또한 주의 종들을 유혹하는 악의 세력을 물리쳐주옵소서. 실망과 좌절이 올 때마다 주님의 권능으로 함께하사 능력의 목회자들이 되게 하옵소서. 신유의 능력을 주시며 모든 성도를 사랑으로 보살피게 하옵소서. 목회자들의 모든 사역이 주님의 영광만을 드러내기를 원하며 우리 구주 예수님 이름으로 기도합니다. 아멘!

싸늘히 식어 죽어가는 마음일 때 하나님께서 구원 베푸심을 찬양합시다! 나의 영혼아, 그대의 노래를 그치지 말고 그대의 슬픔일랑 찬송으로 바꾸어라.
_아더 부스 클리본

목회자를 위한 기도 2
중보기도

사랑의 하나님! 이 땅의 목회자들을 기억하시어 양 떼들을 인도할 수 있는 영적인 능력을 주옵소서. 기도하는 목회자들이 되게 하여 주옵소서. 말씀 속에서 오직 예수만 전하는 복음 사역자들이 되게 하옵소서. 언제나 십자가의 복음만 전하게 하시기를 원합니다. 이 시대에 복음의 파수꾼이 될 수 있도록 지혜와 지식과 능력과 권세를 주옵소서. 늘 하나님께서 함께하여 주셔서 목회사역에서 좌로나 우로나 치우침 없이 주님의 뜻대로 감당하게 하옵소서. 주님의 음성을 듣고 들은 대로 사는 자들이 되게 하소서.

능력의 주님! 모든 목회자에게 건강을 주시기 원합니다. 가족들에게도 함께해주옵소서. 말씀을 상고할 때마다 영감을 허락하시고 진리를 온전히 깨닫게 하여 주옵소서. 성령 충만하게 하옵소서. 주님 뜻에 순종하며 주님 앞에서 바로 서는 목회자들이 되게 하옵소서. 목회자들의 기도에 응답하여 주시고, 목회에 부족함이 없도록 인도하옵소서. 주님께서 이 땅의 모든 목회자를 성령으로 충만케 하시길 원하며 예수님 이름으로 기도합니다. 아멘!

 귀하신 주여! 나는 홀로 있기가 두렵습니다. 나의 마음은 주님을 사랑하는 이들과 더불어 복된 교제를 원합니다.   _엘리스 쉐르우드

정치 지도자들을 위한 기도
중보기도

천지 만물을 주관하시는 하나님! 이 시간 기도하오니 이 나라의 정치 지도자들을 기억하여 주시기를 원합니다. 저들에게 나라와 민족을 사랑할 수 있는 마음을 주옵소서. 파당주의와 지역주의에 사로잡혀 민생을 볼모로 삼지 말게 하여 주시고, 나라와 민족을 위하여 일하게 하옵소서. 현재의 일이 훗날에 판단되어짐을 깨닫게 하시고 하나님과 국민이 지켜보고 있음을 알게 하옵소서. 저들이 개인의 사욕을 위하여 이권에 개입하지 않게 하여 주시고 국민의 세금을 함부로 사용하지 않게 하옵소서. 나라를 이끌어 가기 위해 기도하게 하시고 연구하게 하옵소서.

능력의 하나님! 민족의 앞날을 위하여 정치를 하게 하옵소서. 순간의 민심을 얻기보다 나라의 미래를 생각하며 정치할 용기를 주옵소서. 저들의 삶이 먼저 성결하기를 원합니다. 지도자들이 타락하면 나라의 모든 기강이 흔들리오니 저들이 바른 물질관, 바른 정치관, 바른 세계관을 갖게 하옵소서.

이 나라 이 민족도 기억하여 주사 바른 정치인을 뽑게 하옵소서. 사사로운 감정을 떠나 바른 정치인을 선택할 수 있는 안목과 지혜를 허락하옵소서. 이 나라 정치인들이 하나님과 국민 앞에 부끄럼이 없는 정치를 하게 하옵소서. 주여, 저들을 인도하옵소서. 우리 주 예수 그리스도 이름으로 기도합니다. 아멘!

세계 곳곳마다 찬양하세. 내 주 영광의 왕! 그 찬양 멀리 퍼져 하늘에 차고 그 찬양 널리 퍼져 땅에 가득하네. 세계 곳곳마다 찬양하세. 내 주 영광의 왕!
_조지 허버트

교회를 위한 기도
중보기도

능력과 권능의 하나님! 주님께서 세우신 교회들을 기억하여 주옵소서. 이 땅의 교회들이 사명을 감당할 수 있도록 성령 충만함을 주시기 원합니다. 주님께서 교회들을 반석 위에 세워주시지 않으면 든든히 서 있을 교회가 없사오니 이 시대에 능력 있는 교회들로 세워주사 부흥케 하시고, 예배를 통하여 영광을 받아주옵소서. 하나님이 세우신 목회자들에게 지혜와 지식과 능력과 권세를 주사 능력의 말씀을 전하게 하옵소서. 성도들에게 초대 교회에 부어주셨던 성령을 허락하시어 모든 교회가 살아 움직이게 하옵소서. 큰 교회나 작은 교회나 개척 교회나 농어촌 교회나 모두가 다 주님의 교회이오니 주님께서 인도해주옵소서.

소망의 주님! 이 땅의 교회들이 기도하는 교회가 되며 찬양하는 교회가 되게 하옵소서. 말씀의 능력이 있는 교회들이 되기를 원합니다. 모든 성도에게 뜨거운 복음의 열정을 허락하시고, 전도를 통하여 구원받는 수가 늘어가게 하옵소서. 교회의 각 기관이 살아 움직이게 하시고, 교회의 모든 구역마다 성령의 역사로 주님의 사명을 감당하게 하옵소서. 주님께서 능력으로 함께하여주심을 믿고 우리 주 예수 그리스도 이름으로 기도합니다. 아멘!

오 주님! 내 안에서 주님의 사랑을 깊이 경험케 하시고 주님의 사랑이 얼마나 달콤한지, 주님의 사랑 속에 녹아지고 그 사랑에 잡힘이 얼마나 행복인지를 중심으로 알게 하옵소서.
_토마스 아 캠퍼스

고아와 과부를 위한 기도
중보기도

고아와 과부를 사랑으로 인도하시는 하나님! 저들의 연약하고 부족한 삶을 돌봐주시기를 원합니다. 연약해질 때마다 주님께서 힘이 되어주시고 나약해질 때마다 주님께서 붙잡아주옵소서. 힘을 잃을 때마다 주님께서 더욱더 사랑해주시기를 원합니다. 이 험한 세상을 살아가노라면 힘들고 어려울 때도 만날 터인데 강하고 담대한 믿음으로 살아가게 하옵소서.

사람을 의지하면 쓰러지기 쉽사오니 주님을 의지하며 살게 하여 주시고, 저들이 살아갈 수 있는 여건과 환경들을 만들어주시기를 원합니다.

사랑의 주님! 저희의 믿음이 반석 위에 세워져서 어떠한 유혹과 근심에도 쓰러지지 말게 하시고, 어려움과 고통이 있을 때마다 십자가에서 피 흘리신 주님을 바라보게 하옵소서. 저들의 형편과 처지를 아시는 주님, 함께하옵소서. 교회마다 성도마다 주님의 사랑으로 돕고 나누는 삶을 살게 하시고 주님의 사랑으로 서로를 보살피기 원합니다. 건강을 주시고 믿음을 주사 이 험한 세상을 이겨내어 주님께서 인도하심을 간증할 수 있는 삶을 살게 하옵소서. 주님께서 항상 인도하여 주심을 믿고 살아 계신 예수님 이름으로 기도합니다. 아멘!

오, 지나간 시절에 우리의 도움이셨던 하나님! 다가올 세월에는 우리의 소망이십니다. 우리의 삶이 다하기까지 우리가 영원한 본향에 이르도록 우리의 인도자가 되옵소서.

_아이작 와츠

가족을 위한 기도
중보기도

자비로우신 하나님! 우리 가족을 사랑하시고 인도해주심을 감사드립니다. 주님의 이름으로 구원받고 은혜를 받았으니 열심을 내어 주님을 섬기게 하옵소서. 주님께서 늘 저희 가족과 함께하여 주시기를 원합니다. 서로가 서로를 위해 기도해주며, 서로가 서로를 이해해주며, 서로 사랑하는 가족이 되게 하옵소서. 날마다 분주함 속에 함께 모일 때가 많지 않지만 가족들 모두 자기 일에 최선을 다하여 주님께 영광을 돌리는 삶을 살기 원합니다.

사랑의 하나님! 우리 가족이 직장이나 학교 그리고 교회에서 믿음의 본을 보이며 살게 하옵소서. 가족이 모이면 기도하게 하시고 흩어지면 전도할 수 있도록 인도해주시기를 원합니다. 십자가의 보혈로 구원받았으니 모든 가족에게 믿음을 주사 주님만을 자랑하는 삶을 살게 하옵소서. 모든 식구에게 영육 간의 강건함을 주시기 원합니다. 이 악한 세대에서 세속에 물들지 않고 악은 모양이라도 버리며 살게 하옵소서. 아버지가 거룩하시니 우리도 거룩한 삶을 살아 세상에서 빛과 소금의 직분을 감당하기를 원합니다. 우리 주 예수 그리스도 이름으로 기도합니다. 아멘!

시험받는 내 영혼이 잘 견디도록 나를 위한 친구들의 기도를 원합니다. 나를 위해 하나님께 중보하는 사랑하는 자들의 기도가 필요합니다.
_제임스 보건

자녀를 위한 기도
중보기도

우리에게 소망을 주시는 하나님! 우리에게 자녀를 허락하시니 감사드립니다. 우리 가족이 늘 주님의 인도하심 속에 평안을 누리며 살아가기를 원합니다. 온 삶을 통하여 하나님의 뜻을 이루게 하시고 주님의 사역에 쓰임 받게 하옵소서. 지혜와 능력을 주사 주님이 원하시는 일들을 감당할 수 있게 하옵소서. 항상 믿음 안에서 주님을 바라보며 살기를 원합니다. 악으로만 치닫는 이 세대 속에서 구별된 삶을 살게 하옵소서.

능력의 하나님! 항상 먼저 그 나라와 그 의를 구하기 원합니다. 오직 예수님 안에서 믿음으로 승리하는 삶을 살게 하옵소서. 삶의 모든 일 속에서 주님께서 원하시는 것이 무엇인지를 깨닫게 하옵소서. 모든 일을 기도로 시작하게 하시고 기도로 마치게 하여 주옵소서. 주님 앞에 설 때 칭찬받는 삶을 살도록 주님께서 날마다 인도해주옵소서. 주님을 사랑합니다. 우리 주 예수 그리스도 이름으로 기도합니다. 아멘!

그리스도께서 나를 사랑하심에 나는 자주 놀랍니다. 그러나 왜 그런 사랑을 보여주셔야 했는지 결코 대답할 수가 없습니다. 그것은 이해를 초월하며 인간의 생각으로 도달할 수 없습니다. 영광의 주, 주님은 피 값으로 내 영혼을 사셨습니다.
_웨슬레

10. 52주 공동 대표기도문

우리를 영원히 사랑하십니다
_용혜원

외로울 때
주님을 생각해 보십시오
주님도 얼마나
외로운 삶을 사셨는가를

눈물이 날 때
주님을 생각해 보십시오
주님이 얼마나
슬퍼하셨는가를

아무도 아무도
당신을 알아주지 않고
아무도 아무도
당신을 맞아주지 않을 때에도

주님은 당신을

사랑하신다는 사실을 기억해 두십시오

주님이 당신을

기억하신다는 사실을 기억해 두십시오

주님은 아십니다

당신의 마음을

주님은 아십니다

나의 마음을

주님은 우리의 모든 것을

체휼하셨기에

우리를 영원히 사랑하십니다

52주 공동 대표기도문

1. 전능하신 하나님!

　새해 첫 시간 첫 예배로 하나님께 나아옵니다. 세세토록 찬송과 영광을 받으시기 합당하신 하나님, 홀로 영광 받으옵소서. 이 한 해를 살면서 날마다 주님 안에서 찬양과 감사와 예배 속에 살게 하옵소서. 이 땅에서 아버지의 뜻을 이루며 살기를 원합니다. 우리에게 허락하신 사명을 감당하게 하옵소서. 이 민족을 통하여 영광을 받아주옵소서. 주님의 교회가 날마다 구원받는 영혼들로 부흥하게 하옵소서. 사랑하는 주님, 모든 존귀와 찬양을 받으시기 원하며 우리 주 예수님 이름으로 기도합니다. 아멘!

2. 우리를 인도해주시는 하나님!

　새해 첫 주일 예배를 주님의 이름으로 드리오니 받아주옵소서. 우리 삶을 인도하여주사 올해의 모든 날들을 주님을 위하여 쓰게 하옵소서. 주님의 십자가를 자랑하며 주님의 향기를 나타내는 삶을 살기를 원합니다.
　사랑의 주님! 진실하게 하옵소서. 우리를 정결하게 하옵소서. 언제나 주님 안에서 살아가는 기쁨과 감사를 알게 하옵소서. 주님의 교회에 성령 충만함을 주시기를 원하며 존귀하신 예수님 이름으로 기도합니다. 아멘!

 나의 삶을 하나님께 드렸더니 아침처럼 새로운 새 생명을 주셨습니다. 주님의 즐거움이 나의 것임을 알았습니다. _마일드레드 제퍼리

52주 공동 대표기도문

3. 능력의 하나님!

신실하신 하나님, 주님께서 우리를 인도하시고 보호하시니 감사드립니다. 십자가의 사랑으로 구원받은 저희 모두 주님의 뜻대로 살게 하옵소서.

능력의 주님! 이 시간 주님을 찬양합니다. 영광을 돌립니다. 우리의 예배를 받아주옵소서.

우리로 하여금 주님을 영접함으로 하나님의 자녀가 되게 하심을 감사드립니다. 일생토록 주님과 동행하는 삶을 살게 하옵소서. 주여, 인도하소서. 우리 주 예수님 이름으로 기도합니다. 아멘!

4. 사랑의 하나님 아버지!

우리를 사랑하사 구원해주심을 감사드립니다. 예수 그리스도께서 십자가에서 흘리신 보혈의 사랑으로 구원받음을 찬양하며 예배드리오니 받아주옵소서. 주님의 은혜로만 살게 하시며 주님의 뜻대로 살아 주님께 영광 돌리게 하옵소서.

사랑의 하나님 아버지! 이 나라 이 민족과 모든 교회를 기억하사 주님의 명령을 따라 복음 전하게 하시며 온전히 섬기게 하옵소서. 우리를 인도해주옵소서. 우리 주 예수님 이름으로 기도합니다. 아멘!

어떤 이는 너를 미워하고 또 사랑하리라. 너에게 아첨하고 경멸도 하리라.
그러나 사람에게 너의 평가를 맡기지 말고 주를 믿고 바르게 행하라.
_노안 매클로드

52주 공동 대표기도문

5. 은혜의 하나님!

이 시간 우리와 함께하심을 믿고 감사드립니다. 우리 삶의 목적이 주님의 영광을 나타내는 것이 되게 하옵소서. 우리 삶이 곧 하나님께 드리는 예배이기를 원합니다.

은혜의 하나님! 이 시간 예배드리는 모든 성도를 기억하사 인도해주옵소서. 우리 이름을 생명책에 기록해주셨으니 감사드립니다. 주님의 은혜와 평강으로 함께하여 주옵소서. 주님을 사랑합니다. 우리 주 예수 그리스도 이름으로 기도합니다. 아멘!

6. 구원의 하나님 아버지!

주님을 찬양합니다. 이 시간 주님께서 왕으로 좌정하사 다스려주옵소서. 우리의 예배가 신령과 진정으로 드려지길 원합니다. 성령님, 우리를 주장하여 주옵소서. 주여, 우리를 인도하사 주님의 뜻대로 살게 하옵소서. 날마다 주님을 사랑하게 하옵소서.

사랑의 주님! 주님의 형상을 닮아가게 하옵소서. 주님께서 행하신 사랑과 나눔의 삶을 살기 원합니다. 주님의 마음을 본받아 온유하고 겸손하게 하옵소서. 주님을 사랑합니다. 우리 주 예수 그리스도 이름으로 기도합니다. 아멘!

 성도들이여! 가라 여호와의 보호 속으로. 살아 있는 주님의 말씀은 그대의 가벼운 무기. 어둠이 엄습하기 전에 위대한 싸움에 승리해야 하리라.
_무명

52주 공동 대표기도문

7. 겸손의 하나님!

　주님의 은혜와 사랑에 감사드립니다. 이 시간 함께하사 우리를 통하여 영광을 받아주옵소서. 이 시간 우리의 예배가 신령과 진정으로 드리는 영적인 산 제사가 되게 하옵소서. 삶 속에서 늘 말씀을 묵상하며 살게 하시고 기도와 찬양 속에 살게 하소서.
　사랑의 주님! 진리의 말씀으로 함께해주옵소서. 주님의 보혈로 정결케 하사 주님 안에 거하게 하옵소서. 주님과 동행하는 기쁨을 날마다 주시길 원하며 우리 주 예수 그리스도 이름으로 기도합니다. 아멘!

8. 신실한 하나님!

　주님의 사랑과 은총에 감사드립니다. 주님의 은혜로 새 생명을 얻었사오니 모든 영광을 주님께만 돌리며 살게 하옵소서. 날마다 주님을 닮아가며 주님의 뜻을 따라 주님이 원하시는 삶을 살게 하소서.
　구원의 주님! 이 땅에 복음이 충만하기를 원합니다. 우리의 삶이 주님을 시인하며 증거하게 하옵소서. 주님의 교회가 성령 충만하게 하옵소서. 우리로 하여금 이 귀한 일에 동참하게 하옵소서. 우리 주 예수 그리스도 이름으로 기도합니다. 아멘!

잔디 위의 이슬처럼 모든 필요를 위해 새로운 것들을 주시나니 오, 하나님의 은총 속에 새롭게 시작되는 아침이 있다. ＿애니 플린트

52주 공동 대표기도문

9. 권능의 하나님!

　우리를 죄악에서 구원하사 하나님을 예배하며 찬양할 수 있도록 인도해 주심을 감사드립니다. 이 시간 하나님께서 기뻐하시는 예배를 드리게 하옵소서. 주여, 날마다 우리의 삶을 인도하여 주옵소서.
　사랑의 하나님! 우리로 하여금 주님의 성품을 닮아 사랑하며 살게 하옵소서. 순종하게 하시며 친절과 봉사로 주님의 사랑을 나누는 삶을 살게 하옵소서. 지극히 작은 자에게 냉수 한 그릇 대접함도 기억하시는 주님을 늘 마음에 두며 살게 하옵소서. 우리 주 예수 그리스도 이름으로 기도합니다. 아멘!

10. 우리의 예배를 받으시기에 합당하신 하나님!

　이 시간 찬양과 경배를 받아주옵소서. 이 민족을 사랑하사 성령의 단비를 내려주옵소서. 모든 이의 마음속에 사랑과 나눔의 마음을 주옵소서. 욕심과 욕망에 사로잡힌 사람들에게 진리의 자유함을 주시기 원합니다.
　사랑의 주님! 주님의 교회와 성도들을 사랑하사 이 시대를 분별하며 깨어 있게 하옵소서. 맡겨진 사명을 잘 감당하기 원하며 우리 주 예수그리스도 이름으로 기도합니다. 아멘!

한때 나의 두 손은 항상 바빴습니다. 최선을 다하기 위해 힘들여 일했습니다. 이제 내 가슴은 포근한 믿음 속에 있으며 내 영혼은 안식 속에 있습니다.
_심프슨

52주 공동 대표기도문

11. 사랑의 하나님!

주님의 사랑과 은총에 감사드립니다. 구원의 복음이 날마다 흥왕하게 하옵소서. 땅끝까지 전파되게 하옵소서. 복음을 듣고 믿어 구원받는 사람들이 날마다 늘어나길 원합니다.

능력의 하나님! 주님의 교회와 성도들을 기억하시어 기도와 말씀과 전도의 능력을 주옵소서. 진실로 이 시대에 사도행전을 이어가는 교회가 되게 하옵소서. 주님을 사랑합니다. 우리 주 예수 그리스도 이름으로 기도합니다. 아멘!

12. 왕의 왕 되신 하나님!

친히 참사랑을 보여주신 하나님, 이 시간 우리 속에 함께하사 신령과 진정으로 영적인 산 제사를 드리게 하옵소서. 우리로 하여금 믿어 믿음에 이르게 하시고 주님의 뜻을 이루는 삶을 살게 하옵소서. 날마다 주님 닮기를 원합니다.

사랑의 하나님! 기쁨으로 찬양하며 기쁨으로 예배드리게 하옵소서. 우리의 삶 자체가 예배가 되게 하옵소서. 주님을 사랑합니다. 우리 주 예수 그리스도 이름으로 기도합니다. 아멘!

나의 아버지, 높은 곳이든 깊은 곳이든 어두운 곳이든 밝은 곳이든 주님의 끝없는 사랑으로 감싸시니 오! 주님은 은혜와 권능의 하나님이십니다.
_마블 커스티스

52주 공동 대표기도문

13. 능력의 주님!

우리로 하여금 주님을 알게 하시고 믿게 하심에 감사드립니다. 이 시간 모든 영광과 찬양을 받아주옵소서. 날마다 주님의 형상을 닮아가게 하시고 주님의 뜻을 이루게 하여 주옵소서.

능력의 주님! 주님의 교회와 모든 성도가 믿음으로 살게 하여 주옵소서. 우리의 믿음이 반석 위에 세워지게 하실 능력의 주님을 찬양합니다. 우리 주 예수 그리스도 이름으로 기도합니다. 아멘!

14. 구원의 하나님!

주님께서 십자가에서 고난을 받으심으로 우리가 구속함을 받았으니 그 놀라우신 주님을 찬양합니다. 말씀과 능력으로 인도하시는 주님을 찬양합니다. 삶 속에서 복음을 전하게 하옵소서. 오늘도 말씀을 들으며 주님의 사랑을 깨닫게 하옵소서.

사랑의 하나님! 주님만이 저희의 기쁨이며 소망이요 사랑이며 감사입니다. 주여! 날마다의 삶을 주님께 의탁합니다. 맡아주옵소서. 주님을 사랑합니다. 우리 주 예수님 이름으로 기도합니다. 아멘!

 부모들이여! 그대들을 따르는 어린 자녀를 위해 사려 깊은 사람이 되십시오. 당신들은 잘못된 길을 가서는 안 됩니다. 그들이 본받을 것이기 때문입니다.   _무명

52주 공동 대표기도문

15. 전지전능하신 하나님 아버지!

　우리를 구원하시고자 예수 그리스도를 이 땅에 보내주신 아버지의 사랑에 감사드립니다. 엄청나고 놀랍기만 한 주님의 사랑에 감사드립니다. 우리를 위하여, 하나님의 뜻을 이루기 위해 십자가의 고난을 감당하신 주님을 사랑합니다.
　사랑의 하나님! 이 시간에도 저희와 함께하심을 믿고 감사드립니다. 주님을 닮아가게 하옵소서. 주님의 사랑을, 주님의 기도를, 주님의 헌신을, 주님의 열정을 닮아가게 하옵소서. 우리 주 예수 그리스도 이름으로 기도합니다. 아멘!

16. 부활의 주님!

　사망 권세를 이기시고 부활하신 주님을 찬양합니다. 주님의 놀라우신 구원의 능력을 찬양합니다. 이 시간 주님의 보혈로 구원받은 성도들이 드리는 이 예배를 받아주옵소서. 부활의 기쁜 소식이 온 땅에 가득하기를 원합니다.
　사랑의 하나님! 승리하신 주님을 우리도 본받게 하사 성령의 능력으로 승리하게 하옵소서. 기도하게 하옵소서. 찬양하게 하옵소서. 날마다 복음을 전하게 하여 주시기를 원합니다. 주님의 교회를 날로 새롭게 하여 주시고, 구원받는 무리가 늘어가게 하옵소서. 모든 영광을 받아 주옵소서. 우리 주 예수 그리스도 이름으로 기도합니다. 아멘!

 마음속에 성령이 같이하고 손에 생명을 가지고 있는 사람은 그가 필요로 하는 모든 것을 가지고 있는 사람이다.　_매클래런

52주 공동 대표기도문

17. 사랑의 하나님!

오늘도 주님의 사랑으로 함께하사 예배드리게 하심을 감사드립니다. 날마다 악으로 치닫고 있는 이 시대를 분별하게 하며 믿음으로 살게 하옵소서. 영원을 향한 소망을 갖게 하시며 열정을 갖게 하여 주옵소서. 우리에게 주어진 환경에서도 최선을 다하며 날마다 주님의 일에 동참하는 기쁨을 주옵소서.

능력의 주님! 우리를 주님의 도구로 사용해주옵소서. 날마다 주안에서 복음을 증거하는 성도의 삶을 살게 하옵소서. 주님을 사랑합니다. 우리 주 예수 그리스도 이름으로 기도합니다. 아멘!

18. 소망의 하나님!

주님 십자가의 보혈과 사랑으로 우리를 구원해주심을 감사드립니다. 이 시간 주님을 찬양하며 예배드리오니 받아주옵소서. 우리의 삶을 성결하게 하옵소서. 우리의 삶을 순결하게 하사 날마다 주님의 형상을 닮아가게 하여 주옵소서.

사랑의 주님! 믿음 안에서 승리하는 삶을 살게 하옵소서. 저희의 입술로 주님을 시인하며 증거하기를 원합니다. 주님을 사랑합니다. 우리 주 예수 그리스도 이름으로 기도합니다. 아멘!

 하나님은 우리가 굉장한 일을 행하는 것보다 평범한 일을 굉장히 잘하는 것을 원하신다.   _고어

52주 공동 대표기도문

19. 가정의 주인 되시는 하나님!

오월을 가정의 달로 허락하신 주님께 감사드립니다. 성령 열매의 시작이 사랑인 것처럼 우리의 삶도 사랑으로 이루어지게 하옵소서. 주님의 교회와 성도들의 가정이 사랑과 화목으로 충만하게 하옵소서. 날마다의 삶이 믿음으로 승리하기를 원합니다. 주님의 은혜와 진리로 함께하옵소서.

사랑의 주님! 주님의 교회에 사랑이 충만하게 하옵소서. 서로 섬기며 사랑하게 하옵소서. 더 많은 영혼이 구원받은 기쁨으로 주님 이름을 찬송하게 하옵소서. 우리 주 예수 그리스도 이름으로 기도합니다. 아멘!

20. 구원의 하나님!

주님을 찬양하며 예배드리게 하심을 감사드립니다. 주님을 날마다 찬양하게 하옵소서. 말씀 안에 살아 복 있는 성도가 되게 하여 주시며 진리 안에 살아 자유함을 누리게 하옵소서.

소망의 하나님! 저희를 기억하사 더욱더 온전한 믿음을 주옵소서. 세상을 이기고 나갈 수 있는 강하고 담대한 믿음을 주옵소서. 믿음의 열심을 주옵소서. 우리 주 예수님 이름으로 기도합니다. 아멘!

 자신의 작은 세계에서 최선을 다하는 사람은 하나님의 큰 세계에서도 최선을 다하는 사람이다. _토머스 제퍼슨

52주 공동 대표기도문

21. 소망을 주시는 하나님!

오늘도 주님 전에 나와 예배드리게 하심을 감사드립니다. 매일의 삶 가운데 주님과 동행하게 하옵소서. 날마다 주님을 드러내는 삶을 살기 원합니다. 구원받은 기쁨을 누리게 하여 주시고, 그 기쁨을 날마다 전하게 하옵소서.

사랑의 하나님! 우리가 삶 속에서 주님을 시인하게 하시고 주님을 전하게 하시고 주님께 영광을 돌리게 하여 주옵소서. 오직 예수 신앙이 되게 하옵소서. 말씀 안에 살게 하여 주옵소서. 우리 주 예수 그리스도 이름으로 기도합니다. 아멘!

22. 사랑의 하나님!

우리 삶 속에 믿음과 소망과 사랑의 열매가 맺히기를 원합니다. 성령 하나님으로 인해 이뤄지게 하옵소서. 믿음에 열심을 주사 오직 주님을 바라보며 살게 하옵소서. 주님의 영광을 나타내며 살기 원합니다.

은혜의 주님! 우리에게 주님의 능력으로 함께하사 강하고 담대한 믿음으로 살게 하옵소서. 오늘은 맥추감사 주일입니다. 우리가 어떤 환경과 상황에서라도 진정한 감사를 드리게 하옵소서. 우리 주 예수님 이름으로 기도합니다. 아멘!

실패하지 않는다면 성장하지 않을 것이다.
_스탠리 저드

52주 공동 대표기도문

23. 말씀의 하나님!

저희의 예배를 통해 영광 받으시기 합당하신 하나님! 주님이 고난받으심으로 구원받은 저희가 예수 그리스도의 향기를 나타내는 삶을 살게 하여 주옵소서. 우리 삶에 주님의 흔적이 있기를 원합니다.

사랑의 하나님! 복음을 전함으로 주님이 주신 사명을 감당하기를 원합니다. 주님을 믿는 믿음 안에서 살게 하여 주옵소서. 우리에게 바른 믿음, 순결하고 정결한 믿음을 주사 주님이 원하시는 삶을 살게 하옵소서. 우리 주 예수 그리스도 이름으로 기도합니다. 아멘!

24. 지혜의 근본이신 하나님!

우리에게 진실한 믿음을 주사 주님의 영광을 나타내게 하옵소서. 우리 삶 속에서 성령의 열매를 맺게 하여 주시기를 원합니다. 주님께서 목자가 되시오니 주님의 인도 따라 살게 하옵소서. 날마다 주님의 형상을 닮아가기를 원합니다.

구원의 주님! 이 시간 우리의 예배에 함께하옵소서. 주님께 드리는 영광을, 찬송을, 기도를 받아주옵소서. 주님의 뜻을 이루게 하옵소서.

우리 주 예수 그리스도 이름으로 기도합니다. 아멘!

실패자가 되는 것은 오직 한 가지인데, 그것은 실패 너머를 보지 못하고 좌절하는 것이다. _카밀 로트 주니어

52주 공동 대표기도문

25. 우리를 인도하시는 하나님!

주님의 이름으로 구원받게 하셨을 뿐 아니라 주님과 동행하는 삶을 살게 하여 주시니 감사드립니다. 임마누엘의 신앙이 되게 하옵소서. 이 시간도 성령의 은혜로 예배드리게 하심을 감사드립니다. 주여! 영광을 받아주옵소서. 주님의 마음을 본받게 하시며 주님이 원하시는 삶을 살게 하옵소서.

구원의 하나님! 주님의 교회와 성도들을 기억하사 이 시대에 빛과 소금으로 살게 하옵소서. 우리에게 맡겨진 사명을 감당하게 하옵소서. 주님을 사랑합니다. 우리 주 예수 그리스도 이름으로 기도합니다. 아멘!

26. 사랑의 하나님!

우리 민족을 일깨워주옵소서. 주님을 사랑하며 이웃을 사랑할 수 있는 믿음과 섬김을 허락하여 주시기를 원합니다. 복 있는 성도의 삶을 살게 하옵소서.

소망의 하나님! 우리 민족과 성도들에게 영적인 각성과 함께 분명하고 확신 있는 삶을 허락하옵소서. 우리에게 믿음의 열심을 주옵소서.

전도의 열심을 이루기 위하여 주님의 교회가 부흥하게 하옵소서. 그렇게 하실 예수님 이름으로 기도합니다. 아멘!

 모든 은사를 주시는 분, 주님의 택하심이 가장 선합니다. 모든 것을 아시며 영원한 사랑이신 주님 안에서 나를 안식합니다. _그레이스 트로이

52주 공동 대표기도문

27. 창조주 하나님!

주님의 사랑하심과 인도하심에 감사드립니다. 우리의 삶 속에 날마다 주님의 뜻이 이뤄지기를 원합니다. 저희가 세상의 빛과 소금이 되게 하옵소서. 우리 삶 속에서 주님의 모습이 발견되게 하옵소서.

사랑의 주님! 오늘의 예배가 주님이 원하시는 예배가 되게 하옵소서. 신령과 진정으로 드려지게 하사 영적인 산 제사가 되게 하옵소서. 주님의 교회가 사랑으로 전도의 열매를 맺게 하옵소서. 주님을 사랑합니다. 우리 주 예수 그리스도 이름으로 기도합니다. 아멘!

28. 권능의 하나님!

우리의 삶과 행위 가운데 저지른 죄악들을 사하여주사 이 시간에 죄 씻음과 감사의 예배로 나아가게 하옵소서. 놀라운 삶을 허락하신 주님! 우리 삶 속에서 주님의 영광을 나타내시기를 원합니다.

사랑의 주님! 교회의 모든 성도가 시대를 분별하며 참되고 바른 삶을 살게 하여 주옵소서. 거짓과 사욕에서 떠나 바른 믿음으로 살게 하옵소서. 오직 성령의 인도하심 따라 살길 원하며 우리 주 예수 그리스도 이름으로 기도합니다. 아멘!

 우리가 주님의 목적을 온전히 믿으니 주님은 사랑하는 자녀들의 행복을 원하십니다.
_리나 센델

52주 공동 대표기도문

29. 지혜의 근본이신 하나님!

우리와 함께하사 이 시간에 영광과 찬송을 받아주옵소서. 이 악한 세대에 구별된 삶으로 성도의 본분을 다하게 하시며 주님이 원하시는 뜻대로 살게 하옵소서. 성령 충만을 주사 능력 있게 하옵소서.

구원의 하나님! 주님의 교회를 기억하시어 시절을 따라 열매를 맺게 하여 주옵소서. 주여 인도하옵소서. 주님을 사랑합니다. 우리 주 예수그리스도 이름으로 기도합니다. 아멘!

30. 복의 근원이 되시는 하나님!

오늘 저희가 드리는 이 예배를 받아주시기를 원합니다. 입술로만은 주님을 경배할 수 없으니 성령의 은혜로 정결하게 하옵소서. 우리의 예배가 온전히 주님께 영광 돌리게 하옵소서.

찬양받으시기에 합당하신 하나님! 세세토록 영광과 존귀를 받으시기 원합니다. 주님의 도구로 사용되게 하옵소서. 주님의 은혜 속에 이 시대에 쓰임 받게 하옵소서. 복음을 전하면서 항상 기쁨 가운데 살게 하여 주옵소서. 주님을 사랑합니다. 우리 주 예수 그리스도 이름으로 기도합니다. 아멘!

이 세상 사람들은 나를 미쳤다 하겠으나 하나님의 사랑을 받는 이 기쁨을 세상 사람들이 어찌 알 수 있으리오. _야코포네

52주 공동 대표기도문

31. 시작과 끝이 되시는 하나님!

　우리의 구주이신 주님을 찬양합니다. 온 세상을 주관하시고 운행하시는 놀라우신 섭리를 찬양합니다. 우리의 모든 삶을 낱낱이 아시는 주님을 온전히 의지합니다. 오늘의 예배가 주님이 받으시는 예배이기를 원합니다.
　사랑의 하나님! 찬양과 경배를 온전히 받아주옵소서. 성도들에게 믿음에 믿음을 주시며 병약하거나 나약한 이들에게 능력과 권능으로 함께하여 주옵소서. 사랑하는 주님, 주님의 구원하심과 그 능력을 믿으며 우리 주 예수 그리스도 이름으로 기도합니다. 아멘!

32. 전지전능하신 하나님!

　주님의 능력으로 구원받았음을 찬양합니다. 예수 그리스도, 우리 주님을 찬양하고자 모인 우리의 예배를 받아주옵소서. 우리의 예배가 신령과 진정으로 드려지게 하옵소서. 날마다 먼저 그 나라와 그 의를 구하며 살아가게 하옵소서.
　사랑의 하나님! 모든 사역에서 주님의 이름과 주님의 뜻대로 행하여 주님의 영광을 나타내기를 원합니다. 주여! 우리를 인도해주옵소서. 우리 주 예수 그리스도 이름으로 기도합니다. 아멘!

오, 아름다운 시의 언어로 내 슬픈 영혼에 사랑의 속삭임을 주신 주님. 주님은 진실로 나의 과거와 현재를 축복의 미래로 이끄시어 새로운 삶이 시작되는 곳으로 인도하셨습니다.
_버튼 매카페티

52주 공동 대표기도문

33. 전능하신 하나님!

주님의 은혜와 사랑에 감사드립니다. 십자가의 보혈로 구원받은 저희가 모여 주님의 거룩하신 이름을 찬양합니다. 모든 영광과 찬양을 받아주옵소서. 주님이 함께하심을 믿습니다. 주여! 우리와 동행하여 주시기를 원합니다.

사랑의 하나님! 삶의 진실함과 의미를 깨닫게 하사 주님의 영광을 나타내며 살게 하옵소서. 우리의 모든 것이 주님의 은혜임을 고백하며 우리 주 예수 그리스도 이름으로 기도합니다. 아멘!

34. 자비로우신 하나님!

우리를 주님의 구원으로, 사랑으로 인도하시니 감사드립니다. 주님께서 허락하신 인생을 우리의 생각과 뜻대로 살게 하지 마시고 주님의 뜻에 합당하게 살게 도우소서. 오직 주님만을 바라며 살기를 원합니다.

사랑의 주님! 단 한 번뿐인 소중한 삶, 십자가의 은혜로 의미 있고 보람되게 살기를 원합니다. 또한 저희에게 맡겨진 사명 역시 잘 감당하기를 원합니다. 오직 예수 그리스도를 자랑하며 주님의 말씀을 전하며 살게 하옵소서. 우리 주 예수 그리스도 이름으로 기도합니다. 아멘!

그대들을 부르노라. 부드럽게 부르노라. 달콤하게 오라 부르노라. 천국의 축복의 불빛을 내가 찾았노라.

_화니 크로스버

52주 공동 대표기도문

35. 우리의 소망이 되시는 하나님!

　주님의 이름으로 예배드리오니 찬양과 경배를 받아주옵소서. 천지 만물을 홀로 주관하시는 주님의 능력을 찬양합니다. 우리의 삶 속에서 주님의 영광을 나타내게 하여 주시고 주님의 뜻을 이루게 하옵소서.
　사랑의 주님! 저희의 모든 생활 속에서 주님의 자녀 됨이 드러나길 원합니다. 말씀을 묵상하며 깊은 영성으로 믿음의 삶을 살게 하옵소서. 우리에게 맡겨진 달란트로 남김이 있는 삶을 살게 하여 주시길 원하며 우리 주 예수님 이름으로 기도합니다. 아멘!

36. 능력의 하나님!

　우리를 죄악에서 구원하신 주님의 능력을 찬양합니다. 매일 매일의 삶에 힘을 주시고 인도해주시니 감사드립니다. 우리에게 힘과 능력을 주사 복음 사역에 동참하게 하옵소서. 맡은 자의 구할 것은 충성이라고 하셨으니 함께 하여 주옵소서.
　권능의 하나님! 주님의 이름으로 악의 세력을 이기며 승리하는 생활을 주옵소서. 이 땅에서 주님의 자녀답게 살게 하옵소서. 오늘도 주님께 예배드릴 수 있도록 인도하신 주님, 이 시간 믿음에 믿음을 주옵소서. 우리 주 예수님 이름으로 기도합니다. 아멘!

사랑의 말을 듣습니다. 그 피를 바라봅니다. 그 위대한 희생을 봅니다. 그러므로 하나님과 화평하게 됩니다. ＿호레이셔스 보나르

52주 공동 대표기도문

37. 사랑의 하나님!

우리가 모여 찬양하며 예배드림은 주님의 은혜요 축복임을 고백합니다. 우리의 삶에 은총을 주시고 평안을 주시니 언제나 주님 안에서의 삶을 기뻐하게 하옵소서. 구원의 은혜를 받았으니 복음을 전하게 하시며, 복음을 전하므로 우리의 믿음이 더욱더 반석 위에 새겨지게 하옵소서.

소망의 하나님! 우리의 목자가 되사 우리를 인도해주시기를 원합니다. 우리의 모습은 늘 연약하니 성령 충만함 속에 강하고 담대한 믿음으로 성도답게 살게 하옵소서. 모든 성도가 하나 되어 주님을 더욱더 열심히 섬기게 하여 주옵소서. 우리 주 예수 그리스도 이름으로 기도합니다. 아멘!

38. 우리에게 말씀을 주신 하나님!

십자가의 보혈로 우리를 구원하신 주님을 찬양합니다. 우리를 사랑하사 구원의 길로 인도하신 하나님, 이 시간도 주님께 예배드리오니 받아주옵소서. 성령 충만을 허락하옵소서.

사랑의 주님! 우리의 삶 속에 행함 있는 믿음을 주옵소서. 우리로 하여금 주님의 도구로 쓰임 받게 하여 주시기를 원합니다. 우리에게 맡겨진 사명을 감당하게 하옵소서. 주님을 사랑합니다. 우리 주 예수 그리스도 이름으로 기도합니다. 아멘!

내가 그대를 따르게 하십시오. 같은 길을 걷도록 그대의 발자국을 남겨주십시오.
_알버트 루우스웰

52주 공동 대표기도문

39. 지혜의 하나님!

 이 시간 주님 앞에 나와 예배드리게 하심을 감사드립니다. 우리의 예배가 신령과 진정으로 드려지게 하옵소서. 저희 삶 속에 주님의 향기를 나타내어 교회에서나 일상에서나 인정받는 그리스도인들이 되게 하여 주옵소서.
 소망을 주시는 하나님! 삶 속에서 복음을 증거하며 살기를 원합니다. 주님의 교회가 평안하여 든든히 서가게 하여 주시고 성령의 위로로 진행하여 그리스도를 주로 고백하는 이들이 늘어가게 하옵소서. 모든 성도가 능력 있는 그리스도인들로 복음을 전하게 하옵소서. 우리 주 예수 그리스도 이름으로 기도합니다. 아멘!

40. 우리의 목자가 되시는 하나님!

 우리를 구원하사 소망을 허락하신 하나님, 감사드립니다. 이 세상에서 가장 소중한 주님의 이름을 찬양하며 예배드리는 기쁨을 주심에 더욱 감사드립니다. 늘 예수 그리스도, 그 이름의 능력으로 살아가게 하옵소서.
 사랑의 주님! 모든 것의 모든 것 되시는 주님께서 우리의 삶을 사랑으로 인도해주심을 믿습니다. 주 안에서 항상 기뻐하고 범사에 감사하며 쉬지 않고 기도하는 삶을 살기를 원하며 우리 주 예수 그리스도 이름으로 기도합니다. 아멘!

주님! 생명을 주신 분이시여! 나를 데려가소서. 강을 건너서 기슭까지. 나의 주님이 먼저 가신 그곳까지. _루시 라이콤

52주 공동 대표기도문

41. 우리를 구원하신 하나님!

주님의 인도하심과 보호하심에 감사드립니다. 예배드림 속에 성령의 충만함을 입어 더욱더 온전히 헌신된 삶을 살게 하여 주옵소서. 날마다 주님의 성품을 닮아가며 우리로 하여금 아버지의 거룩하심과 같이 거룩함을 이뤄가게 하옵소서. 온유하고 겸손하신 주님의 마음을 닮기 소원합니다. 이 악한 세대에 주님의 보살핌이 필요하오니 주여, 우리를 인도하여 주옵소서. 날마다 주님으로 인하여 삶의 기쁨과 평안을 누리니 이에 합당한 기도와 회개의 열매로 영광을 돌리게 하옵소서.

사랑의 주님! 오늘 예배드리는 모든 이에게 주님의 참 평안과 참 기쁨을 주시기를 원하며 우리 주 예수 그리스도 이름으로 기도합니다. 아멘!

42. 우리의 소망이 되시는 하나님!

주님을 영접하여 하나님의 자녀가 된 저희 위에 참다운 믿음과 은혜를 주시기를 원합니다. 주님을 바로 알고 바로 본받아 건강한 믿음의 삶을 살게 하옵소서. 이 악한 세대에 주님의 보살핌이 필요하오니 주여, 우리를 인도해주옵소서. 날마다 주님으로 인하여 삶의 기쁨과 평안을 누리게 하심을 감사드립니다. 주님의 뜻을 이루게 하옵소서. 사랑의 주님! 주님께서 우리를 십자가의 사랑으로 사랑하셨으니 우리도 주님을 사랑하듯 이웃을 사랑하며 살게 하옵소서. 사랑으로 서로의 허물을 덮어주며 주님의 사랑을, 그 심오한 은혜를 체험하게 하옵소서. 우리 주 예수 그리스도 이름으로 기도합니다. 아멘!

 이제 우리 일어나 두려워할 필요가 없는 기쁜 날, 죄악과 죽음은 정복되고 우리 주님은 다가오십니다. _드래퍼

52주 공동 대표기도문

43. 우리를 축복하여 주시는 하나님!

　주님을 사랑합니다. 주님을 찬양합니다. 주님께 감사드립니다. 오늘도 주님 앞에 온전히 예배드리게 하옵소서. 우리의 욕심도 거짓도 교만도 용서해 주시기를 원합니다. 저희의 삶을 주님께서 인도하옵소서. 이 땅의 교회들과 형제자매들을 지켜주시기 원합니다.
　구원의 주님! 이 시간 예배드리는 모든 성도를 축복하시어 예수 그리스도를 믿는 믿음을 더하여주옵소서. 우리 주 예수 그리스도 이름으로 기도합니다. 아멘!

44. 사랑의 하나님!

　이 민족과 교회를 새롭게 하사 주님의 뜻을 이루어주시기 원합니다. 모든 성도가 각자 거하는 장소에서 하늘의 뜻을 이 땅에 이루는 복음의 사역자들이 되게 하옵소서. 성령의 은혜를 베푸사 이 땅에 살 동안 주님의 축복을 받게 하여 주시기를 원합니다.
　구원의 하나님! 날마다의 삶 속에서 진리를 알게 하시고 이웃을 사랑하여 구원의 역사를 이루게 하옵소서. 우리의 모든 삶 속에 주님이 함께하심을 믿습니다. 우리의 예배를 받아주옵소서. 존귀하신 예수님 이름으로 기도합니다. 아멘!

 오! 사랑의 주여, 오소서. 주님의 고난은 의심을 없애나이다. 아직 마음의 안식처를 찾지 못해 방황에 지친 자들에게 임하소서.　　_무명

52주 공동 대표기도문

45. 말씀의 하나님!

　왕이신 하나님, 이 시간 우리 가운데 좌정하사 다스리시고 마음과 뜻을 다해 예배드리게 하옵소서. 지금도 온갖 어려움과 고통 속에 있는 이들을 구원하여 주시며 위로하여 주시기를 원합니다. 소외되고 번민하는 사람들에게 참 평안을 주시고 나약한 자들을 강건하게 하옵소서.
　사랑의 하나님! 어리석은 자들에게 지혜를 주시고 도움을 원하는 자들에게 구원의 손길로 함께하시기를 원합니다. 저희도 주님의 도구로 사용되길 원합니다. 모든 성도에게 주님의 평안과 은혜가 충만하기를 기도하며 우리 주 예수 그리스도 이름으로 기도합니다. 아멘!

46. 좋으신 하나님!

　오늘도 주님 앞에 예배드리게 하시니 감사드립니다. 주님께서 이 시간 우리의 모든 죄를 용서하여 주시기를 원합니다. 진리이신 아버지, 하나님께서 온전히 간섭해주사 우리로 하여금 이 땅에서 살아가는 시간 속에 주님의 영광만을 나타내게 하옵소서.
　사랑의 하나님! 나라와 민족을 새롭게 하옵소서. 이 땅의 젊은이들에게 하나님의 비전을 주옵소서. 주님을 사랑합니다. 우리 주 예수 그리스도 이름으로 기도합니다. 아멘!

 변화 많은 내 인생의 도정에서 괴롭든지 기쁘든지 내 혀와 내 마음이 언제나 주를 찬양하리.　　_브레이드

52주 공동 대표기도문

47. 우리의 삶을 인도해주시는 하나님!

추수감사 주일입니다. 올 한 해도 주님께서 허락하신 은혜로 하루하루 살아왔음을 고백하고 긍휼이 크신 하나님께 진심으로 감사드립니다.

우리 삶이 날마다 주님의 인도하심 속에 감사에 감사를 더하며 살게 하옵소서. 역사하시는 하나님의 섭리를 깨닫게 하옵소서. 우리의 구원받음이 감사요 축복입니다.

은혜의 하나님! 지나온 삶을 감사드리는 성도들에게 은혜와 사랑을 내려 주시기를 원합니다. 늘 주님께 감사하며 주님의 뜻을 이루어가는, 주님이 원하시는 삶을 살아가는 성도들 되게 하옵소서. 우리 주 예수 그리스도 이름으로 기도합니다. 아멘!

48. 평안과 기쁨을 주시는 하나님!

올해도 마지막 달까지 주님께서 인도하여 주심을 감사드립니다. 모두가 주님의 사랑입니다. 저희가 혹여 주님 외에 다른 것에서 행복을 찾으려 했다면 이제는 주님 안에서 찾게 하옵소서. 오직 주님께만 참 기쁨과 행복이 있음을 알게 하옵소서. 은혜의 하나님! 어디서나 주님을 찾고 그 복음을 전하기를 원합니다. 우리에게 선한 양심을 허락하사 사랑의 삶을 살게 하옵소서. 우리가 홀로 있을 때나, 사람들과 함께 있을 때나 그리스도인답게 살기를 원합니다. 오직 하나님 앞에서 사는, 온전한 성도의 삶을 살게 하옵소서. 주님을 사랑합니다. 우리 주 예수님 이름으로 기도합니다. 아멘!

오늘 밤 내 영혼아, 조용히 잠자거라. 폭풍이 하나님의 깊으신 곳을 사납게 휘몰아치도다.   _스펄전

52주 공동 대표기도문

49. 사랑의 하나님!

　우리의 중심을 아시는 주님! 우리의 약함을 용서해주옵소서. 생각과 행동으로 잘못한 모든 것들을 용서하옵소서. 어린양의 보혈로 정결케 하사 주님을 더욱 사랑하며 주님께 찬양과 영광을 돌리게 하옵소서.
　능력의 하나님! 우리를 새롭게 하소서. 말씀으로 인도해주옵소서. 주님은 포도나무요 우리는 가지이오니 주님께만 붙어 있게 하옵소서. 주님이 없으면 아무것도 할 수 없습니다. 주님과 동행하는 삶을 살게 하여 주시길 사모하며 우리 주 예수님 이름으로 기도합니다. 아멘!

50. 우리의 예배를 받아주시는 하나님!

　모든 성도를 사랑하시는 주님, 그들의 이름이 하늘나라 생명책에 기록된 줄로 믿고 감사드립니다. 우리가 잘못된 길로 헤맬 때 인도해주시고, 낙담하였을 때 격려하여 주시는 주님께서 실패하였을 때도 일어설 힘 주심을 믿습니다.
　사랑의 하나님! 언제나 주님을 사랑하게 하옵소서. 지금 이 시간에도 병들어 앓고 있는 사람들을 불쌍히 여겨주사 치료해주옵소서. 피곤한 자들은 쉬게 하여 주시기를 원합니다. 괴로워하는 자들에게 안식을 주옵소서. 우리 주 예수 그리스도 이름으로 기도합니다. 아멘!

 오! 그리스도의 증거자들이여! 우리가 저들을 구하지 않는다면 두려운 심판 날에 무슨 말을 할 수 있으리오!　　_심프슨

52주 공동 대표기도문

51. 임마누엘 하나님!

지극히 높으신 하나님께서 낮고 천한 인간의 모습으로 오신 성탄절을 맞았습니다. 주님께서 이 땅에 오심으로 귀한 생명을 얻은 저희가 주님께 영광과 찬양을 돌립니다. 우리의 삶 전체가 주님을 향한 예배가 되게 하옵소서. 우리를 구원하러 오신 그 기쁨의 소식을 온 세상에 전하게 하옵소서.

구원의 하나님! 주님이 이 땅에 오심을 감사드리는 오늘의 예배를 통하여 주님의 은총을 깨닫게 하시고, 온 땅이 주님을 찬양하게 하옵소서. 주님만 높아지시기를 원합니다. 주여! 영광을 받아주옵소서. 우리 주 예수 그리스도 이름으로 기도합니다. 아멘!

52. 우리의 모든 삶을 인도하시는 하나님!

한 해의 마지막 주일입니다. 365일을 하루같이 사랑으로 함께하신 아버지, 감사드립니다. 주님의 은혜와 사랑으로 지금까지 지내왔음을 고백하며 감사와 찬양을 드립니다. 우리의 온 삶을 통하여 주님의 뜻을 이루게 하옵소서. 사랑의 주님! 이 나라, 이 민족을 이끄시니 감사드립니다. 모든 교회를 다스리시고 성도들을 주관하시니 감사드립니다. 모든 가정과 가족들을 지켜주심을 감사드립니다. 언제나 우리 삶을 인도하옵소서. 주님께서 허락하신 모든 것에 감사드립니다. 슬픔과 좌절, 기쁨과 승리까지도 모두가 은혜였음을 고백하며 우리 주 예수 그리스도 이름으로 기도합니다. 아멘!

주여! 주님은 고난의 잔을 채우셨나니 주님을 조롱하는 무리 있어도 주님은 나의 좋은 친구입니다. _알프레드 테니슨